Grundzüge der Statistik

Einführung mit Übungen

Von

Professor Dr. Karl Bosch

Institut für angewandte Mathematik und Statistik
der Universität
Stuttgart-Hohenheim

2., ergänzte Auflage

R. Oldenbourg Verlag München Wien

Die Deutsche Bibliothek - CIP-Einheitsaufnahme

Bosch, Karl:
Grundzüge der Statistik : Einführung mit Übungen / von Karl Bosch. – 2., erg. Aufl. - München ; Wien : Oldenbourg, 1999
ISBN 3-486-25259-3

Rosenheimer Straße 145, D-81671 München
Telefon: (089) 45051-0, Internet: http://www.oldenbourg.de

Gedruckt auf säure- und chlorfreiem Papier
Gesamtherstellung: R. Oldenbourg Graphische Betriebe GmbH, München

ISBN 3-486-25259-3

Inhaltsverzeichnis

Teil II: Wahrscheinlichkeitsrechnung

Vorwort (zur ersten und zweiten Auflage)

Das vorliegende Buch wendet sich an diejenigen Studierenden, die während ihres Studiums nur wenig Vorlesungen über Statistik oder Wahrscheinlichkeitsrechnung hören müssen. Diese Einführung in die Statitik beschränkt sich auf eine kurze Behandlung der wichtigsten Grundlagen der Statistik und Wahrscheinlichkeitsrechnung.

Ziel des Autors ist es, den Stoff möglichst klar und verständlich darzustellen. Viele Beispiele und Plausibilitätsbetrachtungen sollen zum besseren Verständnis beitragen. Zur Vertiefung des Stoffes gibt es am Ende eines jeden Kapitels zahlreiche Übungsaufgaben, deren Lösungen ab Seite 255 angegeben sind. Bei manchen Aufgaben - vor allem bei solchen, die nicht nach einer Standard-Methode gelöst werden können - sind Lösungshinweise zu finden. Manchmal wird der Lösungsweg skizziert oder sogar vollständig angegeben.

Das Buch gliedert sich in drei Teile. Im ersten Teil wird die beschreibende (deskriptive) Statistik behandelt. Der zweite Teil beschäftigt sich mit der Wahrscheinlichkeitsrechnung, ohne die keine sinnvolle Statistik möglich ist. In der beurteilenden (induktiven) Statistik im Teil III werden schließlich statistische Verfahren behandelt. Zur Aufstellung der entsprechenden Formeln und vor allem für die Interpretation der damit gewonnenen Ergebnisse ist die Wahrscheinlichkeitsrechnung unentbehrlich. Gleichzeitig werden dabei Grundlagen aus der beschreibenden Statistik benutzt.

Es ist selbstverständlich nicht möglich, in dieser kleinen Einführung sehr viele statistische Verfahren zu behandeln. Dazu sei auf die weiterführende Literatur verwiesen, z. B. auf die von dem gleichen Autor ebenfalls im Oldenbourg-Verlag erschienenen Bücher

Statistik-Taschenbuch (814 Seiten)

Großes Lehrbuch der Statistik (585 Seiten).

Für die sorgfältige Durchsicht des Manuskripts sowie für zahlreiche Hinweise und Verbesserungsvorschläge möchte ich mich bei meinem Mitarbeiter Herrn Dr. Martin Bohner recht herzlich bedanken.

In der zweiten Auflage konnte ich mich darauf beschränken, den gesamten Text kritisch durchzusehen. Am Schluß des Buches befinden sich daher einige Fehlerberichtigungen (Errata, s. Seite 301).

Karl Bosch

Teil I: Beschreibende (deskriptive) Statistik

Ziel der beschreibenden Statistik ist es, umfangreiches Datenmaterial aus statistischen Erhebungen übersichtlich darzustellen. Dazu können graphische Darstellungen benutzt werden, die eine "optische Information" über das gesamte Datenmaterial liefern. Häufig werden aus dem Datenmaterial sogenannte Kenngrößen berechnet, die über das gesamte Stichprobenmaterial möglichst viel Informationen liefern sollen. Durch die Angabe solcher Kenngrößen findet allerdings im allgemeinen eine Datenreduktion statt. In der Regel gehen dabei Informationen über das gesamte in der statistischen Erhebung gewonnene Datenmaterial (Urmaterial) verloren.

Mit Hilfe dieser Kenngrößen (Parameter) können zunächst nur Aussagen über die Grundgesamtheit gemacht werden, die im vorliegenden Datenmaterial untersucht wurde. Aus dem Datenmaterial abgeleitete Aussagen dürfen nicht ohne weiteres auf größere Grundgesamtheiten übertragen werden. Dazu müssen bestimmte Voraussetzungen bezüglich der Stichprobenentnahme erfüllt sein. Es muß sich um sogenannte "repräsentative" Stichproben handeln. Diese Thematik wird in der beurteilenden Statistik (Teil III) behandelt. Dazu benötigt man jedoch Verfahren aus der Wahrscheinlichkeitsrechnung (Teil II).

Teil I
Beschreibende (deskriptive) Statistik

[illegible]

[illegible]

Kapitel 1: Merkmale und Skalierung

1.1 Merkmale

In einer statistischen Erhebung werden an verschiedenen Merkmalsträgern (Individuen oder statistischen Einheiten) ein oder auch gleichzeitig mehrere **Merkmale** festgestellt. Die verschiedenen Ergebnisse, die bei der Beobachtung eines bestimmten Merkmals auftreten können, nennt man **Merkmalsausprägungen.**
Beispiele dafür sind: Beruf, Konfession, Haarfarbe, Steuerklasse, Gewicht, Ertrag, Handelsklasse bestimmter Lebensmittel, Zensuren bei Prüfungen, monetäre, chemische oder physikalische Größen.
Merkmale werden im allgemeinen nach verschiedenen Typen klassifiziert. Unterschieden wird dabei nach der Art des Merkmals und nach der Anzahl der möglichen Ausprägungen.

Quantitative (zahlenmäßige) Merkmale sind solche, deren Ausprägungen in bestimmten Einheiten (Maßeinheiten) gemessen werden können. Sie werden durch reelle Zahlen dargestellt. Zwischen verschiedenen Ausprägungen eines quantitativen Merkmals besteht immer eine Rangordnung (Reihenfolge), also eine Größer-Kleiner-Beziehung. Die Ausprägungen unterscheiden sich durch ihre Größe. Bei quantitativen Merkmalen muß der Unterschied zwischen zwei Merkmalsausprägungen stets quantifizierbar sein, man muß die einzelnen Unterschiede also messen können. Beim Zählen, Messen oder Wiegen werden Ausprägungen quantitativer Merkmale festgestellt.

Qualitative (artmäßige) Merkmale sind Merkmale, welche nicht quantitativ sind. Sie können nicht direkt durch Zahlen gekennzeichnet werden, zwischen denen eine natürliche Reihenfolge (Größer-Kleiner-Beziehung) besteht. Daher ist nur eine qualitative (verbale) Beschreibung möglich. Die Ausprägungen eines qualitativen Merkmals unterscheiden sich nur durch ihre Art, nicht jedoch durch ihre Größe. Der Unterschied zwischen zwei Ausprägungen eines qualitativen Merkmals kann nicht objektiv gemessen werden. Qualitative Merkmale sind z. B. Geschlecht, Familienstand, Beruf, Konfession, Haarfarbe, Handelsklasse oder Steuerklasse. Formal könnte man zwar allen Ausprägungen eines qualitativen Merkmals Zahlen zuordnen. Durch eine solche formale Quantifizierung geht das qualitative Merkmal jedoch keineswegs in ein quantitatives über, es bleibt weiterhin qualitativ. Nur die Bezeichnungen für die Ausprägungen werden dadurch geändert.

Beispiel 1.1:
Bei den üblichen Zensuren für Leistungen in der Schule oder Universität "sehr gut, gut, befriedigend, ausreichend, mangelhaft, ungenügend" handelt es sich um ein qualitatives Merkmal. Dabei ist zwischen den Ausprägungen zwar eine Rangordnung vorgegeben, denn "sehr gut" ist z. B. besser als "gut", "gut" besser als "befriedigend" usw. Die genauen Unterschiede zwischen den einzelnen Noten liegen im allgemeinen aber nicht fest und sind meistens auch nicht gleich. Insbesondere gilt dies bei der Bewertung von Aufsätzen in Deutsch oder Geschichtsarbeiten. In der Regel werden den Zensuren zwar die Zahlen 1, 2, 3, 4, 5, 6 zugeordnet. Dadurch findet eine Quantifizierung statt. Das Merkmal wird also formal quantifiziert. Durch diese Quantifizierung entsteht allerdings der Eindruck, daß die Unterschiede zwischen zwei aufeinanderfolgenden Zensuren jeweils gleich sind, was im allgemeinen keineswegs der Fall ist.

Diskrete Merkmale besitzen nur endlich viele oder höchstens abzählbar unendlich viele verschiedene Merkmalsausprägungen. "Endlich viele" bedeutet dabei, daß die Merkmalsausprägungen von 1 an bis zu einer endlichen ganzen Zahl durchnumeriert werden können. "Abzählbar unendlich" heißt, daß es zwar unendlich viele verschiedene Merkmalsausprägungen gibt, die jedoch wie die natürlichen Zahlen von 1 an durchnumeriert werden können. Beim Zählen werden Ausprägungen diskreter Merkmale untersucht.

Bei **stetigen Merkmalen** können die möglichen Ausprägungen alle reellen Zahlen aus einem ganzen Intervall der Zahlengeraden annehmen. Die Ausprägungen gehen im Gegensatz zu diskreten Merkmalen fließend ineinander über. Beim Messen oder Wiegen werden im allgemeinen Ausprägungen stetiger Merkmale festgestellt.

1.2 Skalierung

Um die verschiedenen Ausprägungen eines Merkmals nach den gleichen Kriterien angeben oder messen zu können, muß zuerst eine **Skala** vorgegeben werden. Durch die **Skalierung** werden den Merkmalsausprägungen einzelne Werte (Plätze) der Skala zugeordnet. Die jeweilige Skala hängt dabei vom Typ des Merkmals ab.

Nominalskala: Eine Nominalskala liegt vor, wenn durch sie nur die Verschiedenheit der Ausprägungen eines Merkmals zum Ausdruck gebracht werden kann. Merkmale, deren Ausprägungen nur in einer solchen Skala dargestellt werden könnnen, heißen **nominale Merkmale**. Nominalskalen sind Skalen qualitativer Merkmale, bei denen es keine natürliche Rangordnung gibt. Nominalskalen sagen am wenigsten über die Merkmalsausprägungen aus. Sie stellen die niedrigste Stufe einer Skala dar.

Beispiele dafür sind: Geschlecht, Konfession, Beruf, Farbe oder Steuerklasse. Die Ausprägungen sind nicht miteinander vergleichbar. Es handelt sich um nominale Merkmale. Durch die Zuordnung: männlich↔0; weiblich↔1 entsteht auch nur eine Nominalskala. Durch diese Zuordnung wird das Merkmal Geschlecht zwar formal quantifiziert, es bleibt aber trotzdem nur qualitativ.

Ordinalskala (Rangskala): Eine Ordinalskala (Rangskala) liegt vor, wenn die unterscheidbaren Merkmalsausprägungen in eine natürliche Rangordnung (Reihenfolge) gebracht werden können. Ordinal skalierte Merkmale heißen **ordinale Merkmale.** Abstände zwischen verschiedenen Ausprägungen ordinaler Merkmale sind jedoch nicht quantifizierbar (nicht interpretierbar). Durch die Rangordnung können den Ausprägungen zwar Zahlen zugeordnet werden, doch sagen diese Zuordnungszahlen nichts über die Abstände der einzelnen Merkmalsausprägungen aus.
Bei den Handelsklassen bestimmter Lebensmittel gibt es eine Rangordnung. Die Handelsklasse I ist besser als II, II besser als III usw. Daher handelt es sich um ein ordinales Merkmal.

Im Gegensatz zu qualitativen Merkmalen können quantitative immer angeordnet werden. So besteht bei den Merkmalen Güteklasse bei Lebensmitteln, Tabellenplatz einer Fußballiga oder Intelligenzquotient eine natürliche Rangordnung. Ihre Ausprägungen lassen sich anordnen, obwohl es sich um kein quantitatives Merkmal handelt.

Metrische Skala (Kardinalskala): Man spricht von einer metrischen Skala oder Kardinalskala, wenn zwischen den Merkmalsausprägungen nicht nur eine Reihenfolge (Rangordnung) besteht, sondern auch die Abstände zwischen den Merkmalsausprägungen miteinander verglichen werden können. Metrische Skalen sind Skalen quantitativer Merkmale. Merkmale mit einer metrischen Skala nennt man **metrisch skaliert** oder **kardinal.**

Beispiele für metrisch skalierte Merkmale sind: Erträge, Längen, Gewichte, monetäre und physikalische Größen. Die metrischen Skalen sind im allgemeinen bis auf die Wahl der Maßeinheit eindeutig bestimmt.

Kapitel 2: Eindimensionale Stichproben

In diesem Abschnitt soll nur ein einziges Merkmal untersucht werden. An n Merkmalsträgern aus einer bestimmten Grundgesamtheit wird jeweils die Ausprägung des Merkmals festgestellt. Die Merkmalsausprägung beim i-ten Merkmalsträger bezeichnen wir mit x_i für $i = 1, 2, \ldots, n$. Man nennt x_i die i-te **Beobachtungseinheit.** Alle n Merkmalswerte zusammen bilden das n-Tupel $x = (x_1, x_2, \ldots, x_n)$. Dieses n-Tupel heißt **Stichprobe** (**Beobachtungsreihe** oder **Urliste**) vom **Umfang** n. Falls die Merkmalswerte sämtlicher Individuen einer Grundgesamtheit festgestellt werden, spricht man von einer **Total**- oder **Vollerhebung**, andernfalls von einer **Teilerhebung**. Bei Volkszählungen finden in der Regel Totalerhebungen, bei Meinungsumfragen Teilerhebungen statt.

2.1 Absolute und relative Häufigkeiten

Die möglichen Ausprägungen des untersuchten Merkmals bezeichnen wir mit $a_1, a_2, \ldots, a_j, \ldots$. Die Anzahl derjenigen Beobachtungseinheiten aus der Stichprobe vom Umfang n, welche die Merkmalsausprägung a_j besitzen, nennt man die **absolute Häufigkeit** von a_j. Wir bezeichnen sie mit $h_n(a_j)$ oder kurz mit h_j. Dabei stellt der Index n den Umfang der Stichprobe dar. Es ist also

$$h_j = h_n(a_j) = \text{Anzahl der Beobachtungswerte, die gleich } a_j \text{ sind.} \qquad (2.1)$$

Die absolute Häufigkeit 46 ist bei einem Versuchsumfang $n = 50$ groß, während sie bei einem Versuchsumfang $n = 1\,000$ sehr klein ist. Aus diesem Grunde setzen wir die absolute Häufigkeit in Relation zum Versuchsumfang n. Division der absoluten Häufigkeit h_j durch den Stichprobenumfang n ergibt eine Größe, die vom Versuchsumfang n unabhängig ist. Den so erhaltenen Wert

$$r_j = r_n(a_j) = \frac{h_j}{n}, \quad j = 1, 2, \ldots \qquad (2.2)$$

nennt man die **relative Häufigkeit** von a_j in der Urliste. Weil $100 \cdot r_j\,\%$ der Beobachtungswerte die Ausprägung a_j besitzen, beschreibt die relative Häufigkeit den prozentualen Anteil (**prozentuale Häufigkeit**) der Merkmalsausprägung a_j. Die relative Häufigkeit liegt unabhängig vom Stichprobenumfang n immer zwischen Null und Eins. Je größer eine relative Häufigkeit ist, um so öfter ist der Merkmalswert eingetreten. Die relative Häufigkeit beschreibt damit die absolute Häufigkeit unabhängig vom Versuchsumfang n. Die prozentuale Häufigkeit liegt zwischen 0 und 100.

Allgemein gelten für die absoluten und die relativen Häufigkeiten die Eigenschaften:

$$\begin{aligned} &0 \leq h_j \leq n \quad \text{für jedes } j, \qquad \sum_j h_j = n; \\ &0 \leq r_j \leq 1 \quad \text{für jedes } j, \qquad \sum_j r_j = 1. \end{aligned} \tag{2.3}$$

Definition 2.1 (Häufigkeitsverteilung):
In einer Stichprobe vom Umfang n sollen die Merkmalsausprägungen $a_1, a_2, \ldots$ die absoluten Häufigkeiten $h_1, h_2, \ldots$ und die relativen Häufigkeiten $r_1, r_2, \ldots$ besitzen. Dann heißt die Gesamtheit der Paare

$$(a_j, h_j), \quad j = 1, 2, \ldots$$

die **absolute Häufigkeitsverteilung** und

$$(a_j, r_j), \quad j = 1, 2, \ldots$$

die **relative Häufigkeitsverteilung** des diskreten Merkmals.

2.2 Strichliste und Häufigkeitstabelle

In der Urliste sind die Beobachtungswerte im allgemeinen völlig ungeordnet und damit - vor allem bei großem Stichprobenumfang n - nicht übersichtlich. Aus diesem Grund versucht man, die Beobachtungswerte in einer Häufigkeitstabelle übersichtlich darzustellen. Dazu trägt man in der ersten Spalte der Häufigkeitstabelle (vgl. Tab. 2.1) die Merkmalsausprägungen ein. Falls es sehr viele oder gar abzählbar unendlich viele verschiedene Merkmalswerte gibt, müssen Merkmalswerte zusammengefaßt werden; am besten solche, die in der Urliste selten vorkommen.

Für jeden Beobachtungswert der Urliste wird in die zweite Spalte hinter dem entsprechenden Merkmalswert ein senkrechter Strich | eingetragen. Der Übersicht halber werden fünf Striche durch den Block ~~||||~~ dargestellt. Jeweils der fünfte Strich wird waagrecht durch die vorangehenden vier Striche gezogen. Dadurch entstehen Fünferblöcke mit einem Rest. In weiteren zwei Spalten werden die absoluten Häufigkeiten (Anzahl der Striche) und die relativen Häufigkeiten der jeweiligen Merkmalswerte eingetragen. Die Häufigkeitstabelle enthält also die absolute und die relative Häufigkeitsverteilung.

Durch die Übertragung der Urliste in eine Häufigkeitstabelle gehen allerdings wesentliche Informationen über die Urliste verloren, da die Reihenfolge, in der die Beobachtungswerte auftreten, aus der Tabelle allein nicht mehr feststellbar ist.

Beispiel 2.1:
In 50 Familien wurde jeweils die Anzahl der Kinder festgestellt und in der Tabelle 2.1 eingetragen.

Anzahl der Kinder $a_j = j$	Anzahl der Familien mit j Kindern	absolute Häufigkeit h_j	relative Häufigkeit r_j	prozentualer Anteil $100 \cdot r_j$
0	𝍸 𝍸 ||	12	0,24	24
1	𝍸 𝍸 𝍸 ||	17	0,34	34
2	𝍸 ||||	9	0,18	18
3	𝍸 |	6	0,12	12
4	||||	4	0,08	8
5	||	2	0,04	4
mehr als 5		0	0	0
Summe		$n = 50$	1,00	100

Tab. 2.1: Strichliste und Häufigkeitstabelle

2.3 Graphische Darstellungen

Eine in einer Häufigkeitstabelle angegebene Beobachtungsreihe kann in einer graphischen Darstellung übersichtlicher dargestellt werden. Bei der Wahl der graphischen Darstellung muß dabei zwischen quantitativen und qualitativen Merkmalen unterschieden werden.

Bei quantitativen Merkmalen werden in einem **Stabdiagramm** (vgl. Bild 2.1 a) über den einzelnen Merkmalswerten senkrecht nach oben Stäbe angetragen, deren Längen die absoluten bzw. relativen Häufigkeiten sind. Im Stabdiagramm der absoluten Häufigkeiten haben alle Stäbe zusammen die Länge n (Anzahl der Stichprobenwerte). Diese Eigenschaft muß bei der Maßstabsfestsetzung berücksichtigt werden. Im Stabdiagramm der relativen Häufigkeiten ist die Gesamtlänge aller Stäbe zusammen immer gleich Eins unabhängig vom Stichprobenumfang n. Aus diesem Grund kann bei Stabdiagrammen für die relativen Häufigkeiten immer der gleiche Maßstab gewählt werden.

In einem **Häufigkeitspolygon** (Bild 2.1 b) werden die Endpunkte der einzelnen Stäbe geradlinig miteinander verbunden.

In einem **Histogramm** (Bild 2.1 c) stellt man die absoluten bzw. relativen Häufigkeiten durch Flächen von Rechtecken senkrecht über den einzelnen

Merkmalsausprägungen dar. Nur wenn alle Rechtecke die gleiche Breite besitzen, können als Höhen jeweils die Häufigkeiten bzw. das gleiche Vielfache davon benutzt werden. Bei verschiedenen Rechtecksbreiten sollten die Höhen jedoch so gewählt werden, daß die Inhalte der einzelnen Rechtecke proportional zu den Häufigkeiten sind. Als Rechteckshöhen eignen sich bis auf den Maßstab die Quotienten

$$\frac{\text{Häufigkeit}}{\text{Rechtecksbreite}}\,.$$

Damit erhält man eine **flächenproportionale Darstellung**.

In Bild 2.1 ist die relative Häufigkeitsverteilung aus Tab. 2.1 (Beispiel 2.1) in einem Stabdiagramm, Häufigkeitspolygon und Histogramm graphisch dargestellt. Weil jeweils zwei benachbarte Merkmalsausprägungen (Anzahl der Kinder) voneinander den Abstand 1 besitzen, können im Histogramm als Höhen direkt die relativen Häufigkeiten gewählt werden. Die Bilder für die absoluten und relativen Häufigkeiten unterscheiden sich nur durch den Maßstab auf der y-Achse.

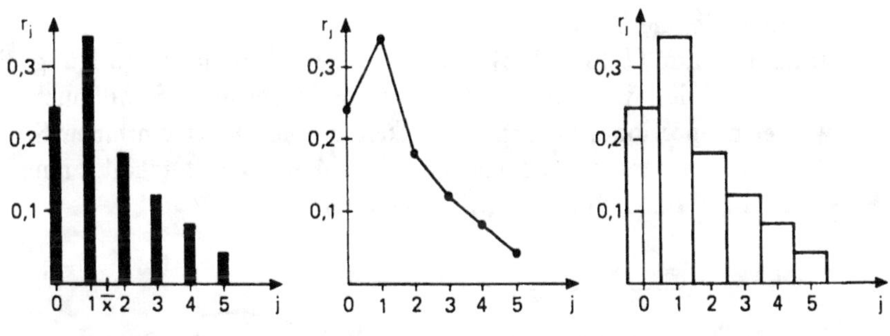

a) Stabdiagramm b) Häufigkeitspolygon c) Histogramm

Bild 2.1: Verteilungen der relativen Häufigkeiten

Bei qualitativen Merkmalen sind die Ausprägungen im allgemeinen keine reellen Zahlen. Formal könnte man die abstrakten Ausprägungen zwar auf der Zahlengeraden darstellen und die Graphiken wie bei quantitativen Merkmalen anfertigen. Dieses Vorgehen ist jedoch nicht sinnvoll. Bei einer Darstellung auf dem Zahlenstrahl besteht nämlich die Gefahr, daß durch die willkürlich gewählte Anordnung fälschlicherweise eine Rangordnung zwischen den Ausprägungen hineininterpretiert wird. Aus diesem Grund benutzt man hier andere graphische Darstellungen. Dazu das

Beispiel 2.2:
In einem Verein kandidierten drei Personen A, B und C für den Posten des ersten Vorstands. Bei der Abstimmung waren 75 Personen stimmberechtigt. Nach der Satzung ist derjenige Kandidat gewählt, welcher die meisten Stimmen erhält. Die Stimmenverteilung ist in Tabelle 2.2 dargestellt.

Kandidat	abgegebene Stimmen	absolute Häufigkeit	relative Häufigkeit	prozentualer Anteil
Kandidat A	ЖЖЖ I	16	0,213	21,3
Kandidat B	ЖЖЖЖ IIII	24	0,320	32,0
Kandidat C	ЖЖЖЖ II	22	0,293	29,3
Enthaltungen	ЖЖ III	13	0,173	17,3
ungültig		0	0	0
Summe		n = 75	0,999	99,9

Tab. 2.2: Strichliste und Häufigkeitstabelle

In einem **Rechteckdiagramm** (Bild 2.2 a) werden die Rechtecksflächen proportional zu den Häufigkeiten aufgeteilt. Dann verhalten sich die Häufigkeiten zweier Merkmalswerte wie die Inhalte der ihnen zugeordneten Flächen (flächenproportionale Darstellung).
Im **Kreisdiagramm** (Bild 2.2 b) wird zu jeder Merkmalsausprägung ein Kreissektor gebildet, wobei die Flächen der Sektoren und damit auch die Innenwinkel proportional zu den Häufigkeiten sind. Jeder einzelnen Stimme entspricht ein Innenwinkel von $360/75 = 4{,}8°$. Damit erhält man der Reihe nach die Winkel: 76,8°; 115,2°; 105,6°; 62,4°.

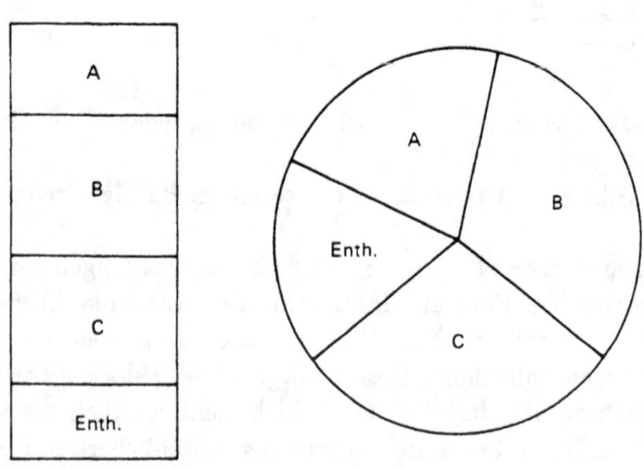

Bild 2.2: a) Rechteckdiagramm b) Kreisdiagramm

2.4 Häufigkeitsverteilungen bei Klasseneinteilungen

Falls ein stetiges Merkmal erhoben wird, sind die in der Urliste vorkommenden Beobachtungswerte im allgemeinen alle voneinander verschieden, wenn nur genau genug gemessen wird. Die Häufigkeitsverteilungen sind dann nicht übersichtlich. Das gleiche Problem tritt bei diskreten Merkmalen mit sehr vielen verschiedenen Ausprägungen auf. In einem solchen Fall ist es sinnvoll, Merkmalswerte zu Klassen zusammenzufassen. Falls bei einem qualitativen Merkmal Werte zusammengefaßt werden, sind die so entstehenden Ausprägungen (Klassen) wieder qualitativ. Dann können die Häufigkeitsverteilungen dieser Merkmalsklassen wie in Abschnitt 2.3 dargestellt werden.

Bei quantitativen stetigen Merkmalen wird die **Klasseneinteilung** auf einem Intervall vorgenommen, welches alle Beobachtungswerte enthält. Dazu wird das Intervall in mehrere Teilintervalle zerlegt. Die Teilintervalle nennt man **Klassen** oder **Gruppen**. Jede Klasse ist durch eine linke und eine rechte Klassengrenze bestimmt, wobei eindeutig festgelegt sein muß, zu welcher der beiden angrenzenden Klassen der entsprechende Grenzpunkt gehört. Als Klassenintervalle wählt man im allgemeinen halboffene Intervalle. Eine ideale Klasseneinteilung wäre eine mit lauter gleichen Klassenbreiten. Oft sind jedoch bei einer solchen äquidistanten Einteilung Klassen - vor allem an den Rändern - sehr schwach besetzt. Dann ist es sinnvoll, die Randklassen breiter zu machen. Die Anzahl der Klassen bezeichnen wir mit m und die einzelnen Klassen der Reihe nach mit

$$K_1, K_2, K_3, \ldots, K_{m-1}, K_m .$$

Die zugehörigen **Klassenbreiten** seien $b_1, b_2, \ldots, b_m$.

Aus einer Klasseneinteilung allein lassen sich allerdings die Beobachtungswerte nicht mehr genau feststellen. Man weiß nur, zwischen welchen Grenzen sie liegen. Daher ist eine Klassenbildung mit einem gewissen **Informationsverlust** verbunden. Man kann nur noch feststellen, wie viele Beobachtungswerte in der jeweiligen Klasse liegen. Die genauen Zahlenwerte können aus der Klasseneinteilung jedoch nicht mehr abgelesen werden.

Die Anzahl der Beobachtungswerte, welche in der Klasse K_j enthalten sind, heißt die **absolute Klassenhäufigkeit**. Wir bezeichnen sie mit

$$h_j = \text{Anzahl der Beobachtungswerte in der Klasse } K_j .$$

Division durch den Versuchsumfang $n = h_1 + h_2 + \ldots + h_m$ ergibt die **relative Klassenhäufigkeit**

$$r_j = \frac{h_j}{n} \quad \text{mit} \quad \sum_{j=1}^{m} r_j = 1.$$

Die Klasseneinteilung wird in einem **Histogramm** (s. Bild 2.3) graphisch dargestellt. Dazu wird über jeder Klasse ein Rechteck gebildet, dessen Flächeninhalt proportional zur absoluten bzw. relativen Klassenhäufigkeit ist. Nur wenn sämtliche Klassen die gleiche Breite besitzen, dürfen als Höhen unmittelbar die Klassenhäufigkeiten benutzt werden. Sonst müssen andere Höhen gewählt werden. Für die relativen Klassenhäufigkeiten erhält man die

$$\text{Rechteckshöhe für die Klasse } K_j: \ \frac{r_j}{b_j} = \frac{\text{relative Klassenhäufigkeit}}{\text{Klassenbreite}}.$$

Oft ist man gezwungen, auf beiden Achsen verschiedene Maßstäbe zu wählen. Das gesamte Histogramm besitzt dann den Flächeninhalt Eins.

Beispiel 2.3:
Bei 50 Aggregaten des gleichen Typs wurde die Betriebsdauer in Stunden festgestellt und in folgender Klasseneinteilung dargestellt (Klassengrenzen 200, 400, 800, 1200, 1600, 2000, 3000).

Klasse K_j	$h_j =$ absolute Klassenhäufigkeit	$r_j =$ relative Klassenhäufigkeit
$K_1 = (0;200]$	9	0,18
$K_2 = (200;400]$	10	0,20
$K_3 = (400;800]$	10	0,20
$K_4 = (800;1200]$	4	0,08
$K_5 = (1200;1600]$	6	0,12
$K_6 = (1600;2000]$	7	0,14
$K_7 = (2000;3000]$	4	0,08
Summe	$n = 50$	1,00

Tab. 2.3: Klasseneinteilung

Im flächenproportionalen Histogramm in Bild 2.3 für die relativen Klassenhäufigkeiten dürfen als Höhen der Rechtecke nicht unmittelbar die relativen Klassenhäufigkeiten gewählt werden, weil die Klassenbreiten verschieden sind. Die relativen Häufigkeiten werden durch die Klassenbreiten dividiert. Dadurch erhält man der Reihe nach die Rechteckshöhen

$$\frac{0{,}18}{200} = 0{,}0009\,; \ \frac{0{,}20}{200} = 0{,}001\,; \ \frac{0{,}20}{400} = 0{,}0005\,; \ \frac{0{,}08}{400} = 0{,}0002\,; \ \frac{0{,}12}{400} = 0{,}0003\,;$$

$$\frac{0{,}14}{400} = 0{,}00035\,; \ \frac{0{,}08}{1000} = 0{,}00008\,.$$

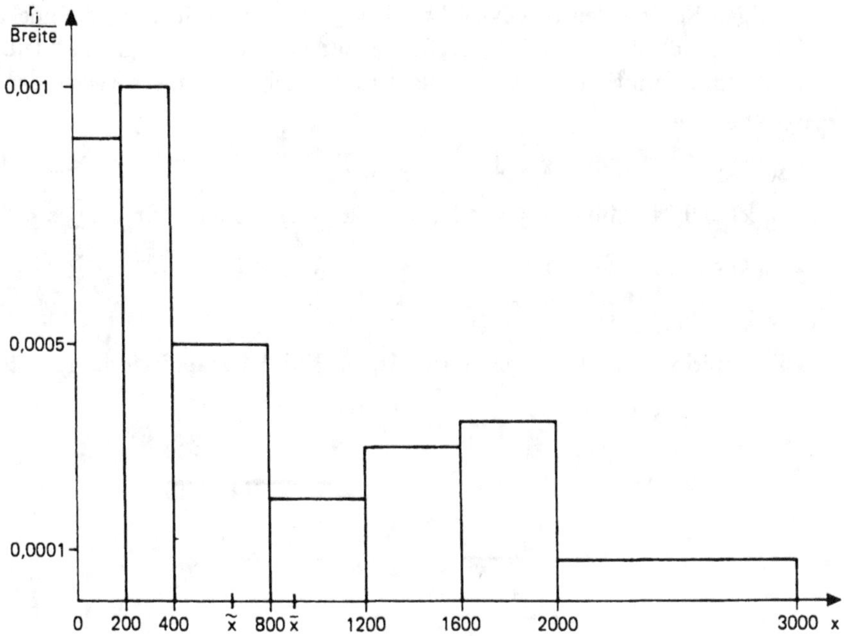

Bild 2.3: Histogramm einer Klasseneinteilung

2.5 Empirische Verteilungsfunktion

Bei vielen Problemen möchte man wissen, wie viele der Beobachtungswerte eine bestimmte Grenze x nicht überschreiten. Dazu die

> **Definition 2.2 (empirische Verteilungsfunktion):**
> Für eine Stichprobe vom Umfang n heißt die durch
>
> $$F_n(x) = \frac{\text{Anzahl der Stichprobenwerte } x_i \text{ mit } x_i \leq x}{n} \tag{2.4}$$
>
> für jedes $x \in \mathbb{R}$ definierte Funktion F_n die **empirische Verteilungsfunktion** oder **relative Summenhäufigkeitsfunktion** der Stichprobe.

An jeder Stelle $x \in \mathbb{R}$ ist der Funktionswert $F_n(x)$ der relative Anteil derjenigen Stichprobenwerte, die kleiner oder gleich, also höchstens gleich x sind. Zur Bestimmung von F_n müssen die n Stichprobenwerte der Größe nach geordnet werden. Der Zusatz empirisch wird oft weggelassen.

Beispiel 2.4 (vgl. Beispiel 2.1):
In Beispiel 2.1 gibt die empirische Verteilungsfunktion $F_{50}(x)$ an der ganzzahligen Stelle j den relativen Anteil derjenigen Familien an, die höchstens j Kinder haben für $j = 0, 1, \ldots, 5$. Bis zur nächsten Sprungstelle bleibt die Verteilungsfunktion konstant. Aus Tab. 2.1 erhält man die Werte der Verteilungsfunktion:

$F_{50}(x) = 0$ für $x < 0$;
$F_{50}(x) = 0{,}24$ für $0 \leq x < 1$;
$F_{50}(x) = 0{,}58$ für $1 \leq x < 2$;
$F_{50}(x) = 0{,}76$ für $2 \leq x < 3$;
$F_{50}(x) = 0{,}88$ für $3 \leq x < 4$;
$F_{50}(x) = 0{,}96$ für $4 \leq x < 5$;
$F_{50}(x) = 1$ für $x \geq 5$.

Die empirische Verteilungsfunktion ist in Bild 2.4 graphisch dargestellt.

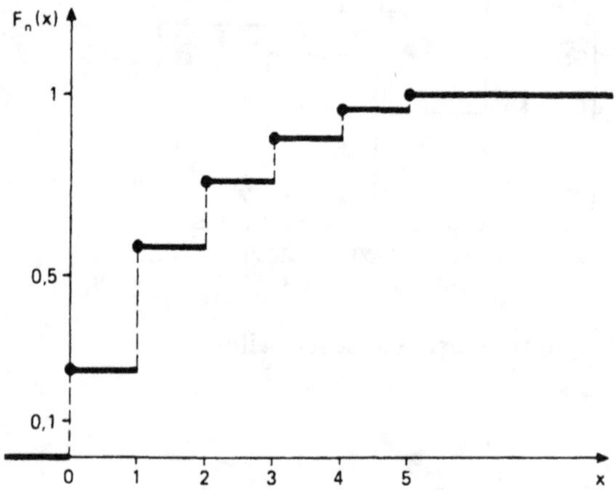

Bild 2.4: Empirische Verteilungsfunktion

Allgemein ist F_n eine monoton wachsende Treppenfunktion. Sie springt an den Stichprobenwerten um die relative Häufigkeit des Stichprobenwertes nach oben. Die empirische Verteilungsfunktion F_n steigt von Null auf Eins an. Links vom kleinsten Stichprobenwert verschwindet F_n, vom größten Stichprobenwert an hat sie den Wert 1.

2.6 Klassierte Verteilungsfunktion

Aus einer Klassenbildung allein können die Beobachtungswerte x_i nicht mehr genau festgestellt werden. Man sieht nur, wie viele der Werte in den einzelnen Klassen liegen. Daher kann der vollständige Verlauf der empirischen Verteilungsfunktion nicht exakt angegeben werden. Man kann allerdings die genauen Werte der empirischen Verteilungsfunktion an den Klassengrenzen berechnen, weil aus der Klasseneinteilung abgelesen werden

kann, wie viele Stichprobenwerte die rechte Klassengrenze nicht übersteigen. Die Anzahl aller Beobachtungswerte, welche eine Klassengrenze nicht überschreiten, ist dann gleich der Summe der absoluten Häufigkeiten aller Klassen bis zu dieser Stelle. Daher ist die empirische Verteilungsfunktion an einer Klassengrenze gleich der Summe der relativen Häufigkeiten aller Klassen links von dieser Grenze. Verbindet man die so erhaltenen Werte geradlinig, so erhält man die sogenannte **klassierte Verteilungsfunktion.** Durch sie wird die tatsächliche Verteilungsfunktion approximiert. Je feiner die Klasseneinteilung ist, umso besser stimmt die klassierte Verteilungsfunktion mit der Verteilungsfunktion der Ausgangsstichprobe überein.
Die klassierte Verteilungsfunktion der Klasseneinteilung aus Tab. 2.3 ist in Bild 2.5 dargestellt. Sie ist die Integralfunktion des Histogramms aus Bild 2.3, welche an der Stelle 0 verschwindet.

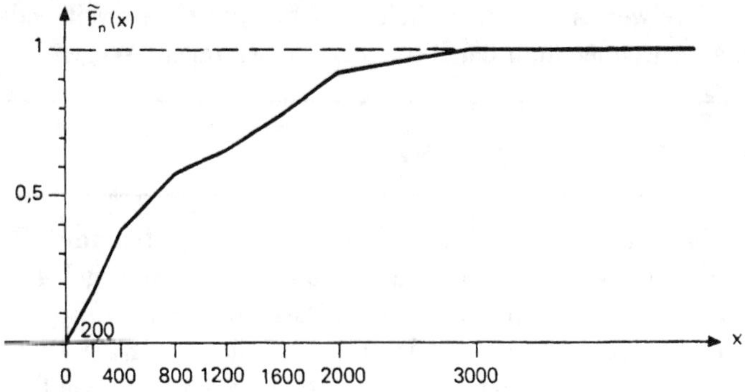

Bild 2.5: Klassierte Verteilungsfunktion

2.7 Mittelwerte

Mit Hilfe von Mittelwerten sollen Aussagen über unübersichtliche Stichproben gemacht werden. Wir wollen uns auf die Angabe von vier verschiedenen Mittelwerten beschränken. Welcher dieser Mittelwerte eine Stichprobe am besten charakterisiert, hängt von der Problemstellung ab; manchmal kann der eine, manchmal ein anderer Mittelwert geeigneter sein.

2.7.1 Arithmetisches Mittel (der Mittelwert)

Das Gesamteinkommen einer bestimmten Personenschicht allein enthält nicht viel Information, falls nicht gleichzeitig mitgeteilt wird, um wie viele Personen es sich dabei handelt. Division des Gesamteinkommens durch die Anzahl der entsprechenden Personen ergibt das Durchschnitts- oder das Pro-Kopf-Einkommen, das wesentlich mehr Information enthält. Bei der Berechnung des durchschnittlichen Zuckerverbrauchs wird der gesamte Zuckerverbrauch durch die Anzahl der Personen dividiert. Dieser Durchschnittswert allein läßt jedoch keine Aussage über den Verbrauch der einzelnen Personen zu. Manche davon werden viel mehr, manche wesentlich weniger Zucker konsumiert haben.

Definition 2.3 (arithmetisches Mittel):
Bei metrisch skalierten Merkmalen heißt der Zahlenwert

$$\bar{x} = \frac{1}{n}\sum_{i=1}^{n} x_i = \frac{1}{n}\sum_{j=1}^{m} h_j \cdot a_j = \sum_{j=1}^{m} r_j \cdot a_j \tag{2.5}$$

das **arithmetische Mittel (der Mittelwert** oder **Durchschnittswert)** der Stichprobe. Oft nennt man $\bar{x}$ *den* Mittelwert und läßt den Zusatz arithmetisch einfach weg.

Falls die Werte nur in Form einer Urliste gegeben sind, wird zur Berechnung des Mittelwertes die erste Gleichung benutzt. Die zweite oder dritte Darstellung verwendet man bei Häufigkeitsverteilungen. Wegen

$$n \cdot \bar{x} = x_1 + x_2 + \ldots + x_n = \sum_{i=1}^{n} x_i \tag{2.6}$$

beschreibt das arithmetische Mittel immer die Gesamtsumme. Bei vielen Problemstellungen wird nur der Durchschnittswert $\bar{x}$ angegeben, z.B. der Pro-Kopf-Verbrauch oder das Durchschnittseinkommen. Multipliziert man diesen Durchschnittswert mit der Anzahl, bezüglich derer der Durchschnitt gebildet wurde, so erhält man den Gesamtverbrauch bzw. das Gesamteinkommen. Würde z. B. die gesamte Lohnsumme eines Betriebs unter allen Betriebsangehörigen gleichmäßig aufgeteilt, so müßte jede Person diesen Durchschnittswert erhalten.

Beispiel 2.5 (vgl. Beispiel 2.1):
Für die Anzahl der Kinder pro Familie in Beispiel 2.1 erhält man das arithmetische Mittel

$$\bar{x} = \frac{1}{50}(12 \cdot 0 + 17 \cdot 1 + 9 \cdot 2 + 6 \cdot 3 + 4 \cdot 4 + 2 \cdot 5) = 1{,}58\,.$$

Bei diesen 50 Familien beträgt die mittlere Kinderzahl also 1,58. Im Stabdiagramm in Bild 2.1 ist der Mittelwert $\bar{x} = 1{,}58$ bereits eingetragen.

Allgemein stellt in einem Stabdiagramm das arithmetische Mittel $\bar{x}$ den Abszissenwert des **Schwerpunkts** der Stäbe dar.

Mittelwert einer linear transformierten Stichprobe
Die Beobachtungswerte x_i werden durch

$$y_i = a + b x_i \quad \text{mit} \quad a, b \in \mathbb{R}$$

linear transformiert. Dann lautet der Mittelwert der transformierten Stichprobe $y = (y_1, y_2, \ldots, y_n)$

$$\bar{y} = \frac{1}{n}\sum_{i=1}^{n} y_i = \frac{1}{n}\sum_{i=1}^{n}(a+bx_i) = \frac{1}{n}\cdot n\cdot a + b\cdot \frac{1}{n}\sum_{i=1}^{n}x_i = a + b\cdot\bar{x}.$$

Damit transformiert sich auch der Mittelwert $\bar{y}$ nach dem gleichen Gesetz:

$$\overline{a+bx} = a + b\bar{x} \quad \text{für } a, b \in \mathbb{R}. \tag{2.7}$$

Aus einer **Klasseneinteilung** allein kann der Mittelwert nicht mehr exakt berechnet werden. In diesem Fall identifiziert man alle Werte einer Klasse mit der Klassenmitte und berechnet davon den Mittelwert. Dadurch erhält man einen Näherungswert für den tatsächlichen Mittelwert.

2.7.2 Median (Zentralwert)

Beispiel 2.6:
Neun Personen erhalten folgende Gehälter in DM:

2 200; 2 250; 2 480; 2 700; **2 750**; 2 930; 3 000; 3 100; 16 480.

Die Gehälter sind also bereits der Größe nach geordnet. Der Mittelwert $\bar{x} = \frac{37\,890}{9} = 4\,210$ liegt nicht im Zentrum der Stichprobenwerte. Links von ihm befinden sich 8 Werte, rechts davon jedoch nur ein einziger. Der sogenannte **Ausreißer** 16 480 zieht den Mittelwert stark nach oben.

Daher suchen wir nach einem Wert, der die Stichprobenwerte in zwei ungefähr gleich große Gruppen zerlegt. Weil der Stichprobenumfang ungerade ist, gibt es genau einen Stichprobenwert, welcher in der Mitte der geordneten Stichprobenwerte liegt, nämlich der fünfte Wert 2 750. Dieser Wert ist der sogenannte **Median** oder **Zentralwert** $\tilde{x}$ der Stichprobe, also $\tilde{x} = 2\,750$.

Wir nehmen noch einen weiteren Wert dazu und erhalten die Stichprobe

2 150; 2 200; 2 250; 2 480; **2 700**; **2 750**; 2 930; 3 000; 3 100; 16 480

vom Umfang $n = 10$ (gerade). Bei geradem Stichprobenumfang n gibt es keinen Einzelwert, sondern gleichzeitig zwei Stichprobenwerte, die in der Mitte der geordneten Stichprobe liegen.

Bei geradem Stichprobenumfang nennt man die beiden in der Mitte der geordneten Stichprobe stehenden Stichprobenwerte **Mediane** (**Zentralwerte**). Man kann aber auch jeden zwischen diesen beiden Stichprobenwerten liegenden Zahlenwert als Median bezeichnen. Dann spricht man vom **Medianintervall** $[2\,700; 2\,750]$.

Um den Median eindeutig festzulegen, gibt man oft die Mitte des Medianintervalls an, hier also den Wert $\tilde{x} = 2\,725$.

Der **Median** oder **Zentralwert** $\tilde{x}$ einer Beobachtungsreihe kann jeweils durch eine der beiden gleichwertigen Eigenschaften erklärt werden:

a) Mindestens die Hälfte der Beobachtungswerte sind kleiner oder gleich und mindestens die Hälfte größer oder gleich dem Median $\tilde{x}$.

b) Höchstens die Hälfte der Beobachtungswerte sind kleiner und höchstens die Hälfte größer als der Median $\tilde{x}$.

Der Median kann nur von **ordinal** oder **metrisch skalierten Merkmalen** berechnet werden. Weil die Merkmalsausprägungen zur Bestimmung des Medians in einer Reihenfolge angeordnet werden, muß eine Rangordnung (Größer-Kleiner-Beziehung) vorgegeben sein.

Zunächst werden die Beobachtungswerte der Größe (Rangordnung) nach geordnet. Diese geordneten Werte bezeichnet man der Reihe nach mit

$$x_{(1)} \leq x_{(2)} \leq x_{(3)} \leq \ldots \leq x_{(n)} .$$

Definition 2.4 (Median):
Die Stichprobenwerte werden bezüglich der Rangordnung (der Größe nach) angeordnet.
Bei **ungeradem n** ist der **Median (Zentralwert)** $\tilde{x}$ der in der Mitte der geordneten Reihe stehende Beobachtungswert, also

$$\tilde{x} = x_{\left(\frac{n+1}{2}\right)}, \quad \text{falls n ungerade ist.} \tag{2.8}$$

Bei **geradem n** erfüllt jeder Merkmalswert zwischen $x_{\left(\frac{n}{2}\right)}$ und $x_{\left(\frac{n}{2}+1\right)}$ einschließlich der Grenzen die Bedingung eines Medians. Dann ist jeder Merkmalswert zwischen diesen Werten **Median**.
Bei **stetigen metrisch skalierten** Merkmalen wählt man häufig das arithmetische Mittel der beiden mittleren Stichprobenwerte als Median, also

$$\tilde{x} = \frac{1}{2} \cdot \left(x_{\left(\frac{n}{2}\right)} + x_{\left(\frac{n}{2}+1\right)} \right) \quad \text{für gerades n.} \tag{2.9}$$

Diese Mittelwertbildung ist allerdings bei nur ordinalen Merkmalen nicht möglich.

Bestimmung des Medians aus einer Häufigkeitstabelle

a) Springt die relative Summenhäufigkeit bei einem Merkmalswert von unter 0,5 auf über 0,5, so ist dieser Merkmalswert der Median.

b) Ist die relative Summenhäufigkeit eines Merkmalswerts gleich 0,5, so ist jeder Wert zwischen diesem und dem nächstgrößeren Merkmalswert Median.

Beispiel 2.7 (vgl. Beispiel 2.1):
In der nachfolgenden Tabelle 2.4 springt beim Merkmalswert 1 die relative Summenhäufigkeit erstmals auf über 0,5. Daher ist $\tilde{x} = 1$ der Median der Anzahl der Kinder bei den 50 Familien aus Beispiel 2.1.

Anzahl der Kinder	relative Häufigkeit	relative Summenhäufigkeit	
0	0,24	0,24	
1	0,34	0,58	$\leftarrow \tilde{x}$
2	0,18	0,76	
3	0,12	0,88	
4	0,08	0,96	
5	0,04	1,00	

Tab. 2.4: Bestimmung des Medians aus einer Häufigkeitstabelle

Beispiel 2.8:
In der nachfolgenden Häufigkeitstabelle (Tab. 2.5) ist beim Merkmalswert 20 die relative Summenhäufigkeit gleich 0,5. Daher sind 20 und 25 gleichzeitig Mediane.

a_j	relative Häufigkeit	relative Summenhäufigkeit	
10	0,18	0,18	
20	0,32	0,50	$\leftarrow \tilde{x}$
25	0,41	0,91	$\leftarrow \tilde{x}$
30	0,09	1,00	

Tab. 2.5: Bestimmung des Medians aus einer Häufigkeitstabelle

Bestimmung des Medians aus der empirischen Verteilungsfunktion
Die Bestimmung des Medians aus der Häufigkeitstabelle ergibt unmittelbar die folgende Eigenschaft:

a) Falls die empirische Verteilungsfunktion auf einer Treppenstufe den Wert 0,5 annimmt, sind dieser Merkmalswert und der nächstgrößere Mediane.
b) Wenn die empirische Verteilungsfunktion den Wert 0,5 nicht annimmt, ist der Median gleich dem kleinsten Merkmalswert, an dem die Verteilungsfunktion größer als 0,5 ist.

Beispiel 2.9:
In der nachfolgenden empirischen Verteilungsfunktion auf der linken Seite erhält man die Mediane 3 und 4 bzw. das Medianintervall [3;4]. Im Bild auf der rechten Seite ist der Median $\tilde{x} = 3$ eindeutig bestimmt.

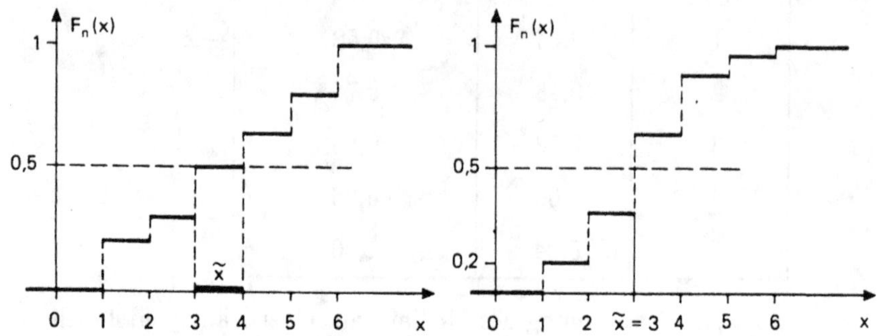

Bild 2.6: Bestimmung des Medians aus der Verteilungsfunktion

Median bei Klasseneinteilungen
Aus einer Klasseneinteilung allein läßt sich der Median nicht mehr exakt bestimmen. Man kann nur diejenige Klasse feststellen, in welcher der Median enthalten ist. Als Näherungswert für den Median wählen wir denjenigen Wert, an dem die klassierte Verteilungsfunktion aus Abschnitt 2.6 den Wert $\frac{1}{2}$ annimmt. Das ist diejenige Stelle, die das Histogramm der relativen Klassenhäufigkeiten (vgl. Bild 2.3) in zwei gleich große Bereiche mit dem jeweiligen Flächeninhalt 0,5 teilt.

Eigenschaften des Medians
Im Gegensatz zum Mittelwert liegt der Median immer im Zentrum der geordneten Stichprobenwerte. Er ist unempfindlich gegenüber Ausreißern.

Der Median kann nicht nur bei metrisch skalierten, sondern auch bei **ordinalen** qualitativen Merkmalen berechnet werden, bei denen die Berechnung des arithmetischen Mittels gar nicht möglich ist. Zur Bestimmung des Medians benötigt man nur eine Anordnung (Rangreihenfolge) wie z. B. bei den Handelsklassen bestimmter Lebensmittel.

2.7.3 Harmonisches Mittel

Falls ein Autofahrer immer die gleichen Zeiten mit jeweils konstanten Geschwindigkeiten fährt, ist die Durchschnittsgeschwindigkeit das arithmetische Mittel der Einzelgeschwindigkeiten. Diese Mittelwertbildung darf jedoch nicht mehr benutzt werden, wenn gleich oder gar verschieden lange Strecken mit verschiedenen Geschwindigkeiten gefahren werden. Dazu das

Beispiel 2.10:
Ein Autofahrer möchte eine Strecke von 450 km fahren. Für die Zeitplanung geht er von folgender Vorstellung aus: jeweils ein Drittel der Strecke möchte er mit den konstanten Geschwindigkeiten (in km/h) $x_1 = 150$, $x_2 = 100$ und $x_3 = 75$ fahren. Gesucht ist die Durchschnittsgeschwindigkeit bei Einhaltung dieser Bedingungen. In Tab. 2.6 sind die für die einzelnen Strecken benötigten Zeiten angegeben.

Streckenlänge	Durchschnittsgeschwindigkeit in $\frac{km}{h}$	benötigte Zeit in Stunden
150	150	1
150	100	1,5
150	75	2

Tab. 2.6: Tabelle zur Berechnung des harmonischen Mittels

Für die Gesamtstrecke 450 km werden 4,5 Stunden benötigt. Daraus erhält man die Durchschnittsgeschwindigkeit

$$\bar{x}_h = \frac{450}{4{,}5} = 100 \text{ km/h}.$$

Dieser Durchschnittswert ist kleiner als das arithmetische Mittel der drei Einzelgeschwindigkeiten

$$\bar{x} = \frac{1}{3}(150 + 100 + 75) = \frac{325}{3} \approx 108{,}33\,.$$

Die Durchschnittsgeschwindigkeit kann folgendermaßen dargestellt werden:

$$\begin{aligned}\bar{x}_h &= \frac{450}{4{,}5} = \frac{450}{\frac{150}{150} + \frac{150}{100} + \frac{150}{75}} = \frac{1}{\frac{150}{450}\left(\frac{1}{150} + \frac{1}{100} + \frac{1}{75}\right)} \\ &= \frac{1}{\frac{1}{3}\left(\frac{1}{150} + \frac{1}{100} + \frac{1}{75}\right)}.\end{aligned}$$

Im Nenner dieses Bruches steht das arithmetische Mittel der reziproken Stichprobenwerte $\frac{1}{x_1}$, $\frac{1}{x_2}$ und $\frac{1}{x_3}$.

Man nennt $\bar{x}_h$ das **harmonische Mittel** der Beobachtungswerte.

Definition 2.5 (harmonisches Mittel):
Das **harmonische Mittel** der Stichprobe $(x_1, x_2, \ldots, x_n)$ mit $x_i \neq 0$ für alle i ist erklärt durch

$$\bar{x}_h = \frac{n}{\sum\limits_{i=1}^{n} \frac{1}{x_i}} = \frac{1}{\frac{1}{n}\sum\limits_{i=1}^{n} \frac{1}{x_i}} . \tag{2.10}$$

Das harmonische Mittel ist der Kehrwert (reziproke Wert) des arithmetischen Mittels der reziproken Beobachtungswerte $\frac{1}{x_i}$, $i = 1, 2, \ldots, n$.

Beispiel 2.11 (Durchschnittspreis beim Kauf für gleiche Beträge zu verschiedenen Preisen):
Von einer Ware werde n-mal zu verschiedenen Preisen für den gleichen Betrag c gekauft. Zwischen den gekauften Mengen M_i und den zugehörigen Preisen p_i pro Mengeneinheit gilt also die Beziehung $M_i \cdot p_i = c$ (konstant). In Abhängigkeit vom Preis betragen die Kaufmengen $M_i = \frac{c}{p_i}$.
Damit gilt:

$$\text{Gesamtpreis: } n \cdot c; \quad \text{Gesamtmenge: } M = \sum_{i=1}^{n} M_i = \sum_{i=1}^{n} \frac{c}{p_i} .$$

Hieraus erhält man den Durchschnittspreis

$$\frac{n \cdot c}{M} = \frac{n}{\frac{1}{p_1} + \frac{1}{p_2} + \ldots + \frac{1}{p_n}} = \frac{1}{\frac{1}{n}\left(\frac{1}{p_1} + \frac{1}{p_2} + \ldots + \frac{1}{p_n}\right)} = \bar{p}_h .$$

Beim Kauf zu verschiedenen Preisen für **jeweils gleiche Beträge** ist der Durchschnittspreis das **harmonische Mittel** der n Einzelpreise.

2.7.4 Geometrisches Mittel

Beispiel 2.12 (mittlere Preissteigerung):
Während n Jahren stiegen die Preise für eine bestimmte Ware der Reihe nach um $p_1, p_2, \ldots, p_n\%$. Prozentuale Preissteigerung bedeutet dabei, daß der zu Beginn des i-ten Jahres gültige Preis am Ende des Jahres mit dem Preissteigerungsfaktor $q_i = 1 + p_i/100$ multipliziert werden muß. Mit dem Ausgangspreis A erhält man damit nach n Jahren den Endpreis

$$E_1 = A \cdot q_1 \cdot q_2 \cdot \ldots \cdot q_n .$$

Die durchschnittliche (mittlere) Preissteigerung p ist diejenige jährlich konstante Preissteigerung, die nach n Jahren zum gleichen Endpreis geführt hätte wie die verschiedenen Preissteigerungen. Mit dem Steigerungsfaktor $q = 1 + p/100$ erhält man den Endpreis

$$E_2 = A \cdot q^n .$$

Gleichsetzen von E_1 und E_2 ergibt

$$q^n = q_1 \cdot q_2 \cdot \ldots \cdot q_n\,; \qquad q = \sqrt[n]{q_1 \cdot q_2 \cdot \ldots \cdot q_n}\,.$$

Der mittlere Preissteigerungsfaktor q ist das sogenannte **geometrische Mittel** der einzelnen Preissteigerungsfaktoren. Hieraus erhält man die mittlere prozentuale Preissteigerung als $100 \cdot (q-1)$ %.

Definition 2.6 (geometrisches Mittel):
Das **geometrische Mittel** der n positiven Beobachtungswerte $x_1, x_2, \ldots, x_n$ ist erklärt durch

$$\bar{x}_g = \sqrt[n]{x_1 \cdot x_2 \cdot \ldots \cdot x_n}\,. \tag{2.11}$$

Mit Hilfe des geometrischen Mittels können durchschnittliche Wachstumsfaktoren berechnet werden.

2.7.5 Vergleich der verschiedenen Mittelwerte

Es gibt keine allgemeine Ungleichung zwischen dem arithmetischen Mittel und dem Median. Einmal kann der eine Wert, ein anderes Mal der andere größer sein. Der Grund dafür ist die Empfindlichkeit des arithmetischen Mittels gegenüber Ausreißern.

Falls alle Stichprobenwerte positiv sind, können das arithmetische, das geometrische und das harmonische Mittel miteinander verglichen werden. Wenn alle n Stichprobenwerte übereinstimmen, sind diese drei Mittelwerte gleich, also

$$\bar{x}_h = \bar{x}_g = \bar{x} = x_1 \quad \text{für } x_1 = x_2 = \ldots = x_n > 0\,. \tag{2.12}$$

Falls nicht alle n Werte der Beobachtungsreihe gleich, also mindestens zwei Beobachtungswerte voneinander verschieden und alle $x_i > 0$ sind, gilt allgemein

$$\bar{x}_h < \bar{x}_g < \bar{x}\,. \tag{2.13}$$

2.8 Quantile und Quartile

Der Median einer Stichprobe ist dadurch charakterisiert, daß mindestens 50 % aller Beobachtungswerte diesen Wert nicht übersteigen und mindestens 50 % der Werte diesen nicht unterschreiten. Bei vielen Problemen möchte man jedoch wissen, wie viele der Beobachtungswerte zu den 10 oder 20 % kleinsten bzw. größten Beobachtungswerten gehören. Falls jemand in einer Prüfung zu den 10 % besten gehört, liegt dessen Leistung unter den 10 % größten Werten der Zensuren. Eine schlechtere Note müssen dann mindestens 90 % der Teilnehmer haben. Bei der Untersuchung der

Studiendauer interessiert man sich oft für die maximale Semesteranzahl der 90 % Studierenden, die das Studium zuerst beenden, also für die maximale Studienzeit der 90 % "am schnellsten Studierenden".

Definition 2.7 (Quantil):
Für $0 \leq q \leq 1$ wird ein **q-Quantil** (**q-Fraktil**) $\tilde{x}_q$ durch die beiden gleichwertigen Eigenschaften definiert:

a) Mindestens $100 \cdot q$ % der Beobachtungswerte sind kleiner oder gleich $\tilde{x}_q$ und mindestens $100 \cdot (1-q)$ % größer oder gleich $\tilde{x}_q$.

b) Höchstens $100 \cdot q$ % der Beobachtungswerte sind kleiner als $\tilde{x}_q$ und höchstens $100 \cdot (1-q)$ % größer als $\tilde{x}_q$.

Falls ein q-Quantil mit keinem Beobachtungswert übereinstimmt, teilt es die aufsteigend geordnete Beobachtungsreihe im Verhältnis q zu $1-q$.

Es gilt $\tilde{x} = \tilde{x}_{0,5}$.

Wie der Median können Quantile nur von **ordinal** oder **metrisch skalierten** Merkmalen berechnet werden.

Die Beobachtungswerte seien der Größe nach geordnet durch

$$x_{(1)} \leq x_{(2)} \leq x_{(3)} \leq \ldots \leq x_{(n)} .$$

Dann kann das **q-Quantil** oder das **100 q %-Quantil** $\tilde{x}_q$ folgendermaßen bestimmt werden:

1. Fall: nq sei **nicht ganzzahlig**. Es sei k die auf nq folgende ganze Zahl, d. h. die kleinste ganze Zahl, welche größer als nq ist. Dann gilt

$$\tilde{x}_q = x_{(k)}\,;\ k = \text{kleinste ganze Zahl mit } k > nq \text{ (nicht ganzzahlig).}$$

2. Fall: $nq = k$ sei **ganzzahlig**. Dann sind sowohl $x_{(k)}$ als auch $x_{(k+1)}$ und jeder dazwischen liegende Merkmalswert q-Quantile. Bei **stetigen metrisch skalierten** Merkmalen benutzt man oft das arithmetische Mittel dieser beiden Stichprobenwerte, um das Quantil eindeutig festzulegen, also

$$\tilde{x}_q = \frac{1}{2} \cdot \left(x_{(k)} + x_{(k+1)}\right) \quad \text{für} \quad k = nq \ \text{(ganzzahlig).}$$

Bei **ordinalen** Merkmalen ist die Mittelwertsbildung nicht möglich.

Im Falle $q = 0{,}25$ und $q = 0{,}75$ nennt man die Quantile auch **Quartile**.

$\tilde{x}_{0,25}$ heißt das **untere** und $\tilde{x}_{0,75}$ das **obere Quartil**.

2.9 Streuungsmaße (Abweichungsmaße)

Bei quantitativen metrisch skalierten Merkmalen lassen die Mittelwerte aus Abschnitt 2.7 allein keine Aussage darüber zu, ob alle oder wenigstens die meisten der Beobachtungswerte in ihrer Nähe oder weiter weg liegen. Oft möchte man jedoch gerne wissen, wie stark die Werte der Beobachtungsreihe um diese Lageparameter streuen. Die Abweichungen der Beobachtungswerte von einem Lageparameter werden durch sogenannte **Streuungsparameter** (**Streuungsmaße**) beschrieben. Diese können allerdings nur von Beobachtungswerten quantitativer Merkmale berechnet werden, deren Ausprägungen metrisch skaliert sind (reelle Zahlen). Je kleiner diese Streuungsmaße sind, umso besser wird die Häufigkeitsverteilung durch den entsprechenden Lageparameter beschrieben.

2.9.1 Mittlere Abstände

Mittlere Abstände lassen sich nur bei kardinalen Merkmalen bestimmen. Von einem festen Zahlenwert c hat der Beobachtungswert x_i den Abstand $|x_i - c|$. Der **mittlere Abstand** (**mittlere absolute Abweichung**) von c ist

$$d_c = \frac{1}{n} \sum_{i=1}^{n} |x_i - c|. \tag{2.14}$$

Für $c = \bar{x}$ erhält man den **mittleren Abstand vom Mittelwert** $\bar{x}$ als

$$d_{\bar{x}} = \frac{1}{n} \sum_{i=1}^{n} |x_i - \bar{x}|; \tag{2.15}$$

$c = \tilde{x}$ ergibt den **mittleren Abstand vom Median**

$$d_{\tilde{x}} = \frac{1}{n} \sum_{i=1}^{n} |x_i - \tilde{x}|. \tag{2.16}$$

Allgemein kann folgende Ungleichung bewiesen werden:

$$d_{\tilde{x}} \leq d_c \quad \text{für jedes } c \in \mathbb{R}. \tag{2.17}$$

Der mittlere Abstand ist also bezüglich des Medians am kleinsten. Insbesondere gilt (s. Bosch, K. [1992], S. 23ff.)

$$d_{\tilde{x}} \leq d_{\bar{x}}. \tag{2.18}$$

2.9.2 Varianz und Standardabweichung

Die mittleren absoluten Abweichungen $d_{\bar{x}}$ und $d_{\tilde{x}}$ lassen sich zwar einfach berechnen und beschreiben die Abweichungen der Beobachtungswerte vom jeweiligen Mittel auch ganz gut. In der beurteilenden Statistik sind diese Parameter jedoch für Hochrechnungen auf umfangreichere Grundgesamtheiten nicht geeignet. Aus diesem Grund ist das wohl am häufigsten benutzte Streuungsmaß die Varianz bzw. die Standardabweichung. Diese Streuungsparameter haben in der beurteilenden Statistik große Bedeutung.

Definition 2.8 (Varianz und Standardabweichung):
Die **(empirische) Varianz** s^2 einer Stichprobe $x_1, \ldots, x_n$ ist erklärt durch

$$s^2 = \frac{1}{n-1}\sum_{i=1}^{n}(x_i - \bar{x})^2 . \tag{2.19}$$

$s = +\sqrt{s^2}$ heißt die **Standardabweichung** oder **Streuung**.

Durch Ausquadrieren erhält man mit $\sum_{i=1}^{n} x_i = n\bar{x}$

$$\begin{aligned}\sum_{i=1}^{n}(x_i - \bar{x})^2 &= \sum_{i=1}^{n}(x_i^2 - 2x_i\bar{x} + \bar{x}^2) = \sum_{i=1}^{n} x_i^2 - 2\bar{x}\sum_{i=1}^{n} x_i + n\bar{x}^2 \\ &= \sum_{i=1}^{n} x_i^2 - n\bar{x}^2 .\end{aligned}$$

Division durch $n-1$ liefert die für die praktische Rechnung nützliche Formel

$$s^2 = \frac{1}{n-1}\sum_{i=1}^{n}(x_i - \bar{x})^2 = \frac{1}{n-1}\left[\sum_{i=1}^{n} x_i^2 - n\bar{x}^2\right]. \tag{2.20}$$

Wenn alle Stichprobenwerte in der Nähe des Mittelwertes $\bar{x}$ liegen, ist die Varianz s^2 und damit auch die Standardabweichung s klein. Die Varianz verschwindet nur dann, wenn sämtliche n Beobachtungswerte übereinstimmen, also nur für $x_1 = x_2 = \ldots = x_n$.

Bemerkung:
Zunächst wäre es naheliegend, bei der Varianz nicht durch $n-1$, sondern durch n zu dividieren, also die mittlere quadratische Abweichung

$$\hat{s}^2 = \frac{1}{n}\sum_{i=1}^{n}(x_i - \bar{x})^2 = \frac{n-1}{n}s^2 < s^2 \tag{2.21}$$

zu benutzen. In der beurteilenden Statistik hat jedoch s^2 eine größere Anwendungsmöglichkeit als $\hat{s}^2$. Wegen $s^2 > \hat{s}^2$ verwendet man einen Ausdruck, der etwas größer ist als die mittlere quadratische Abweichung.

Anstelle der Abstandsquadrate vom Mittelwert $\bar{x}$ könnte man auch Abweichungsquadrate bezüglich einer beliebigen reellen Zahl c wählen, also

$$\frac{1}{n-1}\sum_{i=1}^{n}(x_i - c)^2. \tag{2.22}$$

Für jede beliebige Zahl c erhält man

$$\begin{aligned}\sum_{i=1}^{n}(x_i - c)^2 &= \sum_{i=1}^{n}[(x_i - \bar{x}) + (\bar{x} - c)]^2 \\ &= \sum_{i=1}^{n}(x_i - \bar{x})^2 + 2\underbrace{\sum_{i=1}^{n}(x_i - \bar{x})\cdot(\bar{x} - c)}_{=0} + n\cdot(\bar{x} - c)^2 .\end{aligned}$$

Es gilt also der

Steinersche Verschiebungssatz:

$$\sum_{i=1}^{n}(x_i-c)^2=\sum_{i=1}^{n}(x_i-\overline{x})^2+n\cdot(\overline{x}-c)^2 \quad \text{für jede Konstante c.} \qquad (2.23)$$

Für $c=\widetilde{x}$ erhält man hieraus

$$\frac{1}{n-1}\sum_{i=1}^{n}(x_i-\widetilde{x})^2>\frac{1}{n-1}\sum_{i=1}^{n}(x_i-\overline{x})^2=s^2 \quad \text{für } \widetilde{x}\neq\overline{x}. \qquad (2.24)$$

Die mittleren quadratischen Abweichungen sind nach dem Steinerschen Verschiebungssatz bezüglich des Mittelwerts $\overline{x}$ minimal im Gegensatz zu den mittleren absoluten Abweichungen, bei denen das Minimum beim Median $\widetilde{x}$ angenommen wird.

Beispiel 2.13 (vgl. Beispiele 2.1 und 2.5):
In Beispiel 2.1 erhält man die Varianz

$$s^2=\frac{1}{49}(12\cdot 0^2+17\cdot 1^2+9\cdot 2^2+6\cdot 3^2+4\cdot 4^2+2\cdot 5^2-50\cdot 1{,}58^2)\approx 1{,}9629.$$

Varianz einer linear transformierten Stichprobe
Die Beobachtungsreihe $x_1, x_2, \dots, x_n$ besitze den Mittelwert $\overline{x}$ und die Varianz s_x^2. Die linear transformierte Reihe $y_i=a+bx_i$ für $i=1,2,\dots,n$ mit $a,b\in\mathbb{R}$ hat dann wegen $\overline{y}=a+b\overline{x}$ die Varianz

$$\begin{aligned} s_y^2 &= \frac{1}{n-1}\sum_{i=1}^{n}(y_i-\overline{y})^2=\frac{1}{n-1}\sum_{i=1}^{n}(a+bx_i-a-b\overline{x})^2 \\ &= b^2\cdot\frac{1}{n-1}\sum_{i=1}^{n}(x_i-\overline{x})^2=b^2\cdot s_x^2\,. \end{aligned}$$

Damit gilt allgemein

$$s_{a+bx}^2=b^2\cdot s_x^2;\quad s_{a+bx}=|b|\cdot s_x \quad \text{für } a,b\in\mathbb{R}. \qquad (2.25)$$

Eine Parallelverschiebung (a beliebig, $b=1$) ändert also die Varianz und Standardabweichung nicht. Falls alle Stichprobenwerte mit b multipliziert werden, ändert sich die Varianz um den Faktor b^2 und die Standardabweichung um den Faktor $|b|$, also um den Betrag von b.

Allgemein kann man zeigen, daß für $s>0$ die mittlere absolute Abweichung $d_{\overline{x}}$ kleiner als die Standardabweichung s ist, also

$$d_{\overline{x}}=\frac{1}{n}\sum_{i=1}^{n}|x_i-\overline{x}|<\sqrt{\frac{1}{n-1}\sum_{i=1}^{n}(x_i-\overline{x})^2}=s \quad \text{für } s>0 \qquad (2.26)$$

gilt. Daher ist die Standardabweichung s ein geeignetes Abweichungsmaß.

2.10 Aufgaben

Aufgabe 2.1:
Bei 11 Personen wurde der Intelligenzquotient gemessen. Dabei ergaben sich die Werte

90; 111; 82; 115; 95; 103; 121; 74; 116; 124; 78.

Berechnen Sie das arithmetische Mittel, den Median und die Standardabweichung der Stichprobe.

Aufgabe 2.2:
Eine kleine Pension verfügt über 10 Betten. Während eines Jahres wurde registriert, wie viele Betten täglich belegt waren. Dabei ergaben sich folgende Häufigkeiten:

belegte Betten	0	1	2	3	4	5	6	7	8	9	10
Häufigkeit	0	3	9	15	31	39	49	47	54	57	61

a) Zeichnen Sie ein Stabdiagramm für die relativen Häufigkeiten.

b) Skizzieren Sie die empirische Verteilungsfunktion.

c) Bestimmen Sie das arithmetische Mittel und den Median.

d) Berechnen Sie die Standardabweichung.

Aufgabe 2.3:
Von der Stichprobe

Werte	-1	0	2
absolute Häufigkeiten	9	h_2	h_3

seien die beiden absoluten Häufigkeiten h_2 und h_3 unbekannt. Man kennt jedoch das arithmetische Mittel $\overline{x} = 1$ und die Varianz $s^2 = 1{,}56$. Berechnen Sie hieraus h_2 und h_3.

Aufgabe 2.4:
Es seien $x = (x_1, x_2, \dots, x_n)$ und $y = (y_1, y_2, \dots, y_n)$ zwei Stichproben vom gleichen Umfang n. Durch $(x_1 + y_1, \dots, x_n + y_n)$ wird die Summe $x + y$ zweier Stichproben vom gleichen Umfang n erklärt.

a) Zeigen Sie, daß für das arithmetische Mittel allgemein gilt

$$\overline{x + y} = \overline{x} + \overline{y}.$$

b) Geben Sie ein Gegenbeispiel an, aus dem hervorgeht, daß die Additivität für die Varianzen nicht gilt.

Aufgabe 2.5:
Gegeben ist die Klasseneinteilung

Klasse	Klassenhäufigkeit
$K_1 = (0;200]$	10
$K_2 = (200;400]$	21
$K_3 = (400;500]$	21
$K_4 = (500;600]$	20
$K_5 = (600;800]$	19
$K_6 = (800;1\,000]$	9

a) Zeichnen Sie ein flächenproportionales Histogramm für die relativen Klassenhäufigkeiten.

b) Zeichnen Sie die klassierte Verteilungsfunktion.

c) Bestimmen Sie Näherungswerte für den Mittelwert und den Median.

d) Bestimmen Sie Näherungswerte für das 10 %- und das 95 %-Quantil.

Aufgabe 2.6:
Bei einer Klausur erreichten 50 Studierende folgende Punktzahlen:
18, 15, 12, 16, 8, 4, 9, 19, 6, 10, 20, 14, 13, 11, 16, 7, 15, 17, 10, 3, 9, 6, 12, 17, 8, 11, 14, 18, 5, 13, 11, 14, 12, 13, 7, 12, 14, 5, 13, 6, 18, 13, 16, 11, 15, 15, 12, 8, 17, 12.

a) Bestimmen Sie das arithmetische Mittel, den Median und die Standardabweichung der Stichprobe.

b) Für die Benotung gelte folgender Schlüssel:

Punkte	0 – 4	5 – 8	9 – 12	13 – 16	17 – 18	19 – 20
Zensur	6	5	4	3	2	1

Zeichnen Sie mit dieser Klasseneinteilung ein flächenproportionales Histogramm für die relativen Häufigkeiten der Punkte.

c) Berechnen Sie das arithmetische Mittel und den Median der Zensuren.

Aufgabe 2.7:
In einem bestimmten Land betrug die Inflationsrate (in %) während 10 Jahren der Reihe nach

3,6; 4,5; 5,2; 4,8; 4,7; 3,9; 3,2; 3,5; 3,9; 4,2.

Berechnen Sie die mittlere Inflationsrate pro Jahr.

Aufgabe 2.8:
Ein Spekulant kaufte eine Aktie zum Kurswert von 500 DM. Nach einem Jahr stieg sie um 20 Prozent auf 600 DM, in nächsten Jahr fiel sie um 10 Prozent auf 540 DM, danach fiel sie um 15 Prozent auf 459 DM, im letzten Jahr stieg sie um 10 Prozent auf 504,9 DM.

a) Berechnen Sie das arithmetische Mittel der prozentualen Steigerungen.

b) Um wieviel Prozent ist die Aktie im Mittel pro Jahr gestiegen?

Aufgabe 2.9:
Auf je einer von vier unterschiedlich modernen Maschinen werden Werkstücke gefertigt. Die Bearbeitungszeiten (in Minuten pro Stück) sind in der nachfolgenden Tabelle zusammengestellt:

Maschine	1	2	3	4
Bearbeitungszeit	15	20	30	40

Berechnen Sie durch eine geeignete Mittelwertsberechnung die durchschnittlichen Herstellungszeiten, falls

a) auf jeder Maschine die gleiche Anzahl hergestellt wird;

b) jede Maschine gleich lang im Einsatz ist;

c) auf den Maschinen 1, 2, 3 und 4 der Reihe nach

$s_1 = 300$, $s_2 = 250$, $s_3 = 250$ und $s_4 = 200$ Stück hergestellt werden.

Lösen Sie die Aufgaben a) – c) für den allgemeinen Fall, wo n Maschinen die Bearbeitungszeiten t_i benötigen und im Teil c) die Stückzahlen s_i herstellen für $i = 1, 2, \ldots, n$.

Aufgabe 2.10:
Ein Autofahrer möchte die Strecke Stuttgart - München mit der konstanten Geschwindigkeit 150 km/h fahren. Die Rückfahrt möchte er konstant mit 120 km/h fahren. Bestimmen Sie die Durchschnittsgeschwindigkeit, falls auf beiden Strecken die geplanten Geschwindigkeiten eingehalten werden.

Aufgabe 2.11:
Eine Stichprobe vom Umfang $n = 50$ besitzt den Mittelwert $\bar{x} = 502{,}8$, den Median $\tilde{x} = 499{,}2$ und die Varianz $s^2 = 132{,}5$. Bestimmen Sie hieraus die mittlere quadratische Abweichung vom Median, also den Zahlenwert

$$\frac{1}{n} \sum_{i=1}^{n} (x_i - \tilde{x})^2 .$$

Kapitel 3: Zweidimensionale (verbundene) Stichproben

An n Merkmalsträgern werden gleichzeitig die Ausprägungen zweier verschiedener Merkmale festgestellt. Beim i-ten Merkmalsträger erhält man dabei ein Paar (x_i, y_i) von zwei Merkmalsausprägungen. Da beide Merkmalsausprägungen x_i und y_i jeweils am gleichen Individuum festgestellt werden, gehören sie zusammen. Man nennt sie auch **verbundene Werte**. Die Gesamtheit aller n Paare bilden die **zweidimensionale Stichprobe** (**Beobachtungsreihe** oder **Urliste**)

$$(x, y) = ((x_1, y_1), (x_2, y_2), \ldots, (x_n, y_n)).$$

Die n Wertepaare können in einer Tabelle übersichtlich dargestellt werden:

Beobachtungseinheit	1	2	...	i	...	n
Ausprägung des ersten Merkmals	x_1	x_2	...	x_i	...	x_n
Ausprägung des zweiten Merkmals	y_1	y_2	...	y_i	...	y_n

Betrachtet man jeweils nur eines der beiden Merkmale, so erhält man die beiden eindimensionalen Stichproben

$$x = (x_1, x_2, \ldots, x_n) \quad \text{und} \quad y = (y_1, y_2, \ldots, y_n),$$

die sogenannten **Randstichproben**, von denen die in Kapitel 2 eingeführten Größen berechnet werden können.

3.1 Streuungsdiagramme

Beispiel 3.1:
Von 20 Personen wurde die Körpergröße x (in cm) und das Körpergewicht y (in kg) festgestellt. Die auf ganze Zahlen gerundeten Meßwerte sind in der nachfolgenden Tabelle zusammengestellt.

Person	1	2	3	4	5	6	7	8	9	10
Größe	170	162	171	178	175	165	169	173	182	176
Gewicht	74	61	68	81	73	62	71	73	83	78

	11	12	13	14	15	16	17	18	19	20
	160	167	171	163	179	170	173	168	177	166
	59	69	72	65	76	75	71	72	75	71

Die 20 Zahlenpaare werden als Punkte in einem kartesischen Koordinatensystem eingezeichnet. Auf der Abszissenachse wird die Körpergröße, auf der Ordinatenachse das Gewicht abgetragen. Der i-te Merkmalsträger liefert das Wertepaar (x_i, y_i), das in Bild 3.1 als Punkt in der zweidimensionalen Zahlenebene dargestellt wird. Damit kann die zweidimensionale Stichprobe als Punktwolke dargestellt werden. Eine solche Darstellung heißt **Streuungsdiagramm.**

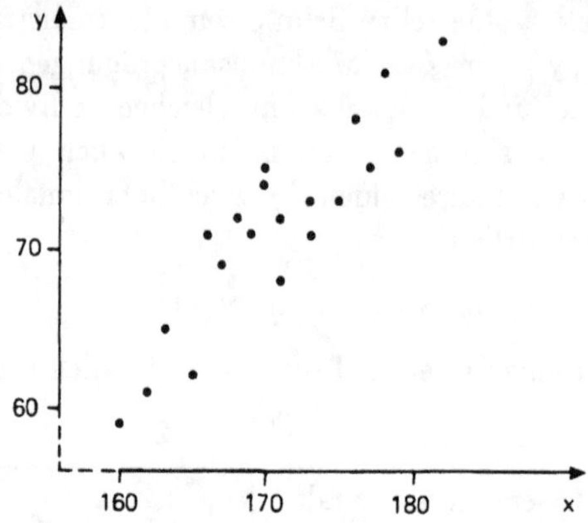

Bild 3.1: Streuungsdiagramm

Die Darstellung zweier kardinaler Merkmalsausprägungen in einem Streuungsdiagramm ist nur dann sinnvoll, wenn alle Paare (x_i, y_i) verschieden sind. Dies ist im allgemeinen bei stetigen Merkmalen der Fall, wenn nur genau genug gemessen wird. Bei der ganzzahligen Rundung werden bei sehr großem Umfang n manche Paare übereinstimmen. Dann müßte an dem entsprechenden Punkt die Häufigkeit angegeben oder eine andere graphische Darstellung verwendet werden.

3.2 Kontingenztafeln (Häufigkeitstabellen)

Beide Merkmale seien diskret und sollen nur endlich viele verschiedene Ausprägungen besitzen. Die Ausprägungen des ersten Merkmals bezeichnen wir mit $a_1, a_2, \ldots, a_m$, die des zweiten mit $b_1, b_2, \ldots, b_l$. Insgesamt gibt es dann ml verschiedene geordnete Paare, nämlich

$$(a_j, b_k) \quad \text{für} \quad j = 1, 2, \ldots, m \quad \text{und} \quad k = 1, 2, \ldots, l.$$

Jedes Paar (x_i, y_i) der verbundenen Stichprobe muß dann mit einem dieser Paare übereinstimmen. Die Anzahl der Beobachtungspaare (x_i, y_i), welche gleich (a_j, b_k) sind, ist die **absolute Häufigkeit** von (a_j, b_k). Wir bezeichnen sie mit

$$h_{jk} = h_n(a_j, b_k) \quad \text{für } j = 1, 2, \ldots, m\,; \ k = 1, 2, \ldots, l.$$

Division durch den Stichprobenumfang n ergibt die **relative Häufigkeit**

$$r_{jk} = r_n(a_j, b_k) = \frac{h_{jk}}{n}.$$

Für die Summen aller ml Häufigkeiten (Doppelsummen) gilt allgemein

$$\sum_{j=1}^{m}\sum_{k=1}^{l} h_{jk} = n; \qquad \sum_{j=1}^{m}\sum_{k=1}^{l} r_{jk} = 1.$$

Die absoluten bzw. relativen Häufigkeiten können in einem rechteckigen Schema, der sogenannten **Kontingenztafel**, übersichtlich dargestellt werden. Dazu trägt man in die erste Spalte die m Ausprägungen $a_1, a_2, \ldots, a_m$ des **Spaltenmerkmals** und in die erste Zeile die l Ausprägungen $b_1, b_2, \ldots, b_l$ des **Zeilenmerkmals** ein. So entstehen ml Plätze für die absoluten bzw. relativen Häufigkeiten h_{jk} bzw. r_{jk}. Diese werden an derjenigen Stelle eingetragen, an der sich die Zeile von a_j mit der Spalte von b_k kreuzt.

	b_1	b_2	$\ldots$	b_k	$\ldots$	b_l	Summe
a_1	h_{11}	h_{12}	$\ldots$	h_{1k}	$\ldots$	h_{1l}	$h_{1\cdot}$
a_2	h_{21}	h_{22}	$\ldots$	h_{2k}	$\ldots$	h_{2l}	$h_{2\cdot}$
$\vdots$	$\vdots$	$\vdots$		$\vdots$		$\vdots$	$\vdots$
a_j	h_{j1}	h_{j2}	$\ldots$	h_{jk}	$\ldots$	h_{jl}	$h_{j\cdot}$
$\vdots$	$\vdots$	$\vdots$		$\vdots$		$\vdots$	$\vdots$
a_m	h_{m1}	h_{m2}	$\ldots$	h_{mk}	$\ldots$	h_{ml}	$h_{m\cdot}$
Summe	$h_{\cdot 1}$	$h_{\cdot 2}$	$\ldots$	$h_{\cdot k}$	$\ldots$	$h_{\cdot l}$	$h_{\cdot\cdot} = n$

Tab. 3.1: Kontingenztafel für die absoluten Häufigkeiten

	b_1	b_2	$\ldots$	b_k	$\ldots$	b_l	Summe
a_1	r_{11}	r_{12}	$\ldots$	r_{1k}	$\ldots$	r_{1l}	$r_{1\cdot}$
a_2	r_{21}	r_{22}	$\ldots$	r_{2k}	$\ldots$	r_{2l}	$r_{2\cdot}$
$\vdots$	$\vdots$	$\vdots$		$\vdots$		$\vdots$	$\vdots$
a_j	r_{j1}	r_{j2}	$\ldots$	r_{jk}	$\ldots$	r_{jl}	$r_{j\cdot}$
$\vdots$	$\vdots$	$\vdots$		$\vdots$		$\vdots$	$\vdots$
a_m	r_{m1}	r_{m2}	$\ldots$	r_{mk}	$\ldots$	r_{ml}	$r_{m\cdot}$
Summe	$r_{\cdot 1}$	$r_{\cdot 2}$	$\ldots$	$r_{\cdot k}$	$\ldots$	$r_{\cdot l}$	$r_{\cdot\cdot} = 1$

Tab. 3.2: Kontingenztafel für die relativen Häufigkeiten

Im Falle $m = l = 2$ heißt die Kontingenztafel **Vierfeldertafel**.

3.3 Kovarianz und Korrelationskoeffizient

Ausgangspunkt ist eine zweidimensionale Stichprobe

$$(x,y) = ((x_1,y_1),(x_2,y_2),\ldots,(x_n,y_n)),$$

die auch in einer Kontingenztafel dargestellt sein kann. Falls beide Merkmale metrisch skaliert sind, besitzen die beiden eindimensionalen Randstichproben

$$x = (x_1,x_2,\ldots,x_n) \quad \text{und} \quad y = (y_1,y_2,\ldots,y_n)$$

die Mittelwerte

$$\bar{x} = \frac{1}{n}\sum_{i=1}^{n} x_i\,; \quad \bar{y} = \frac{1}{n}\sum_{i=1}^{n} y_i$$

und die Varianzen

$$s_x^2 = \frac{1}{n-1}\sum_{i=1}^{n}(x_i-\bar{x})^2 = \frac{1}{n-1}\Big(\sum_{i=1}^{n} x_i^2 - n\bar{x}^2\Big);$$

$$s_y^2 = \frac{1}{n-1}\sum_{i=1}^{n}(y_i-\bar{y})^2 = \frac{1}{n-1}\Big(\sum_{i=1}^{n} y_i^2 - n\bar{y}^2\Big).$$

Definition 3.1 (Kovarianz und **Korrelationskoeffizient):**
Beide Merkmale seien kardinal skaliert. Dann heißt

$$s_{xy} = \frac{1}{n-1}\sum_{i=1}^{n}(x_i-\bar{x})\cdot(y_i-\bar{y}) \tag{3.1}$$

die **(empirische) Kovarianz**. Für $s_x > 0$ und $s_y > 0$ ist

$$r = r_{xy} = \frac{s_{xy}}{s_x\cdot s_y} = \frac{\sum_{i=1}^{n}(x_i-\bar{x})(y_i-\bar{y})}{\sqrt{\Big(\sum_{i=1}^{n}(x_i-\bar{x})^2\Big)\cdot\Big(\sum_{i=1}^{n}(y_i-\bar{y})^2\Big)}} \tag{3.2}$$

der **(empirische) Korrelationskoeffizient** der Stichprobe.

Die Kovarianz ist vom Maßstab abhängig, nicht jedoch der Korrelationskoeffizient. Es gilt folgende Umformung

$$\begin{aligned} s_{xy} &= \frac{1}{n-1}\sum_{i=1}^{n}(x_i-\bar{x})\cdot(y_i-\bar{y}) = \frac{1}{n-1}\sum_{i=1}^{n}(x_i y_i - x_i\bar{y} - \bar{x}y_i + \bar{x}\bar{y}) \\ &= \frac{1}{n-1}\Big[\sum_{i=1}^{n} x_i y_i - n\bar{x}\bar{y} - n\bar{x}\bar{y} + n\bar{x}\bar{y}\Big] = \frac{1}{n-1}\Big[\sum_{i=1}^{n} x_i y_i - n\bar{x}\bar{y}\Big]. \end{aligned}$$

Damit erhält man die Darstellung

$$r = \frac{\sum_{i=1}^{n} x_i y_i - n\bar{x}\bar{y}}{\sqrt{\sum_{i=1}^{n} x_i^2 - n\bar{x}^2}\cdot\sqrt{\sum_{i=1}^{n} y_i^2 - n\bar{y}^2}}\,. \tag{3.3}$$

Satz 3.1 (Eigenschaften des Korrelationskoeffizienten):
Für den Korrelationskoeffizienten r einer zweidimensionalen Stichprobe gelten allgemein folgende Eigenschaften:

a) $|r| \leq 1$, d.h. $-1 \leq r \leq 1$.

b) $|r| = 1$ ist genau dann erfüllt, wenn alle Punkte der Stichprobe auf der **Regressionsgeraden**

$$\hat{y} - \bar{y} = \frac{s_{xy}}{s_x^2} \cdot (x - \bar{x})$$

(vgl. Abschnitt 3.5.1) liegen, also nur für

$$y_i = \bar{y} + \frac{s_{xy}}{s_x^2} \cdot (x_i - \bar{x}) \quad \text{für } i = 1, 2, \ldots, n.$$

Im Falle $r = +1$ ist die Steigung dieser Geraden positiv, für $r = -1$ ist sie negativ.

Beweis:

$$0 \leq \sum_{i=1}^{n} \left((y_i - \bar{y}) - \frac{s_{xy}}{s_x^2} \cdot (x_i - \bar{x})\right)^2 \tag{3.4}$$

$$= \sum_{i=1}^{n} (y_i - \bar{y})^2 - 2\frac{s_{xy}}{s_x^2} \cdot \sum_{i=1}^{n} (x_i - \bar{x}) \cdot (y_i - \bar{y}) + \frac{s_{xy}^2}{s_x^4} \cdot \sum_{i=1}^{n} (x_i - \bar{x})^2$$

$$= (n-1) \cdot \left[s_y^2 - 2\frac{s_{xy}^2}{s_x^2} + \frac{s_{xy}^2}{s_x^2} \right] = (n-1) \cdot \left[s_y^2 - \frac{s_{xy}^2}{s_x^2} \right]$$

$$= (n-1) \cdot s_y^2 \cdot \left(1 - \frac{s_{xy}^2}{s_x^2 \cdot s_y^2}\right) = (n-1) \cdot s_y^2 \cdot (1 - r^2).$$

Wegen $s_y^2 > 0$ folgt hieraus $1 - r^2 \geq 0$, $r^2 \leq 1$, also $|r| \leq 1$.

Nur für $r^2 = 1$ verschwindet die Quadratsumme. Dies ist jedoch nur dann möglich, wenn sämtliche Summanden gleich Null sind, also für

$$(y_i - \bar{y}) = \frac{s_{xy}}{s_x^2} \cdot (x_i - \bar{x}) \quad \text{für } i = 1, 2, \ldots, n.$$

Für $|r| = 1$ liegen damit alle n Punkte auf der sogenannten Regressionsgeraden (vgl. Abschnitt 3.5.1)

$$\hat{y} - \bar{y} = \frac{s_{xy}}{s_x^2} \cdot (x - \bar{x}). \tag{3.5}$$

Im Falle $r = +1$ ist die Kovarianz s_{xy} und damit auch die Steigung positiv, für $r = -1$ negativ. Damit sind die Behauptungen bewiesen.

In (3.4) steht die Summe der vertikalen Abstandsquadrate der n Beobachtungswerte $(x_i, y_i), i = 1, 2, \ldots, n$ von der Regressionsgeraden (3.5). Je näher $|r|$ bei 1 ist, umso kleiner wird diese quadratische Abweichungssumme. Aus diesem Grund ist der Korrelationskoeffizient r ein **Maß für den linearen Zusammenhang** der Ausprägungen zweier Merkmale. Je größer $|r|$ ist, umso mehr sind die Beobachtunspaare in der Nähe einer Geraden konzentriert. Nur für $|r| = 1$ liegen alle n Wertepaare auf einer Geraden. Aus einem solchen Zusammenhang kann jedoch keineswegs geschlossen werden, daß eines der beiden Merkmale vom anderen abhängt. Die Ursache für einen solchen Zusammenhang könnte nämlich ein drittes Merkmal sein, von dem beide abhängig sind. Dann spricht man von einer **Scheinkorrelation.**

Für $r > 0$ nennt man die Beobachtungspaare **positiv korreliert.** Die Punktwolke verläuft dann von links nach rechts mit steigender Tendenz. Für $r < 0$ sind die Beobachtungspaare **negativ korreliert.** Die Punktwolke hat dann von links nach rechts fallende Tendenz. Im Falle $r = 0$, also für $s_{xy} = 0$ nennt man die Beobachtungspaare **unkorreliert.** Dann ist in der Punktwolke keine einheitliche Tendenz erkennbar. Liegt r in der Nähe von 0, so heißen die Beobachtungspaare **schwach korreliert.**

Beispiel 3.2 (vgl. Beispiel 3.1):
Für die Stichprobe der Körpergrößen x_i und Gewichte y_i erhält man durch elementare Rechnung:

$$\sum_{i=1}^{20} x_i = 3\,415; \quad \sum_{i=1}^{20} x_i^2 = 583\,787; \quad \sum_{i=1}^{20} y_i = 1\,429; \quad \sum_{i=1}^{20} y_i^2 = 102\,841;$$

$$\sum_{i=1}^{20} x_i y_i = 244\,639.$$

Hieraus folgt

$$\bar{x} = \frac{3\,415}{20} = 170{,}75; \quad s_x^2 = \frac{1}{19}(583\,787 - 20 \cdot 170{,}75^2) \approx 35{,}5658;$$

$$s_x \approx 5{,}964;$$

$$\bar{y} = \frac{1\,429}{20} = 71{,}45; \quad s_y^2 = \frac{1}{19}(102\,841 - 20 \cdot 71{,}45^2) \approx 38{,}8921;$$

$$s_y \approx 6{,}236;$$

Kovarianz: $s_{xy} = \frac{1}{19}(244\,639 - 20 \cdot 170{,}75 \cdot 71{,}45) \approx 33{,}5395;$

Korrelationskoeffizient: $r \approx \frac{33{,}5935}{5{,}964 \cdot 6{,}236} \approx 0{,}902.$

Körpergröße und Körpergewicht sind stark positiv korreliert. Hier gilt das Motto: "je größer, umso schwerer". Dies ist nur als Tendenz richtig. Ausnahmen sind bereits in den Stichprobenwerten erkennbar.

In Bild 3.2 sind einige Punktwolken mit den dazugehörigen Korrelationskoeffizienten abgebildet.

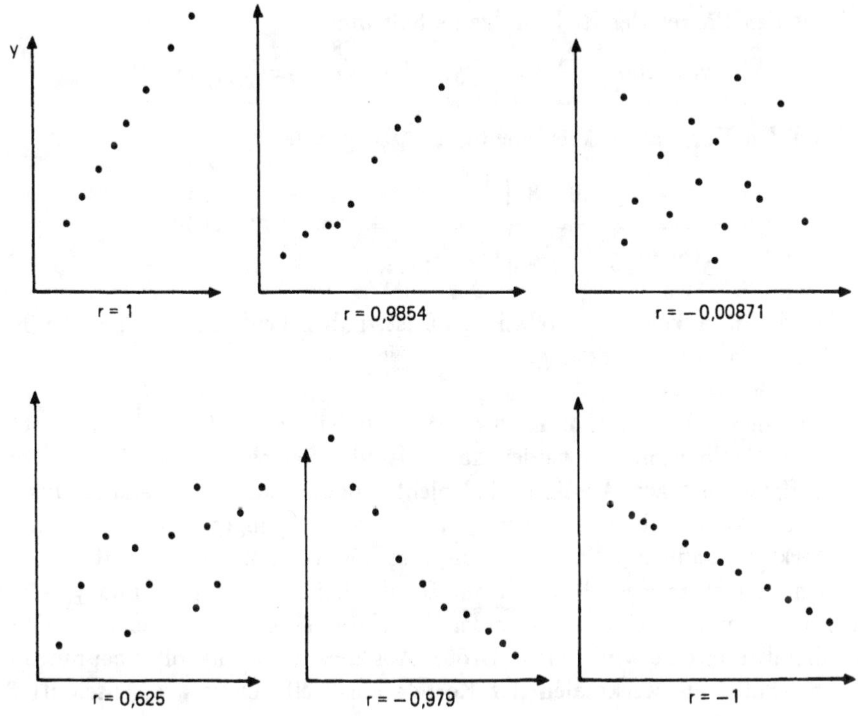

Bild 3.2: Streuungsdiagramme mit verschiedenen Korrelationskoeffizienten

3.4 Rangkorrelationskoeffizient von Spearman

Beispiel 3.3:
Zwei Weinexperten X und Y mußten 8 Weinsorten bezüglich der Qualität in eine eindeutig bestimmte Reihenfolge bringen. Dabei ergaben sich die Plätze

Sorte i	1	2	3	4	5	6	7	8
Reihenfolge von X	2	5	6	1	8	3	4	7
Reihenfolge von Y	1	5	7	3	8	2	4	6

Von den Prüfern konnten die Ergebnisse nicht metrisch gemessen werden. Es handelt sich daher nur um ein ordinales Merkmal mit einer "Besser als" - Beziehung. Von diesen Rangzahlen kann der Korrelationskoeffizient r nach Abschnitt 3.3 bestimmt werden. Wären die beiden Prüfer zur gleichen Reihenfolge gelangt, so wäre der Korrelationskoeffizient $r = 1$, bei völlig entgegengesetzter Reihenfolge wäre $r = -1$.

Aus den Paaren der Reihenfolgen erhält man

$$\sum_{i=1}^{8} x_i y_i = 200; \quad \sum_{i=1}^{8} x_i = \sum_{i=1}^{8} y_i = 36; \quad \sum_{i=1}^{8} x_i^2 = \sum_{i=1}^{8} y_i^2 = 204$$

und den Korrelationskoeffizienten der Rangzahlen

$$r = \frac{200 - 8 \cdot \left(\frac{9}{2}\right)^2}{\sqrt{204 - 8 \cdot \left(\frac{9}{2}\right)^2} \cdot \sqrt{204 - 8 \cdot \left(\frac{9}{2}\right)^2}} = \frac{38}{42} \approx 0{,}9048 .$$

Da der Rangkoeffizient relativ groß ist, haben beide Prüfer ähnliche Tendenzen in ihrer Bewertung.

Bei Merkmalen, die nur nach einer ordinalen und nicht nach einer metrischen Skala geordnet werden kann, ist die Berechnung des Korrelationskoeffizienten nach Abschnitt 3.3 nicht möglich, falls die Merkmalsausprägungen keine Zahlenwerte sind. Sind die Ausprägungen eines nur ordinalen Merkmals zahlenmäßig verschlüsselt, so könnte man den Korrelationskoeffizienten r zwar formal berechnen. Da die Differenzen $x_i - \bar{x}$ und $y_i - \bar{y}$ jedoch nicht meßbar sind, wäre der Korrelationskoeffizient r genauso wie die Mittelwerte eine willkürliche Größe. Aus diesem Grund sollte bei nur ordinal skalierten Merkmalen der Korrelationskoeffizient r aus Abschnitt 3.3 nicht verwendet werden.

Bei vielen Sportarten können die Ergebnisse nicht metrisch gemessen werden, z. B. beim Eiskunstlauf oder bei einem Tanzturnier. Die Punktrichter sind jedoch gezwungen, eine Reihenfolge (Rangfolge) festzulegen. Verschiedene Punktrichter kommen oft zu unterschiedlichen Rangordnungen. Trotzdem möchte man die Ergebnsisse von verschiedenen Wertungsrichtern miteinander vergleichen und ein **Maß der Übereinstimmung** angeben. Eine ähnliche Situation liegt bei der Verkostung von Lebensmitteln vor, z. B. bei der Festlegung der Güteklasse einer Weinsorte in Beispiel 3.3.

3.4.1 Rangzahlen

Die eindimensionale Beobachtungsreihe $(z_1, z_2, \ldots, z_n)$ bestehe aus Ausprägungen eines ordinal skalierten Merkmals, so daß zwischen ihnen eine natürliche Rangordnung (Reihenfolge) besteht. Bezüglich dieser Rangordnung werden die Werte wie bei der Bestimmung des Medians der Größe nach wie folgt aufsteigend geordnet

$$z_{(1)} \leq z_{(2)} \leq z_{(3)} \leq \ldots \leq z_{(n)} . \tag{3.6}$$

Werden die Ausprägungen eines nur ordinal skalierten Merkmals zahlenmäßig verschlüsselt, z. B. durch Vergabe von Punktzahlen, so kann die Rangordnung in (3.6) nach steigender oder auch nach fallender Punktzahl festgelegt werden. Man kann vom kleinsten bis zum größten Wert oder umgekehrt sortieren.

Jedem Beobachtungswert z_i der Urliste wird als **Rang** $R_i = R(z_i)$ die Platznummer zugewiesen, die z_i in der geordneten Reihe (3.6) einnimmt. Falls alle n Werte z_i verschieden sind, ist diese Rangzuordnung eindeutig. Tritt jedoch eine Merkmalsausprägung öfters auf, so ordnet man jeder Ausprägung der gleichen Gruppe das arithmetische Mittel derjenigen Ränge zu, welche die gleichen Beobachtungswerte einnehmen. In einem solchen Fall spricht man von **Bindungen.**

Beispiel 3.4:

a) Bei einem Tanzturnier bekamen 8 Paare mit den Startnummern 1,2,3,4, 5,6,7,8 folgende Plätze (Ränge)

Paar Nr.	1	2	3	4	5	6	7	8
Platznummer	3	2	5	1	7	8	4	6

Die Platznummern stellen unmittelbar die Rangzahlen der einzelnen Paare dar.

b) Die Beobachtungsreihe

$$(3; 5; 2; 5; 3; 8; 1; 5; 2)$$

geht über in die geordnete Reihe

$$z_{(1)} = 1;\ z_{(2)} = z_{(3)} = 2;\ z_{(4)} = z_{(5)} = 3;\ z_{(6)} = z_{(7)} = z_{(8)} = 5;\ z_{(9)} = 8.$$

Daraus erhält man die Rangzahlen

$z_{(i)}$	1	2	2	3	3	5	5	5	8
Rang	1	2,5	2,5	4,5	4,5	7	7	7	9

3.4.2 Der Spearmansche Rangkorrelationskoeffizient r_S

Gegeben sei eine Beobachtungsreihe zweier ordinal skalierter Merkmale

$$(x, y) = ((x_1, y_1), (x_2, y_2), \ldots, (x_n, y_n)).$$

Zunächst werden in jeder der beiden getrennten Stichproben

$$x = (x_1, x_2, \ldots, x_n) \quad \text{und} \quad y = (y_1, y_2, \ldots, y_n)$$

die Rangzahlen $R(x_i)$ und $R(y_i)$ nach Abschnitt 3.4.1 berechnet. Für die Rangsummen der n Beobachtungswerte erhält man allgemein, also auch bei mittleren Rängen (Bindungen) die Summe

$$\sum_{i=1}^{n} R(x_i) = \sum_{i=1}^{n} R(y_i) = 1 + 2 + \ldots + n = \frac{n \cdot (n+1)}{2}. \tag{3.7}$$

Division durch n ergibt den **Mittelwert der Ränge** als

$$\overline{R}(x) = \overline{R}(y) = \frac{n+1}{2}. \tag{3.8}$$

Die Paare der Rangzahlen $\big(R(x_i), R(y_i)\big)$, $i = 1, 2, \ldots, n$ bilden dann eine zweidimensionale Stichprobe von metrisch skalierten Merkmalen

$$(R(x), R(y)) = \big((R(x_1), R(y_1)), (R(x_2), R(y_2)), \ldots, (R(x_n), R(y_n))\big).$$

Davon kann der gewöhnliche Korrelationskoeffizient r aus Abschnitt 3.3 berechnet werden. Dabei kann die Eigenschaft (3.8) benutzt werden. Der so berechnete gewöhnliche Korrelationskoeffizient der Rangzahlen

$$r_S = r_{R(x)R(y)} = \frac{\sum_{i=1}^{n} R(x_i)R(y_i) - n\,\overline{R}(x)\,\overline{R}(y)}{\sqrt{\left(\sum_{i=1}^{n} R^2(x_i) - n\,[\overline{R}(x)]^2\right)\cdot\left(\sum_{i=1}^{n} R^2(y_i) - n\,[\overline{R}(x)]^2\right)}}$$
$$= \frac{\sum_{i=1}^{n} R(x_i)R(y_i) - \frac{n}{4}(n+1)^2}{\sqrt{\left(\sum_{i=1}^{n} R^2(x_i) - \frac{n}{4}(n+1)^2\right)\cdot\left(\sum_{i=1}^{n} R^2(y_i) - \frac{n}{4}(n+1)^2\right)}}. \tag{3.9}$$

heißt **Spearmanscher Rangkorrelationskoeffizient**

Dieser Rangkorrelationskoeffizient wird nach dem britischen Psychologen **Charles Edward Spearman** (1863 – 1945) benannt. Da r_S gleich dem gewöhnlichen Korrelationskoeffizienten r der Rangpaare ist, gilt auch hier

$$-1 \le r_S \le +1 .$$

$r_S = +1$ ist genau dann erfüllt, wenn die Ränge völlig gleichsinnig verlaufen, also für $R(x_i) = R(y_i)$, $1 \le i \le n$. Im Falle $r_S = -1$ verhalten sich die Rangnummern vollständig gegensinnig. Falls sie bei den x-Werten steigen, fallen sie bei den y-Werten und umgekehrt.

Liegt r_S in der Nähe von $+1$, so liegt eine starke positive Rangkorrelation vor. Wenn x_i einen hohen (niedrigen) Rangplatz hat, dann hat meistens auch y_i einen hohen (niedrigen) Rangplatz und umgekehrt. Falls r_S in der Nähe von -1 liegt, so ist eine starke negative Rangkorrelation vorhanden. Hohen (niedrigen) Rängen der x-Werte entsprechen dann meistens niedrige (hohe) Ränge der y-Werte und umgekehrt. Ist r_S ungefähr gleich Null, so besteht fast keine Rangkorrelation.

3.4.3 Berechnung von r_S bei Rangzahlen ohne Bindungen

Falls beide Merkmalsausprägungen jeweils nur **verschiedene Rangzahlen** besitzen (Rangzahlen ohne Bindung), kommen als Rangzahlen alle natürliche Zahlen von 1 bis n vor. Dann lauten die Quadratsummen

$$\sum_{i=1}^{n} R^2(x_i) = \sum_{i=1}^{n} R^2(y_i) = 1 + 2^2 + 3^2 + \ldots + n^2 = \frac{n(n+1)(2n+1)}{6}. \quad (3.10)$$

Damit erhalten wir für den Nenner in (3.9) die Werte

$$\begin{aligned}\sum_{i=1}^{n} R^2(x_i) - \tfrac{n}{4}(n+1)^2 &= \sum_{i=1}^{n} R^2(y_i) - \tfrac{n}{4}(n+1)^2 \\ &= \frac{n(n+1)(2n+1)}{6} - \tfrac{n}{4}(n+1)^2 = \frac{n(n+1)(4n+2-3n-3)}{12} \\ &= \frac{n(n+1)(n-1)}{12} = \frac{n(n^2-1)}{12},\end{aligned}$$

also

$$\sum_{i=1}^{n} R^2(x_i) - \tfrac{n}{4}(n+1)^2 = \sum_{i=1}^{n} R^2(y_i) - \tfrac{n}{4}(n+1)^2 = \frac{n(n^2-1)}{12}. \quad (3.11)$$

Der Rangkorrelationskoeffizient (3.9) geht somit über in

$$r_S = \frac{12 \sum_{i=1}^{n} R(x_i) \cdot R(y_i) - 3n(n+1)^2}{n(n^2-1)}. \quad (3.12)$$

Wir benutzen noch die Umformung

$$\sum_{i=1}^{n} [R(x_i) - R(y_i)]^2 = \sum_{i=1}^{n} R^2(x_i) - 2\sum_{i=1}^{n} R(x_i) \cdot R(y_i) + \sum_{i=1}^{n} R^2(y_i). \quad (3.13)$$

Mit (3.10) ergibt sich hieraus

$$2\sum_{i=1}^{n} R(x_i) \cdot R(y_i) = \frac{n(n+1)(4n+2)}{6} - \sum_{i=1}^{n} [R(x_i) - R(y_i)]^2. \quad (3.14)$$

Damit geht (3.12) über in

$$\begin{aligned} r_S &= \frac{n(n+1)(4n+2) - 6\sum_{i=1}^{n} [R(x_i) - R(y_i)]^2 - 3n(n+1)^2}{n(n^2-1)} \\ &= \frac{n(n^2-1) - 6\sum_{i=1}^{n} [R(x_i) - R(y_i)]^2}{n(n^2-1)} = 1 - \frac{6\sum_{i=1}^{n} [R(x_i) - R(y_i)]^2}{n(n^2-1)}.\end{aligned}$$

Deswegen gilt die Darstellung

$$r_S = 1 - \frac{6 \sum_{i=1}^{n} [R(x_i) - R(y_i)]^2}{n(n^2-1)} \tag{3.15}$$

bei Rangzahlen **ohne Bindungen.**

Bemerkung:
Falls gleiche Ränge, also Bindungen auftreten, darf die Formel (3.15) nicht benutzt werden. Dann muß der Rangkorrelationskoeffizient r_S direkt berechnet werden. Eine (3.15) entsprechende Formel ist bei Bosch, K. [1996], S. 89 angegeben.

Beispiel 3.5:
Bei einem Tanzturnier mußten sich zwei Wertungsrichter A und B bei zehn Tanzpaaren für eine eindeutig bestimmte Wertungsreihenfolge (ohne Bindungen) entscheiden. Dabei vergaben sie folgende Plätze:

Paar Nr.	1	2	3	4	5	6	7	8	9	10
$R(x_i)$ von A	8	10	6	1	4	9	5	7	3	2
$R(y_i)$ von B	6	10	8	3	2	7	1	9	5	4
$R(x_i)-R(y_i)$	2	0	−2	−2	2	2	4	−2	−2	−2

Der Spearmansche Rangkorrelationskoeffizient lautet

$$r_S = 1 - \frac{6 \cdot 48}{10 \cdot (100-1)} \approx 0{,}709 .$$

3.5 Regressionsrechnung

Ziel der Regressionsrechnung ist es, eine Punktwolke möglichst gut durch eine Regressionsfunktion (Kurve) anzupassen. Regressionsfunktionen können nur bei metrisch skalierten Merkmalen bestimmt werden.

3.5.1 Regressionsgerade

Der zweidimensionalen Punktwolke

$$(x, y) = \big((x_1, y_1), (x_2, y_2), \ldots, (x_n, y_n)\big)$$

soll möglichst gut eine Gerade

$$\hat{y} = a + b\,x \tag{3.16}$$

angepaßt werden. Dabei seien nicht alle n Werte x_i gleich. Nach dem Prinzip der kleinsten Quadrate könnte man die Werte a und b prinzipiell so bestimmen, daß die Summe der Abstandsquadrate der Punkte $P(x_i, y_i)$ von dieser Geraden minimal wird. Die Berechnung nach diesem Prinzip ist etwas kompliziert. Weil man mit Hilfe einer solchen Ausgleichsgeraden aus den x-Werten die y-Werte schätzen möchte, wird nach **Carl Friedrich Gauß** (1777 – 1855) die Summe der **vertikalen Abstandsquadrate** minimiert.

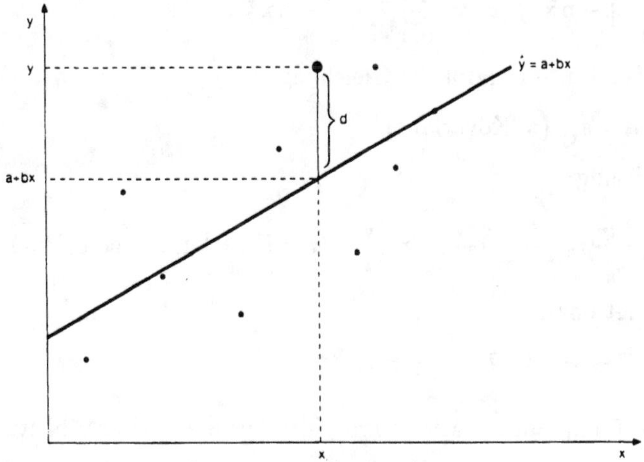

Bild 3.3: Bestimmung der Regressionsgeraden

An der Stelle x_i hat die Gerade den Wert $a + b x_i$. Damit lautet das vertikale Abstandsquadrat des Punktes $P(x_i, y_i)$ von der Geraden

$$d_i^2 = (y_i - a - b x_i)^2.$$

Summation ergibt die Summe der **vertikalen Abstandsquadrate**

$$Q^2(a, b) = \sum_{i=1}^{n} (y_i - a - bx_i)^2. \tag{3.17}$$

Die Parameter a und b werden so bestimmt, daß Q^2 minimal wird. Zur Lösung des Problems bilden wir die beiden partiellen Ableitungen der Funktion $Q^2(a, b)$ nach a und b und setzen diese gleich Null:

$$\frac{\partial Q^2(a, b)}{\partial a} = -2\sum_{i=1}^{n}(y_i - a - b x_i) = 0,$$

$$\frac{\partial Q^2(a, b)}{\partial b} = -2\sum_{i=1}^{n}(y_i - a - b x_i) \cdot x_i = 0.$$

Mit

$$\sum_{i=1}^{n} x_i = n\bar{x}; \quad \sum_{i=1}^{n} y_i = n\bar{y}$$

erhält man hieraus das Gleichungssystem

$$(1) \quad a + \bar{x} \cdot b = \bar{y}$$

$$(2) \quad n\bar{x} \cdot a + \sum_{i=1}^{n} x_i^2 \cdot b = \sum_{i=1}^{n} x_i y_i.$$

Die Lösung b heißt **Regressionskoeffizient** (Steigung), während a der **y-Achsenabschnitt** ist. Die so gewonnene Gerade nennt man **Regressionsgerade** oder **Ausgleichsgerade.**

Multiplikation von (1) mit $n\overline{x}$ und Subtraktion von (2) ergibt für den Regressionskoeffizenten b die Gleichung

$$\left(\sum_{i=1}^{n} x_i^2 - n\overline{x}^2\right)\cdot b = \sum_{i=1}^{n} x_i \cdot y_i - n\overline{x}\,\overline{y}\,.$$

Division durch $n-1$ ergibt die Gleichung

$$s_x^2 \cdot b = s_{xy} \ (= \text{Kovarianz})$$

mit der Lösung

$$b = \frac{s_{xy}}{s_x^2} = \frac{s_{xy}}{s_x \cdot s_y}\cdot\frac{s_y}{s_x} = r\cdot\frac{s_y}{s_x} \quad (r = \text{Korrelationskoeffizient}).$$

Aus (1) folgt dann

$$a = \overline{y} - b\cdot\overline{x} = \overline{y} - \frac{s_{xy}}{s_x^2}\cdot\overline{x}\,.$$

Zur Überprüfung auf ein Minimum bilden wir die zweiten Ableitungen

$$\frac{\partial^2 Q^2(a,b)}{\partial a^2} = 2n > 0\,; \qquad \frac{\partial^2 Q^2(a,b)}{\partial b^2} = 2\sum_{i=1}^{n} x_i^2\,;$$

$$\frac{\partial^2 Q^2(a,b)}{\partial a\,\partial b} = 2\sum_{i=1}^{n} x_i = 2n\overline{x}\,;$$

$$\frac{\partial^2 Q^2(a,b)}{\partial a^2}\cdot\frac{\partial^2 Q^2(a,b)}{\partial b^2} - \left(\frac{\partial^2 Q^2(a,b)}{\partial a\,\partial b}\right)^2$$

$$= 4n\sum_{i=1}^{n} x_i^2 - 4n^2\overline{x}^2 = 4n\sum_{i=1}^{n}(x_i-\overline{x})^2 > 0.$$

Daher handelt es sich um ein Minimum.

Damit erhalten wir die

Gleichung der Regressionsgeraden:

$$\hat{y} - \overline{y} = b\cdot(x-\overline{x})\,;$$

$$b = \frac{\sum_{i=1}^{n}(x_i-\overline{x})(y_i-\overline{y})}{\sum_{i=1}^{n}(x_i-\overline{x})^2} = \frac{s_{xy}}{s_x^2} = r\cdot\frac{s_y}{s_x}\,. \qquad (3.18)$$

Die Regressionsgerade geht durch den Punkt $P(\overline{x},\overline{y})$ der Mittelwerte der beiden Randstichproben x und y.

Bei der Korrelationsrechnung in Abschnitt 3.3 wurde in Gleichung (3.4) bereits die Summe der vertikalen Abstandsquadrate $Q^2(a,b)$ aller n Punkte $P(x_i, y_i)$ von der Regressionsgeraden berechnet als

$$Q^2(a,b) = (n-1) \cdot s_y^2 \cdot (1-r^2). \tag{3.19}$$

Beispiel 3.6 (vgl. Beispiele 3.1 und 3.2):
Nach Beispiel 3.2 gilt

$$\bar{x} = 170{,}75; \quad \bar{y} = 71{,}45; \quad s_{xy} \approx 33{,}5395; \quad s_x^2 \approx 35{,}5658.$$

Hieraus erhalten wir

$$b = \frac{s_{xy}}{s_x^2} \approx \frac{33{,}5395}{35{,}5658} \approx 0{,}943;$$

$$\hat{y} - 71{,}45 = 0{,}943 \cdot (x - 170{,}75); \quad \hat{y} = 0{,}943 \cdot x - 89{,}56725.$$

In Bild 3.4 ist in das Streuungsdiagramm aus Bild 3.1 die Regressionsgerade eingezeichnet.

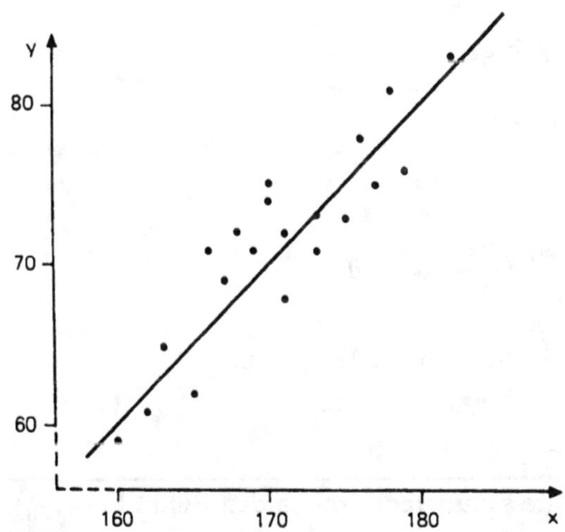

Bild 3.4: Regressionsgerade

3.5.2 Regressionsgerade durch einen vorgegebenen Punkt

Bei vielen Problemen ist bekannt, daß die Regressionsgerade durch einen bestimmten Punkt gehen muß, z. B. durch den Koordinatenursprung O. Gesucht ist die Gleichung der Regressionsgeraden, die durch den Punkt $P(x_0, y_0)$ mit den Koordinaten x_0 und y_0 geht. Sie besitzt die Darstellung

$$\hat{y} - y_0 = c \cdot (x - x_0). \tag{3.20}$$

Der Parameter c wird wie bei der Herleitung der allgemeinen Regressionsgeraden nach der Methode der kleinsten vertikalen Abstandsquadrate bestimmt. Der Punkt $P(x_i, y_i)$ besitzt von dieser Geraden das vertikale Abstandsquadrat

$$d_i^2 = [(y_i - y_0) - c \cdot (x_i - x_0)]^2 .$$

Damit lautet die Summe der vertikalen Abstandsquadrate

$$Q^2(c) = \sum_{i=1}^{n} [(y_i - y_0) - c \cdot (x_i - x_0)]^2. \tag{3.21}$$

Differentiation nach c ergibt

$$\frac{dQ^2(c)}{dc} = -2\sum_{i=1}^{n} [(y_i - y_0) - c \cdot (x_i - x_0)] \cdot (x_i - x_0) = 0 ,$$

also

$$\sum_{i=1}^{n} (y_i - y_0)(x_i - x_0) - c \sum_{i=1}^{n} (x_i - x_0)^2 = 0$$

mit der Lösung

$$c = \frac{\sum_{i=1}^{n} (y_i - y_0)(x_i - x_0)}{\sum_{i=1}^{n} (x_i - x_0)^2} .$$

Wegen

$$\frac{d^2Q^2(c)}{dc^2} = 2\sum_{i=1}^{n} (x_i - x_0)^2 > 0$$

handelt es sich tatsächlich um ein Minimum.

Damit lautet die

Gleichung der Regressionsgeraden durch den Punkt $P(x_0, y_0)$:

$$\hat{y} - y_0 = c \cdot (x - x_0) \quad \text{mit} \quad c = \frac{\sum_{i=1}^{n} (y_i - y_0)(x_i - x_0)}{\sum_{i=1}^{n} (x_i - x_0)^2} . \tag{3.22}$$

Die Formel für die Steigung c unterscheidet sich von derjenigen für den allgemeinen Regressionskoeffizienten b nur dadurch, daß anstelle der Mittelwerte $\bar{x}$ und $\bar{y}$ die Koordinaten x_0 und y_0 des Punktes stehen, durch den die Regressionsgerade gehen soll.

3.5.3 Von Parametern abhängige Regressionsfunktionen

Viele Streuungsdiagramme lassen sich durch eine Regressionsgerade nur schlecht anpassen. Manchmal ist ein Parabelansatz

$$\hat{y} = b_0 + b_1 x + b_2 x^2$$

oder ein Polynom m-ten Grades

$$\hat{y} = \sum_{k=0}^{m} b_k x^k$$

besser. Beim exponentiellen Wachstum liegen die Punkte des Streuungsdiagramms meistens in der Nähe einer Funktion mit der Gleichung

$$y = f(x) = a - b e^{-cx} \quad \text{mit drei Konstanten } a, b, c > 0 .$$

Bei dieser Funktion gilt

$$\lim_{x \to \infty} f(x) = a .$$

Für große x nähert sich die abhängige Variable y immer mehr der "Sättigungsgrenze" a. Die drei Parameter a, b und c sollen wieder so bestimmt werden, daß das Streuungsdiagramm möglichst gut durch diese Funktion angepaßt wird.

Allgemein betrachten wir eine von den l Parametern $a_1, a_2, \ldots, a_l$ abhängige Regressionsfunktion

$$\hat{y} = f(a_1, a_2, \ldots, a_l, x) . \tag{3.23}$$

Mit den l Parameterwerten ist die Regressionsfunktion dann eindeutig bestimmt. Nach dem Gaußschen Prinzip der kleinsten Quadrate erhält man die optimalen Parameter durch die Minimierung der Summe der vertikalen Abstandsquadrate

$$Q^2(a_1, a_2, \ldots, a_l) = \sum_{i=1}^{n} \left[y_i - f(a_1, a_2, \ldots, a_l, x_i) \right]^2 \to \min. \tag{3.24}$$

Falls die Funktion f nach allen l Parametern stetig differenzierbar ist, erhält man die Parameter durch Auflösen des Gleichungssystems

$$\frac{\partial Q^2}{\partial a_k} = -2 \sum_{i=1}^{n} \left[y_i - f(a_1, a_2, \ldots, a_l, x_i) \right] \cdot \frac{\partial f(a_1, a_2, \ldots, a_l, x_i)}{\partial a_k} = 0 \tag{3.25}$$

$$\text{für } k = 1, 2, \ldots, l.$$

3.5.4 Linearisierung durch Transformationen

Durch eine geeignete Transformation (Substitution) kann die Berechnung einer Regressionsfunktion manchmal so vereinfacht werden, daß für die transformierten Beobachtungswerte eine bereits bekannte einfachere Formel benutzt werden kann.

Beispiel 3.7 (Substitution):
In der speziellen Regressionsfunktion

$$\hat{y} = a + bx^{\alpha}, \alpha \in \mathbb{R} \text{ vorgegeben mit } \alpha \neq 0, \quad a, b \text{ gesucht}$$

kommt nur die Potenz x^{α} der Einflußgröße x vor. Durch die Einführung der neuen Variablen $z = x^{\alpha}$ geht die Regressionsfunktion über in die Regressionsgerade

$$\hat{y} = a + bz.$$

Für die transformierten Werte $z_i = x_i^{\alpha}$ können unmittelbar die Formeln für die Regressionsgerade in Abschnitt 3.5.1 übernommen werden.

Beispiel 3.8 (Logarithmieren):
Zur Bestimmung der beiden Parameter c und b der Regressionsfunktion

$$\hat{y} = cx^b; \quad c, x > 0$$

könnte man beide Seiten formal logarithmieren. In

$$\ln \hat{y} = \ln c + b \cdot \ln x$$

erhält man mit den transformierten Variablen $\hat{w} = \ln \hat{y}$ und $z = \ln x$ das **linearisierte Regressionsmodell**

$$\hat{w} = \ln c + bz = a + bz \quad \text{mit } a = \ln c.$$

Mit den logarithmierten Stichprobenwerten $z_i = \ln x_i$ und $w_i = \ln y_i$ können die Parameter ln c und b mit Hilfe der Formeln für die lineare Regression geschätzt werden. Diese Linearisierung wird in der Praxis zwar sehr oft durchgeführt, doch leider viel zu oft falsch interpretiert.

Bei der Rücktransformation entsteht nämlich ein wesentliches Problem. Den logarithmierten Werten wird nach dem Prinzip der kleinsten vertikalen Abstandsquadrate eine Gerade optimal angepaßt. Der so erhaltene Parameter $a = \ln c$ könnte zwar prinzipiell zurücktransformiert werden durch $c = e^a$. Die so entstandene Potenzfunktion

$$\hat{y} = e^a \cdot x^b$$

besitzt nicht mehr die Eigenschaft, daß die Summe der vertikalen Abstandsquadrate der Punkte $P(x_i, y_i)$ von dieser Kurve minimal ist. Diese Eigenschaft geht bei der Transformation durch Logarithmieren verloren. Man könnte die rücktransformierte Funktion höchstens als **Näherung für die gesuchte Regressionsfunktion** verwenden.

In der nachfolgenden Tabelle sind einige Funktionstypen und deren Linearisierungen angegeben.

Funktionstyp	linearisiertes Modell
$y = \alpha + \beta x^k$, k bekannt	$y = \alpha + \beta z$ mit $z = x^k$
$y = \frac{1}{\alpha + \beta x}$	$w = \alpha + \beta x$ mit $w = \frac{1}{y}$
$y = \alpha + \beta \cdot \ln x$	$y = \alpha + bz$ mit $z = \ln x$
$y = \alpha x^\beta$	$w = a + \beta \cdot z$ $w = \ln y$; $a = \ln \alpha$; $z = \ln x$
$y = \alpha e^{\frac{\beta}{x}}$	$\ln y = \ln \alpha + \beta \cdot z$ mit $z = \frac{1}{x}$
$y = \frac{1}{\alpha \cdot \beta^x}$	$w = \ln \alpha + x \cdot \ln \beta$ mit $w = \ln \frac{1}{y}$

Tab. 3.3: Linearisierte Modelle mit den unbekannten Parametern α und β

3.6 Aufgaben

Aufgabe 3.1:
Bei 100 Schülern der gleichen Altersgruppe wurden die Körpergröße x_i und die Schuhgröße y_i [jeweils in cm] gemessen. Dabei erhielt man die Summen

$$\sum_{i=1}^{100} x_i = 14\,152; \qquad \sum_{i=1}^{100} x_i^2 = 2\,120\,780;$$

$$\sum_{i=1}^{100} y_i = 4\,210; \qquad \sum_{i=1}^{100} y_i^2 = 190\,241; \qquad \sum_{i=1}^{100} x_i \cdot y_i = 630\,991.$$

Bestimmen Sie den Korrelationskoeffizienten r.

Aufgabe 3.2:
An 10 Börsentagen lauteten die Kassakurse x_i bzw. y_i der Aktien zweier Automobilfirmen

x_i	420	429	445	418	431	459	451	465	449	473
y_i	495	506	516	475	493	531	537	554	547	565

a) Zeichnen Sie das Streuungsdiagramm.
b) Bestimmen Sie den Korrelationskoeffizienten.
c) Bestimmen Sie die Gleichung der Regressionsgeraden $\hat{y} = a + bx$.

Aufgabe 3.3:
Die Studierenden, die sowohl an der ersten Klausur zur Statistik und zur Mathematik teilnahmen, erhielten die in der nachfolgenden Kontingenztafel aufgeführten Punkte:

Math.	Statistik 1	2	3	4	5
1	15	12	6	0	0
2	11	23	15	4	0
3	0	20	45	27	2
4	0	5	21	58	21
5	0	0	12	26	67

Berechnen Sie den Korrelationskoeffizienten.

Aufgabe 3.4:
Drei Bierexperten A, B und C mußten 6 Biersorten bezüglich des Geschmacks mit einer Note von 1 (sehr gut) bis 6 (sehr schlecht) bewerten.

Sorte i	1	2	3	4	5	6
Note von A	2	1	3	4	6	5
Note von B	5	4	3	2	1	6
Note von C	2	3	3	1	2	2

Bestimmen Sie den Spearmanschen Rangkorrelationskoeffizienten zwischen den Experteneinschätzungen von A und B bzw. von B und C.

Aufgabe 3.5:
Ein bestimmtes Serum wurde in 5 verschiedenen Konzentrationen auf seine Lichtdurchlässigkeit untersucht. Die Messungen ergaben folgende Werte:

i	1	2	3	4	5
x_i (in Units/Milliliter)	30,125	60,25	125	250	500
y_i (in Extinktion)	0,536	0,848	1,178	1,635	1,914

Passen Sie den Daten eine Kurve $\hat{y} = \alpha + \beta \ln x$ nach der Methode der kleinsten Abstandsquadrate an.

Aufgabe 3.6:
Zur Untersuchung der Lagerfähigkeit eines vakuumverpackten Lebensmittels wurden jeweils nach x Wochen an einer Probe eine Geschmackskennziffer y (Durchschnittswert mehrerer Probanden) festgestellt

x_i	1	2	3	4	5
y_i	2,0	1,9	2,3	2,4	3,3

Passen Sie den Werten nach der Methode der kleinsten Quadrate eine Funktion an

a) vom Typ $\hat{y} = a + b \cdot \sqrt{x}$;

b) vom Typ $\hat{y} = ax^b$ (über die logarithmierten y-Werte).

Teil II: Wahrscheinlich-keitsrechnung

In diesem zweiten Teil werden die wichtigsten Grundlagen der Wahrscheinlichkeitsrechnung zusammengestellt, ohne die keine sinnvollen statistischen Auswertungen möglich sind. Die in diesem Teil behandelten Methoden der Wahrscheinlichkeitsrechnung werden in der beurteilenden Statistik (Teil III) angewandt, um statistisch abgesicherte Ergebnisse zu erhalten.

Mit Hilfe des **Wahrscheinlichkeitsbegriffs** können allgemein Aussagen über die Chance des Eintretens bestimmter zufälliger Ereignisse gemacht werden. Je größer die Wahrscheinlichkeit eines Ereignisses ist, umso öfter wird es auf Dauer eintreten.

Bei vielen Zufallsexperimenten ist man gar nicht am genauen Ergebnis interessiert, sondern nur an Zahlenwerten, die durch den Ausgang des Zufallsexperimentes bestimmt sind. Beispiele dafür sind Gewinne bei Glücksspielen, Gewichte oder Längen von zufällig ausgewählten Gegenständen oder die Füllmengen der von einer Maschine abgefüllten Flaschen. Dadurch erhält man eine **Zufallsvariable**. Bei der Einführung und Behandlung von Zufallsvariablen werden die meisten Begriffe aus der beschreibenden Statistik benutzt. Sowohl bei Zufallsvariablen als auch bei Stichproben werden die Begriffe Verteilungsfunktion, Median, Quantile, Varianz, Standardabweichung, Kovarianz und Korrelationskoeffizient eingeführt. Der Erwartungswert einer Zufallsvariablen ist das Analogon zum Mittelwert einer Stichprobe. Der Zusammenhang dieser sowohl in der beschreibenden Statistik als auch in der Wahrscheinlichkeitsrechnung benutzten Begriffe wird in der beurteilenden Statistik (Teil III) deutlich.

Die **Gesetze der großen Zahlen** und **Grenzwertsätze** liefern schließlich das "Bindeglied" zwischen der beschreibenden und beurteilenden Statistik und der Wahrscheinlichkeitsrechnung.

Kapitel 4: Wahrscheinlichkeiten

4.1 Zufallsexperimente und zufällige Ereignisse

Bei vielen Experimenten ist man wegen des zufälligen Charakters oder der Komplexität des Experiments nicht in der Lage, vor Versuchsdurchführung mit Bestimmtheit vorherzusagen, welches der möglichen Ergebnisse eintreten wird. Solche Experimente nennt man **Zufallsexperimente** und sagt auch "das Ergebnis des Experiments hängt vom Zufall ab".

Die möglichen Ergebnisse eines Zufallsexperiments bezeichnen wir mit kleinen Buchstaben, z. B. mit a, b, c oder ω. Die Menge aller möglichen Ergebnisse ist die **Ergebnismenge**. Sie wird üblicherweise mit Ω bezeichnet.

Ein **(zufälliges) Ereignis** ist eine Zusammenfassung von bestimmten Versuchsergebnissen, also eine Teilmenge der Ergebnismenge Ω. Der Zusatz zufällig wird dabei meistens weggelassen. Ereignisse bezeichnen wir mit grossen Buchstaben, z. B. mit $A, B, C, \ldots, A_1, A_2, \ldots$. Ein Ereignis $A = \{\omega\}$, das nur ein einziges Element enthält, heißt **Elementarereignis**. Jedes Elementarereignis ist also eine einelementige Menge.

Man sagt: Bei der Versuchsdurchführung **tritt das Ereignis A ein** (oder ist das Ereignis A eingetreten), wenn das Ergebnis ω des Zufallsexperiments ein Element von A ist, also für $\omega \in A$. Im Falle $\omega \notin A$ ist das Ereignis A nicht eingetreten.

Das Ereignis Ω enthält alle möglichen Versuchsergebnisse. Da Ω bei jeder Versuchsdurchführung eintritt, nennt man Ω das **sichere Ereignis**. Die leere Menge $\emptyset$ enthält kein Versuchsergebnis und kann daher nie eintreten. Aus diesem Grund ist $\emptyset$ das **unmögliche Ereignis**.

Beispiel 4.1:

a) Beim Werfen einer Münze gibt es die beiden Versuchsergebnisse "Wappen liegt oben" und "Kopf liegt oben". Wir bezeichnen sie mit W und K. Damit gilt $\Omega = \{W, K\}$.

b) Beim Roulette wird eine der Zahlen $0, 1, 2, \ldots, 36$ ausgespielt mit der Ergebnismenge $\Omega = \{0, 1, \ldots, 36\}$.

c) Gemessen wird der Methanolgehalt von Obstbranntweinen. Als Einheit wählt man z. B. 1 mg pro 100 ml Alkohol. Da es sich um ein stetiges kardinales Merkmal handelt, können als Werte alle Zahlen aus einem bestimmten Bereich auftreten. Das Intervall Ω muß so gewählt werden, daß garantiert jeder Meßwert darin enthalten ist, z. B. $\Omega = [0; 2\,000]$.

Das Ereignis $A \cap B = AB$ (**"A und B"**, der **Durchschnitt** von A und B) tritt genau dann ein, wenn sowohl A als auch B, also beide gleichzeitig eintreten. Es gilt

$$A \cap B = \{\omega \mid \omega \in A \text{ und } \omega \in B\}.$$

Das Ereignis $A \cup B$ (**"A oder B"**, die **Vereinigung** von A und B) tritt ein, wenn mindestens eines der beiden Ereignisse A und B eintritt. Es ist

$$A \cup B = \{\omega \mid \omega \in A \text{ oder } \omega \in B\}.$$

Bei der hier benutzten "oder"-Beziehung handelt es sich nicht um ein ausschließendes "oder". Man läßt auch zu, daß ω gleichzeitig zu beiden Mengen A und B gehört.

Das Ereignis $\overline{A}$ (**"A nicht"**, das **Komplement** bzw. das **Komplementärereignis** von A) tritt genau dann ein, wenn A nicht eintritt. Dabei gilt

$$\overline{A} = \{\omega \mid \omega \in \Omega \text{ und } \omega \notin A\}.$$

Das Ereignis $A \backslash B = A \cap \overline{B}$ (**"A, aber B nicht"**, die **Differenz** von A und B) tritt ein, wenn A, aber nicht B eintritt mit

$$A \backslash B = A \cap \overline{B} = \{\omega \in A \text{ und } \omega \notin B\}.$$

Zwei Ereignisse A und B heißen **unvereinbar** (**disjunkt** oder **elementfremd**), wenn sie beide nicht gleichzeitig eintreten können. Dann muß $A \cap B = \emptyset$ sein.

Das Ereignis $\bigcap_{i=1}^{n} A_i = A_1 \cap A_2 \cap \ldots \cap A_n$ (**Durchschnitt von n Ereignissen**) tritt genau dann ein, wenn alle n Ereignisse gleichzeitig eintreten. Es ist

$$\bigcap_{i=1}^{n} A_i = \{\omega \mid \omega \in A_i \text{ für alle } i = 1, 2, \ldots, n\}.$$

Das Ereignis $\bigcup_{i=1}^{n} A_i = A_1 \cup A_2 \cup \ldots \cup A_n$ (**Vereinigung von n Ereignissen**) tritt ein, wenn von den Ereignissen $A_1, A_2, \ldots, A_n$ mindestens eines eintritt. Es gilt also

$$\bigcup_{i=1}^{n} A_i = \{\omega \mid \omega \in A_i \text{ für mindestens ein } i\}.$$

Entsprechend wird der Durchschnitt und die Vereinigung von abzählbar unendlich vielen Ereignissen definiert durch

$$\bigcap_{i=1}^{\infty} A_i = A_1 \cap A_2 \cap \ldots \quad (\text{alle } A_i \text{ treten ein});$$

$$\bigcup_{i=1}^{\infty} A_i = A_1 \cup A_2 \cup \ldots \quad (\text{mindestens ein } A_i \text{ tritt ein}).$$

Im Falle $A \subseteq B$ tritt mit dem Ereignis A auch das Ereignis B ein. In der Sprache der Ereignisse sagt man **"das Ereignis A zieht das Ereignis B nach sich"**. $A \subseteq B$ ist genau dann erfüllt, wenn $A \cap B = A$ und $A \cup B = B$ ist.

4.2 Häufigkeiten von Ereignissen

Ein Zufallsexperiment werde n-mal durchgeführt. Bei jedem Einzelversuch soll festgestellt werden, ob das Ereignis A oder dessen Komplement $\overline{A}$ eintritt. Nach Abschnitt 2.1 ist die **absolute Häufigkeit** $h_n(A)$ des Ereignisses A die Anzahl derjenigen Versuche, bei denen A eintritt.

Die **relative Häufigkeit** $r_n(A) = \frac{h_n(A)}{n}$ stellt den relativen Anteil der Versuche dar, bei denen A eintritt. Dabei ist $100 \cdot r_n(A)$ der prozentuale Anteil dieser Versuche in der Gesamtserie.

Für die relativen Häufigkeiten gilt offensichtlich der

Satz 4.1 (Eigenschaften der relativen Häufigkeit):
Für die relative Häufigkeit r_n gilt allgemein

$$0 \le r_n(A) \le 1 \quad \text{für jedes Ereignis A} \quad \textbf{(Nichtnegativität)}; \tag{4.1}$$

$$r_n(\Omega) = 1 \quad \textbf{(Normierung)}; \tag{4.2}$$

$$r_n(A \cup B) = r_n(A) + r_n(B), \quad \text{falls } A \cap B = \emptyset \tag{4.3}$$

(Additivität bei unvereinbaren (disjunkten) Ereignissen);

$$r_n\left(\bigcup_{i=1}^{\infty} A_i\right) = \sum_{i=1}^{\infty} r_n(A_i) \quad \text{für paarweise unvereinbare Ereignisse mit } A_i \cap A_k = \emptyset \text{ für } i \neq k. \tag{4.4}$$

Aus diesen Eigenschaften können unmittelbar weitere abgeleitet werden, z.B.

$$r_n(\emptyset) = 0;$$

$$r_n(A \cup B) = r_n(A) + r_n(B) - r_n(A \cap B) \quad \text{für beliebige Ereignisse A, B};$$

$$r_n(\overline{A}) = 1 - r_n(A);$$

$$\text{aus } A \subseteq B \text{ folgt } r_n(A) \le r_n(B).$$

Stabilisierung der relativen Häufigkeiten

Falls das gleiche Zufallsexperiment sehr oft unabhängig und unter denselben Bedingungen durchgeführt wird, stellt man in den meisten Versuchsserien einen gewissen **Stabilisierungseffekt** fest. Die relativen Häufigkeiten $r_n(A)$ schwanken für große n in der Regel sehr wenig um einen festen Zahlenwert. Diesen Sachverhalt nennt man **Gesetz der großen Zahlen**. Allerdings wird es immer wieder Ausnahmeserien geben, auch wenn der Versuchsumfang n noch so groß gewählt wird. Solche Ausnahmeserien sind zwar immer möglich, sie treten jedoch im allgemeinen mit wachsendem n seltener auf. Ganz ausschließen kann man sie jedoch nicht. Dieses Gesetz wird in Abschnitt 7.2 näher präzisiert.

4.3 Definition einer Wahrscheinlichkeit

Bereits im 18. Jahrhundert benutzten vor allem französische Mathematiker bei der Untersuchung der Chancen bei Glücksspielen einen Wahrscheinlichkeitsbegriff. Es handelt sich um die sogenannte **klassische (Laplace-) Wahrscheinlichkeit.** Dabei wird die Wahrscheinlichkeit eines Ereignisses A nach folgender Formel berechnet: "Anzahl der für A günstigen Fälle dividiert durch die Anzahl der insgesamt möglichen Fälle".

Ebenfalls wurden schon seit langer Zeit Wahrscheinlichkeiten mit Hilfe der Längen- und Flächenberechnung bestimmt. Dabei handelt es sich um sogenannte **geometrische Wahrscheinlichkeiten.**

Bei stetigen Merkmalen hat schon der deutsche Mathematiker **Carl Friedrich Gauß** (1777-1855) bei der Fehler- und Ausgleichsrechnung Wahrscheinlichkeiten berechnet. Die von ihm benutzte Methode ist bekannt unter dem Namen **Gaußsche Glockenkurve.** Ein Porträt von C. F. Gauß sowie den Verlauf der Glockenkurve findet man auf den 10-DM-Banknoten.

Es gibt also schon seit einiger Zeit verschiedene Begriffe der Wahrscheinlichkeit. Dennoch konnte man mit ihrer Hilfe sehr viele Probleme nicht lösen wie z. B. die Berechnung von Wahrscheinlichkeiten beim Werfen eines verfälschten Würfels oder der Wahrscheinlichkeit, daß ein zufällig aus der Produktion ausgewähltes Werkstück fehlerhaft ist. Aus diesem Grund wurde immer wieder versucht, den Wahrscheinlichkeitsbegriff zu erweitern.

Zuerst hat **Richard von Mises** (1883 – 1953) im Jahre 1931 auf Grund des bekannten Stabilisierungseffekts versucht, die Wahrscheinlichkeit P(A) eines Ereignisses A als Grenzwert der relativen Häufigkeiten zu definieren durch

$$P(A) = \lim_{n \to \infty} r_n(A).$$

Dieser Ansatz war jedoch aus folgenden Gründen zum Scheitern verurteilt:

a) Der Grenzwert existiert im mathematischen Sinne gar nicht.

b) Auch wenn dieser Grenzwert existieren würde, könnte man ihn mit Hilfe einer Beobachtungsreihe nicht bestimmen. Denn irgendwann muß jede Versuchsserie abgebrochen werden, ohne daß man sicher sein kann, daß die relativen Häufigkeiten nahe genug bei dem unbekannten Grenzwert liegen. Aus verschiedenen Serien würde man dann im allgemeinen auch verschiedene "Wahrscheinlichkeiten" für das gleiche Ereignis A erhalten. Zur Entwicklung einer mathematisch fundierten Theorie benötigt man jedoch eine objektive, eindeutig bestimmte Wahrscheinlichkeit.

Im Jahre 1933 ist es dem russischen Mathematiker **Andrej Nikolajewitsch Kolmogorow** (1909 – 1987) erstmals gelungen, den Wahrscheinlichkeitsbegriff mathematisch widerspruchsfrei zu verallgemeinern. Dabei verlangt man von einer solchen Verallgemeinerung, daß ihre Einschränkung auf bereits bekannte Modelle den dort benutzten Wahrscheinlichkeitsbegriff ergibt. Kolmogorow hat die Wahrscheinlichkeit axiomatisch eingeführt. Ähnlich wie in der Geometrie verlangt er von einer allgemeinen Wahrscheinlichkeit, daß sie gewisse Eigenschaften (**Axiome**) erfüllt. Zwar kann mit Hilfe dieser Axiome der genaue Wert einer Wahrscheinlichkeit nicht ohne weiteres berechnet werden, doch ist es möglich, mit ihrer Hilfe eine Theorie zu entwickeln, mit der dann unbekannte Wahrscheinlichkeiten beliebig genau geschätzt werden können. Dies geschieht in der beurteilenden Statistik im Teil III. Es ist naheliegend, als Axiome Eigenschaften zu benutzen, welche die relativen Häufigkeiten sowie die klassische und die geometrische Wahrscheinlichkeit erfüllen.

4.3.1 Axiome einer Wahrscheinlichkeit

Definition 4.1 (Axiome einer Wahrscheinlichkeit):
Eine auf einem System von Ereignissen aus Ω definierte reelle Funktion P (P = **Probabilité**) heißt eine **Wahrscheinlichkeit**, wenn sie folgende **Axiome** erfüllt:

(K1) $0 \leq P(A) \leq 1$ für jedes Ereignis A (**Nichtnegativität**);

(K2) $P(\Omega) = 1$ (**Normierung**);

(K3) $P(\bigcup_{i=1}^{\infty} A_i) = \sum_{i=1}^{\infty} P(A_i)$ (**σ-Additivität**)

für paarweise unvereinbare Ereignisse mit $A_i \cap A_k = \emptyset$ für $i \neq k$.

Setzt man in (K3) $A_i = \emptyset$ für alle $i \geq n+1$, so folgt hieraus unmittelbar die **endliche Additivität**

(K3′) $P(\bigcup_{i=1}^{n} A_i) = \sum_{i=1}^{n} P(A_i)$ für paarweise unvereinbare Ereignisse.

Satz 4.2 (Folgerungen aus den Axiomen):
Aus den drei Axiomen (K1), (K2) und (K3) bzw. (K3′) erhält man die folgenden Eigenschaften:

a) $P(\emptyset) = 0$;

b) $P(\overline{A}) = 1 - P(A)$;

c) aus $A \subseteq B$ folgt $P(A) \leq P(B)$ (**Monotonie**);

d) $P(A \cup B) = P(A) + P(B) - P(A \cap B)$ für beliebige Ereignisse;

e) $P(A \backslash B) = P(A) - P(A \cap B)$ für beliebige Ereignisse;

f) $P(A \backslash B) = P(A) - P(B)$, falls $B \subseteq A$.

Beweis:

a) $\emptyset = \emptyset \cup \emptyset, \emptyset \cap \emptyset = \emptyset$ ergibt aus (K3′): $P(\emptyset) = P(\emptyset) + P(\emptyset)$, also $P(\emptyset) = 0$.

b) Aus $A \cup \overline{A} = \Omega$; $A \cap \overline{A} = \emptyset$ folgt nach (K2) und (K3′)

$$1 = P(A) + P(\overline{A}), \text{ also } P(\overline{A}) = 1 - P(A).$$

c) Wegen $A \subseteq B$ ist $AB = A$. Mit $\Omega = A \cup \overline{A}$ erhält man hiermit

$$B = B \cap \Omega = B \cap (A \cup \overline{A}) = BA \cup B\overline{A} = A \cup B\overline{A}; \; A \cap (B\overline{A}) = 0.$$

Aus der Additivität von P ergibt sich

$$P(B) = P(A) + P(B\overline{A}).$$

Wegen $P(B\overline{A}) \geq 0$ folgt hieraus $P(B) \geq P(A)$.

d) Für zwei beliebige Ereignisse A und B gilt $A \cup B = A \cup (\overline{A} \cap B)$.

Dabei sind A und $\overline{A} \cap B$ unvereinbar. Daher gilt nach (K3′)

$$P(A \cup B) = P(A) + P(\overline{A} \cap B). \tag{4.5}$$

$B = (A \cap B) \cup (\overline{A} \cap B)$ ergibt $P(B) = P(A \cap B) + P(\overline{A} \cap B)$,

$$P(\overline{A} \cap B) = P(B) - P(A \cap B). \tag{4.6}$$

(4.6) in (4.5) eingesetzt liefert die Behauptung

$$P(A \cup B) = P(A) + P(B) - P(A \cap B).$$

e) $A \setminus B = A \cap \overline{B}$ ergibt

$$P(A \setminus B) = P(A \cap \overline{B}) = P(A) - P(A \cap B).$$

f) Wegen $B \subseteq A \Rightarrow AB = B$ folgt die Behauptung unmittelbar aus e).

Wahrscheinlichkeiten bei endlichen Ergebnismengen

Falls die Ergebnismenge $\Omega = \{\omega_1, \omega_2, \ldots, \omega_m\}$ nur aus m verschiedenen Versuchsergebnissen besteht, genügt die Angabe der Wahrscheinlichkeiten der m Elementarereignisse durch $p_i = P(\{\omega_i\}) \geq 0$ für $i = 1, 2, \ldots, m$, welche die Bedingung

$$\sum_{i=1}^{m} p_i = 1$$

erfüllen. Die Wahrscheinlichkeit für ein beliebiges Ereignis A lautet dann

$$P(A) = \sum_{i:\omega_i \in A} p_i .$$

Wahrscheinlichkeiten bei abzählbar unendlichen Ergebnismengen
Falls die Ergebnismenge $\Omega = \{\omega_1, \omega_2, \ldots\}$ abzählbar unendlich viele Versuchsergebnisse besitzt, müssen die Wahrscheinlichkeiten $p_i = P(\{\omega_i\}) \geq 0$ für $i = 1, 2, \ldots$ die Bedingung

$$\sum_{i=1}^{\infty} p_i = 1$$

erfüllen. Die Wahrscheinlichkeit für ein Ereignis A lautet

$$P(A) = \sum_{i:\omega_i \in A} p_i .$$

Interpretation einer Wahrscheinlichkeit
Das Ereignis A besitze bei einem Einzelexperiment die Wahrscheinlichkeit $p = P(A)$. Das Zufallsexperiment werde n-mal unabhängig unter den gleichen Bedingungen durchgeführt. Dann liegt wegen des Stabilisierungseffekts bei großen Stichprobenumfängen n die relative Häufigkeit des Ereignisses A meistens in der Nähe von p. Für große n gilt also im allgemeinen die Näherung

$$r_n(A) \approx P(A).$$

Diese Eigenschaft wird bei den Gesetzen der großen Zahlen in Abschnitt 7.2 näher präzisiert und auch bewiesen. Aus diesem Grund kann eine unbekannte Wahrscheinlichkeit p durch die relative Häufigkeit in einer genügend langen unabhängigen Versuchsserie geschätzt werden. Aussagen über solche Schätzungen werden in der beurteilenden Statistik gemacht.

4.3.2 Der klassische Wahrscheinlichkeitsbegriff

Der klassische Wahrscheinlichkeitsbegriff wurde bereits von dem französischen Mathematiker **Pierre Simon Laplace** (1749-1827) bei der Beurteilung der Chancen bei Glücksspielen benutzt. Zur Anwendung dieses Wahrscheinlichkeitsbegriffs benötigt man folgende Voraussetzungen:

(L1) Bei dem Zufallsexperiment gibt es nur endlich viele verschiedene Versuchsergebnisse, d.h. die Ergebnismenge Ω ist endlich.

(L2) Keines der Versuchsergebnisse darf bevorzugt auftreten, d.h. alle Elementarereignisse sind gleichwahrscheinlich.

Die erste Bedingung ist bei vielen Zufallsexperimenten erfüllt. Die zweite Bedingung der Chancengleichheit sämtlicher Versuchsergebnisse ist oft rein äußerlich nicht ohne weiteres erkennbar. Doch kann man bei vielen Experimenten auf Grund der Konstruktion des Zufallsgeräts und der Versuchsdurchführung von einer solchen Chancengleichheit ausgehen. Ob die Bedingung (L2) tatsächlich erfüllt ist, müßte im Einzelfall mit Hilfe statistischer Methoden nachgeprüft werden. So ist z.B. statistisch nachgewiesen, daß bei neugeborenen Kindern das Geschlecht männlich leicht überwiegt. Die Wahrscheinlichkeit für eine Knabengeburt ist etwas größer als $\frac{1}{2}$.

Ein Zufallsexperiment, bei dem die beiden Voraussetzungen (L1) und (L2) erfüllt sind, nennt man ein **Laplace-Experiment.** Der bei diesem Modell benutzte Wahrscheinlichkeitsbegriff heißt **klassische** oder **Laplace-Wahrscheinlichkeit.**

Die endliche Ergebnismenge $\Omega = \{\omega_1, \omega_2, \ldots, \omega_m\}$ besitze m Versuchsergebnisse. Dann hat jedes der m Elementarereignisse wegen (L2) die gleiche Wahrscheinlichkeit p. Wegen der Additivität und der Normierung auf Eins folgt dann aus (L1) und (L2) mit (K1) und (K3′)

$$\Omega = \bigcup_{i=1}^{m} \{\omega_i\} \; ; \quad 1 = P(\Omega) = \sum_{i=1}^{m} P(\{\omega_i\}) = m \cdot p ,$$

also

$$p = P(\{\omega_i\}) = \frac{1}{m} \quad \text{für } i = 1, 2, \ldots, m.$$

Falls ein Ereignis A aus r Versuchsergebnissen besteht, erhält man durch Summenbildung die Formel

$$P(A) = r \cdot \frac{1}{m} = \frac{r}{m} = \frac{|A|}{|\Omega|} = \frac{\text{Anzahl der für A günstigen Fälle}}{\text{Anzahl der insgesamt möglichen Fälle}} . \qquad (4.7)$$

Beispiel 4.2 (Roulette):

Beim Roulette wird eine der 37 Zahlen $0, 1, 2, \ldots, 35, 36$ ausgespielt, es ist also $|\Omega| = 37$. Die Chancengleichheit aller 37 Zahlen dürfte dann gegeben sein, wenn der Roulette-Teller homogen ist und alle 37 Kreissektoren gleich groß sind. Ferner muß gewährleistet sein, daß am Roulette-Teller keine Manipulationen vorgenommen wurden und daß der Croupier die Kugel "korrekt" rollen läßt. Dann erhält man folgende Laplace-Wahrscheinlichkeiten:

$$P(\text{ungerade Zahl}) = P(\text{rot}) = P(\text{schwarz}) = \frac{18}{37} .$$

Bei einfachen Chancen (Ereignisse, die aus 18 Zahlen bestehen) ist daher die Gewinnwahrscheinlichkeit kleiner als $\frac{1}{2}$.

$$P(1.\ \text{Dutzend}) = P(\{1,2,\ldots,11,12\}) = \frac{12}{37} \; ; \; P(\text{Querreihe } 31,32,33) = \frac{3}{37} .$$

4.4 Kombinatorik

Bei der nach (4.7) zu bestimmenden klassischen Wahrscheinlichkeit ist die Anzahl der günstigen und der möglichen Fälle zu berechnen. Dabei muß allerdings gewährleistet sein, daß es nur endlich viele verschiedene Versuchsergebnisse gibt und daß tatsächlich alle gleichwahrscheinlich sind. Zur Berechnung der Anzahl der Fälle werden in der Kombinatorik bestimmte Formeln bereitgestellt.

4.4.1 Produktregel der Kombinatorik (allgemeines Zählprinzip)

Ein m-stufiges Zufallsexperiment entsteht dadurch, daß m Zufallsexperimente nacheinander oder gleichzeitig durchgeführt werden.
Das Zufallsexperiment der i-ten Stufe besitze die Ergebnismenge Ω_i für $i = 1, 2, \ldots, m$. Dann können die m Ergebnisse $\omega_1, \omega_2, \ldots, \omega_m$ der einzelnen Stufen unter Berücksichtigung der Reihenfolge als (geordnetes) m-Tupel $(\omega_1, \omega_2, \ldots, \omega_m)$ dargestellt werden, wobei an der i-ten Stelle das Ergebnis ω_i des i-ten Zufallsexperiments steht, also $\omega_i \in \Omega_i$.

Die Ergebnismenge Ω des m-stufigen Gesamtexperiments ist die Menge aller m-Tupel, das sogenannte **direkte Produkt** der einzelnen Ergebnismengen Ω_i. Das direkte Produkt bezeichnen wir mit

$$\Omega = \Omega_1 \times \Omega_2 \times \ldots \times \Omega_m .$$

Daraus erhält man den

Satz 4.3 (Produktregel der Kombinatorik):
Bei einem m-stufigen Zufallsexperiment sei die Anzahl der möglichen Versuchsergebnisse bei der i-ten Stufe gleich $n_i = |\Omega_i|$.

Dann besitzt das m-stufige Gesamtexperiment

$n = n_1 \cdot n_2 \cdot \ldots \cdot n_m$ verschiedene Ergebnisse (m-Tupel), also

$$|\Omega| = |\Omega_1| \cdot |\Omega_2| \cdot \ldots \cdot |\Omega_m| . \tag{4.8}$$

Beweis:
In den möglichen m-Tupeln $(\omega_1, \omega_2, \ldots, \omega_m)$ gibt es nach Voraussetzung für die i-te Komponente ω_i insgesamt n_i Auswahlmöglichkeiten. Zu jeder der n_1 möglichen Auswahlmöglichkeiten für ω_1 gibt es n_2 Möglichkeiten, die zweite Komponente ω_2 auszuwählen. Daher gibt es für die ersten beiden Komponenten ω_1 und ω_2 insgesamt $n_1 \cdot n_2$ verschiedene Auswahlmöglichkeiten. So fortfahrend erhält man ingesamt $n_1 \cdot n_2 \cdot \ldots \cdot n_m$ verschiedene mögliche m-Tupel.

Mit diesem allgemeinen Zählprinzip können viele Formeln der Kombinatorik sehr einfach hergeleitet werden.

4.4.2 Anordnungsmöglichkeiten (Permutationen)

Unter einer **Permutation** von n Elementen versteht man eine Anordnung dieser Elemente. Für die Auswahl des ersten Elements gibt es n Möglichkeiten, für die Auswahl des zweiten verbleiben noch $n - 1$ Möglichkeiten. So fortfahrend erhält man schließlich für die Auswahl des n-ten Elements nur noch eine Möglichkeit. Damit erhält man aus der Produktregel den

Satz 4.4 (Anzahl der Permutationen):
n verschiedene Dinge lassen sich (unter Berücksichtigung der Reihenfolge) auf

$$n! = 1 \cdot 2 \cdot \ldots \cdot n \tag{4.9}$$

verschiedene Arten anordnen (Anzahl der Permutationen).
Das Symbol n! spricht man dabei als **"n-Fakultät"** aus.

Für die Fakultäten n! gilt die Rekursionsformel

$$n! = n \cdot (n-1)!\,.$$

Damit diese Formel auch noch für $n = 1$ richtig ist, setzt man

$$0! = 1\,.$$

Falls manche Elemente nicht unterscheidbar sind, gilt der

Satz 4.5 (Anordnungsmöglichkeiten von Gruppen gleicher Elemente):
Von n Dingen seien jeweils $n_1, n_2, \ldots, n_r$ gleich.

Dann gibt es für diese n Dinge unter Berücksichtigung der Reihenfolge

$$\frac{n!}{n_1! \cdot n_2! \cdot \ldots \cdot n_r!}\,; \quad n = n_1 + n_2 + \ldots + n_r \tag{4.10}$$

verschiedene **Anordnungsmöglichkeiten.**

Beweis:
Die gesuchte Anzahl bezeichnen wir mit x. Die jeweils gleichen Dinge werden unterscheidbar gemacht. Dann gibt es im unterscheidbaren Modell insgesamt n! verschiedene Anordnungsmöglichkeiten. In jeder der x möglichen Anordnungen im nichtunterscheidbaren Ausgangsmodell können die n_k gleichen Elemente jeweils permutiert werden, was jeweils auf $n_k!$ verschiedene Arten möglich ist. Dadurch erhält man sämtliche Anordnungsmöglichkeiten $n! = (n_1 + \ldots + n_r)!$ im unterscheidbaren Modell. Es gilt also

$$x \cdot n_1! \cdot n_2! \cdot \ldots \cdot n_r! = n!\,.$$

Hieraus erhält man die gesuchte Anzahl x in der Form

$$x = \frac{n!}{n_1! \cdot n_2! \cdot \ldots \cdot n_r!}\,.$$

Beispiel 4.3:
Eine Gruppe von 4 Studentinnen und 3 Studenten stellen sich in zufälliger Reihenfolge an einer Theaterkasse an. Gesucht ist die Wahrscheinlichkeit, daß die vier Studentinnen nebeneinander stehen. Insgesamt gibt es

$$\frac{7!}{3! \cdot 4!} = \frac{1 \cdot 2 \cdot 3 \cdot 4 \cdot 5 \cdot 6 \cdot 7}{1 \cdot 2 \cdot 3 \cdot 1 \cdot 2 \cdot 3 \cdot 4} = \frac{5 \cdot 6 \cdot 7}{2 \cdot 3} = 35\,.$$

mögliche Fälle. Zur Bestimmung der Anzahl der günstigen Fälle schreiben wir w für Studentin und m für Student. Dann gibt es die für das interessierende Ereignis nur 4 Möglichkeiten, nämlich die Reihenfolgen

w w w w m m m; m w w w w m m; m m w w w w m; m m m w w w w.

Daraus erhalten wir die gesuchte Wahrscheinlichkeit $p = \frac{4}{35} \approx 0{,}1143$.

4.4.3 Auswahlmöglichkeiten unter Berücksichtigung der Reihenfolge

Aus n verschiedenen Dingen sollen k Stück nacheinander ausgewählt werden. Dabei spiele die Reihenfolge der Ziehung der einzelnen Elemente eine Rolle. Man spricht dann vom Ziehen unter **Berücksichtigung der Reihenfolge (Anordnung)**. Beim Ziehen **ohne Zurücklegen (ohne Wiederholung)** werden die gezogenen Elemente vor dem nächsten Zug nicht mehr zu den übrigen zurückgelegt. Beim Ziehen **mit Zurücklegen (mit Wiederholung)** werden die ausgewählten Elemente nur registriert und vor dem nächsten Zug wieder zur Grundmenge zurückgebracht.

Beim Ziehen ohne Wiederholung gibt es für den ersten Zug n Möglichkeiten, für den zweiten $n-1$, für den dritten $n-2$,... usw. Das k-te Element kann schließlich auf $n-(k-1) = n-k+1$ Arten ausgewählt werden. Dabei darf k höchstens gleich n sein. Beim Ziehen mit Wiederholung wird bei jedem Zug aus der ganzen Grundgesamtheit mit jeweils n Möglichkeiten ausgewählt. Mit der Produktregel der Kombinatorik erhält man für beide Fälle die im folgenden Satz angegebene Anzahl der Ziehungsmöglichkeiten.

Satz 4.6:
Aus n verschiedenen Dingen werden k Stück **unter Berücksichtigung der Reihenfolge** ausgewählt. Dann beträgt die Anzahl der verschiedenen Auswahlmöglichkeiten:

a) beim Ziehen **ohne Zurücklegen (ohne Wiederholung)**

$$n \cdot (n-1) \cdot (n-2) \cdot \ldots \cdot (n-k+1) \quad \text{für } k \leq n\,; \tag{4.11}$$

b) beim Ziehen **mit Zurücklegen (mit Wiederholung)**

$$n^k \quad \text{für beliebiges } k. \tag{4.12}$$

Beispiel 4.4 (Geburtstagsproblem):
Gesucht ist die Wahrscheinlichkeit dafür, daß von n beliebigen Personen mindestens zwei am gleichen Tag Geburtstag haben. Zur Berechnung der gesuchten Wahrscheinlichkeit machen wir die

Modellannahme:
Das Jahr habe 365 Tage, die als Geburtstage für jede der n Personen gleichwahrscheinlich sind.

Das entsprechende Ereignis bezeichnen wir mit A_n. Da nach der Modellannahme bei $n > 365$ Personen mindestens zwei Personen am gleichen Tag Geburtstag haben müssen, gilt

$$P(A_n) = 1 \quad \text{für } n > 365.$$

Für $n \leq 365$ berechnen wir zunächst die Wahrscheinlichkeit für das Komplementärereignis $\overline{A}_n$. Die Wahrscheinlichkeit dafür läßt sich nämlich wesentlich einfacher bestimmen. Es tritt ein, wenn alle n Personen an verschiedenen Tagen Geburtstag haben. Die Personen werden durchnumeriert. Die Anzahl der möglichen Fälle ist dann 365^n. Die Anzahl der günstigen Fälle erhält man durch folgende Überlegung: Für die erste Person kommen 365, für die zweite 364, für die dritte 363,..., für die n-te $365-n+1$ Tage in Frage. Für $\overline{A}_n$ gibt es dann nach dem Multiplikationsprinzip insgesamt $365 \cdot 364 \cdot \ldots \cdot (365-n+1)$ günstige Fälle. Damit gilt

$$P(\overline{A}_n) = \frac{365 \cdot 364 \cdot \ldots \cdot (365-n+1)}{365^n}.$$

Zur Berechnung eignet sich die Rekursionsformel

$$P(\overline{A}_{n+1}) = \frac{365-n}{365} \cdot P(\overline{A}_n) \quad \text{mit} \quad P(\overline{A}_1) = 1 \text{ für } n = 1, 2, \ldots, 364.$$

Hieraus folgt

$$P(A_n) = 1 - P(\overline{A}_n) = 1 - \frac{365 \cdot 364 \cdot \ldots \cdot (365-n+1)}{365^n} \quad \text{für } n \leq 365.$$

Für $n = 23$ erhält man den etwas überraschenden Wert $P(A_{23}) \approx 0{,}507$. Dadurch, daß die Schaltjahre unberücksichtigt bleiben, ist die hier berechnete Wahrscheinlichkeit etwas zu groß. Die Gleichverteilung der Geburtstage auf alle 365 Tage ist auch nicht ganz realistisch. Eine ungleichmäßige Verteilung würde die Wahrscheinlichkeit etwas erhöhen.

4.4.4 Auswahlmöglichkeiten ohne Berücksichtigung der Reihenfolge

Aus n verschiedenen Dingen sollen k Stück ausgewählt werden, wobei die Reihenfolge, in der die Elemente gezogen werden, keine Rolle spielt.

4.4.4.1 Ziehen ohne Wiederholung (ohne Zurücklegen)

Die k Elemente können einzeln gezogen werden, wobei die ausgewählten Elemente vor dem nächsten Zug nicht mehr zu den übrigen zurückgelegt werden dürfen. Genauso kann man aber auch alle k Stück auf einmal ziehen. Beim Ziehen ohne Zurücklegen darf k höchstens gleich n sein. Die Anzahl der Möglichkeiten, aus n Dingen k Stück ohne Wiederholung auszuwählen, bezeichnen wir mit x.

Aus jeder bestimmten Auswahlmöglichkeit ohne Berücksichtigung der Reihenfolge erhalten wir durch alle möglichen Permutationen der k ausgewählten Elemente k! verschiedene Auswahlmöglichkeiten unter Berücksichtigung der Reihenfolge. Nach (4.11) gilt daher

$$x \cdot k! = n \cdot (n-1) \cdot (n-2) \cdot \ldots \cdot (n-k+1),$$

also

$$x = \frac{n \cdot (n-1) \cdot (n-2) \cdot \ldots \cdot (n-k+1)}{k!}.$$

Erweiterung dieses Bruchs mit $(n-k)!$ ergibt

$$x = \frac{n!}{k! \cdot (n-k)!} = \binom{n}{k}.$$

Dabei ist $\binom{n}{k}$ (sprich **"n über k"**) ein sogenannter **Binomialkoeffizient.** Man setzt

$$\binom{n}{0} = 1.$$

Damit haben wir folgenden Satz bewiesen:

Satz 4.7:
Aus n verschiedenen Elementen können k Stück ohne Berücksichtigung der Reihenfolge und ohne Wiederholung auf

$$\binom{n}{k} = \frac{n \cdot (n-1) \cdot (n-2) \cdot \ldots \cdot (n-k+1)}{1 \cdot 2 \cdot 3 \cdot \ldots \cdot k} = \frac{n!}{k! \cdot (n-k)!} \qquad (4.13)$$

verschiedene Arten ausgewählt werden für $k = 1, 2, \ldots, n$.

4.4.4.2 Ziehen mit Wiederholung (mit Zurücklegen)

Aus n Elementen werde k mal hintereinander eines ausgewählt, wobei die gezogenen Elemente vor dem nächsten Zug zu den übrigen zurückgelegt werden. Die Reihenfolge der Ziehung spiele dabei keine Rolle. Die n Elemente, aus denen mit Wiederholung ausgewählt wird, werden von 1 bis n durchnumeriert. Als Beispiel nehmen wir $n = 4$ und $k = 5$. Dabei soll dreimal die 1 und zweimal die 3 ausgewählt worden sein. Dieses Ergebnis stellen wir folgendermaßen dar:

$$\underbrace{+++}_{\text{3mal 1}}, \underbrace{\quad}_{\text{0 mal 2}}, \underbrace{++}_{\text{2mal 3}}, \underbrace{\quad}_{\text{0 mal 4}}.$$

Falls aus n Elementen mit Wiederholung und ohne Berücksichtigung der Reihenfolge k Elemente ausgewählt werden, kann jedes Ergebnis symbolisch mit Hilfe von k Pluszeichen und $n-1$ Kommata dargestellt werden. Jeder zufälligen Reihenfolge dieser Symbole wird ein Ziehungsergebnis in eineindeutiger Weise zugeordnet. Die Reihe

$$+++,+,\ ,\ ,++,\ldots,++++$$

bedeutet z. B, daß das erste Element dreimal, das zweite einmal, das dritte und vierte nicht, das fünfte zweimal,..., das letzte viermal gezogen wurde. Jedes derartige Schema enthält dann genau k Pluszeichen und $n-1$ Kommata. Falls zwischen zwei Kommata kein Pluszeichen steht, ist das entsprechende Element nicht gezogen worden. Die Pluszeichen und Kommata zusammen bilden also $n+k-1$ Plätze, von denen genau k mit einem Pluszeichen zu versehen sind. Dafür gibt es aber insgesamt $\binom{n+k-1}{k}$ verschiedene Möglichkeiten. So viele Möglichkeiten gilt es, aus n Dingen k Stück mit Wiederholung und ohne Berücksichtigung der Reihenfolge auszuwählen. Damit gilt der

Satz 4.8:
Aus n verschiedenen Elementen werde k-mal hintereinander eines ausgewählt und vor dem nächsten Zug wieder zurückgelegt. Dann gibt es ohne Berücksichtigung der Reihenfolge ingesamt

$$\binom{n+k-1}{k} \tag{4.14}$$

verschiedene Auswahlmöglichkeiten.

Bemerkung:
In (4.14) ist die Anzahl aller verschiedenen Auswahlmöglichkeiten mit Zurücklegen und ohne Berücksichtigung der Reihenfolge angegeben. Damit sämtliche dieser Fälle auch tatsächlich gleichwahrscheinlich sind, muß das Auswahlverfahren nach der im Beweis angegebenen Methode durchgeführt werden. Bei einer wiederholten Einzelziehung sind nicht alle der in (4.14) angegebenen Fälle gleichwahrscheinlich. Dazu das

Beispiel 4.5:
Aus zwei Personen a und b werden einzeln hintereinander zwei ohne Berücksichtigung der Reihenfolge und mit Zurücklegen ausgewählt. Dann gibt es nach (4.14) mit $n = k = 2$ insgesamt

$$\binom{2+2-1}{2} = \binom{3}{2} = 3$$

verschiedene Möglichkeiten, nämlich: zweimal a, zweimal b und gemischt (a und b). Die Wahrscheinlichkeit, daß a zweimal ausgewählt wird, ist bei der Einzelauswahl nicht gleich $\frac{1}{3}$.
Zur Berechnung dieser Wahrscheinlichkeit müssen nämlich die vier gleichwahrscheinlichen Fälle a a; a b; b a; b b unter Berücksichtigung der Reihenfolge benutzt werden, von denen nur einer günstig ist. Die gesuchte Wahrscheinlichkeit ist daher gleich $\frac{1}{4}$.

4.4.5 Zusammenstellung der Formeln der Kombinatorik

Aus n verschiedenen Dingen sollen k ausgewählt werden. Dann erhält man für die Anzahl der verschiedenen Auswahlmöglichkeiten in Abhängigkeit vom Auswahlverfahren folgende Werte:

	mit Berücksichtigung der Reihenfolge (geordnet)	**ohne Berücksichtigung der Reihenfolge** (ungeordnet)
ohne Wiederholung (ohne Zurücklegen)	$n \cdot (n-1) \cdot \ldots \cdot (n-k+1)$	$\binom{n}{k}$
mit Wiederholung (mit Zurücklegen)	n^k	$\binom{n+k-1}{k}$

4.4.6 Urnenmodelle

Eine Grundmenge bestehe aus N verschiedenen Elementen, von denen genau M eine bestimmte Eigenschaft besitzen. Aus der gesamten Grundmenge sollen n Stück zufällig ausgewählt werden. Zur Versuchsdurchführung und zur Berechnung gesuchter Wahrscheinlichkeiten bei einer solchen zufälligen Auswahl eignen sich die sogenannten Urnenmodelle. Anstelle der N Elemente betrachtet man N Kugeln, von denen genau M schwarz sind. Den Elementen mit der interessierenden Eigenschaft werden also schwarze Kugeln zugeordnet. Den restlichen $N-M$ Elementen ordnen wir weiße Kugeln zu. Mit diesem Hilfsmodell erhält man folgende Aussage:

Satz 4.9 (Urnenmodelle):
Eine Urne enthalte N Kugeln, von denen M schwarz und die restlichen $N-M$ weiß sind. Dabei gelte $1 \leq M \leq N$. Aus dieser Urne werden n Kugeln zufällig ausgewählt.
p_k sei die Wahrscheinlichkeit dafür, daß sich unter den n ausgewählten Kugeln genau k schwarze befinden. Diese Wahrscheinlichkeit lautet

a) beim **Ziehen ohne Zurücklegen**

$$p_k = \frac{\binom{M}{k} \cdot \binom{N-M}{n-k}}{\binom{N}{n}} \quad \text{für} \quad \begin{array}{l} 0 \leq k \leq \min(n, M) \\ 0 \leq n-k \leq N-M \; ; \; n \leq N ; \end{array}$$

b) beim **Ziehen mit Zurücklegen**

$$p_k = \binom{n}{k} \cdot \left(\frac{M}{N}\right)^k \cdot \left(1 - \frac{M}{N}\right)^{n-k} \quad \text{für } k = 0, 1, 2, \ldots, n; \;\; n \text{ beliebig.}$$

Beweis:

a) Beim Ziehen ohne Zurücklegen können ohne Berücksichtigung der Reihenfolge von N Elementen n Stück auf $\binom{N}{n}$ verschiedene Arten ausgewählt werden (Anzahl der möglichen Fälle). Aus den M schwarzen Kugeln lassen sich k auf $\binom{M}{k}$ Arten auswählen. Die restlichen $n-k$ weißen können aus den $N-M$ weißen Kugeln auf $\binom{N-M}{n-k}$ Arten ausgewählt werden. Nach der Produktregel der Kombinatorik gibt es

$$\binom{M}{k}\cdot\binom{N-M}{n-k} \text{ günstige und } \binom{N}{n} \text{ mögliche Fälle.}$$

Division ergibt die Formel aus a).

b) Das Ereignis "k schwarze Kugeln werden gezogen" tritt z.B. ein, wenn bei den ersten k Zügen jeweils eine schwarze und bei den restlichen $n-k$ Zügen immer eine weiße Kugel gezogen wird, also z. B. bei der Serie

$$\underbrace{s, s, s, \ldots, s, s}_{k \text{ Stück}},\ \underbrace{w, w, w, \ldots, w, w}_{n-k \text{ Stück}}.$$

Für die Serie in dieser Reihenfolge gibt es insgesamt $M^k\cdot(N-M)^{n-k}$ günstige Fälle. Jede andere Reihenfolge, bei der k-mal s auftritt, hat ebensoviele günstige Fälle. Die Anzahl der verschiedenen günstigen Serien erhält man, indem aus n Plätzen k Stück für die Belegung mit s ausgewählt werden, was auf $\binom{n}{k}$ verschiedene Arten möglich ist. Damit gibt es insgesamt

$$\binom{n}{k}\cdot M^k\cdot(N-M)^{n-k} \text{ günstige und } N^n \text{ mögliche Fälle.}$$

Daraus folgt

$$p_k = \binom{n}{k}\cdot\frac{M^k\cdot(N-M)^{n-k}}{N^n} = \binom{n}{k}\cdot\left(\frac{M}{N}\right)^k\cdot\left(1-\frac{M}{N}\right)^{n-k}.$$

Dabei ist der Quotient $p = \frac{M}{N}$ die Wahrscheinlichkeit dafür, daß man bei einem Einzelzug eine schwarze Kugel erhält.

Beispiel 4.6 (Lotto am Samstag):

Bei den Samstags-Ziehungen werden aus den Zahlen $1, 2, 3, \ldots, 48, 49$ sechs Gewinnzahlen und eine Zusatzzahl ausgewählt. Ferner wird als Superzahl eine von den Ziffern $0, 1, 2, \ldots, 9$ gezogen. Ein Teilnehmer muß in jeder getippten Reihe 6 verschiedene Zahlen ankreuzen. Als Superzahl gilt die letzte Ziffer auf der Nummer des Tippzettels. Für die 6 Zahlen gibt es insgesamt

$$\binom{49}{6} = \frac{49\cdot48\cdot47\cdot46\cdot45\cdot44}{1\cdot2\cdot3\cdot4\cdot5\cdot6} = 13\,983\,816$$

verschiedene Auswahlmöglichkeiten.

Die Wahrscheinlichkeit, mit einer einzigen Reihe einen Sechser zu erzielen, beträgt damit

$$P(6 \text{ Richtige}) = \frac{1}{13\,983\,816} \approx 0{,}000000071511.$$

Da es für die Auswahl der Superzahl 10 Möglichkeiten gibt, erhält man unter Berücksichtigung der Superzahl sogar

$$10 \cdot 13\,983\,816 = 139\,838\,160$$

verschiedene Möglichkeiten. Mit Wahrscheinlichkeit

$$\frac{1}{139\,838\,160} \approx 0{,}00000000715$$

hat man also mit einer zufällig ausgewählten Reihe 6 Richtige mit Superzahl. In den anderen Rängen wird die Superzahl nicht mehr gewertet.

Für "5 Richtige mit Zusatzzahl" müssen die einzige Zusatzzahl und von den 6 Gewinnzahlen fünf angekreuzt sein. Dafür gibt es insgesamt

$1 \cdot \binom{6}{1} = 6$ verschiedene Möglichkeiten mit

$$P(5 \text{ Richtige mit Zusatzzahl}) = \frac{6}{13\,983\,816} \approx 0{,}00000042907\,.$$

Bei "5 Richtigen ohne Zusatzzahl" müssen von den 6 Gewinnzahlen fünf angekreuzt sein. Die sechste Zahl muß auch von der Zusatzzahl verschieden sein, sie kann also aus $49 - 6 - 1 = 42$ Zahlen ausgewählt werden. Insgesamt gibt es also

$\binom{6}{5} \cdot 42 = 6 \cdot 42 = 252$ verschiedene Möglichkeiten mit

$$P(5 \text{ Richtige ohne Zusatzzahl}) = \frac{252}{13\,983\,816} \approx 0{,}000018021.$$

Für vier Richtige gibt es

$\binom{6}{4} \cdot \binom{43}{2} = 15 \cdot 903 = 13\,545$ verschiedene Möglichkeiten mit

$$P(4 \text{ Richtige}) = \frac{13\,545}{13\,983\,816} \approx 0{,}00096862\,.$$

Für "3 Richtige mit Zusatzzahl" müssen die Zusatzzahl, von den sechs Gewinnzahlen drei und von den restlichen 42 nicht gezogenen Zahlen zwei angekreuzt sein. Dafür gibt es

$1 \cdot \binom{6}{3} \cdot \binom{42}{2} = 20 \cdot 861 = 17\,220$ verschiedene Möglichkeiten mit

$$P(3 \text{ Richtige mit Zusatzzahl}) = \frac{17\,220}{13\,983\,816} \approx 0{,}0012314\,.$$

Für "3 Richtige ohne Zusatzzahl" erhält man

$\binom{6}{3} \cdot \binom{42}{3} = 20 \cdot 11\,480 = 229\,600$ verschiedene Möglichkeiten mit

$$P(3 \text{ Richtige ohne Zusatzzahl}) = \frac{229\,600}{13\,983\,816} \approx 0{,}0164190\,.$$

Zusammenfassung der Gewinnmöglichkeiten beim Samstags-Lotto:
Ohne Berücksichtigung der Superzahl gibt es 13 983 816 verschiedene Tippmöglichkeiten. Wenn jemand am Samstag sämtliche 13 983 816 möglichen Reihen abgibt, so hat er insgesamt

1 mal	6 Richtige,
6 mal	5 Richtige mit Zusatzzahl,
252 mal	5 Richtige ohne Zusatzzahl,
13 545 mal	4 Richtige,
17 220 mal	3 Richtige mit Zusatzzahl,
229 600 mal	3 Richtige ohne Zusatzzahl.

4.5 Bedingte Wahrscheinlichkeiten

Die **absolute Wahrscheinlichkeit** P(A) aus Abschnitt 4.3 darf nur dann als Maß für die Chance des Eintretens des Ereignisses A benutzt werden, wenn das Zufallsexperiment noch nicht begonnen hat oder über das laufende bzw. bereits beendete Zufallsexperiment keinerlei Information vorliegt. Sind jedoch Teilinformationen über den Ausgang bekannt, so weiß man, daß gewisse Ereignisse nicht eingetreten sein können. Durch eine solche Information ändert sich die Ergebnismenge und eventuell auch manche Wahrscheinlichkeit. Vom **Informationsstand** abhängige Wahrscheinlichkeiten nennt man **bedingte Wahrscheinlichkeiten.** Manchmal interessiert man sich auch nur für die Wahrscheinlichkeit eines Ereignisses A unter der Bedingung, daß ein bestimmtes Ereignis B eintritt. Auch hier handelt es sich um eine bedingte Wahrscheinlichkeit.

Beispiel 4.7:
Die Personalzusammensetzung eines Betriebes ist in der nachfolgenden Vierfeldertafel zusammengestellt.

	Angestellte (A)	Arbeiter ($\overline{A}$)	Summe
weiblich (W)	400	100	500
männlich ($\overline{W}$)	200	800	1 000
Summe	600	900	1 500

Aus dieser Belegschaft werde eine Person zufällig ausgewählt. Mit Wahrscheinlichkeit

$$P(A) = \frac{600}{1\,500} = 0{,}4 \quad \text{bzw.} \quad P(W) = \frac{500}{1\,500} = \frac{1}{3}$$

ist die ausgewählte Person angestellt bzw. weiblich. Mit Wahrscheinlichkeit

$$P(A \cap W) = \frac{400}{1\,500} = \frac{4}{15}$$

wird eine weibliche Angestellte ausgewählt.

Durch eine Indiskretion ist bekannt geworden, daß eine weibliche Person ausgewählt wurde. Ob diese Person Arbeiter oder angestellt ist, sei jedoch noch nicht bekannt. Dann weiß man, daß das Ereignis W eingetreten ist, daß also eine der 500 Personen aus der ersten Zeile der obigen Vierfeldertafel ausgewählt wurde. Mit dieser Information ist die ausgewählte Person mit Wahrscheinlichkeit $\frac{400}{500} = 0{,}8$ angestellt. Es handelt sich um die Wahrscheinlichkeit, daß A eintritt unter der Bedingung, daß W eingetreten ist (eintritt). Diese bedingte Wahrscheinlichkeit bezeichnen wir mit $P(A \mid W)$. Man nennt sie die Wahrscheinlichkeit von A unter der Bedingung W. Für diese bedingte Wahrscheinlichkeit gilt die Darstellung

$$P(A \mid W) = \frac{400}{500} = \frac{\frac{400}{1500}}{\frac{500}{1500}} = \frac{P(A \cap W)}{P(W)}. \tag{4.15}$$

Mit Wahrscheinlichkeit

$$P(\overline{A} \mid W) = 1 - P(A \mid W) = 0{,}2$$

wurde dann ein Arbeiter ausgewählt.

Die Eigenschaft (4.15) gilt immer und kann allgemein zur Definition einer bedingten Wahrscheinlichkeit benutzt werden.

Definition 4.2 (bedingte Wahrscheinlichkeit):
Es sei $P(B) > 0$. Dann heißt

$$P(A \mid B) = \frac{P(A \cap B)}{P(B)} \tag{4.16}$$

die **bedingte Wahrscheinlichkeit des Ereignisses A unter der Bedingung B**. Sie ist die Wahrscheinlichkeit dafür, daß A eintritt, unter der Bedingung, daß B eingetreten ist (eintritt).

Da man bei dieser bedingten Wahrscheinlichkeit immer davon ausgeht, daß das Ereignis B eintritt oder eingetreten ist, findet eine Einschränkung der Ergebnismenge Ω auf B statt. Versuchsdurchführungen, bei denen das Ereignis B nicht eintritt, interessieren dabei nicht.

Manchmal ist eine bedingte Wahrscheinlichkeit $P(A \mid B)$ einfacher zu berechnen als $P(A \cap B)$. Dann erhält man hieraus die Wahrscheinlichkeit $P(A \cap B)$ nach folgender Produktregel.

Satz 4.10 (Multiplikationssatz bei bedingten Wahrscheinlichkeiten):
Bei bedingten Wahrscheinlichkeiten gilt allgemein die Produktregel

$$P(A \cap B) = P(A \mid B) \cdot P(B) = P(B \mid A) \cdot P(A) \text{ für } P(A), P(B) > 0. \quad (4.17)$$

Beweis:
Die Eigenschaft (4.17) folgt direkt aus der Definitionsgleichung (4.16) für bedingte Wahrscheinlichkeiten.

Beispiel 4.8:
Unter 10 Werkstücken befinden sich 3 fehlerhafte. Daraus werden nacheinander ohne zwischenzeitliches Zurücklegen zwei Stück zufällig ausgewählt. F_1 (F_2) sei das Ereignis, daß das zuerst (zuletzt) ausgewählte Werkstück fehlerhaft ist. Für den ersten Zug lauten die beiden Wahrscheinlichkeiten

$$P(F_1) = \frac{3}{10}\,; \quad P(\overline{F}_1) = \frac{7}{10}.$$

Wenn vor dem zweiten Zug das Ergebnis aus dem ersten Zug bekannt ist, können die Wahrscheinlichkeiten für den zweiten Zug in Abhängigkeit vom Ergebnis des ersten Zuges berechnet werden. Beim zweiten Zug wird eines der restlichen 9 Werkstücke ausgewählt. Falls beim ersten Zug ein fehlerhaftes Stück ausgewählt wurde, bleiben für den zweiten Zug noch 2, sonst 3 fehlerhafte Stücke übrig. Damit lauten die bedingten Wahrscheinlichkeiten

$$P(F_2 \mid F_1) = \frac{2}{9}; \quad P(\overline{F}_2 \mid F_1) = \frac{7}{9}\,; \quad P(F_2 \mid \overline{F}_1) = \frac{3}{9}; \quad P(\overline{F}_2 \mid \overline{F}_1) = \frac{6}{9}.$$

Mit Hilfe der Produktregel (4.17) erhält man hieraus

$$P(\text{beide fehlerhaft}) = P(F_2 \cap F_1) = P(F_2 \mid F_1) \cdot P(F_1) = \frac{2}{9} \cdot \frac{3}{10} = \frac{1}{15}\,;$$

$$P(\text{beide brauchbar}) = P(\overline{F}_2 \cap \overline{F}_1) = P(\overline{F}_2 \mid \overline{F}_1) \cdot P(\overline{F}_1) = \frac{6}{9} \cdot \frac{7}{10} = \frac{7}{15}.$$

Mit $A = A_1$ und $B = A_2 \cap A_3$ erhält man durch zweimalige Anwendung der Produktregel (4.17)

$$\begin{aligned} P(A_3 \cap A_2 \cap A_1) &= P(A_3 \mid A_2 \cap A_1) \cdot P(A_2 \cap A_1) \\ &= P(A_3 \mid A_2 \cap A_1) \cdot P(A_2 \mid A_1) \cdot P(A_1). \end{aligned}$$

Mehrmalige Anwendung der Produktregel ergibt unmittelbar die

allgemeine Produktregel bei bedingten Wahrscheinlichkeiten:

$$\begin{aligned} P(A_n \cap A_{n-1} \cap \ldots \cap A_1) = {} & P(A_n | A_{n-1} \cap \ldots \cap A_1) \cdot P(A_{n-1} | A_{n-2} \cap \ldots \cap A_1) \\ & \cdot \ldots \cdot P(A_3 \mid A_2 \cap A_1) \cdot P(A_2 \mid A_1) \cdot P(A_1)\,. \quad (4.18) \end{aligned}$$

Beispiel 4.9 (vgl. Beispiel 4.8):
Das in Beispiel 4.8 beschriebene Zufallsexperiment werde folgendermaßen durchgeführt: Aus den 10 Werkstücken wird eines zufällig ausgewählt. Dabei wird nicht festgestellt oder nicht bekanntgegeben, ob dieses Stück fehlerhaft ist oder nicht. Danach wird ohne zwischenzeitliches Zurücklegen ein zweites Stück ausgewählt und untersucht, ob es fehlerhaft ist. Mit welcher Wahrscheinlichkeit ist es fehlerhaft? Zur Berechnung dieser absoluten Wahrscheinlichkeit kann keine Information über das Ergebnis des ersten Zuges verwendet werden. Genausogut könnte man vor Versuchsbeginn nach der Wahrscheinlichkeit fragen, mit der das im zweiten Zug ausgewählte Werkstück fehlerhaft ist. Auch hier kann keine Teilinformation über den Ausgang des ersten Zuges benutzt werden. Die gesuchte absolute Wahrscheinlichkeit kann aber trotzdem berechnet werden.
Wir bezeichnen das Ereignis, daß beim zweiten Zug ein fehlerhaftes Stück ausgewählt wird mit F_2. Beim ersten Zug kann nur ein fehlerhaftes oder fehlerfreies Stück ausgewäht werden. Dabei ist allerdings das genaue Ergebnis des ersten Zuges nicht bekannt. Damit besitzt das sichere Ereignis Ω die Darstellung

$$\Omega = F_1 \cup \overline{F}_1 \quad \text{mit} \quad F_1 \cap \overline{F}_1 = \emptyset .$$

Daraus folgt

$$F_2 = F_2 \cap \Omega = F_2 \cap (F_1 \cup \overline{F}_1) = (F_2 \cap F_1) \cup (F_2 \cap \overline{F}_1).$$

Hieraus erhalten wir zusammen mit der Produktregel (4.17)

$$\begin{aligned} P(F_2) &= P(F_2 \cap F_1) + P(F_2 \cap \overline{F}_1) \\ &= P(F_2 \mid F_1) \cdot P(F_1) + P(F_2 \mid \overline{F}_1) \cdot P(\overline{F}_1) = \tfrac{2}{9} \cdot \tfrac{3}{10} + \tfrac{3}{9} \cdot \tfrac{7}{10} = 0{,}3 . \end{aligned}$$

$$P(\overline{F}_2) = 1 - P(F_2) = 0{,}7.$$

Hier erhält man die Eigenschaft $P(F_2) = P(F_1)$, die übrigens beim Ziehen ohne Zurücklegen allgemein gilt.

Das in diesem Beispiel benutzte Beweisprinzip soll nun verallgemeinert werden. Wir betrachten n paarweise unvereinbare Ereignisse $A_1, A_2, \ldots, A_n$, welche positive Wahrscheinlichkeiten besitzen, und von denen bei jeder Versuchsdurchführung genau eines eintreten muß, also mit

$$\bigcup_{i=1}^{n} A_i = \Omega, \quad A_i \cap A_k = \emptyset \text{ für } i \neq k \text{ und } P(A_i) > 0 \text{ für alle i.}$$

Diese Ereignisse bilden eine sogenannte disjunkte Zerlegung von Ω. Man nennt sie eine **vollständige (totale) Ereignisdisjunktion**. Dann gilt für jedes beliebige Ereignis B die Darstellung

$$B = B \cap \Omega = B \cap \Big(\bigcup_{i=1}^{n} A_i \Big) = \bigcup_{i=1}^{n} BA_i \quad (BA_i \text{ paarweise disjunkt}).$$

Aus der Additivität der Wahrscheinlichkeit folgt hieraus

$$P(B) = \sum_{i=1}^{n} P(BA_i).$$

Auf jeden einzelnen Summanden wenden wir die Produktregel (4.17) für bedingte Wahrscheinlichkeiten an und erhalten

$$P(B) = \sum_{i=1}^{n} P(BA_i) = \sum_{i=1}^{n} P(B \mid A_i) \cdot P(A_i).$$

Damit haben wir folgenden Satz bewiesen:

Satz 4.11 (Satz von der totalen (vollständigen) Wahrscheinlichkeit):
Es sei $A_1, A_2, \ldots, A_n$ eine vollständige Ereignisdisjunktion mit $P(A_i) > 0$ für alle i. Dann gilt für jedes beliebige Ereignis B

$$P(B) = \sum_{i=1}^{n} P(B \mid A_i) \cdot P(A_i). \tag{4.19}$$

Beispiel 4.10:
Das gleiche Produkt wird von vier Maschinen hergestellt. Die erste Maschine erzeuge 10 %, die zweite 20 %, die dritte 30 % und die vierte 40 % von der Gesamtproduktion. Die erste Maschine habe einen Ausschußanteil von 3 %, die zweite einen von 5 %, die dritte 6 % und die vierte 8 % Ausschuß. Aus der nicht nach Maschinen sortierten Gesamtproduktion werde ein Werkstück zufällig ausgewählt. Mit welcher Wahrscheinlichkeit ist es fehlerhaft?

M_i sei das Ereignis: "das Werkstück wurde von der i-ten Maschine produziert" und F: "das Werkstück ist fehlerhaft". Dann sind folgende Wahrscheinlichkeiten gegeben:

$$P(M_1) = 0{,}1; \quad P(M_2) = 0{,}2; \quad P(M_3) = 0{,}3; \quad P(M_4) = 0{,}4;$$

$$P(F \mid M_1) = 0{,}03; \ P(F \mid M_2) = 0{,}05; \ P(F \mid M_3) = 0{,}06; \ P(F \mid M_4) = 0{,}08.$$

Da die Ereignisse M_1, M_2, M_3, M_4 eine vollständige Ereignisdisjunktion bilden, erhält man aus dem Satz von der totalen Wahrscheinlichkeit

$$P(F) = \sum_{i=1}^{4} P(F \mid M_i) \cdot P(M_i)$$

$$= 0{,}03 \cdot 0{,}1 + 0{,}05 \cdot 0{,}2 + 0{,}06 \cdot 0{,}3 + 0{,}08 \cdot 0{,}4 = 0{,}063.$$

Allgemein sei B ein beliebiges Ereignis mit $P(B) > 0$. Dann gilt nach der Definition der bedingten Wahrscheinlichkeit (4.16), der Produktregel (4.17) und dem Satz von der totalen Wahrscheinlichkeit für jedes Ereignis A_k einer vollständigen Ereignisdisjunktion die Darstellung

$$P(A_k \mid B) = \frac{P(B \cap A_k)}{P(B)} = \frac{P(B \mid A_k) \cdot P(A_k)}{P(B)} = \frac{P(B \mid A_k) \cdot P(A_k)}{\sum_{i=1}^{n} P(B \mid A_i) \cdot P(A_i)}.$$

Damit haben wir die nach **Thomas Bayes** (1702 – 1771) benannte Formel bewiesen:

Satz 4.12 (Bayessche Formel):
Es sei $A_1, A_2, \ldots, A_n$ eine vollständige Ereignisdisjunktion mit $P(A_i) > 0$ für alle i und B ein beliebiges Ereignis mit $P(B) > 0$. Dann gilt

$$P(A_k \mid B) = \frac{P(B \mid A_k) \cdot P(A_k)}{P(B)} = \frac{P(B \mid A_k) \cdot P(A_k)}{\sum_{i=1}^{n} P(B \mid A_i) \cdot P(A_i)} \qquad (4.20)$$

für $k = 1, 2, \ldots, n$.

Beispiel 4.11 (vgl. Beispiel 4.10):
Aus der Gesamtproduktion in Beispiel 4.10 werde ein Werkstück zufällig ausgewählt, von dem sich herausstellt, daß es fehlerhaft ist. Mit welcher Wahrscheinlichkeit wurde es von der k-ten Maschine gefertigt?

Mit $P(F) = 0{,}063$ erhalten wir aus der Bayesschen Formel (4.20)

$$P(M_k \mid F) = \frac{P(F \mid M_k) \cdot P(M_k)}{P(F)} = \frac{P(F \mid M_k) \cdot P(M_k)}{0{,}063};$$

$$P(M_1 \mid F) = \frac{0{,}03 \cdot 0{,}1}{0{,}063} \approx 0{,}04762; \quad P(M_2 \mid F) = \frac{0{,}05 \cdot 0{,}2}{0{,}063} \approx 0{,}15873;$$

$$P(M_3 \mid F) = \frac{0{,}06 \cdot 0{,}3}{0{,}063} \approx 0{,}28571; \quad P(M_4 \mid F) = \frac{0{,}08 \cdot 0{,}4}{0{,}063} \approx 0{,}50794.$$

4.6 Unabhängige Ereignisse

Das Ereignis A heißt vom Ereignis B (bezüglich der Wahrscheinlichkeit) unabhängig, wenn die Information über das Eintreten von B die Wahrscheinlichkeit für das Eintreten von A nicht ändert. Dazu die

Definition 4.3 (Unabhängigkeit):
Es sei $P(B) > 0$. Dann heißt das Ereignis A vom Ereignis B (**stochastisch) unabhängig**, wenn gilt

$$P(A \mid B) = P(A).$$

Bemerkung:
Den Zusatz stochastisch (bezüglich der Wahrscheinlichkeit) läßt man meistens weg.

Satz 4.13 (Eigenschaften unabhängiger Ereignisse):
Für das Ereignis B gelte $P(B) > 0$. Dann sind die folgenden Eigenschaften gleichwertig

$$P(A \mid B) = P(A); \tag{4.21}$$

$$P(A \cap B) = P(A) \cdot P(B); \tag{4.22}$$

$$P(A \mid B) = P(A \mid \overline{B}). \tag{4.23}$$

Beweis:
Es genügt zu zeigen, daß aus (4.21) die Bedingung (4.22), hieraus (4.23) und daraus wieder (4.21) folgt.

a) Es gelte (4.21). Dann folgt hieraus mit (4.17)

$$P(A \cap B) = P(A \mid B) \cdot P(B) = P(A) \cdot P(B).$$

Aus (4.21) folgt also (4.22).

b) Es gelte (4.22). Dann folgt mit Satz 4.2 e)

$$\begin{aligned} P(A \cap \overline{B}) &= P(A) - P(A \cap B) = P(A) - P(A) \cdot P(B) \\ &= P(A) \cdot [1 - P(B)] = P(A) \cdot P(\overline{B}); \end{aligned}$$

$$P(A \mid \overline{B}) = \frac{P(A \cap \overline{B})}{P(\overline{B})} = \frac{P(A) \cdot P(\overline{B})}{P(\overline{B})} = P(A) = \frac{P(A) \cdot P(B)}{P(B)} = P(A \mid B).$$

Aus (4.22) folgt also (4.23).

c) Es gelte (4.23). Dann folgt aus Satz 4.11 mit der vollständigen Ereignis disjunktion $B, \overline{B}$

$$\begin{aligned} P(A) &= P(A \mid B) \cdot P(B) + P(A \mid \overline{B}) \cdot P(\overline{B}) = P(A \mid B) \cdot [P(B) + P(\overline{B})] \\ &= P(A \mid B). \end{aligned}$$

Aus (4.23) folgt also (4.21), womit der Satz bewiesen ist.

Aus Satz 4.13 erhält man unmittelbar folgende

Eigenschaften der Unabhängigkeit

1. Wenn A von B unabhängig ist, so ist auch A von $\overline{B}$ unabhängig.
2. Wenn A von B unabhängig ist, so ist B auch von A unabhängig. Die Unabhängigkeit ist also eine symmetrische Relation.

Beispiel 4.12:
In einem Produktionsprozeß treten unabhängig voneinander zwei Fehler auf. Mit Wahrscheinlichkeit 0,06 hat ein Werkstück den Fehler F_1, mit Wahrscheinlichkeit 0,04 den Fehler F_2. Gesucht sind die Wahrscheinlichkeiten p_k, daß ein zufällig der Produktion entnommenes Werkstück k von diesen beiden Fehlern hat für $k = 0, 1, 2$. Aus der vorausgesetzten Unabhängigkeit folgt

$$\begin{aligned} p_0 &= P(\overline{F}_1 \cap \overline{F}_2) = P(\overline{F}_1) \cdot P(\overline{F}_2) = (1 - 0{,}06) \cdot (1 - 0{,}04) = 0{,}9024; \\ p_1 &= P(F_1 \cap \overline{F}_2) + P(\overline{F}_1 \cap F_2) = P(F_1) \cdot P(\overline{F}_2) + P(\overline{F}_1) \cdot P(F_2) \\ &= 0{,}06 \cdot (1 - 0{,}04) + (1 - 0{,}06) \cdot 0{,}04 = 0{,}0952; \\ p_2 &= P(F_1 \cap F_2) = P(F_1) \cdot P(F_2) = 0{,}06 \cdot 0{,}04 = 0{,}0024. \end{aligned}$$

Beispiel 4.13 (Serien- und Parallelsysteme):
Zwei Maschinenteile A und B seien in einem bestimmten Zeitraum unabhängig voneinander mit Wahrscheinlichkeit p_A bzw. p_B funktionsfähig.

Das in Bild 4.1 a) dargestellte **Seriensystem** arbeitet nur dann, wenn sowohl A als auch B funktionsfähig sind. Wegen der vorausgesetzten Unabhängigkeit arbeitet das Seriensystem mit Wahrscheinlichkeit

$$P(A \cap B) = P(A) \cdot P(B) = p_A \cdot p_B.$$

Das in b) dargestellte **Parallelsystem** ist nur dann funktionsfähig, wenn mindestens eine der beiden Komponenten A oder B arbeitet. Die Wahrscheinlichkeit dafür lautet

$$P(A \cup B) = P(A) + P(B) - P(A \cap B) = p_A + p_B - p_A \cdot p_B.$$

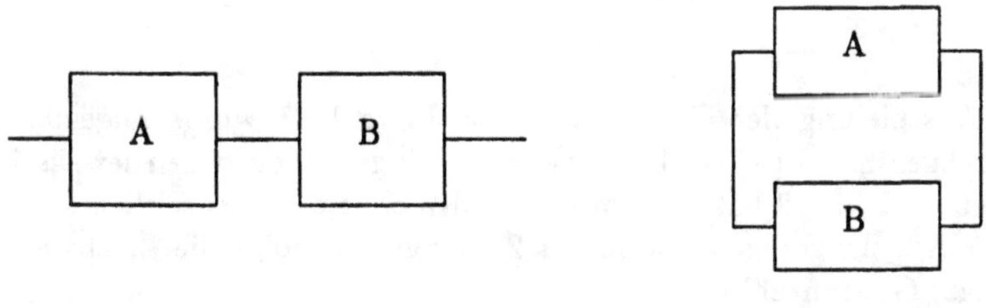

Bild 4.1: a) Seriensystem b) Parallelsystem

4.7 Aufgaben

Aufgabe 4.1:
Gegeben sind folgende Wahrscheinlichkeiten:

$$P(A) = 0{,}7\,; \quad P(B) = 0{,}2 \text{ und } P(A \cap \overline{B}) = 0{,}6\,.$$

Berechnen Sie hieraus die Wahrscheinlichkeiten für die Ereignisse

$$A \cap B\,; \; \overline{A} \cup \overline{B}\,; \; \overline{A} \cap B\,; \overline{A} \cap \overline{B}\,; A \cup B\,.$$

Aufgabe 4.2:
Gegeben sind die Wahrscheinlichkeiten

$$P(A) = 0{,}7; \quad P(A \cap B) = 0{,}3\,; \quad P(\overline{A} \cap \overline{B}) = 0{,}2.$$

Berechnen Sie daraus die Wahrscheinlichkeiten

$$P(A \cup B)\,; P(B)\,; P(A \cap \overline{B}) \text{ und } P(\overline{A} \cap B)\,.$$

Aufgabe 4.3:
Beim Fußballtoto muß bei 11 Spielen entweder eine 1 (die Platzmannschaft gewinnt), eine 2 (die Gastmannschaft gewinnt) oder eine 0 (das Spiel endet unentschieden) getippt werden.

a) Wie viele verschiedene Tippreihen sind möglich?
b) Wie oft hat man bei Abgabe aller Tippreihen 10 bzw. 9 Richtige?

Aufgabe 4.4:
A, B und C spielen Skat. Wie groß ist die Wahrscheinlichkeit dafür, daß

a) Kreuz- und Pikbube im Skat liegen, } ohne daß Karten aufgedeckt sind,
b) genau ein Bube im Skat liegt, }
c) Kreuz- und Pikbube im Skat liegen, nachdem A festgestellt hat, daß er diese Buben nicht auf der Hand hat?

Aufgabe 4.5:
Die erste Ausspielung der Glücksspirale im Jahre 1971 wurde folgendermaßen durchgeführt: In einer Urne waren 70 Kugeln, von denen jeweils 7 die Ziffern $0, 1, 2, \ldots., 9$ hatten. Daraus wurden ohne zwischenzeitliches Zurücklegen 7 Kugeln gezogen, die in der Ziehungsreihenfolge die (höchstens siebenstellige) Gewinnzahl ergaben.

a) Berechnen Sie die Wahrscheinlichkeiten dafür, daß bei diesem Modell die Zahl 3333333 bzw. 0123456 gezogen wird.
b) Wie muß das Modell geändert werden, damit jede höchstens siebenstellige Zahl die gleiche Wahrscheinlichkeit besitzt?

Aufgabe 4.6:
Wie viele ideale Würfel muß man mindestens werfen, um mit Wahrscheinlichkeit 0,9 mindestens einmal die Augenzahl Sechs dabei zu haben?

Aufgabe 4.7:
Bei einer Wahl kandidieren 5 Parteien. Jeder Wähler hat 5 Stimmen, wobei er einer Partei beliebig viele Stimmen geben darf. Wie viele Möglichkeiten hat er, seine Stimmen zu verteilen, falls er alle 5 Stimmen abgibt?

Aufgabe 4.8:
Eine kleine Pension mit 30 Zimmern hat festgestellt, daß jedes gebuchte Zimmer mit Wahrscheinlichkeit 0,1 nicht in Anspruch genommen wird. Aus diesem Grund wurden 32 Zimmerbestellungen entgegengenommen. Bestimmen Sie die Wahrscheinlichkeit, daß keine Überbelegung stattfindet.

Aufgabe 4.9:
Es sei bekannt, daß 1 % aller Menschen an einer bestimmten Krankheit leiden. Ein Diagnosetest habe die Eigenschaft, daß er bei Kranken mit Wahrscheinlichkeit 0,95 und bei Gesunden mit Wahrscheinlichkeit 0,999 die richtige Diagnose liefert. Gesucht ist die Wahrscheinlichkeit dafür, daß eine Person, bei der auf Grund des Tests die Krankheit (nicht) diagnostiziert wird, auch tatsächlich (nicht) an der Krankheit leidet.

Aufgabe 4.10:
Von den in einer Firma produzierten Fernsehgeräten sind erfahrungsgemäß 4 % fehlerhaft. Bei der Endprüfung wird ein fehlerhaftes Gerät mit Wahrscheinlichkeit 0,98, ein einwandfreies mit Wahrscheinlichkeit 0,03 beanstandet. Berechnen Sie die Wahrscheinlichkeit dafür, daß
a) ein bei der Endprüfung beanstandetes Gerät auch fehlerhaft ist,
b) ein nicht beanstandetes Gerät fehlerfrei ist.

Aufgabe 4.11:
Ein Lotto-Vollsystem bestehe aus 10 Zahlen.
a) Aus wie vielen Tippreihen muß dieses System bestehen, damit man garantiert sechs Richtige erzielt, falls sich unter den 10 ausgewählten Zahlen tatsächlich alle 6 Gewinnzahlen befinden?
b) Bestimmen Sie die Anzahl der verschiedenen Vollsysteme mit 10 Systemzahlen.
c) Mit welcher Wahrscheinlichkeit erzielt man mit einem solchen Vollsystem 6 Richtige (mit oder ohne Superzahl)?

Aufgabe 4.12:
Bei einer Serienfertigung wird jeder Artikel dreimal unabhängig voneinander kontrolliert. Ein fehlerhafter Artikel wird mit Wahrscheinlichkeit 0,8 bei jeder dieser Kontrollen entdeckt.
a) Mit welcher Wahrscheinlichkeit wird ein fehlerhafter Artikel in der Gesamtkontrolle entdeckt?

Wie groß ist die Wahrscheinlichkeit, daß von 10 fehlerhaften Artikeln
b) alle entdeckt werden, c) mindestens 8 entdeckt werden?

Aufgabe 4.13:
Eine Firma behauptet, die Ausschußwahrscheinlichkeit für jedes Stück eines bestimmten Produktes sei 0,04. Eine Abnehmerfirma benutzt folgenden Prüfplan: Sie wählt 5 Stücke zufällig aus. Falls darunter kein fehlerhaftes ist, nimmt sie die Lieferung an, sonst wird sie zurückgewiesen. Mit welcher Wahrscheinlichkeit wird die Annahme der Sendung zu Unrecht verweigert?

Aufgabe 4.14:
Eine Firma kauft von einer Ware von drei verschiedenen Herstellern einen großen Posten, und zwar 20 % vom Hersteller I, 30 % vom Hersteller II und 50 % vom Hersteller III. Die Ausschußanteile bei den drei Herstellern seien der Reihe nach 8 %, 6 % und 4 %. Nach dem Eingang werden sämtliche Stücke vermischt. Aus der gesamten Lieferung werde ein Stück zufällig ausgewählt.

a) Mit welcher Wahrscheinlichkeit ist es fehlerhaft?
b) Ein zufällig ausgewähltes Stück sei brauchbar. Mit welchen Wahrscheinlichkeiten stammt es von den jeweiligen Herstellern?

Aufgabe 4.15:
Von einer bestimmten Bevölkerungsgruppe ließen sich 25 % gegen Grippe impfen. Die Wahrscheinlichkeit, daß eine Person an Grippe erkrankt, betrage bei den geimpften 0,2 und bei den nicht geimpften Personen 0,3.

a) Eine Person sei an dieser Grippe erkrankt. Mit welcher Wahrscheinlichkeit ließ sie sich impfen?
b) Mit welcher Wahrscheinlichkeit ließ sich jemand, der nicht an der Grippe erkrankt ist, nicht impfen?

Aufgabe 4.16:
Das folgendes "**Drei-Türen-Problem**" wurde 1991 in der Zeitschrift "Der SPIEGEL" als Reaktion auf die vorangegangene Diskussion in der Wochenzeitung "Die Zeit" aufgenommen und in Leserzuschriften kommentiert: In einem Quiz darf eine Person eine von drei verschlossenen Türen auswählen. Hinter einer Tür ist als Preis ein Auto, hinter den beiden anderen Türen befindet sich jeweils ein kleiner Trostpreis. Manchmal ist der Trostpreis eine Ziege. Daher spricht man auch vom **Ziegenproblem**.
Der Spielleiter weiß, hinter welcher der drei Türen sich das Auto befindet. Er läßt eine der beiden von der Person nicht ausgewählten Türen öffnen, hinter der sich das Auto nicht befindet und fragt: "Bleiben Sie bei Ihrer Entscheidung oder wollen Sie zu der anderen nichtgeöffneten Tür wechseln?". Zeigen Sie, daß durch einen Wechsel die Chance auf das Auto verdoppelt wird. Falls der Kandidat bereits die Tür mit dem Auto ausgewählt hat, öffne dabei der Spielleiter jede der beiden anderen Türen jeweils mit Wahrscheinlichkeit $\frac{1}{2}$.

Kapitel 5: Diskrete Zufallsvariablen

Bei vielen Zufallsexperimenten tritt als Versuchsergebnis unmittelbar eine reelle Zahl auf wie z. B. beim Messen, Wiegen oder Zählen zufällig ausgewählter Gegenstände. Auch wenn die Versuchsergebnisse keine Zahlen sind, interessiert man sich oft nicht für das spezielle eingetretene Versuchsergebnis, sondern nur für einen dadurch bestimmten Zahlenwert. Beispiele dafür sind die Gewinnquoten bei Glücksspielen oder die absoluten und relativen Häufigkeiten bestimmter Ereignisse in einer unabhängigen Versuchsserie vom Umfang n.

Jedem Versuchsergebnis $\omega \in \Omega$ werde eine reelle Zahl $X(\omega)$ zugeordnet. Dadurch können die Ausprägungen eines qualitativen Merkmals durch ein quantitatives Merkmal beurteilt werden.
In diesem Abschnitt betrachten wir nur Zufallsvariablen, deren Wertevorrat endlich oder höchstens abzählbar unendlich ist. Solche Zufallsvariablen nennt man in Analogie zu diskreten Merkmalen **diskret**.

5.1 Eindimensionale diskrete Zufallsvariablen

In diesem Abschnitt betrachten wir jeweils nur eine Zufallsvariable.

5.1.1 Verteilung einer diskreten Zufallsvariablen

Beispiel 5.1 (Risikolebensversicherung):
Eine Versicherungsgesellschaft schließt mit einem 50jährigen eine Risiko-Lebensversicherung über 100 000 DM ab. Dafür muß er pro Jahr 1 000 DM Prämie bezahlen. Falls der Mann das Jahr überlebt, erzielt die Gesellschaft einen Gewinn von 1 000 DM. Im Todesfall erleidet sie einen Verlust in Höhe von $100\,000 - 1\,000 = 99\,000$ DM. Der Reingewinn (in DM) der Versicherungsgesellschaft aus diesem Vertrag ist entweder $-99\,000$ (Verlust) oder $+1\,000$ (Gewinn). Nach der im Statistischen Jahrbuch 1994 für die Bundesrepublik Deutschland (alte Bundesländer) angegebenen Sterbetafel ist die Sterbewahrscheinlichkeit (innerhalb eines Jahres) für einen 50jährigen Mann gleich $p = 0{,}00577$. Mit Wahrscheinlichkeit 0,00577 beträgt der Reingewinn $-99\,000$ (Verlust), mit Wahrscheinlichkeit $1 - p = 0{,}99423$ ist der Reingewinn 1 000. Der Reingewinn wird durch eine sogenannte **Zufallsvariable** beschrieben. Die Zufallsvariable bezeichnen wir mit X. Der Wertevorrat von X ist $W(X) = \{-99\,000, 1\,000\}$. Die Werte der Zufallsvariablen X stellen wir zusammen mit den zugehörigen Wahrscheinlichkeiten in folgendem Schema dar:

Werte von X	$-99\,000$	$1\,000$
Wahrscheinlichkeiten	0,00577	0,99423 .

Allgemein werde bei einem Zufallsexperiment jedem Versuchsergebnis $\omega \in \Omega$ eine reelle Zahl $X(\omega) \in \mathbb{R}$ zugeordnet. X stellt also eine Funktion der Ergebnismenge Ω in die Menge der reellen Zahlen dar. Der Wertevorrat von X

$$W(X) = \{x_1, x_2, x_3, \ldots\}$$

sei endlich oder abzählbar unendlich. Falls W nur aus m Werten besteht, läuft in x_i der Index i von 1 bis m, sonst wie bei der Menge der natürlichen Zahlen von 1 bis ∞.

Für jedes $x_i \in W$ soll das Ereignis (Urbildmenge)

$$A_i = \{\omega \in \Omega \mid X(\omega) = x_i\}$$

die Wahrscheinlichkeit

$$P(X = x_i) = P(A_i) = P(\{\omega \in \Omega \mid X(\omega) = x_i\}) \tag{5.1}$$

besitzen. Eine Abbildung mit diesen Eigenschaften nennt man eine **diskrete Zufallsvariable.**

Jede Stelle x außerhalb des Wertevorrats W besitzt die Wahrscheinlichkeit Null. Es gilt also

$$P(X = x) = P(\{\omega \mid X(\omega) = x\}) = 0 \quad \text{für jedes } x \notin W.$$

Die Gesamtheit aller Zahlenpaare $(x_i, P(X = x_i))$, $x_i \in W$ nennt man die **Verteilung (Wahrscheinlichkeitsverteilung)** von X.

Die Verteilung kann (vor allem bei endlichem Wertebereich) übersichtlich dargestellt werden im Schema

Werte von X	x_1	x_2	x_3	....
Wahrscheinlichkeiten	$P(X=x_1)$	$P(X=x_2)$	$P(X=x_3)$	....

Für diese Wahrscheinlichkeiten muß allgemein gelten:

$$p_i = P(X = x_i) \geq 0 \text{ für alle i} \quad \text{und} \quad \sum_i p_i = 1.$$

Bei endlichem W handelt es sich dabei um eine endliche, sonst um eine unendliche Summe.

Beispiel 5.2 (Augensumme zweier idealer Würfel):
Zwei ideale Würfel, bei denen die Wahrscheinlichkeiten für alle Augenzahlen gleich sind, werden gleichzeitig geworfen. Zur Berechnung der Wahrscheinlichkeiten für die Augensummen benutzen wir ein Hilfsmodell: Die Würfel werden unterscheidbar gemacht und zwar soll einer rot und der an-

dere weiß sein. Dann tritt als Versuchsergebnis ein geordnetes Zahlenpaar (i,j) auf, wobei i die Augenzahl des roten und j die des weißen Würfels ist. Insgesamt gibt es 36 geordnete Paare. Die Paare mit der gleichen Augensumme sind in der nachfolgenden Tabelle zusammengestellt:

Augenpaare	Augensumme
(1, 1)	2
(2, 1) (1, 2)	3
(3, 1) (2, 2) (1, 3)	4
(4, 1) (3, 2) (2, 3) (1, 4)	5
(5, 1) (4, 2) (3, 3) (2, 4) (1, 5)	6
(6, 1) (5, 2) (4, 3) (3, 4) (2, 5) (1, 6)	7
(6, 2) (5, 3) (4, 4) (3, 5) (2, 6)	8
(6, 3) (5, 4) (4, 5) (3, 6)	9
(6, 4) (5, 5) (4, 6)	10
(6, 5) (5, 6)	11
(6, 6)	12

Tab. 5.1 Augensumme zweier idealer Würfel

Da alle 36 Paare gleichwahrscheinlich sind, erhält man für die Zufallsvariable X der Augensumme die Verteilung

x_i	2	3	4	5	6	7	8	9	10	11	12
p_i	$\frac{1}{36}$	$\frac{2}{36}$	$\frac{3}{36}$	$\frac{4}{36}$	$\frac{5}{36}$	$\frac{6}{36}$	$\frac{5}{36}$	$\frac{4}{36}$	$\frac{3}{36}$	$\frac{2}{36}$	$\frac{1}{36}$

Wie die Häufigkeitsverteilung einer Stichprobe in Abschnitt 2.3 kann auch die Verteilung einer diskreten Zufallsvariablen in einem **Stabdiagramm** graphisch dargestellt werden. Dazu werden über den Werten x_i der Zufallsvariablen X senkrecht nach oben Stäbe abgetragen, deren Längen die Wahrscheinlichkeiten $P(X = x_i)$ der entsprechenden Werte sind. Das Stabdiagramm einer diskreten Zufallsvariablen ist also das Analogon zum Stabdiagramm der relativen Häufigkeitsverteilung einer Stichprobe. Das Stabdiagramm dieser Verteilung ist in Bild 5.1 graphisch dargestellt.

Interpretation

Falls mit zwei idealen Würfeln sehr oft geworfen wird und als Stichprobe die Augensummen gebildet werden, liegen nach dem Gesetz der großen Zahlen (s. Abschnitt 7.2.3) die relativen Häufigkeiten der Augensummen meistens in der Nähe der Wahrscheinlichkeiten. Dann wird das Stabdiagramm der relativen Häufigkeiten der Stichprobe dem Stabdiagramm der Verteilung der Zufallsvariablen X der Augensumme ähnlich sein.

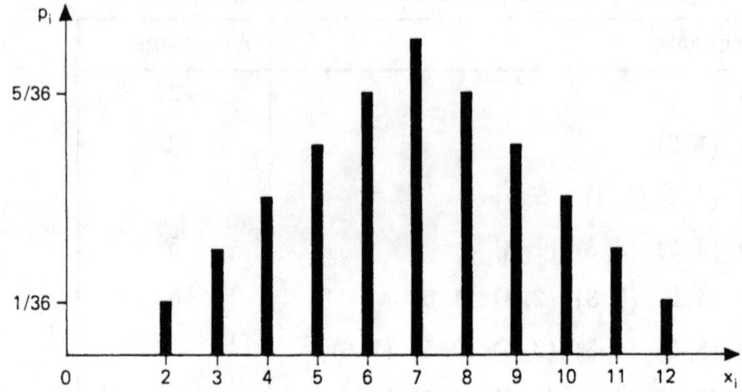

Bild 5.1: Stabdiagramm der Verteilung einer diskreten Zufallsvariablen

5.1.2 Verteilungsfunktion einer diskreten Zufallsvariablen

In Analogie zur empirischen Verteilungsfunktion F_n einer Stichprobe vom Umfang n (vgl. Abschnitt 2.5) interessiert man sich oft für die Wahrscheinlichkeit dafür, daß bei der Versuchsdurchführung die Realisierung der Zufallsvariablen X nicht größer als ein fest vorgegebener Zahlenwert x ist. Dazu die

Definition 5.1 (Verteilungsfunktion):
Die durch

$$F(x) = P(X \leq x) = P(\{\omega \mid X(\omega) \leq x\}) = \sum_{i : x_i \leq x} P(X = x_i) \qquad (5.2)$$

für jedes $x \in \mathbb{R}$ definierte Funktion F heißt die **Verteilungsfunktion** der diskreten Zufallsvariablen X.

Die Verteilungsfunktion F einer diskreten Zufallsvariablen X hat ähnliche Eigenschaften wie die empirische Verteilungsfunktion F_n einer Stichprobe. Sie ist eine monoton wachsende Treppenfunktion, die von Null auf Eins ansteigt. Die Sprungstellen von F sind die Werte x_i aus dem Wertebereich von X, die Sprunghöhen die Wahrscheinlichkeiten $p_i = P(X = x_i)$. Wenn es im Wertebereich von X einen kleinsten Wert gibt, verschwindet F links von dieser Stelle. Gibt es einen größten Wert, so ist F rechts davon immer gleich Eins. Die Verteilungsfunktion ist an jeder Stelle x rechtsseitig stetig. An allen Stellen außerhalb des Wertebereichs ist die Verteilungsfunktion stetig.

Allgemein gilt

$$\lim_{x \to -\infty} F(x) = 0; \qquad \lim_{x \to \infty} F(x) = 1. \tag{5.3}$$

Aus der Verteilungsfunktion F lassen sich die Wahrscheinlichkeiten für Intervalle und einzelne Werte berechnen durch

$$\begin{aligned} &P(a < X \leq b) = F(b) - F(a); \quad P(a < X < b) = F(b-0) - F(a); \\ &P(a \leq X \leq b) = F(b) - F(a-0); \\ &P(X \leq x) = F(x)\;;\; P(X < x) = F(x-0)\;;\; P(X > x) = 1 - F(x); \\ &P(X = x) = F(x) - F(x-0). \end{aligned} \tag{5.4}$$

Dabei ist $F(x-0) = F(x-) = \lim\limits_{\substack{h \to 0 \\ h > 0}} F(x-h)$ der linksseitige Grenzwert.

Beispiel 5.3 (idealer Würfel):
Beim Werfen eines idealen Würfels sei X die Zufallsvariable der geworfenen Augenzahl. Wegen

$$p_i = P(X = i) = \frac{1}{6} \quad \text{für} \quad 1 \leq i \leq 6$$

haben in dem in Bild 5.2 a) dargestellten Stabdiagramm alle sechs Stäbe die gleiche Länge $\frac{1}{6}$. In b) ist die Verteilungsfunktion F skizziert.

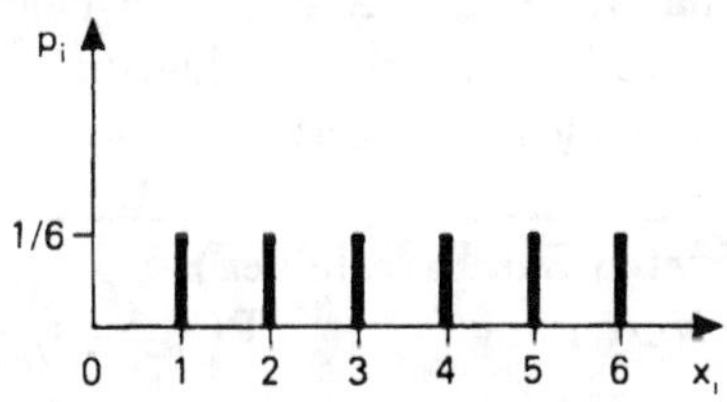

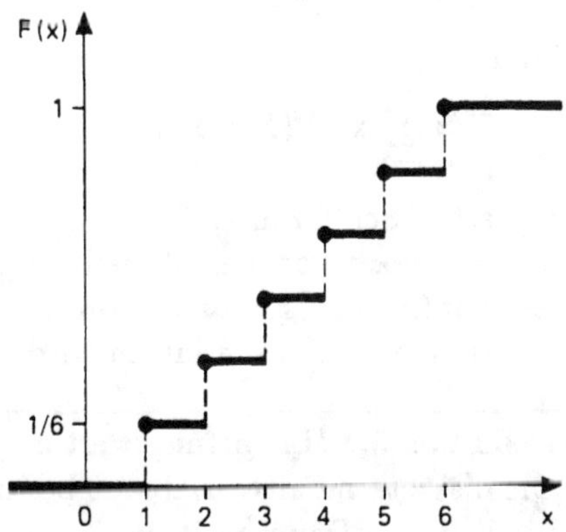

Bild 5.2: a) Stabdiagramm b) Verteilungsfunktion

5.1.3 Modalwert einer diskreten Zufallsvariablen

Definition 5.2 (Modus oder Modalwert):
Jeder Wert $x_M \in W$, für den die Wahrscheinlichkeit $P(X = x_i)$, $x_i \in W$ maximal ist, heißt **Modalwert (Modus oder wahrscheinlichster Wert)** der Zufallsvariablen X. Es gilt also

$$P(X = x_M) = \max_{x_i \in W} P(X = x_i).$$

Der Modalwert ist in allgemeinen nicht eindeutig bestimmt. In Beispiel 5.1 der Risikolebensversicherung ist der Wert 1 000 der einzige Modalwert, in Beispiel 5.2 der Augensumme zweier idealer Würfel ist die Augensumme 7 der Modus, während in Beispiel 5.3 bei einem idealen Würfel jede Augenzahl gleichzeitig Modalwert ist.

5.1.4 Erwartungswert einer diskreten Zufallsvariablen

Zunächst gehen wir davon aus, daß der Wertevorrat der diskreten Zufallsvariablen X endlich ist mit $W = \{x_1, x_2, x_3, \dots, x_m\}$. Das zugehörige Zufallsexperiment werde n-mal unabhängig durchgeführt, wobei die n Realisierungen der Zufallsvariablen X zu einer Stichprobe vom Umfang n zusammengefaßt werden. Diese Stichprobe kann dann in einer Häufigkeitstabelle mit den relativen Häufigkeiten r_i dargestellt werden. Diese vom Zufall abhängige Stichprobe besitzt den Mittelwert

$$\overline{x} = \sum_{i=1}^{m} x_i \cdot r_i . \tag{5.5}$$

Nach dem Gesetz der großen Zahlen (Stabilisierungseffekt) gilt für große n die Näherung

$$r_i \approx P(X = x_i) \quad \text{für alle } i .$$

Dann gilt

$$\overline{x} \approx \sum_{i=1}^{m} x_i \cdot P(X = x_i). \tag{5.6}$$

Die rechte Seite von (5.6) hängt gar nicht mehr von der Stichprobe, sondern nur noch von der Verteilung der Zufallsvariablen X ab. Man nennt diese Summe den **Erwartungswert** von X. Der Erwartungswert einer beliebigen diskreten Zufallsvariablen wird folgendermaßen definiert:

Definition 5.3 (Erwartungswert einer diskreten Zufallsvariablen):
Die diskrete Zufallsvariable X besitze die Verteilung $(x_i, p_i = P(X = x_i))$, $i = 1, 2, \dots$. Dann heißt der Zahlenwert

$$E(X) = \mu = \sum_{i} x_i \cdot P(X = x_i) \tag{5.7}$$

der **Erwartungswert** von X, falls gilt

$$\sum_{i} |x_i| \cdot P(X = x_i) < \infty . \tag{5.8}$$

Bemerkung:
Bei endlichem Wertevorrat W ist die Bedingung (5.8) der sogenannten absoluten Konvergenz immer erfüllt, da es sich um eine endliche Summe handelt. Daher existiert der Erwartungswert einer diskreten Zufallsvariablen X mit endlichem Wertevorrat immer.

Die Zusatzbedingung (5.8) wird nur für diskrete Zufallsvariable mit abzählbar unendlichem Wertevorrat benötigt (s. Beispiel 5.6).

Interpretation des Erwartungswertes
Das entsprechende Zufallsexperiment werde sehr oft unabhängig durchgeführt, wobei die Realisierungen der Zufallsvariablen X zu einer Stichprobe x zusammengefaßt werden. Dann gilt nach (5.6) für das arithmetische Mittel $\bar{x}$ dieser Stichprobe für große n die Näherung

$$\bar{x} \approx E(X)\,. \tag{5.9}$$

Der Erwartungswert E(X) stellt im Stabdiagramm der Verteilung von X den Abszissenwert des Schwerpunktes der Stäbe dar.

Beispiel 5.4 (vgl. Beispiel 5.1):
Die Zufallsvariable X des Reingewinns aus der Risiko-Lebensversicherung in Beispiel 5.1 besitzt den Erwartungswert

$$E(X) = -99\,000 \cdot 0{,}00577 + 1\,000 \cdot 0{,}99423 = 423\,.$$

Falls die Versicherungsgesellschaft mit vielen 50jährigen Männern einen solchen Vertrag über 100 000 DM abschließt, macht sie auf Dauer im Mittel pro Vertrag einen Reingewinn von 423 DM.

Beispiel 5.5 (Roulette):

a) Beim Roulette setze ein Spieler jeweils eine Einheit (z. B. 5 oder 10 DM) auf eine feste Zahl, etwa auf die 13. Falls diese Zahl ausgespielt wird, erhält er den 36fachen Einsatz ausgezahlt. Abzüglich seines Einsatzes verbleibt ihm dann ein Reingewinn von 35 Einheiten. Andernfalls verliert er den Einsatz (Reingewinn = −1). Die Zufallsvariable X beschreibe den Reingewinn pro Einzelspiel. Da eine von 37 Zahlen ausgespielt wird, ist $P(X = 35) = P(\{13\}) = \frac{1}{37}$. Daher besitzt die Zufallsvariable X die Verteilung

Werte von X	-1	35
Wahrscheinlichkeiten	$\frac{36}{37}$	$\frac{1}{37}$

und den Erwartungswert

$$E(X) = -1 \cdot \frac{36}{37} + 35 \cdot \frac{1}{37} = -\frac{1}{37}\,.$$

Auf Dauer wird der Spieler den 37ten Teil seines Einsatzes verlieren.

b) Falls der Spieler eine Einheit auf das erste Dutzend $D = \{1, 2, \ldots, 12\}$ setzt, erhält er im Falle eines Gewinns den dreifachen Einsatz ausgezahlt. Die Zufallsvariable Y, die den Reingewinn pro Spiel beschreibt, hat die Verteilung

Werte von Y	-1	2
Wahrscheinlichkeiten	$\frac{25}{37}$	$\frac{12}{37}$

und den Erwartungswert

$$E(Y) = -1 \cdot \frac{25}{37} + 2 \cdot \frac{12}{37} = -\frac{1}{37}.$$

Da die Erwartungswerte in a) und b) gleich groß sind, wird man auf Dauer mit beiden Strategien ungefähr gleich viel verlieren.

Indikatorvariable

Es sei A ein beliebiges Ereignis, welches die Wahrscheinlichkeit P(A) besitzt. Durch

$$I_A(\omega) = \begin{cases} 1 & \text{für } \omega \in A; \\ 0 & \text{für } \omega \notin A \end{cases}$$

wird eine Zufallsvariable, die sogenannte **Indikatorvariable** des Ereignisses A, definiert. Ihre Realisierung ist gleich Eins, wenn das Ereignis A eintritt. Tritt $\overline{A}$ ein, so ist die Realisierung gleich Null. Diese Zufallsvariable I_A besitzt den Erwartungswert

$$E(I_A) = P(A). \tag{5.10}$$

Die Wahrscheinlichkeit eines Ereignisses A ist also gleich dem Erwartungswert der zugehörigen Indikatorvariablen.

Erwartungswert einer Funktion einer diskreten Zufallsvariablen

Eine beliebige reellwertige Funktion $y = g(x)$ bilde den Wertebereich W der Zufallsvariablen X ab auf $\hat{W} = \{y_1, y_2, \ldots\}$. Dann ensteht durch

$$P(Y = y_j) = \sum_{i:g(x_i)=y_j} P(X = x_i)$$

die Verteilung einer diskreten Zufallsvariablen Y mit den Realisierungen $Y(\omega) = g(X(\omega))$. Diese Zufallsvariable bezeichnet man mit $Y = g(X)$. Sie besitzt einen Erwartungswert, falls folgende Reihen absolut konvergieren:

$$E(Y) = \sum_j y_j \cdot P(Y = y_j) = \sum_j y_j \cdot \sum_{i:g(x_i)=y_j} P(X = x_i)$$

$$= \sum_j \sum_{i:g(x_i)=y_j} g(x_i) \cdot P(X = x_i) = \sum_i g(x_i) \cdot P(X = x_i).$$

Damit gilt allgemein der

Satz 5.1 (Funktionssatz):
Es sei X eine diskrete Zufallsvariable mit dem Wertebereich W. Ferner sei $y = g(x)$ eine reelle Funktion mit dem Definitionsbereich W. Dann besitzt die Zufallsvariable $Y = g(X)$ genau dann einen Erwartungswert und zwar

$$E(Y) = E(g(X)) = \sum_i g(x_i)\, P(X = x_i), \tag{5.11}$$

falls diese Reihe absolut konvergiert mit

$$\sum_i |g(x_i)|\, P(X = x_i) < \infty .$$

Erwartungswert einer linearen Transformation
Alle Realisierungen x_i der Zufallsvariablen X werden gemäß $y_i = a + bx_i$ mit $a, b \in \mathbb{R}$ linear transformiert. Durch die Übertragung der Wahrscheinlichkeiten $P(Y = y_i) = P(Y = a + bx_i) = P(X = x_i)$ erhält man eine diskrete Zufallsvariable Y. Man nennt sie eine **lineare Transformation** von X und bezeichnet sie mit

$$Y = a + bX.$$

Ihre Verteilung lautet für $b \neq 0$

$$\big(y_i = a + bx_i \,;\, p_i = P(X = x_i)\big),\ x_i \in W(X).$$

Falls X den Erwartungswert E(X) besitzt, erhält man den Erwartungswert der linearen Transformation Y in der Form

$$\begin{aligned} E(Y) &= E(a+bX) = \sum_i (a+bx_i)\, P(X{=}x_i) = a \underbrace{\sum_i P(X{=}x_i)}_{=1} + b \underbrace{\sum_i x_i\, P(X{=}x_i)}_{=E(X)} \\ &= a + b\,E(X). \end{aligned}$$

Damit wird auch der Erwartungswert linear transformiert durch

$$E(a + bX) = a + b \cdot E(X) \quad \text{für } a, b \in \mathbb{R}, \text{ falls } E(X) \text{ existiert.} \tag{5.12}$$

Bemerkungen:
Im Falle $b = 1$ und $a \neq 0$ stellt die lineare Transformation $Y = X + a$ eine Parallelverschiebung der Werte x_i um a dar. Dabei wird auch der Erwartungswert um den gleichen Wert a parallel verschoben.
Für $b = 0$ erhält man eine deterministische Zufallsvariable $Y = a$, die mit Wahrscheinlichkeit 1 den konstanten Wert a annimmt. Dann ist a auch der Erwartungswert.

Symmetrischen Verteilungen
Das Stabdiagramm in Bild 5.1 ist symmetrisch zur Stelle $s = 7$. Diese Symmetriestelle ist der Erwartungswert.

Definition 5.4 (symmetrische Verteilung):
Die Verteilung der diskreten Zufallsvariablen X nennt man **symmetrisch** zur Stelle $x = s$, wenn der Wertevorrat zu dieser Stelle symmetrisch liegt und jeweils die beiden von s gleich weit entfernten Werte die gleiche Wahrscheinlichkeit besitzen. Dann läßt sich der Wertebereich darstellen in der Form $W = \{s \pm z_1, s \pm z_2, s \pm z_3, \ldots\}$ mit

$$P(X = s + z_i) = P(X = s - z_i)$$

für alle symmetrisch zu s gelegenen Wertepaare.

Wir nehmen an, X sei symmetrisch zur Stelle s verteilt. Ferner existiere der Erwartungswert E(X). Dann besitzen die Zufallsvariablen $X - s$ und $-(X - s)$ die gleiche Verteilung und somit auch den gleichen Erwartungswert. Aus

$$E(X - s) = E(-(X - s))$$

folgt nach (5.12)

$$E(X - s) = E(-(X - s)) = -(E(X - s)),$$

$$0 = E(X - s) = E(X) - s, \text{ also } E(X) = s.$$

Damit gilt der

Satz 5.2 (Erwartungswert symmetrisch verteilter Zufallsvariabler):
Die Verteilung der Zufallsvariablen X sei symmetrisch zur Stelle s. Ferner besitze X einen Erwartungswert. Dann lautet er

$$E(X) = s. \tag{5.13}$$

Bei symmetrisch verteilten Zufallsvariablen mit endlichem Wertevorrat ist die Symmetriestelle s immer gleich dem Erwartungswert. Falls der Erwartungswert nicht existiert, kann jedoch (5.13) nicht gelten. Dazu das

Beispiel 5.6 (symmetrische Verteilung ohne Erwartungswert):
Die diskrete Zufallsvariable X besitze die Verteilung

$$W = \{\pm\, 2^n, n = 1, 2, 3, \ldots\}; \quad P(X = 2^n) = P(X = -\, 2^n) = \frac{1}{2^{n+1}}$$

für $n = 1, 2, \ldots$. Die Verteilung ist symmetrisch zu $s = 0$. Wegen

$$\sum_{n=1}^{\infty} \frac{1}{2^{n+1}} = \frac{1}{4} \cdot \sum_{k=0}^{\infty} \frac{1}{2^k} = \frac{1}{4} \cdot 2 = \frac{1}{2}$$

besitzen alle Werte zusammen die Wahrscheinlichkeit Eins. Aus

$$2^n \cdot P(X = 2^n) = \frac{1}{2}; \quad (-\, 2^n) \cdot P(X = -2^n) = -\, \frac{1}{2}$$

folgt

$$\sum_i |\, x_i \,| \cdot P(X = x_i) = \infty.$$

Die Bedingung (5.8) der absoluten Konvergenz ist hier nicht erfüllt. Durch verschiedene Summationsreihenfolgen der Produkte $x_i \cdot P(X = x_i) = \pm 1$ können verschiedene Summenwerte erzeugt werden, wie wir zeigen wollen.

a) Falls man jeweils einen positiven und einen negativen Wert paarweise zusammenfaßt, enstehen lauter Nullen als Summanden. Dann verschwindet auch die Summe. Der Erwartungswert würde in diesem Fall mit der Symmetriestelle $s = 0$ übereinstimmen.
b) Nimmt man in der Summationsreihenfolge zuerst k positive (bzw. negative) Werte und danach paarweise jeweils einen positiven und einen negativen, so erhält man als Summe den Wert $k/2$ (bzw. $-k/2$).
c) Faßt man jeweils zwei positive und einen negativen Wert zusammen, so entsteht die Summe ∞.
d) Durch Zusammenfassen von jeweils zwei negativen und einem positiven Wert erhält man die Summe $-\infty$.

Durch verschiedene Summationsreihenfolgen entstehen verschiedene Summen. Daher kann die Zufallsvariable X keinen Erwartungswert besitzen, da dieser doch von der Summationsreihenfolge unabhängig sein sollte. Eine solche Situation wird durch die Bedingung (5.8) der absoluten Konvergenz ausgeschlossen. Sie gewährleistet, daß man in (5.7) bei jeder beliebigen Summationsreihenfolge den gleichen Wert μ erhält.

5.1.5 Median einer diskreten Zufallsvariablen

Wie der Mittelwert $\bar{x}$ einer Stichprobe ist auch der Erwartungswert E(X) einer diskreten Zufallsvariablen empfindlich gegenüber einem **Ausreißer**, falls dieser nicht eine sehr kleine Wahrscheinlichkeit besitzt. Daher führt man wie in der beschreibenden Statistik (Abschnitt 2.7.2) auch bei diskreten Zufallsvariablen den Median ein, der mehr im Zentrum der Wahrscheinlichkeitsmasse (Verteilung) liegt. Zur Definition des Medians wird die Bestimmung des empirischen Medians aus der empirischen Verteilungsfunktion aus Abschnitt 2.7.5 formal übertragen. Dies ergibt die

Definition 5.5 (Median oder Zentralwert):
Jeder Wert $\tilde{\mu} \in W$ heißt **Median (Zentralwert)** der diskreten Zufallsvariablen X, für den gilt:

$$P(X \leq \tilde{\mu}) \geq \tfrac{1}{2} \quad \text{und} \quad P(X \geq \tilde{\mu}) \geq \tfrac{1}{2}. \tag{5.14}$$

Bestimmung des Medians aus der Verteilungsfunktion
Aus der Verteilungsfunktion F einer diskreten Zufallsvariablen kann der Median wie aus der empirischen Verteilungsfunktion einer Stichprobe in Abschnitt 2.7.2 bestimmt werden (vgl. Bild 5.3).

a) Die Verteilungsfunktion F(x) nehme an keiner Stelle den Wert 0,5 an. Dann ist der Median $\tilde{\mu}$ der Wert, bei dem die Verteilungsfunktion von unter 0,5 auf über 0,5 springt (s. Bild 5.3 links).

b) Die Verteilungsfunktion nehme an der Stelle x_0 den Wert 0,5 an, es gelte also $F(x_0) = 0{,}5$. Dann ist gleichzeitig die Stelle x_0 am linken Ende und die Stelle am rechten Ende der Treppenstufe (nächstgrößerer Wert aus W) Median (s. Bild 5.3 rechts). Da zwischen diesen beiden Werten kein weiterer Wert aus dem Wertevorrat der Zufallsvariablen X liegt, ist es nicht sinnvoll, wie beim Median einer Stichprobe bei stetigen Merkmalen (vgl. Abschnitt 2.7.2) jeden Zahlenwert der ganzen Treppenstufe bzw. das arithmetische Mittel als Median zu wählen.

Bei einer diskreten Verteilung sind diejenigen Werte $\tilde{\mu} \in W$ Mediane, für die gilt

$$F(\tilde{\mu}) \geq \tfrac{1}{2}; \quad F(x) < \tfrac{1}{2} \quad \text{für jedes } x \in W \text{ mit } x < \tilde{\mu}. \tag{5.15}$$

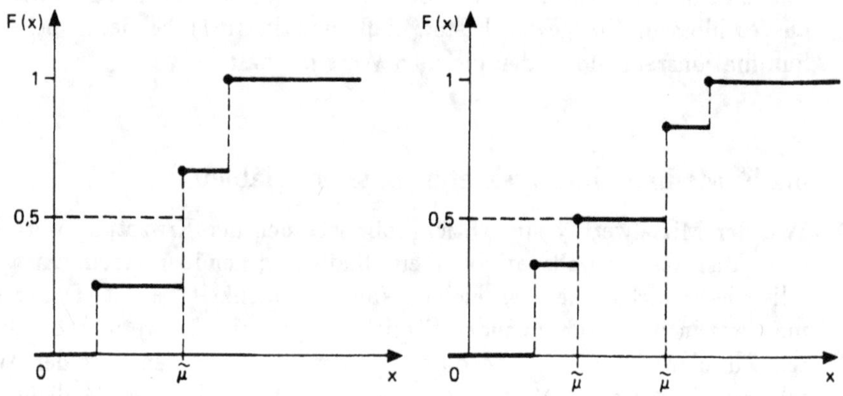

Bild 5.3: Bestimmung des Medians aus der Verteilungsfunktion

Falls bei einer **symmetrischen** Verteilung die Symmetriestelle s zum Wertebereich W gehört, also eine positive Wahrscheinlichkeit besitzt, stimmt der Median mit der Symmetriestelle s überein. Im Falle $P(X = s) = 0$ sind die beiden symmetrisch zu s gelegenen Werte aus W Mediane, die von s den kleinsten Abstand haben. Es gilt also

$$\begin{aligned} \tilde{\mu} &= s \quad \text{für } P(X = s) > 0, \\ \tilde{\mu} &= s \pm z_1,\ z_1 \in W,\ z_1 \text{ möglichst nahe bei } s \quad \text{für } P(X = s) = 0. \end{aligned} \tag{5.16}$$

Die Verteilung der Augensumme zweier idealer Würfel aus Beispiel 5.2 ist symmetrisch zu $s = 7$ mit $P(X = 7) > 0$. Daher ist der Median $\tilde{\mu} = 7$ eindeutig bestimmt. Die Zufallsvariable der Augenzahl eines idealen Würfels aus Beispiel 5.3 ist symmetrisch zur Stelle $s = 3{,}5$. Diese Stelle gehört nicht zum Wertebereich W. Daher sind 3 und 4 gleichzeitig Mediane.

Die Verteilung aus Beispiel 5.6 ist symmetrisch zur Stelle $s = 0$, die nicht zum Wertebereich W gehört. Die beiden benachbarten Werte 2 und -2 sind gleichzeitig Mediane. Diese Zufallsvariable besitzt keinen Erwartungswert. Im Gegensatz zum Erwartungswert existiert der Median immer.

5.1.6 Quantile einer diskreten Zufallsvariablen

Bei diskreten Zufallsvariablen werden Quantile analog zu den Quantilen einer Stichprobe in Abschnitt 2.8 erklärt.

Definition 5.6 (Quantil):
Für $0 \le q \le 1$ heißt der Zahlenwert $\xi_q \in W$ **q-Quantil** oder **100 q %-Quantil** der diskreten Zufallsvariablen X, wenn folgende Bedingung erfüllt ist

$$P(X \le \xi_q) \ge q \quad \text{und} \quad P(X \ge \xi_q) \ge 1-q. \tag{5.17}$$

Der Median ist das 0,5 - Quantil. Es gilt also $\tilde{\mu} = \xi_{0,5}$.

Interpretation
Mindestens 100 q % der Wahrscheinlichkeitsmasse ist auf Werte konzentriert, welche kleiner oder gleich dem q-Quantil, sind und mindestens 100 (1 − q) % der Wahrscheinlichkeitsmasse liegt bei den Werten, die grösser oder gleich dem q-Quantil sind.

q-Quantile können aus der Verteilungsfunktion F analog zum Median bzw. zu den Quantilen einer Stichprobe aus Abschnitt 2.8 bestimmt werden.

5.1.7 Varianz und Standardabweichung einer diskreten Zufallsvariablen

Als Analogon zur empirischen Varianz und Standardabweichung einer Stichprobe aus Abschnitt 2.9.2 erhält man die

Definition 5.7 (Varianz und Standardabweichung):
Die diskrete Zufallsvariable X besitze die Verteilung $(x_i, P(X = x_i))$, $x_i \in W$ und den Erwartungswert $\mu = E(X)$. Im Falle der Existenz heißt

$$Var(X) = \sigma^2 = \sum_i (x_i-\mu)^2 \cdot P(X = x_i) \tag{5.18}$$

die **Varianz** und $\sigma = +\sqrt{\sigma^2}$ die **Standardabweichung** von X.

Die Varianz ist der Erwartungswert der Zufallsvariablen $(X-\mu)^2$, also

$$\mathrm{Var}(X) = E\big((X-\mu)^2\big). \tag{5.19}$$

Wir betrachten folgende Umformung:

$$\begin{aligned}\mathrm{Var}(X) &= \sum_i (x_i-\mu)^2 P(X=x_i) = \sum_i (x_i^2 - 2\mu x_i + \mu^2) P(X=x_i)\\ &= \sum_i x_i^2 P(X=x_i) - 2\mu \underbrace{\sum_i x_i P(X=x_i)}_{=\mu} + \mu^2 \underbrace{\sum_i P(X=x_i)}_{=1}\\ &= \sum_i x_i^2 P(X=x_i) - \mu^2 .\end{aligned}$$

Damit gilt die für die praktische Rechnung nützliche Formel

$$\boxed{\mathrm{Var}(X) = \sigma^2 = \sum_i x_i^2 \cdot P(X=x_i) - \mu^2 = E(X^2) - [E(X)]^2 .} \tag{5.20}$$

Beispiel 5.7 (Roulette, vgl. Beispiel 5.5):
Ein Spieler setze eine Einheit gleichzeitig auf k Zahlen, sofern dies möglich ist. Für $k = 1$ setzt er auf eine einzige Zahl, für $k = 2$ auf zwei benachbarte, für $k = 3$ auf eine Querreihe, für $k = 12$ auf ein Dutzend und für $k = 18$ auf eine einfache Chance. Im Falle eines Gewinns erhält er das 36/k-fache seines Einsatzes ausgezahlt, so daß ihm ein Reingewinn von $36/k - 1$ Einheiten verbleibt. Andernfalls verliert er seinen Einsatz. Die Sonderregelung bei einfachen Chancen $(k=18)$ soll hier unberücksichtigt bleiben. Die Wahrscheinlichkeit, daß der Spieler bei einem Spiel gewinnt, ist $p = \frac{k}{37}$. Die Zufallsvariable X_k des Reingewinns hat die Verteilung

Werte von X_k	-1	$\frac{36}{k} - 1$
Wahrscheinlichkeiten	$1 - \frac{k}{37}$	$\frac{k}{37}$

Daraus erhält man den Erwartungswert von X_k (Gewinnerwartung)

$$E(X_k) = -1 \cdot \Big(1 - \frac{k}{37}\Big) + \Big(\frac{36}{k} - 1\Big) \cdot \frac{k}{37} = -1 + \frac{k}{37} + \frac{36}{37} - \frac{k}{37} = -\frac{1}{37}.$$

Diese Gewinnerwartung hängt gar nicht mehr von k ab. Unabhängig davon wie man setzt, im Mittel wird man auf Dauer pro Spiel den 37. Teil des Einsatzes verlieren.

Obwohl die Gewinnerwartung bei allen Strategien gleich ist, ist das Risiko verschieden groß. Bei einfachen Chancen $(k = 18)$ ist es am kleinsten, beim Einsatz auf eine einzige Zahl $(k = 1)$ am größten. Dieses Risiko wird durch die Varianz der Zufallsvariablen X_k beschrieben. Aus (5.20) erhält man

$$\begin{aligned}\mathrm{Var}(X_k) &= (-1)^2 \cdot \Big(1 - \frac{k}{37}\Big) + \Big(\frac{36}{k} - 1\Big)^2 \cdot \frac{k}{37} - \Big(-\frac{1}{37}\Big)^2\\ &= \frac{36^2}{37\,k} - \frac{35}{37} - \frac{1}{37^2}.\end{aligned}$$

Die Varianz ist für $k = 1$ am größten und wird mit wachsendem k kleiner.

Varianz einer linearen Transformation
Die Zufallsvariable X besitze den Erwartungswert μ und die Varianz σ^2. Dann besitzt nach (5.12) die lineare Transformation $Y = a + bX$ den Erwartungswert $a + b\mu$. Für die Varianz erhalten wir hiermit

$$\begin{aligned} Var(a + bX) &= \sum_i (a + bx_i - a - b\mu)^2 P(X = x_i) \\ &= b^2 \sum_i (x_i - \mu)^2 P(X = x_i) = b^2 Var(X). \end{aligned}$$

Damit gilt allgemein

$$Var(a + bX) = b^2 \cdot Var(X) \quad \text{für } a, b \in \mathbb{R}, \text{ falls } Var(X) \text{ existiert.} \tag{5.21}$$

Durch eine Parallelverschiebung (a beliebig, $b = 1$) bleibt die Varianz und damit auch die Standardabweichung unverändert. Multiplikation der Werte einer Zufallsvariablen mit b bewirkt eine Multiplikation der Varianz mit b^2 und der Standardabweichung mit $|b|$.

Standardisierung einer Zufallsvariablen
Die Zufallsvariable X besitze den Erwartungswert μ und die Standardabweichung $\sigma \neq 0$. Dann heißt die linear transformierte Zufallsvariable

$$X^* = \frac{X - \mu}{\sigma}$$

die **Standardisierte** (oder **Standardisierung**) von X. Aus (5.12) und (5.21) erhält man

$$E(X^*) = 0 \quad \text{und} \quad Var(X^*) = E(X^{*2}) = 1. \tag{5.22}$$

5.2 Zweidimensionale diskrete Zufallsvariablen

In diesem Abschnitt werden gleichzeitig zwei diskrete Zufallsvariablen X und Y betrachtet, die auf der Ergebnismenge Ω des gleichen Zufallsexperiments erklärt sind, also eine zweidimensionale Zufallsvariable (X, Y).

5.2.1 Gemeinsame Verteilung

Beispiel 5.8 (Roulette):
Beim Roulette setze ein Spieler jeweils eine Einheit auf das erste Dutzend $D = \{1, 2, \ldots, 12\}$ und auf den Sechserblock $S = \{10, 11, 12, 13, 14, 15\}$. Die Reingewinne aus beiden Strategien werden durch die Zufallsvariablen X (Gewinn mit D) und Y (Gewinn mit S) beschrieben. Falls das Ereignis D eintritt, ist die Realisierung von X gleich 2 (Auszahlung minus Einsatz),

beim Eintritt von S ist die Realisierung von Y gleich 5. Sonst ist der jeweilige Einsatz verloren mit der Realisierung −1. Die gemeinsamen Wahrscheinlichkeiten lauten

$$P(X=2\,;\,Y=5)=P(D\cap S)=P(\{10,11,12\})=\tfrac{3}{37}\,;$$
$$P(X=2\,;\,Y=-1)=P(\{1,2,3,4,5,6,7,8,9\})=\tfrac{9}{37}\,;$$
$$P(X=-1\,;\,Y=5)=P(\{13,14,15\})=\tfrac{3}{37}\,;$$
$$P(X=-1\,;\,Y=-1)=P(\{0,16,17,\ldots,35,36\})=\tfrac{22}{37}\quad(\text{Summe}=1).$$

Die Wahrscheinlichkeiten sind in der folgenden Vierfeldertafel eingetragen:

x_i \ y_j	−1	5	Summe
−1	$\frac{22}{37}$	$\frac{3}{37}$	$\frac{25}{37}$
2	$\frac{9}{37}$	$\frac{3}{37}$	$\frac{12}{37}$
Summe	$\frac{31}{37}$	$\frac{6}{37}$	1

In der letzten Spalte stehen die Wahrscheinlichkeiten der Zufallsvariablen X, in der letzten Zeile die der Zufallsvariablen Y.

Allgemein werde jedes Versuchsergebnis $\omega\in\Omega$ durch zwei Zufallsvariablen abgebildet auf $X(\omega)$ und $Y(\omega)$. Jedem ω wird damit ein Zahlenpaar $(X(\omega),Y(\omega))\in\mathbb{R}^2$ zugeordnet. Die Wertebereiche der beiden Zufallsvariablen bezeichnen wir mit

$$W_X=\{x_1,x_2,x_3,\ldots\}\,;\ W_Y=\{y_1,y_2,y_3,\ldots\}.$$

Auf das Wertepaar (x_i,y_j), $x_i\in W_X$, $y_j\in W_Y$ wird das Ereignis

$$A_{ij}=\{\omega\,|\,X(\omega)=x_i,Y(\omega)=y_j\}=\{\omega\,|\,X(\omega)=x_i\}\cap\{\omega\,|\,Y(\omega)=y_j\}$$

abgebildet. Durch

$$p_{ij}=P(X=x_i,Y=y_j)=P(A_{ij}) \tag{5.23}$$

wird die Wahrscheinlichkeit P von Ω auf die Paare (x_i,y_j) der Realisierungen der beiden Zufallsvariablen übertragen. Dabei gilt

$$\sum_i\sum_j p_{ij}=\sum_i\sum_j P(X=x_i,Y=y_j)=1.$$

Definition 5.8 (gemeinsame Verteilung):

$$\Big((x_i,y_j)\,,\,p_{ij}=P(X=x_i\,,\,Y=y_j)\Big),\ x_i\in W_X\,,\ y_j\in W_Y$$

heißt die **gemeinsame Verteilung** von (X, Y).

Wie die gemeinsame Häufigkeitsverteilung einer zweidimensionalen Stichprobe (Abschnitt 3.2) kann die gemeinsame Verteilung zweier diskreter Zufallsvariabler in einer **Kontingenztafel** übersichtlich dargestellt werden (s. Tab. 5.1). Anstelle der relativen Häufigkeiten werden die gemeinsamen Wahrscheinlichkeiten eingetragen.
Zeilen- bzw. Spaltensummen ergeben die Verteilungen der beiden einzelnen Zufallsvariablen X und Y, die sogenannten **Randverteilungen** mit

$$\begin{aligned} P(X=x_i) &= \sum_j P(X=x_i, Y=y_j) = \sum_j p_{ij} = p_{i\cdot}\,; \\ P(Y=y_j) &= \sum_i P(X=x_i, Y=y_j) = \sum_i p_{ij} = p_{\cdot j}\,. \end{aligned} \tag{5.24}$$

	y_1	y_2	...	y_j	...	Summe
x_1	p_{11}	p_{12}	...	p_{1j}	...	$p_{1\cdot}$
x_2	p_{21}	p_{22}	...	p_{2j}	...	$p_{2\cdot}$
$\vdots$	$\vdots$	$\vdots$		$\vdots$		$\vdots$
x_i	p_{i1}	p_{i2}	...	p_{ij}	...	$p_{i\cdot}$
$\vdots$	$\vdots$	$\vdots$		$\vdots$	$\vdots$	$\vdots$
Summe	$p_{\cdot 1}$	$p_{\cdot 2}$	...	$p_{\cdot j}$	...	$p_{\cdot\cdot} = 1$

Tab. 5.1: Kontingenztafel der gemeinsamen Verteilung

5.2.2 Funktion einer zweidimensionalen Zufallsvariablen

Es seien X und Y zwei diskrete Zufallsvariablen mit der gemeinsamen Verteilung $((x_i, y_j), P(X=x_i, Y=y_j), x_i \in W_X, y_j \in W_Y)$. Ferner sei $g(x,y)$ eine beliebige reellwertige Funktion in den beiden Veränderlichen x und y. Dann wird auf $W_X \times W_Y$ durch

$$Z(\omega) = g(X(\omega), Y(\omega)) \tag{5.25}$$

eine eindimensionale diskrete Zufallsvariable $Z = g(X, Y)$ erklärt. Ihr Wertebereich $W(Z) = \{z_1, z_2, z_3, \ldots\}$ besteht aus allen möglichen Funktionswerten $g(x_i, y_j)$. Die Zufallsvariable Z besitzt genau dann einen Erwartungswert, wenn folgende Reihe absolut konvergiert:

$$\begin{aligned} E(Z) &= \sum_k z_k \cdot P(Z=z_k) = \sum_k z_k \cdot \sum_{i,j:\, g(x_i,y_j)=z_k} P(X=x_i, Y=y_j) \\ &= \sum_k \sum_{i,j:\, g(x_i,y_j)=z_k} z_k \cdot P(X=x_i, Y=y_j) \\ &= \sum_{ij} g(x_i, y_j) \cdot P(X=x_i, Y=y_j). \end{aligned}$$

Damit gilt der

Satz 5.3 (Funktionssatz):
Es seien X und Y zwei diskrete Zufallsvariablen mit der gemeinsamen Verteilung $((x_i, y_j, p_{ij}), i=1,2,\ldots;\ j=1,2,\ldots)$. Ferner sei $g(x,y)$ eine auf $W_X \times W_Y$ definierte reellwertige Funktion in den beiden Veränderlichen x und y. Dann besitzt die Zufallsvariable $Z = g(X,Y)$ genau dann einen Erwartungswert und zwar

$$E(Z) = E(g(X,Y)) = \sum_{ij} g(x_i, y_j) \cdot P(X = x_i, Y = y_j)\,, \tag{5.26}$$

wenn diese Reihe absolut konvergiert mit

$$\sum_{ij} |g(x_i, y_j)| \cdot P(X = x_i, Y = y_j) < \infty\,.$$

5.2.3 Unabhängige diskrete Zufallsvariablen

Die Unabhängigkeit zweier diskreter Zufallsvariabler X und Y wird auf die Unabhängigkeit der Urbilder ihrer Werte zurückgeführt, also auf die Unabhängigkeit aller Ereignispaare $A_i = \{\omega \mid X(\omega) = x_i\}$ und $B_j = \{\omega \mid Y(\omega) = y_j\}$. Diese Ereignisse sind nach Satz 4.13 genau dann unabhängig, wenn für alle Paare (A_i, B_j) die Produktdarstellung

$$P(A_i \cap B_j) = P(A_i) \cdot P(B_j) \quad \text{für } i = 1,2,\ldots;\ j = 1,2,\ldots$$

gilt. Damit erhält man die

Definition 5.9 (Unabhängigkeit zweier diskreter Zufallsvariabler):
Zwei diskrete Zufallsvariablen X und Y heißen **unabhängig**, wenn für alle Wertepaare (x_i, y_j), $x_i \in W_X, y_j \in W_Y$ gilt

$$P(X = x_i, Y = y_j) = P(X = x_i) \cdot P(Y = y_j)\,. \tag{5.27}$$

Bei unabhängigen Zufallsvariablen X und Y gilt

$$p_{ij} = p_{i\cdot} \cdot p_{\cdot j} \quad \text{für alle i, j.}$$

Die gemeinsame Verteilung ist bei unabhängigen Zufallsvariablen durch die beiden Randverteilungen über die Produktbildung eindeutig bestimmt.

5.2.4 Produkt zweier diskreter Zufallsvariabler

Die Zufallsvariable des Produkts $Z = X \cdot Y$ wird durch

$$Z(\omega) = X(\omega) \cdot Y(\omega) \tag{5.28}$$

definiert. Der Wertebereich besteht aus allen möglichen Produkten $x_i \cdot y_j$. Der Erwartungswert E(Z) existiert nach dem Funktionssatz 5.3 genau dann, wenn folgende Reihe absolut konvergiert:

$$E(X \cdot Y) = \sum_{ij} x_i \cdot y_j \cdot P(X = x_i, Y = y_j)\,. \tag{5.29}$$

Wenn X und Y endliche Wertebereiche haben, existiert der Erwartungswert des Produktes $X \cdot Y$ immer. Die Summe (5.29) kann im allgemeinen nicht mehr vereinfacht werden. Es gilt jedoch der

Satz 5.4 (Erwartungswert des Produkts unabhängiger Zufallsvariabler):
Die beiden diskreten Zufallsvariablen X und Y seien unabhängig und besitzen die Erwartungswerte E(X) und E(Y). Dann hat auch das Produkt $X \cdot Y$ einen Erwartungswert und es gilt

$$E(X \cdot Y) = E(X) \cdot E(Y). \tag{5.30}$$

Beweis:
Wegen der Unabhängigkeit gilt für alle i,j die Produktdarstellung

$$P(X = x_i, Y = y_j) = P(X = x_i) \cdot P(Y = y_j).$$

Damit geht (5.29) über in

$$\begin{aligned} E(X \cdot Y) &= \sum_i \sum_j x_i \cdot y_j \cdot P(X = x_i) \cdot P(Y = y_j) \\ &= \sum_i x_i \cdot P(X = x_i) \cdot \sum_j y_j \cdot P(Y = y_j) = E(X) \cdot E(Y), \end{aligned}$$

womit der Satz bewiesen ist.

5.2.5 Summen diskreter Zufallsvariabler

Die Zufallsvariable der Summe Z = X + Y ist definiert durch

$$Z(\omega) = X(\omega) + Y(\omega)\,. \tag{5.31}$$

Der Wertebereich der Summenvariablen $X+Y$ besteht aus allen möglichen Summen $x_i + y_j$. Falls manche Summen übereinstimmen, müssen die entsprechenden Wahrscheinlichkeiten addiert werden. Nach dem Funktionssatz 5.3 lautet im Falle der Existenz der Erwartungswert

$$\begin{aligned} E(X+Y) &= \sum_i \sum_j (x_i + y_j) \cdot P(X = x_i, Y = y_j) \\ &= \sum_i \sum_j x_i \cdot P(X = x_i, Y = y_j) + \sum_i \sum_j y_j \cdot P(X = x_i, Y = y_j) \\ &= \sum_i x_i \sum_j P(X = x_i, Y = y_j) + \sum_j y_j \sum_i P(X = x_i, Y = y_j) \\ &= \sum_i x_i \cdot P(X = x_i) + \sum_j y_j \cdot P(Y = y_j) = E(X) + E(Y). \end{aligned}$$

Damit gilt der

Satz 5.5 (Erwartungswert einer Summe zweier Zufallsvariabler):
Die beiden Zufallsvariablen X und Y sollen die Erwartungswerte E(X) und E(Y) besitzen. Dann hat auch die Summe X + Y einen Erwartungswert, und es gilt

$$E(X+Y) = E(X) + E(Y). \tag{5.32}$$

Die Additivität (5.32) kann mit Hilfe des Prinzips der vollständigen Induktion auf mehrere Summanden übertragen werden.

Die Zufallsvariablen X_i sollen die Erwartungswerte $E(X_i)$ besitzen für $i = 1, \ldots, n$. Dann besitzt die Summe den Erwartungswert

$$E(X_1 + X_2 + \ldots + X_n) = E(X_1) + E(X_2) + \ldots + E(X_n). \tag{5.33}$$

Die beiden diskreten Zufallsvariablen X und Y seien unabhängig und sollen die Erwartungswerte $E(X) = \mu_X$ und $E(Y) = \mu_Y$ besitzen. Ferner sollen ihre Varianzen existieren. Dann gilt wegen der Additivität des Erwartungswertes und der Produktdarstellung $E(X \cdot Y) = E(X) \cdot E(Y)$ für die Varianz der Summe

$$\begin{aligned} \operatorname{Var}(X+Y) &= E\Big([X + Y - \mu_X - \mu_Y]^2\Big) \qquad (5.34) \\ &= E\Big((X-\mu_X)^2 + (Y-\mu_Y)^2 + 2(X-\mu_X)(Y-\mu_Y)\Big) \\ &= \operatorname{Var}(X) + \operatorname{Var}(Y) + 2\,E\big((X-\mu_X)(Y-\mu_Y)\big) \\ &= \operatorname{Var}(X) + \operatorname{Var}(Y) + 2\,\underbrace{[E(X \cdot Y) - E(X)\,E(Y)]}_{=0} \\ &= \operatorname{Var}(X) + \operatorname{Var}(Y) \end{aligned}$$

Damit haben wir folgenden Satz bewiesen:

Satz 5.6 (Varianz einer Summe zweier unabhängiger Zufallsvariabler):
Die beiden diskreten Zufallsvariablen X und Y seien unabhängig und besitzen die Varianzen Var(X) und Var(Y). Dann hat auch die Summe X + Y eine Varianz, und es gilt

$$\operatorname{Var}(X+Y) = \operatorname{Var}(X) + \operatorname{Var}(Y). \tag{5.35}$$

Eigenschaft (5.35) kann unmittelbar auf mehrere Summanden übertragen werden: Es gilt

$$\operatorname{Var}(X_1 + \ldots + X_n) = \operatorname{Var}(X_1) + \ldots + \operatorname{Var}(X_n), \tag{5.36}$$

falls die Zufallsvariablen paarweise (also alle Paare) unabhängig sind.

5.2.6 Kovarianz und Korrelationskoeffizient

Die in Abschnitt 3.3 bei zweidimensionalen Stichproben eingeführten Begriffe Kovarianz s_{xy} und Korrelationskoeffizient r werden auf Paare von diskreten Zufallsvariablen übertragen.

Die Zufallsvariablen X und Y sollen die Erwartungswerte $\mu_X = E(X)$ und $\mu_Y = E(Y)$ besitzen. Falls die Varianz der Summe $X + Y$ existiert, hat sie nach (5.34) die Darstellung

$$\operatorname{Var}(X+Y) = \operatorname{Var}(X) + \operatorname{Var}(Y) + 2\,E[(X-\mu_X)(Y-\mu_Y)]\,. \tag{5.37}$$

Dabei gilt

$$E\,[(X-\mu_X)(Y-\mu_Y)] = E(X \cdot Y) - \mu_X \cdot \mu_Y\,.$$

Diese Größen erhält man nach dem Funktionssatz 5.3 in der Form

$$\begin{aligned} E\,[(X-\mu_X)(Y-\mu_Y)] &= \sum_{ij} (x_i-\mu_X)(y_j-\mu_Y)P(X = x_i\,, Y = y_j)\,; \\ E(X \cdot Y) &= \sum_{ij} x_i\, y_j\, P(X = x_i\,, Y = y_j)\,. \end{aligned} \tag{5.38}$$

Definition 5.10 (Kovarianz und **Korrelationskoeffizient):**
Im Falle der Existenz heißt

$$\operatorname{Cov}(X\,,Y) = \sigma_{XY} = E\,[(X-\mu_X)(Y-\mu_Y)] = E(X \cdot Y) - \mu_X\,\mu_Y \tag{5.39}$$

die **Kovarianz** und

$$\rho = \rho(X\,,Y) = \frac{\operatorname{Cov}(X\,,Y)}{\sqrt{\operatorname{Var}(X) \cdot \operatorname{Var}(Y)}} = \frac{\sigma_{XY}}{\sigma_X \cdot \sigma_Y} \tag{5.40}$$

der **Korrelationskoeffizient** von X und Y.

Im Falle $\rho = 0$, also für $\operatorname{Cov}(X\,,Y) = 0$, heißen X und Y **unkorreliert.**

Bemerkungen:

1. Für $X = Y$ geht die Kovarianz über in die Varianz von X:

$$\operatorname{Cov}(X\,,X) = \sigma_{XX} = E\,[(X-\mu_X)(X-\mu_X)] = \operatorname{Var}(X).$$

2. Mit der Kovarianz gilt nach (5.37) allgemein die Darstellung

$$\operatorname{Var}(X+Y) = \operatorname{Var}(X) + \operatorname{Var}(Y) + 2\operatorname{Cov}(X\,,Y)\,. \tag{5.41}$$

3. Nach Satz 5.4 gilt bei unabhängigen Zufallsvariablen

$$E(X \cdot Y) = E(X) \cdot E(Y) \Rightarrow \operatorname{Cov}(X\,,Y) = 0\,.$$

Unabhängige Zufallsvariable sind also auch unkorreliert. Aus der Unabhängigkeit folgt die Unkorreliertheit. Die Umkehrung gilt im allgemeinen nicht. Aus der Unkorreliertheit folgt nicht ohne weiteres die Unabhängigkeit. Dazu das folgende

Beispiel 5.9:
Die beiden Zufallsvariablen X und Y sollen die in der nachfolgenden Kontingenztafel dargestellte Verteilung besitzen:

x_i \ y_j	1	2	3	Summe
1	0	$\frac{1}{4}$	0	$\frac{1}{4}$
2	$\frac{1}{4}$	0	$\frac{1}{4}$	$\frac{1}{2}$
3	0	$\frac{1}{4}$	0	$\frac{1}{4}$
Summe	$\frac{1}{4}$	$\frac{1}{2}$	$\frac{1}{4}$	1

Die Zufallsvariablen sind nicht unabhängig, da die gemeinsamen Wahrscheinlichkeiten nicht gleich dem Produkt der jeweiligen Randwahrscheinlichkeiten sind. Wegen

$$E(X) = E(Y) = 2\,; \quad E(X \cdot Y) = 4 = E(X) \cdot E(Y)$$

sind die beiden Zufallsvariablen jedoch unkorreliert. Mit

$$E(X^2) = E(Y^2) = 1 \cdot \frac{1}{4} + 4 \cdot \frac{1}{2} + 9 \cdot \frac{1}{4} = \frac{9}{2}\,;$$

$$Var(X) = Var(Y) = \frac{9}{2} - 4 = \frac{1}{2}$$

erhält man wegen der Unkorreliertheit

$$Var(X + Y) = Var(X) + Var(Y) = 1\,.$$

Für den Korrelationskoeffizienten ρ zweier diskreter Zufallsvariabler gelten ähnliche Eigenschaften wie für den Korrelationskoeffizienten r einer zweidimensionalen Stichprobe (vgl. Satz 3.1).

Satz 5.7 (Eigenschaften des Korrelationskoeffizienten):
Für den Korrelationskoeffizienten ρ zweier diskreter Zufallsvariabler (X, Y) gelten allgemein folgende Eigenschaften:

a) $|\rho| \leq 1$, also $-1 \leq \rho \leq 1$.

b) $|\rho| = 1$ ist genau dann erfüllt, wenn alle Wertepaare (x_i, y_j) mit $P(X = x_i, Y = y_j) > 0$ auf einer Geraden liegen. Dann gilt die lineare Beziehung

$$Y - \mu_Y = \frac{\sigma_Y}{\sigma_X} \cdot (X - \mu_X) \qquad \text{für } \rho = 1 \text{ (positive Steigung)}$$

$$Y - \mu_Y = -\frac{\sigma_Y}{\sigma_X} \cdot (X - \mu_X) \quad \text{für } \rho = -1 \text{ (negative Steigung).}$$

Beweis:
Mit Hilfe der Standardisierungen kann der Korrelationskoeffizient ρ dargestellt werden in der Form

$$\rho = \rho(X, Y) = E\left(\frac{X-\mu_X}{\sigma_X} \cdot \frac{Y-\mu_Y}{\sigma_Y}\right) = E(X^* \cdot Y^*).$$

Mit $E(X^{*2}) = Var(X^*) = E(Y^{*2}) = Var(Y^*) = 1$ erhält man

$$\begin{aligned} 0 \le E\left((Y^* - \rho \cdot X^*)^2\right) &= E\left(Y^{*2} - 2\rho \cdot X^* \cdot Y^* + \rho^2 \cdot X^{*2}\right) \\ &= E\left(Y^{*2}\right) - 2\rho \cdot E\left(X^* \cdot Y^*\right) + \rho^2 \cdot E\left(X^{*2}\right) \\ &= 1 - 2\rho^2 + \rho^2 = 1 - \rho^2. \end{aligned}$$

Hieraus folgt

$$\rho^2 \le 1, \quad \text{also} \quad -1 \le \rho \le 1.$$

$\rho^2 = 1$ ist nur für $E\left((Y^* - \rho \cdot X^*)^2\right) = 0$ möglich. Dann kann die Zufallsvariable $Y^* - \rho \cdot X^*$ mit Wahrscheinlichkeit Eins nur den Wert Null annehmem. Mit Wahrscheinlichkeit Eins gilt dann $Y^* - \rho \cdot X^* = 0$, also

$$\frac{Y-\mu_Y}{\sigma_Y} = \rho \cdot \frac{X-\mu_X}{\sigma_X}.$$

Das bedeutet

$$\begin{aligned} Y - \mu_Y &= \frac{\sigma_Y}{\sigma_X} \cdot (X - \mu_X) \quad &\text{für } \rho = 1 \\ Y - \mu_Y &= -\frac{\sigma_Y}{\sigma_X} \cdot (X - \mu_X) \quad &\text{für } \rho = -1. \end{aligned}$$

Damit ist der Satz vollständig bewiesen.

5.3 Spezielle diskrete Zufallsvariablen

In diesem Abschnitt werden einige diskrete Zufallsvariablen behandelt, die in der Praxis häufig benutzt werden.

5.3.1 Gleichmäßige diskrete Verteilung

Der Wertebereich der Zufallsvariablen X sei $W = \{1, 2, 3, \ldots, m\}$, wobei alle Werte gleichwahrscheinlich sind mit

$$P(X = k) = \frac{1}{m} \quad \text{für} \quad k = 1, 2, \ldots, m.$$

Bei der Augenzahl eines idealen Würfels ist z. B. $m = 6$. Zur Berechnung des Erwartungswertes und der Varianz benutzen wir die für jede natürliche Zahl m gültigen Summenformeln

$$1+2+\ldots+m = \frac{m(m+1)}{2};$$
$$1^2+2^2+\ldots+m^2 = \frac{m(m+1)(2m+1)}{6}. \tag{5.42}$$

Erwartungswert:

$$E(X) = \frac{1}{m}(1+2+\ldots+m) = \frac{1}{m}\frac{m(m+1)}{2} = \frac{m+1}{2}; \tag{5.43}$$

$$E(X^2) = \frac{1}{m}(1^2+\ldots+m^2) = \frac{1}{m}\frac{m(m+1)(2m+1)}{6} = \frac{(m+1)(2m+1)}{6}.$$

Varianz:

$$Var(X) = E(X^2) - [E(X)]^2 = \frac{(m+1)(2m+1)}{6} - \frac{(m+1)^2}{4} \tag{5.44}$$

$$= \frac{(m+1)(4m+2-3m-3)}{12} = \frac{(m+1)(m-1)}{12} = \frac{m^2-1}{12}.$$

Zusammenfassung der Kenngrößen der gleichmäßigen Verteilung:

$$P(X=k) = \frac{1}{m} \quad \text{für } k = 1, 2, \ldots, m;$$

$$E(X) = \frac{m+1}{2}; \quad Var(X) = \frac{m^2-1}{12}.$$

5.3.2 Binomialverteilung (Verteilung der absoluten Häufigkeit)

In einem Einzelexperiment besitze das Ereignis A die Wahrscheinlichkeit $p = P(A)$. Dabei sei $0 < p < 1$ vorausgesetzt. Das Zufallsexperiment werde n-mal unabhängig durchgeführt, wobei jedesmal nur festgestellt wird, ob das Ereignis A oder das Komplement $\overline{A}$ eintritt. Die Versuchsergebnisse in diesem n-stufigen Zufallsexperiment können als n-Tupel dargestellt werden, deren Komponenten entweder A oder $\overline{A}$ sind, z. B. $(A, A, \overline{A}, \ldots, A)$. Zur Berechnung der Wahrscheinlichkeit eines bestimmten n-Tupels muß nur abgezählt werden, wie oft das Ereignis A in diesem n-Tupel vorkommt. Falls k-mal A auftritt und somit $(n-k)$-mal das Komplement $\overline{A}$, besitzt das n-Tupel unter Berücksichtigung der Reihenfolge wegen der vorausgesetzten Unabhängigkeit der einzelnen Versuchsdurchführungen die Wahrscheinlichkeit

$$p^k \cdot (1-p)^{n-k}. \tag{5.45}$$

Die Zufallsvariable X sei die absolute Häufigkeit des Ereignisses A in der unabhängigen Versuchsserie vom Umfang n. Das Ereignis $X = k$ tritt ein, wenn die Realisation ein n-Tupel ist, bei dem an genau k Stellen das Ereignis A steht. Jedes der möglichen n-Tupel besitzt unter Berücksichtigung der Reihenfolge die in (5.45) angegebene Wahrscheinlichkeit. Die Anzahl der verschiedenen n-Tupel, welche k-mal A enthalten, kann durch folgende Überlegung bestimmt werden. Von den n möglichen Komponenten müssen k ausgewählt werden, die mit A besetzt werden. Dafür gibt es insgesamt $\binom{n}{k}$ Möglichkeiten. Jede dieser Möglichkeiten hat aber die in (5.45) angegebene Wahrscheinlichkeit. Damit lauten die Wahrscheinlichkeiten

$$p_k = P(X = k) = \binom{n}{k} \cdot p^k \cdot (1-p)^{n-k} \text{ für } k = 0, 1, \ldots, n. \tag{5.46}$$

Die Zufallsvariable X heißt **binomialverteilt** mit den Parametern n und p. Abkürzend nennt man sie auch b(n, p)-verteilt. Die Wahrscheinlichkeiten der Binomialverteilung treten in der folgenden Binomialentwicklung auf:

$$1 = [p + (1-p)]^n = \sum_{k=0}^{n} \binom{n}{k} \cdot p^k \cdot (1-p)^{n-k} = \sum_{k=0}^{n} p_k .$$

Daher kommt der Name Binomialverteilung. Für $k + 1 \leq n$ gilt

$$\begin{aligned} p_{k+1} &= \binom{n}{k+1} \cdot p^{k+1} \cdot (1-p)^{n-k-1} \\ &= \frac{n(n-1)\ldots(n-k-1)(n-k)}{1 \cdot 2 \cdot \ldots \cdot k \cdot (k+1)} \cdot p^k \cdot (1-p)^{n-k} \cdot \frac{p}{1-p} \\ &= \frac{n-k}{k+1} \cdot \frac{p}{1-p} \cdot \binom{n}{k} \cdot p^k \cdot (1-p)^{n-k} = \frac{n-k}{k+1} \cdot \frac{p}{1-p} \cdot p_k . \end{aligned}$$

Damit erhalten wir die für die praktische Rechnung nützliche

Rekursionsformel:

$$p_{k+1} = \frac{n-k}{k+1} \cdot \frac{p}{1-p} \cdot p_k \quad \text{für } k = 0, 1, 2, \ldots, n-1 \tag{5.47}$$

mit $p_0 = (1-p)^n$ für $0 < p < 1$.

Zur Berechnung des Erwartungswertes und der Varianz führen wir für $i = 1, 2, \ldots, n$ folgende Zufallsvariablen ein:

$$X_i = \begin{cases} 1, & \text{falls beim i-ten Experiment A eintritt;} \\ 0, & \text{sonst.} \end{cases}$$

Die Zufallsvariablen $X_1, X_2, \ldots, X_n$ sind unabhängig mit

$$E(X_i) = E(X_i^2) = p;$$

$$Var(X_i) = E(X_i^2) - [E(X_i)]^2 = p - p^2 = p(1-p).$$

Mit $X = X_1 + X_2 + \ldots + X_n$ erhält man aus der Additivität des Erwartungswertes und der Additivität der Varianz bei unabhängigen Zufallsvariablen

$$E(X) = \sum_{i=1}^{n} E(X_i) = np; \quad Var(X) = \sum_{i=1}^{n} Var(X_i) = np(1-p). \tag{5.48}$$

Zusammenfassung der Kenngrößen der Binomialverteilung:

$$P(X=k)=\binom{n}{k}\cdot p^k\cdot(1-p)^{n-k} \text{ für } k=0,1,\ldots,n;$$

$$E(X)=np; \quad Var(X)=np(1-p).$$

Bemerkung:
Beim Urnenmodell mit Zurücklegen (Satz 4.9 aus Abschnitt 4.4.6) ist die Zufallsvariable X der Anzahl der gezogenen Kugeln binomialverteilt mit den Parametern n und $p=\frac{M}{N}$.

5.3.3 Hypergeometrische Verteilung

Eine Urne enthalte N Kugeln, von denen M schwarz sind. Daraus werden ohne zwischenzeitliches Zurücklegen n Kugeln gezogen. Nach Satz 4.9 a) lauten die Wahrscheinlichkeiten

$$p_k=P(X=k)=\frac{\binom{M}{k}\cdot\binom{N-M}{n-k}}{\binom{N}{n}} \quad \text{für } 0\le k\le \min(n,M) \quad 0\le n-k\le N-M;\ n\le N. \tag{5.49}$$

Man nennt die Zufallsvariable X **hypergeometrisch verteilt** mit den Parametern N, M und n.

Zur Berechnung des Erwartungswertes und der Varianz wird ähnlich wie bei der Binomialverteilung die Zufallsvariable X additiv zerlegt. Dazu denkt man sich die schwarzen Kugeln von 1 bis M durchnumeriert. Jeder schwarzen Kugel wird folgende Zufallsvariable zugeordnet:

$$X_i=\begin{cases}1, & \text{falls die i-te schwarze Kugel unter den n ausgewählten ist;}\\ 0, & \text{sonst}\end{cases}$$

für $i=1,2,\ldots,M$. Damit gilt

$$X=X_1+X_2+\ldots+X_M.$$

Die i-te schwarze Kugel wird genau dann ausgewählt, wenn die restlichen $n-1$ Kugeln aus der Menge der übrigen $N-1$ Kugeln gezogen werden. Für die Auswahl der i-ten schwarzen Kugel gibt es nur eine Möglichkeit. Damit erhält man die Wahrscheinlichkeiten

$$P(X_i=1)=\frac{\binom{N-1}{n-1}}{\binom{N}{n}}=\frac{\frac{n}{N}\cdot\binom{N}{n}}{\binom{N}{n}}=\frac{n}{N};$$

$$P(X_i=0)=1-P(X_i=1)=1-\frac{n}{N}.$$

Hieraus folgt $E(X_i) = E(X_i^2) = \frac{n}{N}$ für $i = 1, 2, \ldots, M$.

Mit der allgemein gültigen Additivität des Erwartungswertes erhält man

$$E(X) = \sum_{i=1}^{M} E(X_i) = M \cdot \frac{n}{N} = n \cdot \frac{M}{N}. \tag{5.50}$$

Der Erwartungswert stimmt mit dem beim Ziehen mit Zurücklegen überein. Zur Berechnung der Varianz muß berücksichtigt werden, daß die Zufallsvariablen $X_1, X_2, \ldots, X_M$ nicht unabhängig sind. Deswegen ist die Varianz nicht additiv. Ein Beweis für die nachfolgende Formel ist bei Bosch, K. [1993], S. 183f. zu finden:

$$\mathrm{Var}(X) = n \cdot \frac{M}{N} \cdot \left(1 - \frac{M}{N}\right) \cdot \frac{N-n}{N-1}. \tag{5.51}$$

Zusammenfassung der Kenngrößen der hypergeometrischen Verteilung:

$$P(X = k) = \frac{\binom{M}{k} \cdot \binom{N-M}{n-k}}{\binom{N}{n}} \quad \text{für } k = 0, 1, \ldots, n;$$

$$E(X) = np; \quad \mathrm{Var}(X) = \frac{N-n}{N-1} \cdot np(1-p) \text{ mit } p = \frac{M}{N}.$$

5.3.4 Geometrische Verteilung (Warten auf den ersten Erfolg)

Eine unabhängige Versuchsserie werde so lange durchgeführt, bis das Ereignis A erstmals eintritt. Bei einem Einzelversuch besitze A die Wahrscheinlichkeit $p = P(A)$ mit $0 < p < 1$. Die Zufallsvariable X sei die Anzahl der dazu benötigten Versuche. X heißt **geometrisch verteilt** mit dem Parameter p. Der Wertebereich $W = \{1, 2, 3, \ldots\}$ ist abzählbar unendlich. k Versuche sind genau dann notwendig, wenn bei den ersten $k-1$ Versuchen immer das Ereignis $\overline{A}$ und beim k-ten Versuch A eintritt. Wegen der vorausgesetzten Unabhängigkeit der einzelnen Versuche ist die Wahrscheinlichkeit für eine solche Serie gleich $p \cdot (1-p)^{k-1}$. Damit lauten die Wahrscheinlichkeiten

$$p_k = P(X = k) = p \cdot (1-p)^{k-1} \qquad \text{für } k = 1, 2, \ldots. \tag{5.52}$$

Zur Berechnung des Erwartungswertes

$$E(X) = \sum_{k=1}^{\infty} k \cdot p_k) = p \sum_{k=1}^{\infty} k \cdot (1-p)^{k-1} \tag{5.53}$$

benutzen wir die Funktion

$$f(p) = \sum_{k=0}^{\infty} (1-p)^k = \frac{1}{1-(1-p)} = \frac{1}{p} \text{ (geometrische Reihe)}. \tag{5.54}$$

Gliedweise Differentiation nach p ergibt die Ableitungen

$$f'(p) = -\sum_{k=1}^{\infty} k \cdot (1-p)^{k-1} = -\frac{1}{p^2}\,;$$

$$f''(p) = \sum_{k=2}^{\infty} k \cdot (k-1) \cdot (1-p)^{k-2} = \frac{2}{p^3}\,. \tag{5.55}$$

Aus (5.53) und (5.55) erhält man unmittelbar

$$E(X) = \frac{1}{p}. \tag{5.56}$$

Zur Berechnung der Varianz erhalten wir aus (5.55)

$$p \cdot f''(p) = \frac{2}{p^2} = \sum_{k=1}^{\infty} k \cdot (k-1) \cdot p \cdot (1-p)^{k-2}$$

$$= \frac{1}{1-p} \cdot \sum_{k=1}^{\infty} (k^2 - k) \cdot p \cdot (1-p)^{k-1}$$

$$= \frac{1}{1-p} \cdot \left[\sum_{k=1}^{\infty} k^2 \cdot p \cdot (1-p)^{k-1} - \sum_{k=1}^{\infty} k \cdot p \cdot (1-p)^{k-1} \right]$$

$$= \frac{1}{1-p} \cdot \left[E(X^2) - E(X) \right].$$

Hieraus folgt mit $E(X) = \frac{1}{p}$

$$E(X^2) - E(X) = \frac{2\,(1-p)}{p^2}\,; \quad E(X^2) = \frac{2\,(1-p)}{p^2} + \frac{1}{p} = \frac{2-p}{p^2};$$

$$\operatorname{Var}(X) = E(X^2) - [E(X)]^2 = \frac{2-p}{p^2} - \frac{1}{p^2} = \frac{1-p}{p^2}. \tag{5.57}$$

Zusammenfassung der Kenngrößen der geometrischen Verteilung:

$$P(X = k) = p \cdot (1-p)^{k-1} \quad \text{für } k = 1, 2, \ldots\,;$$

$$E(X) = \frac{1}{p}\,; \quad \operatorname{Var}(X) = \frac{1-p}{p^2}.$$

Beispiel 5.10 ("Mensch ärgere Dich nicht"):

Beim Spiel "Mensch ärgere Dich nicht" darf man erst dann starten, wenn die erste Sechs geworfen wird. Die Zufallsvariable X der Anzahl der dazu benötigten Würfe ist geometrisch verteilt mit $p = \frac{1}{6}$, falls der Würfel ideal ist. Wegen $E(X) = 6$ muß man im Mittel bis zum Start sechsmal werfen. Die Varianz lautet

$$\operatorname{Var}(X) = \frac{1 - \frac{1}{6}}{\frac{1}{6^2}} = 6^2 \cdot \frac{5}{6} = 30.$$

5.3.5 Poisson-Verteilung (Verteilung seltener Ereignisse)

Falls in einer Binomialverteilung n sehr groß und p sehr klein ist, können die Wahrscheinlichkeiten der Binomialverteilung durch die einer Poisson-Verteilung approximiert werden. Es gilt nämlich der

Satz 5.8 (Grenzwertsatz für Binomialverteilungen):
In der Binomialverteilung konvergiere n gegen unendlich und zwar so, daß $n\,p = \lambda$ immer konstant bleibt. Aus $n \to \infty$ folgt damit $p \to 0$. Dann gilt

$$\lim_{\substack{n\to\infty \\ np=\lambda}} \binom{n}{k} \cdot p^k \cdot (1-p)^{n-k} = \frac{\lambda^k}{k!} \cdot e^{-\lambda} \quad \text{für } k = 0,1,2,3,\ldots . \tag{5.58}$$

Für große n und kleine p gilt somit die Näherung

$$\binom{n}{k} \cdot p^k \cdot (1-p)^{n-k} \approx \frac{(np)^k}{k!} \cdot e^{-np} \quad \text{für } k = 0,1,2,3,\ldots . \tag{5.59}$$

Diese Approximation ist für $n \geq 50$ und $p \leq 0{,}1$ brauchbar.

Beweis:
Mit $p = \frac{\lambda}{n}$ gilt für jedes k

$$\binom{n}{k} \cdot p^k \cdot (1-p)^{n-k} = \frac{n \cdot (n-1) \cdot \ldots \cdot (n-k+1)}{k!} \cdot \frac{\lambda^k}{n^k} \cdot \left(1 - \frac{\lambda}{n}\right)^{n-k}$$

$$= \frac{n \cdot (n-1) \cdot \ldots \cdot (n-k+1)}{n \cdot n \cdot \ldots \cdot n} \cdot \frac{\lambda^k}{k!} \cdot \left(1 - \frac{\lambda}{n}\right)^n \cdot \left(1 - \frac{\lambda}{n}\right)^{-k}$$

$$= 1 \cdot \left(1 - \frac{1}{n}\right) \cdot \ldots \cdot \left(1 - \frac{k-1}{n}\right) \cdot \left(1 - \frac{\lambda}{n}\right)^{-k} \cdot \frac{\lambda^k}{k!} \cdot \left(1 - \frac{\lambda}{n}\right)^n .$$

Für festes k erhält man

$$\lim_{n\to\infty} \left(1 - \frac{i}{n}\right) = 1 \quad \text{für jedes } i = 1,2,\ldots,k-1;$$

$$\lim_{n\to\infty} \left(1 - \frac{\lambda}{n}\right)^{-k} = 1 \quad \text{und} \quad \lim_{n\to\infty} \left(1 - \frac{\lambda}{n}\right)^n = e^{-\lambda} .$$

Daraus folgt unmittelbar die Behauptung

$$\lim_{\substack{n\to\infty \\ np=\lambda}} \binom{n}{k} \cdot p^k \cdot (1-p)^{n-k} = \frac{\lambda^k}{k!} \cdot e^{-\lambda} \qquad \text{für } k = 0,1,2,3,\ldots .$$

Aus

$$e^{\lambda} = \sum_{k=0}^{\infty} \frac{\lambda^k}{k!} \tag{5.60}$$

folgt

$$\sum_{k=0}^{\infty} \frac{\lambda^k}{k!} \cdot e^{-\lambda} = e^{\lambda} \cdot e^{-\lambda} = 1 .$$

Daher werden durch

$$p_k = P(X = k) = \frac{\lambda^k}{k!} \cdot e^{-\lambda} \quad \text{für} \quad k = 0, 1, 2, 3, \ldots \tag{5.61}$$

Wahrscheinlichkeiten einer diskreten Zufallsvariablen X erklärt. X hat den abzählbar unendlichen Wertebereich $W = \{0, 1, 2, 3, \ldots\} = \mathbb{N}_0$.

Definition 5.11 (Poisson-Verteilung):
Die Zufallsvariable X mit der Verteilung

$$\left(k, \frac{\lambda^k}{k!} \cdot e^{-\lambda}\right), \; k \in \mathbb{N}_0 \tag{5.62}$$

heißt **Poisson-verteilt** mit dem Parameter λ.

Diese Verteilung ist nach dem französischen Mathematiker **Siméon Denis Poisson** (1781 – 1840) benannt. Für jedes $k \in \mathbb{N}_0$ erhält man

$$p_{k+1} = \frac{\lambda^{k+1}}{(k+1)!} \cdot e^{-\lambda} = \frac{\lambda}{k+1} \cdot \frac{\lambda^k}{k!} \cdot e^{-\lambda} = \frac{\lambda}{k+1} \cdot p_k .$$

Damit gilt die für die praktische Berechnung der Wahrscheinlichkeiten nützliche

Rekursionsformel:

$$p_{k+1} = \frac{\lambda}{k+1} \cdot p_k \quad \text{für } k = 0, 1, 2, \ldots \quad \text{mit} \quad p_0 = e^{-\lambda} . \tag{5.63}$$

Die Zufallsvariable X besitzt den Erwartungswert

$$E(X) = \sum_{k=1}^{\infty} k \cdot \frac{\lambda^k}{k!} \cdot e^{-\lambda} = e^{-\lambda} \cdot \lambda \cdot \underbrace{\sum_{k=1}^{\infty} \frac{\lambda^{k-1}}{(k-1)!}}_{= e^{\lambda}} = \lambda . \tag{5.64}$$

Ferner gilt wegen $k^2 = k(k-1) + k$

$$\begin{aligned} E(X^2) &= \sum_{k=1}^{\infty} k^2 \cdot \frac{\lambda^k}{k!} \cdot e^{-\lambda} = \sum_{k=1}^{\infty} \big(k(k-1)+k\big) \cdot \frac{\lambda^k}{k!} \cdot e^{-\lambda} \\ &= \sum_{k=2}^{\infty} k(k-1) \cdot \frac{\lambda^k}{k!} \cdot e^{-\lambda} + \underbrace{\sum_{k=1}^{\infty} k \cdot \frac{\lambda^k}{k!} \cdot e^{-\lambda}}_{= E(X) = \lambda} \\ &= e^{-\lambda} \cdot \lambda^2 \cdot \underbrace{\sum_{k=2}^{\infty} \frac{\lambda^{k-2}}{(k-2)!}}_{= e^{\lambda}} + \lambda = \lambda^2 + \lambda . \end{aligned}$$

Hieraus folgt

$$\operatorname{Var}(X) = E(X^2) - [E(X)]^2 = \lambda . \tag{5.65}$$

Zusammenfassung der Kenngrößen der Poisson-Verteilung:

$$P(X = k) = \frac{\lambda^k}{k!} \cdot e^{-\lambda} \text{ für } k = 0, 1, 2, 3, \ldots;$$

$$E(X) = Var(X) = \lambda.$$

Nach Satz 5.8 kann eine Binomialverteilung mit kleinem p und großem n durch die Poisson-Verteilung mit $\lambda = n\,p$ approximiert werden. Aus diesem Grund beschreibt eine Poisson-Verteilung oft die Häufigkeit, mit der ein bestimmtes Ereignis innerhalb einer bestimmten Zeitspanne eintritt. Meistens handelt es sich dabei um seltene Ereignisse. Daher bezeichnet man die Poisson-Verteilung auch als **Verteilung seltener Ereignisse**. Der Parameter λ hängt dabei von der gewählten Zeitspanne ab.

Die Poisson-Verteilung beschreibt zwar die Häufigkeit eines seltenen Ereignisses. Wegen des Grenzübergangs $n \to \infty$ hat es jedoch keinen Sinn danach zu fragen, wie oft das Komplement $\overline{A}$ eingetreten ist.

Beispiel 5.11:
Die Zufallsvariable X der Anzahl der in einer Telefonzentrale zu einer bestimmten Tageszeit innerhalb einer Minute ankommenden Anrufe sei Poisson-verteilt mit dem Erwartungswert $E(X) = 6$. Die Wahrscheinlichkeiten lauten dann

$$p_k = \frac{6^k}{k!} \cdot e^{-6} \quad \text{für} \quad k = 0, 1, 2, 3, \ldots.$$

Mit $p_0 = e^{-6} = 0{,}00248$ erhält man mit Hilfe von (5.63) die Verteilung

Werte k	0	1	2	3	4
Wahrscheinlichkeiten	0,00248	0,01487	0,04462	0,08924	0,13385

5	6	7	8	9	10	11
0,16062	0,16062	0,13768	0,10326	0,06884	0,04130	0,02253

Wegen $E(X) = \lambda = 6$ kommen pro Minute im Mittel 6 Gespräche an. Die Varianz ist ebenfalls gleich 6.

5.4 Aufgaben

Aufgabe 5.1:
Ihnen wird das folgende Spiel angeboten. Sie werfen mit einer idealen Münze dreimal. Bei dreimal Wappen erhalten Sie 1 DM ausbezahlt, bei zweimal Wappen bekommen Sie 0,50 DM und bei einmal Wappen erhalten Sie 0,20 DM. Wie groß darf der Einsatz pro Spiel höchstens sein, damit Sie auf Dauer keinen Verlust erleiden ?

Aufgabe 5.2:
Bei 1 000 Personen soll eine Blutuntersuchung durchgeführt werden. Dies kann auf zwei Arten geschehen:

I. Jede Person wird einzeln getestet. In diesem Fall sind 1 000 Tests notwendig.

II. Die Blutproben von 10 Personen werden vermischt und zusammen analysiert. Ist der Test negativ, genügt ein Test für alle 10 Personen zusammen. Fällt der Test positiv aus, muß jede der 10 Personen einzeln untersucht werden, so daß man zusammen 11 Tests für 10 Personen benötigt. Es wird angenommen, daß die Wahrscheinlichkeit 0,01 für ein positives Testergebnis für alle Personen gleich ist, und daß die Untersuchungsergebnisse der einzelnen Personen stochastisch unabhängig sind.

a) Wie groß ist die Wahrscheinlichkeit, daß der Test für die "gepoolte" Blutprobe von 10 Personen positiv ausfällt?

b) Wie groß ist der Erwartungswert der Anzahl X von Tests, die nach Verfahren II notwendig sind?

c) Wie lautet dieser Erwartungswert allgemein, wenn n Personen in Gruppen von je k Personen zusammengefaßt werden, und die Wahrscheinlichkeit für ein positiver Ergebnis $p > 0$ beträgt?

Aufgabe 5.3:
Beim Werfen einer idealen Münze erhält ein Spieler den doppelten Einsatz ausgezahlt, falls Wappen auftritt; andernfalls verliert er seinen Einsatz. Der Spieler benutzt folgende Strategie: Er setzt eine Einheit und verdoppelt jeweils seinen Einsatz so lange, bis einmal Wappen auftritt, dann hört er auf. Die Zufallsvariable X beschreibe den Gesamteinsatz und Y den Reingewinn pro Spielserie. Bestimmen Sie die Erwartungswerte der beiden Zufallsvariablen für folgende Fälle:

a) Der Spieler verfügt über beliebig viel Kapital;

b) der Spieler kann insgesamt höchstens 1023 Einheiten einsetzen.

Aufgabe 5.4:
Beim Roulette benutzt ein Spieler folgende Strategie: Er setzt immer auf das erste Dutzend. Zunächst setzt er eine Einheit und verdoppelt jeweils

seinen Einsatz so lange, bis er gewinnt. Im Falle eines Gewinns erhält er das Dreifache des laufenden Einsatzes ausbezahlt. Die Zufallsvariable X beschreibe den Reingewinn pro Serie.

a) Zeigen Sie, daß X keinen Erwartungswert besitzt, falls der Einsatz pro Spiel beliebig groß sein darf.
b) Berechnen Sie den Erwartungswert von X, falls der Höchsteinsatz pro Spiel auf 4 096 Einheiten beschränkt ist.

Aufgabe 5.5:
Eine Firma behauptet, in einer Produktionsmenge sei jedes einzelne Stück mit Wahrscheinlichkeit $p = 0{,}05$ fehlerhaft. In einer Eingangskontrolle werden aus der Lieferung 50 Stück zufällig ausgewählt.

a) Falls sich in dieser Stichprobe mehr als drei fehlerhafte Stücke befinden, wird die Sendung nicht angenommen. Mit welcher Wahrscheinlichkeit wird die Annahme zu Unrecht verweigert?
b) Die Annahme werde bei mehr als k fehlerhaften Stücken in der Stichprobe vom Umfang 50 verweigert. Wie groß muß k mindestens sein, damit die Sendung mit einer Wahrscheinlichkeit von höchstens 0,05 zu Unrecht nicht angenommen wird?

Aufgabe 5.6:
Bei einer Weinprobe soll die Rebsorte erkannt werden. Für 10 Proben ist jeweils unter vier angegebenen Möglichkeiten eine auszuwählen. Die Auszeichnung WEINKENNER erhält jemand, der mindestens 8 Rebsorten richtig erkennt. Wie groß ist die Wahrscheinlichkeit, daß jemand, der bei jeder der 10 Proben jeweils eine zufällig auswählt, also durch Raten diese Auszeichnung erhält?

Aufgabe 5.7:
Jemand hat in seiner Tasche 5 rein äußerlich kaum unterscheidbare Schlüssel, von denen für die Haustüre nur einer paßt. Die Person kommt abends nach Hause und wählt so lange einen Schlüssel aus, bis dieser paßt. Berechnen Sie den Erwartungswert und die Standardabweichung für die Anzahl der benötigten Versuche, falls

a) die bereits ausgewählten nicht passenden Schlüssel beiseite gelegt und nicht mehr ausgewählt werden;
b) die nicht passenden Schlüssel vor dem nächsten Versuch zu den übrigen zurück gelegt werden.

Aufgabe 5.8:
Es werde mit zwei idealen Würfeln geworfen. X bzw. Y beschreibe die Anzahl der geworfenen Sechsen bzw. Einsen.

a) Bestimmen Sie die gemeinsame Verteilung von (X, Y). Sind X und Y unabhängig?
b) Berechnen Sie Erwartungswert und Varianz von X und Y.

c) Bestimmen Sie Verteilung, Erwartungswert und Varianz der Zufallsvariablen $X+Y$ und $X \cdot Y$.
d) Berechnen Sie den Korrelationskoeffizienten von X und Y. Sind X und Y unkorreliert?

Aufgabe 5.9:
Mit einem idealen Würfel werde dreimal hintereinander geworfen. Dabei sei die Zufallsvariable X die Anzahl der geworfenen Einsen und Y die der geworfenen Zweien.
a) Bestimmen Sie die gemeinsame Verteilung. Sind X und Y unabhängig?
b) Berechnen Sie den Korrelationskoeffizienten von X und Y.

Aufgabe 5.10:
Die zweidimensionale Zufallsvariable (X, Y) besitze die gemeinsame Verteilung

x_i \ y_j	−1	2	5
2	0,2	0,1	0,05
5	0,1	c	0,2
10	0,15	0,1	0,05

a) Bestimmen Sie die Konstante c.
b) Berechnen Sie die Erwartungswerte und Varianzen von X und Y.
c) Bestimmen Sie den Korrelationskoeffizienten ρ.

Aufgabe 5.11:
Die Sterbewahrscheinlichkeit innerhalb eines Jahres der Ehepartner einer bestimmten Altersgruppe seien in einer Sterbetafel gegeben als

P(beide überleben) = 0,984;

P(nur der Mann stirbt) = P(nur die Frau stirbt) = 0,0078.

Beide Ehepartner schließen jeweils eine Risikolebensversicherung über 10 000 DM ab, deren Jahresprämie für jede Person 100 DM beträgt. Die Zufallsvariablen X und Y beschreiben den Reingewinn pro Jahr der Versicherungsgesellschaft bezüglich der einzelnen Verträge.
a) Bestimmen Sie die gemeinsame Verteilung sowie die Randverteilungen.
b) Bestimmen Sie Verteilung und Erwartungswert von $X+Y$.
c) Sind die Zufallsvariablen X und Y unabhängig?

Aufgabe 5.12:
Der Ausschußprozentsatz bei der Sereinherstellung von Werkzeugen betrage 2 %. Bei einer Kontrolle werden zufällig 50 Werzeuge herausgegriffen. Wie groß ist die Wahrscheinlichkeit, unter diesen a) kein, b) genau 2, c) mindestens 2 Ausschußstücke zu finden? Berechnen Sie diese Wahrscheinlichkeit exakt mit Hilfe der Binomialverteilung, und geben Sie einen Näherungswert mit Hilfe der Poisson-Verteilung an.

Kapitel 6: Stetige Zufallsvariablen

Beim Wiegen oder Messen werden die Ausprägungen eines stetigen quantitativen Merkmals untersucht. Als Ausprägungen sind dann alle reellen Zahlen aus einem bestimmten Intervall möglich. Daher können bei solchen Zufallsvariablen Wahrscheinlichkeiten nicht mehr mit Hilfe von Summen berechnet werden. Anstelle von Summen werden Integrale über Dichten benutzt. Wir beschränken uns auf die Untersuchung einer einzigen stetigen Zufallsvariablen. Bezüglich zweidimensionaler stetiger Zufallsvariabler sei auf die weiterführende Literatur verwiesen, z.B. Bosch, K. [1996].

6.1 Dichte und Verteilungsfunktion

Definition 6.1 (Dichte):
Eine über ganz $\mathbb{R}$ integrierbare Funktion f heißt **Dichte (Dichtefunktion** oder **Wahrscheinlichkeitsdichte)**, wenn sie folgende Bedingungen erfüllt:

$$\text{a) } f(x) \geq 0 \quad \text{für alle } x \in \mathbb{R}; \qquad \text{b) } \int_{-\infty}^{+\infty} f(x)\,dx = 1. \tag{6.1}$$

Der Graph der Dichte f verläuft oberhalb oder auf der x-Achse und schließt mit der x-Achse eine Fläche vom Inhalt Eins ein (vgl. Bild 6.1). Wegen

$$0 \leq \int_a^b f(x)\,dx \leq 1$$

für alle $a \leq b$ können die Inhalte der Flächen, welche f über den Intervallen $[a; b]$ mit der x-Achse einschließen, als Wahrscheinlichkeiten aufgefaßt werden.

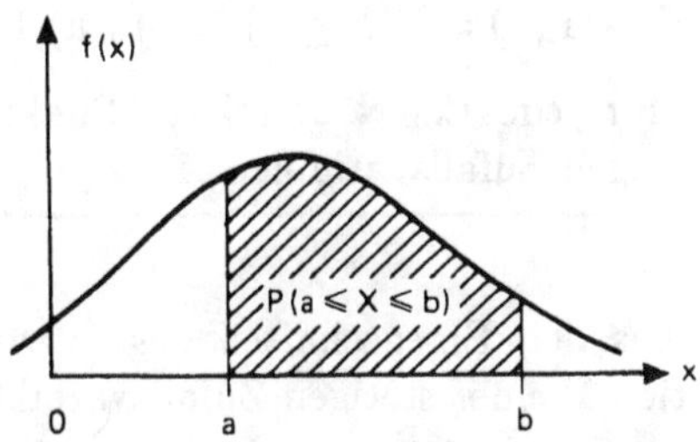

Bild 6.1: Dichte

Definition 6.2 (stetige Zufallsvariable):
Eine Zufallsvariable X heißt **stetig mit der Dichte** f, wenn für alle $a \leq b$ gilt

$$P(a \leq X \leq b) = P(\{\omega \in \Omega \mid a \leq X(\omega) \leq b\}) = \int_a^b f(x)\,dx. \tag{6.2}$$

Die Wahrscheinlichkeit dafür, daß die Realisierung der stetigen Zufallsvariablen X im Intervall [a;b] liegt, ist also gleich dem Inhalt der Fläche, welche die Dichte f mit der x-Achse über diesem Intervall einschließt.

Für a = b = x erhält man

$$P(X=x)=0 \quad \text{für jedes } x \in \mathbb{R}. \tag{6.3}$$

Jede Realisierung einer stetigen Zufallsvariablen besitzt also die Wahrscheinlichkeit Null, sämtliche Realisierungen zusammen haben trotzdem die Wahrscheinlichkeit 1.

Wegen $P(X=a)=P(X=b)=0$ können bei der Berechnung von Wahrscheinlichkeiten für Intervalle die Grenzen dazugenommen oder auch weggelassen werden, ohne daß sich dadurch die Wahrscheinlichkeit ändert. Es gilt also

$$P(a \le X \le b) = P(a < X \le b) = P(a \le X < b) = P(a < X < b) = \int_a^b f(x)\,dx.$$

Im Falle $f(x) > 0$ ist der Funktionswert f(x) nicht gleich der Wahrscheinlichkeit $P(X=x)$. Dichten sind also keine Wahrscheinlichkeiten.

Wegen der Integraldarstellung (6.2) beschreibt die Dichte f global (über Intervallen) Wahrscheinlichkeiten einer Zufallsvariablen X. Sie kann aber auch Wahrscheinlichkeiten lokal beschreiben. Ist f an der Stelle x_0 stetig, so gilt die Näherung

$$P(x_0 \le X \le x_0 + \Delta x) \approx f(x_0)\cdot \Delta x \quad \text{für kleine } \Delta x > 0. \tag{6.4}$$

Die Näherung ist umso besser, je kleiner Δx ist.

Definition 6.3 (Verteilungsfunktion):
Die stetige Zufallsvariable X besitze die Dichte f. Dann heißt die durch

$$F(x) = P(X \le x) = \int_{-\infty}^{x} f(u)\,du \tag{6.5}$$

für jedes $x \in \mathbb{R}$ definierte Funktion F die **Verteilungsfunktion** der stetigen Zufallsvariablen X.

Aus den Eigenschaften des Integrals erhält man für die Verteilungsfunktion F einer stetigen Zufallsvariablen unmittelbar die

Eigenschaften der Verteilungsfunktion F:

1. F ist monoton nicht fallend, d. h. aus $x_1 < x_2$ folgt $F(x_1) \le F(x_2)$.
2. F ist an jeder Stelle $x \in \mathbb{R}$ stetig.
3. Es gilt $\lim\limits_{x \to -\infty} F(x) = F(-\infty) = 0$ und $\lim\limits_{x \to +\infty} F(x) = F(+\infty) = 1$.

4. Falls die Dichte f an der Stelle x_0 stetig ist, so ist die Verteilungsfunktion dort differenzierbar mit

$$F'(x_0) = \lim_{\Delta x \to 0} \frac{F(x_0 + \Delta x) - F(x_0)}{\Delta x} = f(x_0).$$

Im Gegensatz zur Verteilungsfunktion einer diskreten Zufallsvariablen hat die Verteilungsfunktion einer stetigen Zufallsvariablen keine Sprungstellen. An den Stellen, an denen die Dichte f nicht stetig ist, muß die Verteilungsfunktion F nicht differenzierbar sein; sie kann dort auch Knickstellen besitzen. Mit Hilfe der Verteilungsfunktion F erhält man die Wahrscheinlichkeiten

$$\begin{aligned} &P(a \leq X \leq b) = \int_a^b f(x)\,dx = F(b) - F(a) \quad \text{für } a \leq b; \\ &P(X \geq x) = P(X > x) = 1 - P(X \leq x) = 1 - F(x),\ x \in \mathbb{R}. \end{aligned} \tag{6.6}$$

6.2 Erwartungswert

Zur Motivation gehen wir zunächst von einer Dichte f aus, die außerhalb des Intervalls $[a;b]$ verschwindet. Wie bei der Einführung des bestimmten Integrals zerlegen wir das Intervall $[a;b]$ in n Teilintervalle (s. Bild 6.2) mit den Zerlegungspunkten

$$a = x_0 < x_1 < x_2 < \ldots < x_{n-1} < x_n = b.$$

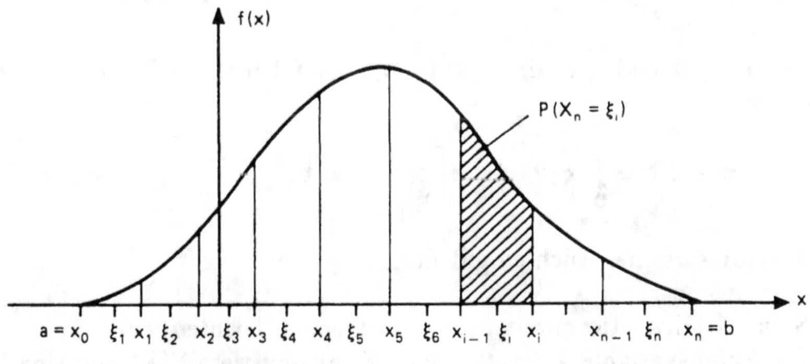

Bild 6.2: Diskretisierung

Aus dem i-ten Intervall $[x_{i-1}; x_i]$ wird eine beliebige Stelle ξ_i ausgewählt. Die gesamte Wahrscheinlichkeitsmasse des i-ten Intervalls wird in den Punkt ξ_i gelegt. Durch

$$p_i = P(X_n = \xi_i) = \int_{x_{i-1}}^{x_i} f(x)\,dx$$

wird eine diskrete Zufallsvariable X_n erklärt. Sie besitzt die Verteilung (ξ_i, p_i) für $i = 1, 2, \ldots, n$ und den Erwartungswert

$$E(X_n) = \sum_{i=1}^{n} \xi_i \cdot p_i = \sum_{i=1}^{n} \xi_i \cdot \int_{x_{i-1}}^{x_i} f(x)\,dx. \tag{6.7}$$

Läßt man n gegen unendlich gehen, wobei alle Längen $\Delta x_i = x_i - x_{i-1}$ gegen 0 gehen, so konvergiert (6.7) gegen das bestimmte Integral

$$\int_a^b x\,f(x)\,dx.$$

Daher ist es sinnvoll, dieses bestimmte Integral als den Erwartungswert der stetigen Zufallsvariablen X zu definieren.

Definition 6.4 (Erwartungswert):
Falls

$$\int_{-\infty}^{+\infty} |x| \cdot f(x)\,dx < \infty \tag{6.8}$$

gilt, heißt

$$\mu = E(X) = \int_{-\infty}^{+\infty} x \cdot f(x)\,dx \tag{6.9}$$

der **Erwartungswert** der mit der Dichte f verteilten Zufallsvariablen X.

Beispiel 6.1:

Die Zufallsvariable X besitze die Dichte $f(x) = \begin{cases} 2x & \text{für } 0 \le x \le 1; \\ 0 & \text{sonst.} \end{cases}$

Wegen $f \ge 0$ und $\int_0^1 2x\,dx = \left[x^2\right]_0^1 = 1$ ist f Dichte. X besitzt den Erwartungswert

$$\mu = E(X) = \int_0^1 x \cdot 2x\,dx = \left[\tfrac{2}{3}x^3\right]_0^1 = \tfrac{2}{3}.$$

Bei symmetrischen Dichten gilt der

Satz 6.1 (Erwartungswert bei symmetrischen Dichten):
Die Zufallsvariable X besitze einen Ewartungswert E(X) und eine Dichte f, die **symmetrisch** zur Achse $x = s$ ist, also mit

$$f(s+z) = f(s-z) \quad \text{für alle } z \in \mathbb{R}.$$

Dann gilt

$$E(X) = s \quad \text{(Symmetriestelle)}. \tag{6.10}$$

Beweis s. Bosch, K. [1996], S. 231.

Erwartungswert einer Funktion einer stetigen Zufallsvariablen
Es sei $y = g(x)$ eine reelle Funktion. Durch $Y(\omega) = g(X(\omega))$ wird eine Zufallsvariable Y erklärt, wenn für jedes $y \in \mathbb{R}$ das Ereignis

$$\{\omega \in \Omega \mid g(X(\omega)) \leq y\}$$

eine Wahrscheinlichkeit besitzt. Dann lautet die Verteilungsfunktion von Y

$$G(y) = P(Y \leq y) = P(\{\omega \in \Omega \mid g(X(\omega)) \leq y\}).$$

In Bosch, K. [1993], S.198ff. ist ein Beweis für folgenden Satz zu finden:

Satz 6.2 (Funktionssatz):
Die stetige Zufallsvariable X besitze die Dichte f(x). Es sei $y = g(x)$ eine reelle Funktion, für die $Y = g(X)$ eine Zufallsvariable ist. Die Zufallsvariable $Y = g(X)$ besitzt genau dann einen Erwartungswert und zwar

$$E(Y) = E(g(X)) = \int_{-\infty}^{+\infty} g(x) f(x)\, dx, \tag{6.11}$$

wenn dieses Integral absolut konvergiert mit

$$\int_{-\infty}^{+\infty} |g(x)| f(x)\, dx < \infty. \tag{6.12}$$

Erwartungswert einer linearen Transformation
Durch die lineare Transformation $y = a + bx$ mit $a, b \in \mathbb{R}$ geht die stetige Zufallsvariable $X(\omega)$ über in $Y(\omega) = a + bX(\omega)$. Falls X den Erwartungswert E(X) besitzt, erhält man mit $g(x) = a + bx$ aus dem Funktionssatz 6.2 den Erwartungswert von Y in der Form

$$\begin{aligned} E(Y) &= E(a+bX) = \int_{-\infty}^{+\infty} (a+bx) f(x)\, dx = \int_{-\infty}^{+\infty} a f(x)\, dx + \int_{-\infty}^{+\infty} b x f(x)\, dx \\ &= a \cdot \underbrace{\int_{-\infty}^{+\infty} f(x)\, dx}_{=1} + b \cdot \underbrace{\int_{-\infty}^{+\infty} x f(x)\, dx}_{=E(X)} = a + b E(X). \end{aligned}$$

Damit wird wie bei diskreten auch bei stetigen Zufallsvariablen der Erwartungswert linear transformiert durch

$$E(a+bX) = a + b E(X) \text{ für } a, b \in \mathbb{R}, \text{ falls } E(X) \text{ existiert.} \tag{6.13}$$

Wie bei diskreten Zufallsvariablen ist der Erwartungswert auch bei stetigen Zufallsvariablen additiv (Beweis s. weiterführende Literatur). Es gilt also auch bei stetigen Zufallsvariablen mit existierenden Erwartungswerten

$$\begin{aligned} &E(X+Y) = E(X) + E(Y); \\ &E(X_1 + X_2 + \ldots + X_n) = E(X_1) + E(X_2) + \ldots + E(X_n). \end{aligned} \tag{6.14}$$

6.3 Median

Bei diskreten Zufallsvariablen ist der Median in (5.14) definiert durch

$$P(X \le \tilde{\mu}) \ge \tfrac{1}{2} \quad \text{und} \quad P(X \ge \tilde{\mu}) \ge \tfrac{1}{2}.$$

Bei stetigen Zufallsvariablen ist $P(X = \tilde{\mu}) = 0$. Die Verteilungsfunktion F einer stetigen Zufallsvariablen X ist stetig. Daher nimmt F jeden Wert zwischen Null und Eins an mindestens einer Stelle an.

Definition 6.5 (Median):
Jeder Zahlenwert $\tilde{\mu}$ mit

$$F(\tilde{\mu}) = P(X \le \tilde{\mu}) = \tfrac{1}{2} \tag{6.15}$$

heißt **Median (Zentralwert)** der stetigen Zufallsvariablen X.

Links und rechts vom Median ist jeweils die Wahrscheinlichkeitsmasse $\frac{1}{2}$ (vgl. Bild 6.4). Falls die Verteilungsfunktion F an der Stelle x_0 mit $F(x_0) = \frac{1}{2}$ streng monoton wachsend ist, dann ist der Median $\tilde{\mu} = x_0$ eindeutig bestimmt (Bild 6.4 links). Diese Bedingung ist erfüllt, wenn die Dichte f an der Stelle x_0 stetig und und dort positiv ist.

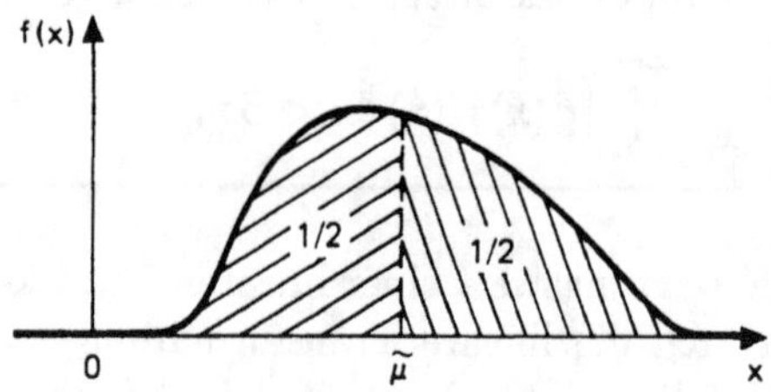

Bild 6.3: Median und Dichte

Falls die Dichte f **symmetrisch** zur Stelle s ist, ist die Symmetriestelle der Median, also $\tilde{\mu} = s$.

Wenn die Verteilungsfunktion F an der Stelle x_0 mit $F(x_0) = \frac{1}{2}$ nicht streng monoton wachsend ist (Bild 6.4 rechts), nimmt sie in einem ganzen Intervall den Wert $\frac{1}{2}$ an, so daß jeder Wert aus diesem Intervall als Median erklärt werden kann.

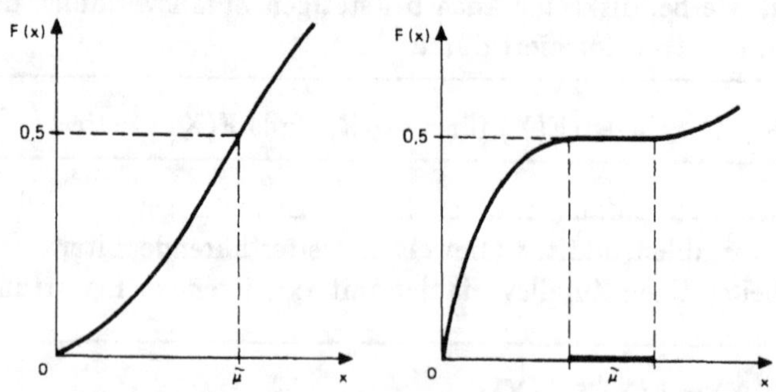

Bild 6.4: Median und Verteilungsfunktion

6.4 Quantile

Definition 6.6 (Quantil):
Für $0 \le q \le 1$ heißt jeder Zahlenwert ξ_q mit

$$F(\xi_q) = P(X \le \xi_q) = q \qquad (6.16)$$

q-Quantil der stetigen Zufallsvariablen X.

Links vom q-Quantil ξ_q liegt $100\,q\,\%$ und rechts davon $100\,(1-q)\,\%$ der Wahrscheinlichkeitsmasse. Falls die Verteilungsfunktion an der Stelle ξ_q mit $F(\xi_q) = q$ streng monoton wächst, ist das Quantil ξ_q eindeutig bestimmt.

Der Median ist das 0,5-Quantil mit $\tilde{\mu} = \xi_{0,5}$.

Beispiel 6.2 (vgl. Beispiel 6.1):
Die Zufallsvariable X besitzt die Verteilungsfunktion

$$F(x) = \begin{cases} 0 & \text{für } x < 0; \\ x^2 & \text{für } 0 \le x \le 1; \\ 1 & \text{für } x \ge 1. \end{cases}$$

Für $0 \le q \le 1$ erhält man das q-Quantil aus $\xi_q^2 = q$ als $\xi_q = \sqrt{q}$.

Der Median lautet $\tilde{\mu} = \sqrt{\frac{1}{2}} = \frac{1}{\sqrt{2}}$.

Quantile bei symmetrischen Dichten
Die Dichte f(x) sei symmetrisch zur Achse x = s. Dann sind die beiden Quantile ξ_q und ξ_{1-q} gleich weit von s entfernt mit

$$\xi_q - s = s - \xi_{1-q}$$

(vgl. Bild 6.5).

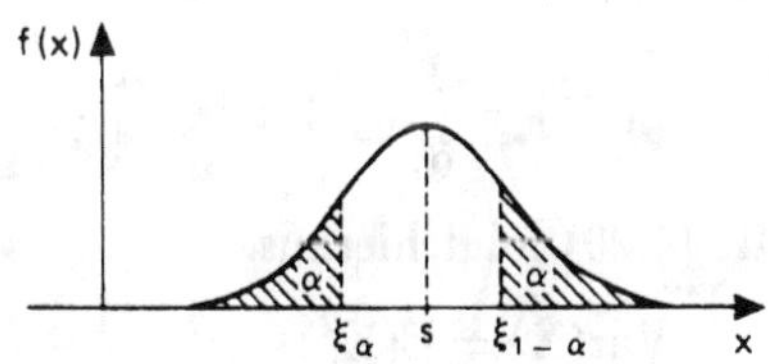

Bild 6.5: Quantile bei einer symmetrischen Dichte

Hieraus folgt

$$\xi_{1-q} = 2s - \xi_q\,, \quad \text{falls } x = s \text{ Symmetrie-Achse von f ist;} \qquad (6.17)$$

$$\xi_{1-q} = -\xi_q\,, \quad \text{falls die y-Achse Symmetrie-Achse ist.} \qquad (6.18)$$

6.5 Varianz und Standardabweichung

Definition 6.7 (Varianz und Standardabweichung):
Die stetige Zufallsvariable X besitze die Dichte f(x) und den Erwartungswert $\mu = E(X)$. Dann heißt im Falle der Existenz

$$\mathrm{Var}(X) = E\big((X-\mu)^2\big) = \int_{-\infty}^{+\infty} (x-\mu)^2 f(x)\,dx < \infty \tag{6.19}$$

die **Varianz** und die Quadratwurzel $\sigma = +\sqrt{\sigma^2}$ die **Standardabweichung** der stetigen Zufallsvariablen X.

Aus den Eigenschaften des Integrals erhält man

$$\begin{aligned}\mathrm{Var}(X) &= \int_{-\infty}^{+\infty} (x^2 - 2\mu x + \mu^2) f(x)\,dx \\ &= \underbrace{\int_{-\infty}^{+\infty} x^2 f(x)\,dx}_{=E(X^2)} - 2\mu \underbrace{\int_{-\infty}^{+\infty} x f(x)\,dx}_{=\mu} + \mu^2 \underbrace{\int_{-\infty}^{+\infty} f(x)\,dx}_{=1}.\end{aligned}$$

Damit gilt wie bei diskreten Zufallsvariablen die für die praktische Rechnung nützliche Formel

$$\mathrm{Var}(X) = \int_{-\infty}^{+\infty} x^2 f(x)\,dx - \mu^2 = E(X^2) - [E(X)]^2. \tag{6.20}$$

Beispiel 6.3 (vgl. Beispiel 6.1):
Für die Zufallsvariable X aus Beispiel 6.1 gilt $\mu = \frac{2}{3}$.

$$E(X^2) = \int_0^1 x^2 \cdot 2x\,dx = \left[\tfrac{1}{2}x^4\right]_0^1 = \tfrac{1}{2}.$$

Mit (6.20) folgt hieraus

$$\mathrm{Var}(X) = E(X^2) - \mu^2 = \tfrac{1}{2} - \tfrac{4}{9} = \frac{9-8}{18} = \frac{1}{18}.$$

Varianz einer linearen Transformation
Die stetige Zufallsvariable X besitze den Erwartungswert μ und die Varianz σ^2. Dann besitzt die linear transformierte Zufallsvariable $Y = a + bX$ nach (6.13) den Erwartungswert $a + b\mu$. Für die Varianz erhalten wir aus dem Funktionssatz 6.2

$$\begin{aligned}\mathrm{Var}(a+bX) &= \int_{-\infty}^{+\infty} (a + bx - a - b\mu)^2 f(x)\,dx \\ &= b^2 \int_{-\infty}^{+\infty} (x-\mu)^2 f(x)\,dx = b^2\,\mathrm{Var}(X).\end{aligned}$$

Damit gilt bei stetigen wie bei diskreten Zufallsvariablen

$$\mathrm{Var}(a + bX) = b^2 \cdot \mathrm{Var}(X) \text{ für } a, b \in \mathbb{R}, \text{ falls } \mathrm{Var}(X) \text{ existiert.} \tag{6.21}$$

Standardisierung
Die stetige Zufallvariable X besitze den Erwartungswert μ und die Standardabweichung $\sigma \neq 0$. Für die **Standardisierte**

$$X^* = \frac{X-\mu}{\sigma}$$

folgt aus (6.13) und (6.21) wie bei diskreten Zufallsvariablen unmittelbar

$$E(X^*) = 0 \quad \text{und} \quad \mathrm{Var}(X^*) = 1. \tag{6.22}$$

Varianz einer Summe unabhängiger Zufallsvariabler
Auch bei unabhängigen stetigen Zufallsvariablen ist die Varianz additiv. Es gilt also

$$\mathrm{Var}(X + Y) = \mathrm{Var}(X) + \mathrm{Var}(Y) \quad \text{für unabhängige } X, Y. \tag{6.23}$$

Die genaue Definition der Unabhängigkeit und der Beweis dieser Eigenschaft ist in der weiterführenden Literatur zu finden, z. B. bei Bosch, K. [1996], S. 238ff.

6.6 Spezielle stetige Zufallsvariablen

In diesem Abschnitt werden stetige Zufallsvariablen behandelt, welche in der Praxis häufig benutzt werden.

6.6.1 Gleichmäßige Verteilung

Eine Zufallsvariable X heißt **gleichmäßig verteilt** im Intervall $[a;b]$, $a<b$, wenn sie folgende Dichte besitzt:

$$f(x) = \begin{cases} \frac{1}{b-a} & \text{für } a \le x \le b; \\ 0 & \text{sonst.} \end{cases}$$

Die Verteilungsfunktion F erhält man aus $F(x) = \int\limits_{-\infty}^{x} f(u)\,du$ in der Form

$$F(x) = \begin{cases} 0 & \text{für } x < a; \\ \frac{x-a}{b-a} & \text{für } a \le x \le b; \\ 1 & \text{für } x > b. \end{cases}$$

Dichte f und Verteilungsfunktion F sind in Bild 6.6 skizziert.

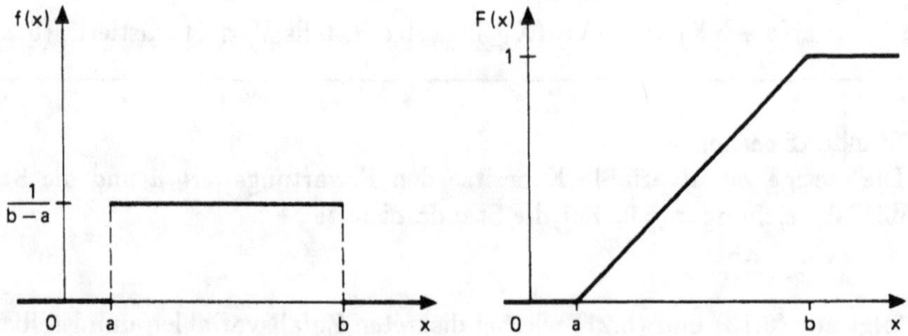

Bild 6.6: Dichte und Verteilungsfunktion der gleichmäßigen Verteilung

Weil die Dichte f zur Stelle $s = \frac{a+b}{2}$ symmetrisch ist, stimmen Erwartungswert und Median mit dieser Symmetriestelle s überein, es gilt also

$$E(X) = \tilde{\mu} = \frac{a+b}{2}. \tag{6.24}$$

$$E(X^2) = \frac{1}{b-a}\int_a^b x^2\,dx = \frac{1}{b-a}\left[\frac{x^3}{3}\right]_a^b = \frac{b^3-a^3}{3(b-a)} = \frac{a^2+ab+b^2}{3};$$

$$\begin{aligned} Var(X) &= E(X^2) - [E(X)]^2 = \frac{a^2+ab+b^2}{3} - \frac{a^2+2ab+b^2}{4} \\ &= \frac{4a^2+4ab+4b^2}{12} - \frac{3a^2+6ab+3b^2}{12} \\ &= \frac{a^2-2ab+b^2}{12} = \frac{(b-a)^2}{12}. \end{aligned}$$

Kenngrößen der gleichmäßigen Verteilung in [a; b]:

$$f(x) = \begin{cases} \frac{1}{b-a} & \text{für } a \le x \le b; \\ 0 & \text{sonst.} \end{cases}; \quad E(X) = \tilde{\mu} = \frac{a+b}{2}; \quad Var(X) = \frac{(b-a)^2}{12}.$$

6.6.2 Exponentialverteilung

Die Zufallsvariable X mit der Dichte

$$f(x) = \begin{cases} 0 & \text{für } x < 0; \\ \lambda \cdot e^{-\lambda x} & \text{für } x \ge 0, \lambda > 0 \end{cases}$$

heißt **exponentialverteilt** mit dem Parameter λ. f(x) ist nichtnegativ mit

$$\int_{-\infty}^{\infty} f(x)\,dx = \int_0^{\infty} \lambda \cdot e^{-\lambda x}\,dx = \left[-e^{-\lambda x}\right]_0^{\infty} = 1.$$

Daher ist f tatsächlich Dichte. In Bild 6.7 sind Dichten mit verschiedenen Parametern λ skizziert.

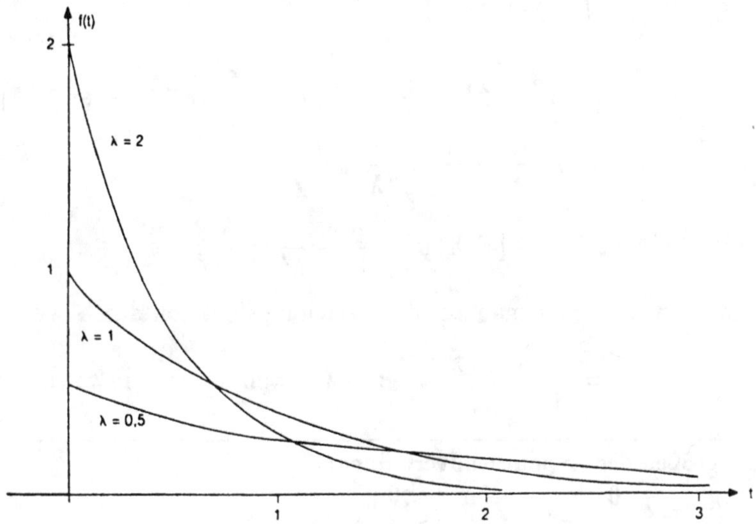

Bild 6.7: Dichten von Exponentialverteilungen

Die Verteilungsfunktion lautet

$F(x) = 0$ für $x < 0$ und für $x \geq 0$:

$$F(x) = \int_0^x \lambda \cdot e^{-\lambda u} du = \left[-e^{-\lambda u} \right]_0^x = 1 - e^{-\lambda x}, \text{ also}$$

$$F(x) = \begin{cases} 0 & \text{für } x < 0; \\ 1 - e^{-\lambda x} & \text{für } x \geq 0. \end{cases}$$

Mit Hilfe der partiellen Integration bezüglich $u(x) = x$; $v'(x) = e^{-\lambda x}$ erhält man wegen

$$\lim_{x \to \infty} x^k e^{-\lambda x} = 0 \quad \text{für } k = 1, 2, \ldots$$

den Erwartungswert

$$E(X) = \int_0^\infty \lambda x e^{-\lambda x} dx = \left[-\lambda \frac{1}{\lambda} x e^{-\lambda x} \right]_0^\infty + \int_0^\infty e^{-\lambda x} dx$$

$$= 0 - \left[\frac{1}{\lambda} e^{-\lambda x} \right]_0^\infty = \frac{1}{\lambda}. \tag{6.25}$$

Damit ergibt sich die Stammfunktion

$$\int \lambda x e^{-\lambda x} dx = -x e^{-\lambda x} - \frac{1}{\lambda} e^{-\lambda x}. \tag{6.26}$$

Mit $u(x) = x$ und $v'(x) = \lambda x e^{-\lambda x} dx$ erhält man ebenfalls durch partielle Integration mit (6.25) und (6.26)

$$\begin{aligned}
E(X^2) &= \int_0^\infty x \cdot \lambda x e^{-\lambda x} dx \\
&= \left[-x^2 e^{-\lambda x} - \frac{1}{\lambda} x e^{-\lambda x} \right]_0^\infty + \int_0^\infty [x e^{-\lambda x} + \frac{1}{\lambda} e^{-\lambda x}] dx \\
&= 0 + \frac{1}{\lambda^2} + \frac{1}{\lambda^2} = \frac{2}{\lambda^2};
\end{aligned}$$

$$\operatorname{Var}(X) = E(X^2) - [E(X)]^2 = \frac{2}{\lambda^2} - \frac{1}{\lambda^2} = \frac{1}{\lambda^2}; \quad \sigma = \frac{1}{\lambda}. \tag{6.27}$$

Den Median $\tilde{\mu}$ erhält man aus der Verteilungsfunktion durch

$$1 - e^{-\lambda \tilde{\mu}} = \frac{1}{2}; \; e^{-\lambda \tilde{\mu}} = \frac{1}{2}; \; -\lambda \cdot \tilde{\mu} = \ln\left(\tfrac{1}{2}\right) = -\ln 2; \; \tilde{\mu} = \frac{\ln 2}{\lambda}.$$

Kenngrößen der Exponentialverteilung:

$$f(x) = \begin{cases} 0 & \text{für } x < 0; \\ \lambda \cdot e^{-\lambda x} & \text{für } x \geq 0, \; \lambda > 0; \end{cases}$$

$$E(X) = \frac{1}{\lambda}; \quad \tilde{\mu} = \frac{\ln 2}{\lambda}; \quad \operatorname{Var}(X) = \frac{1}{\lambda^2}.$$

Die Exponentialverteilung besitzt folgende typische Eigenschaft:

Satz 6.3 (Eigenschaft der Exponentialverteilung):
Die Zufallsvariable X sei exponentialverteilt mit dem Parameter $\lambda > 0$. Dann gilt für jedes $x \geq 0$ und jedes $h > 0$

$$P(X \leq x + h \mid X \geq x) = P(X \leq h). \tag{6.28}$$

Beweis:
Die Zufallsvariable X sei exponentialverteilt. Dann gilt für die Verteilungsfunktion F nach Definition der bedingten Wahrscheinlichkeit für jedes $x \geq 0$ und jedes $h > 0$

$$\begin{aligned}
P(X \leq x+h \mid X \geq x) &= \frac{P(x \leq X \leq x+h)}{P(X \geq x)} = \frac{F(x+h) - F(x)}{1 - F(x)} \\
&= \frac{1 - e^{-\lambda(x+h)} - [1 - e^{-\lambda x}]}{1 - [1 - e^{-\lambda x}]} \\
&= \frac{e^{-\lambda x} - e^{-\lambda(x+h)}}{e^{-\lambda x}} = \frac{e^{-\lambda x} \cdot [1 - e^{-\lambda h}]}{e^{-\lambda x}} \\
&= 1 - e^{-\lambda h} = F(h) = P(X \leq h),
\end{aligned}$$

womit der Satz bewiesen ist.

Interpretation

Falls die Zufallsvariable X die **Lebensdauer** eines Geräts oder eines Maschinenteils ist, besagt (6.28) folgendes: Beim Erreichen eines jeden Alters x ist die bedingte Verteilung der weiteren Lebensdauer gleich der Verteilung der Lebensdauer eines neuen Geräts. Die bedingte Verteilung der weiteren Lebensdauer ist dann unabhängig vom erreichten Alter. Bei solchen Geräten findet somit **keine Alterung** statt. Man sagt auch, die Exponentialverteilung besitzt **kein Gedächtnis**.

Wegen dieser Eigenschaft sind viele Zufallsvariablen aus der Praxis wenigstens näherungsweise exponentialverteilt.

Beispiele dafür sind:

- die Lebensdauer (Betriebsdauer) elektronischer Geräte, die kaum einem mechanischen Verschleiß ausgesetzt sind
- die Dauer von Telefongesprächen
- die Differenz der Ankunftszeiten zweier nacheinander an einem Bankschalter ankommenden Kunden.

Beispiel 6.4:

a) Die Zufallsvariable X der Betriebsdauer (in Stunden) eines elektronischen Gerätes sei exponentialverteilt mit dem Erwartungswert $\mu = 500$. Mit welcher Wahrscheinlichkeit liegt die Betriebsdauer zwischen 300 und 600 Stunden? Der Parameter lautet $\lambda = 1/500 = 0{,}002$.

$$F(x) = 1 - e^{-0{,}002\,x} \quad \text{für } x \geq 0.$$

$$P(300 \leq X \leq 600) = \left[1 - e^{-0{,}002\,x}\right]_{300}^{600}$$

$$= -e^{-0{,}002 \cdot 600} + e^{-0{,}002 \cdot 300} = e^{-0{,}6} - e^{-1{,}2} \approx 0{,}2476.$$

b) Die Zufallsvariable der Zeitdifferenz (in Minuten) zwischen dem Eintreffen zweier Kunden an einem Schalter sei exponentialverteilt. Die Wahrscheinlichkeit, daß mindestens zwei Minuten lang kein Kunde ankommt, sei 0,1. Gesucht ist der Parameter λ der Verteilung.

$$0{,}1 = P(X \geq 2) = 1 - [1 - e^{-\lambda \cdot 2}] = e^{-2\lambda};$$

$$-2\lambda = \ln 0{,}1 = \ln \tfrac{1}{10} = -\ln 10; \quad \lambda = \tfrac{1}{2} \cdot \ln 10.$$

6.6.3 Normalverteilungen

Wie schon der Name besagt, spielt die Normalverteilung in der Praxis eine zentrale Rolle. Viele in der Praxis vorkommende stetige Zufallsvariablen sind - wenigstens näherungsweise - normalverteilt. Ein Grund dafür sind die zentralen Grenzwertsätze aus Abschnitt 7.1.

6.6.3.1 Standard-Normalverteilung als Grenzwert standardisierter Binomialverteilungen

Wir gehen von einer mit den Parametern n und p binomialverteilten Zufallsvariablen X_n aus (vgl. Abschnitt 5.3.2) mit

$$p_k = P(X = k) = \binom{n}{k} \cdot p^k \cdot (1-p)^{n-k} \text{ für } k = 0, 1, \ldots, n;$$

$$E(X_n) = np; \quad Var(X_n) = np(1-p).$$

In Bild 6.8 sind für $p = 0{,}5$ Histogramme der Verteilungen jeweils für $n = 10$, $n = 15$ und $n = 20$ skizziert.

Da mit wachsendem n die Erwartungswerte und Varianzen größer werden, "wandern" die Histogramme mit steigendem n immer mehr nach rechts, wobei die Histogramme gleichzeitig breiter und somit flacher werden.

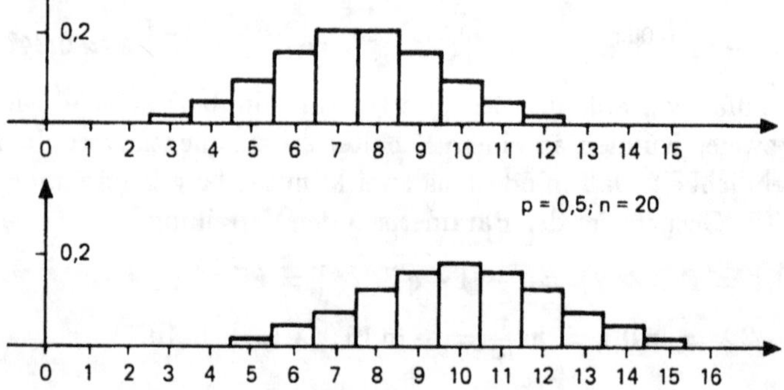

Bild 6.8: Histogramme von Binomialverteilungen

Um dieses "Abwandern" und die "Verflachung" zu verhindern, gehen wir über zu den Standardisierungen

$$X_n^* = \frac{X_n - np}{\sqrt{np(1-p)}}$$

mit

$$E(X_n^*) = 0\,; \quad Var(X_n^*) = 1 \quad \text{für alle n}\,.$$

Die flächenproportionalen Histogramme der Standardisierungen der Binomialverteilungen aus Bild 6.8 sind in Bild 6.9 dargestellt.

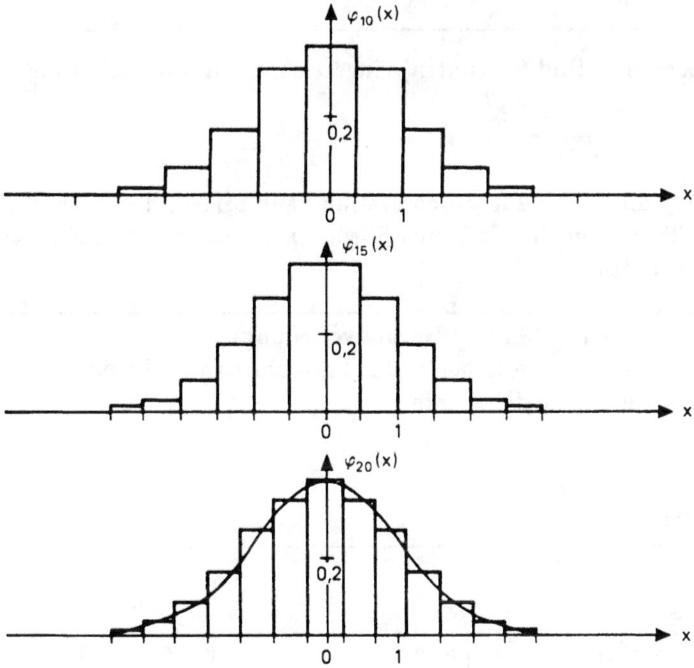

Bild 6.9: Histogramme standardisierter Binomialverteilungen

Da die Histogramme mit der x-Achse eine Fläche vom Inhalt 1 einschließen, können die Deckseiten φ_n der Histogramme der standardisierten Binomialverteilungen als Dichten interpretiert werden. Bereits φ_{20} kann sehr gut durch eine **Glockenkurve** approximiert werden. Allgemein kann gezeigt werden, daß die Histogramme φ_n der standardisierten Binomialverteilungen mit beliebigem p für $n \to \infty$ gegen eine Glockenkurve konvergieren. Genauer gilt

$$\lim_{n \to \infty} \varphi_n(x) = \frac{1}{\sqrt{2\pi}} e^{-\frac{x^2}{2}}\,. \tag{6.29}$$

Bei Rényi, A. [1971], S. 129 ist ein Beweis für den folgenden Satz zu finden.

Satz 6.4 (globaler Grenzwertsatz):
Für die Standardisierungen $X_n^* = \frac{X_n - np}{\sqrt{np(1-p)}}$ binomialverteilter Zufallsvariabler mit $0 < p < 1$ gilt für jedes $a < b$

$$\lim_{n\to\infty} P(a \le X_n^* \le b) = \frac{1}{\sqrt{2\pi}} \int_a^b e^{-\frac{x^2}{2}} dx. \tag{6.30}$$

Die bereits in Bild 6.9 (unten) eingezeichnete Kurve besitzt die Darstellung

$$\varphi(x) = \frac{1}{\sqrt{2\pi}} e^{-\frac{x^2}{2}}. \tag{6.31}$$

φ ist symmetrisch zur y-Achse. Man kann zeigen, daß sie mit der x-Achse eine Fläche vom Inhalt 1 einschließt. Daher ist φ Dichte einer stetigen Zufallsvariablen.

Definition 6.8 (Standard-Normalverteilung):
Die Zufallsvariable Z heißt **standard-normalverteilt** oder kurz **N(0;1)-verteilt**, wenn sie die Dichte

$$\varphi(z) = \frac{1}{\sqrt{2\pi}} \cdot e^{-\frac{z^2}{2}} \tag{6.32}$$

besitzt.

Wegen

$$\int_0^\infty z\,\varphi(z)\,dz = \frac{1}{\sqrt{2\pi}} \int_0^\infty z \cdot e^{-\frac{z^2}{2}} dz = \left[-\frac{1}{\sqrt{2\pi}} e^{-\frac{z^2}{2}}\right]_0^\infty = 1;$$

$$\int_{-\infty}^0 z\,\varphi(z)\,dz = \frac{1}{\sqrt{2\pi}} \int_{-\infty}^0 z \cdot e^{-\frac{z^2}{2}} dz = \left[-\frac{1}{\sqrt{2\pi}} e^{-\frac{z^2}{2}}\right]_{-\infty}^0 = -1$$

existiert der Erwartungswert der Zufallsvariablen Z mit

$$E(Z) = 0 \quad \text{(Symmetriestelle)}. \tag{6.33}$$

Ferner gilt (s. Bosch, K. [1996], S. 254)

$$\operatorname{Var}(Z) = 1. \tag{6.34}$$

In der Bezeichnung N(0;1)-Verteilung stellt damit der erste Parameter den Erwartungswert und der zweite die Varianz dar.

Für die Dichte $\varphi(z)$ kann keine Stammfunktion in geschlossener Form angegeben werden. Daher müssen die Werte der Verteilungsfunktion

$$\Phi(z) = P(Z \leq z) = \int_{-\infty}^{z} \varphi(u)\,du = \frac{1}{\sqrt{2\pi}} \cdot \int_{-\infty}^{z} e^{-\frac{u^2}{2}} du \qquad (6.35)$$

mit Hilfe numerischer Methoden berechnet werden. Wegen der Symmetrie der Dichte φ zur y-Achse ist $\Phi(0) = 0{,}5$. Aus Symmetrie-Gründen genügt es daher, die Verteilungsfunktion Φ für nichtnegative Werte zu tabellieren (s. Tabelle 1 im Anhang). Unterhalb der Dichte φ liegt rechts von z und links von $-z$ jeweils eine Fläche (s. Bild 6.10) mit dem gleichen Inhalt. Daher gilt

$$\Phi(-z) = P(Z \leq -z) = P(Z \geq z) = 1 - P(Z \leq z) = 1 - \Phi(z).$$

Damit erhält man die Funktionswerte für negative Werte aus

$$\Phi(-z) = 1 - \Phi(z) \quad \text{für jedes } z \in \mathbb{R}. \qquad (6.36)$$

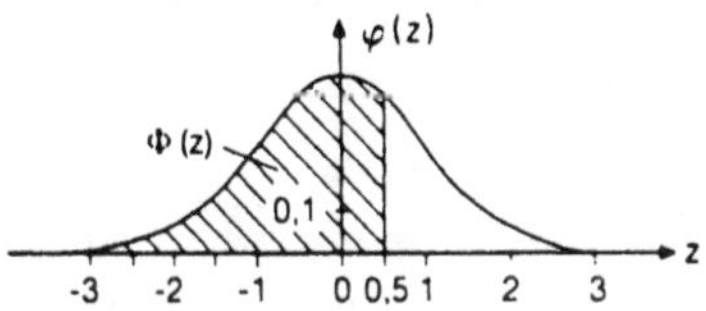

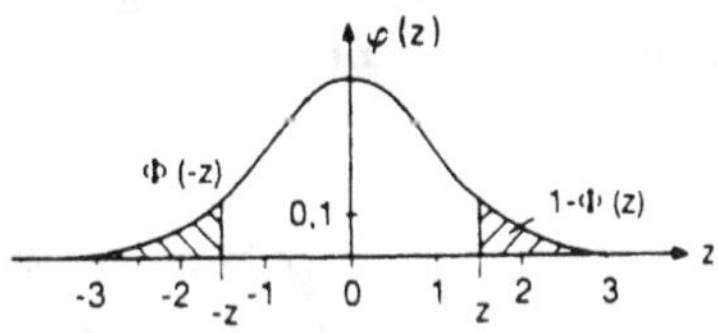

Bild 6.10: Dichte und Verteilungsfunktion der N(0 ; 1)-Verteilung

Für die Quantile z_q mit $\Phi(z_q) = q$ gilt wegen der Symmetrie zur y-Achse

$$z_{1-q} = -z_q \quad \text{für } 0 < q < 1. \qquad (6.37)$$

Daher genügt die Vertafelung der rechtsseitigen Quantile (Tabelle 2 im Anhang). Verteilungsfunktion und Quantile der N(0 ; 1)-Verteilung sind in vielen Taschenrechnern bereits fest programmiert.

Allgemein gilt für $a < b$

$$P(a \leq Z \leq b) = \Phi(b) - \Phi(a)$$

und speziell für $z > 0$

$$P(-z \leq Z \leq z) = \Phi(z) - \Phi(-z) = \Phi(z) - [1 - \Phi(z)] = 2\Phi(z) - 1,$$

also

$$P(-z \leq Z \leq z) = 2\Phi(z) - 1 \quad \text{für jedes } z > 0. \qquad (6.38)$$

6.6.3.2 Allgemeine Normalverteilung

Es sei Z eine N(0;1)-verteilte Zufallsvariable mit der Dichte φ. Mit $\sigma > 0$ und $\mu \in \mathbb{R}$ (beliebig) betrachten wir die lineare Transformation

$$X = \mu + \sigma Z.$$

Aus (6.13) und (6.21) erhält man die Kenngrößen

$$\begin{aligned} E(X) &= E(\mu + \sigma Z) = \mu + \sigma E(Z) = \mu; \\ Var(X) &= Var(\mu + \sigma Z) = \sigma^2 Var(Z) = \sigma^2 . \end{aligned} \tag{6.39}$$

Man kann zeigen, daß die Zufallsvariable X die Dichte

$$f(x) = \frac{1}{\sigma} \cdot \varphi\left(\frac{x-\mu}{\sigma}\right) = \frac{1}{\sqrt{2\pi} \cdot \sigma} \cdot e^{-\frac{(x-\mu)^2}{2\sigma^2}} \tag{6.40}$$

besitzt. Eine Zufallsvariable X mit dieser Dichte f heißt **normalverteilt**, kurz $N(\mu;\sigma^2)$-verteilt. Dabei ist der Parameter μ der Erwartungswert und σ^2 die Varianz, also σ die Standardabweichung. Die Dichte f ist symmetrisch zur Achse $s = \mu$. Sie besitzt an der Stelle μ das einzige Maximum. μ ist also gleichzeitig Erwartungswert und Median. In Bild 6.11 sind verschiedene Dichten skizziert.

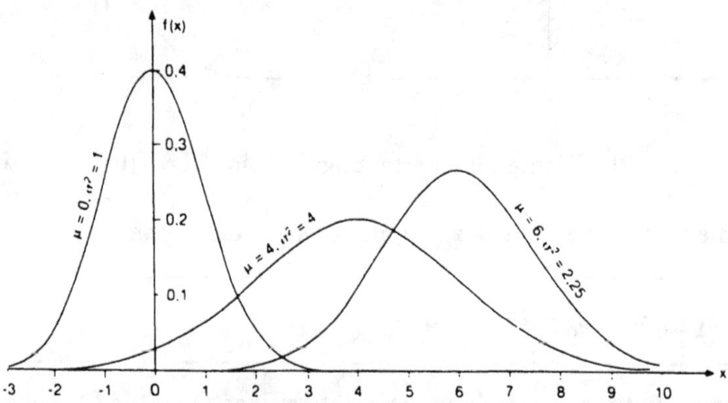

Bild 6.11: Dichten verschiedener Normalverteilungen

Über die Standardisierung der Zufallsvariablen X erhält man die N(0;1)-verteilte Zufallsvariable

$$Z = \frac{X-\mu}{\sigma}.$$

Die Werte der Verteilungsfunktion F der $N(\mu;\sigma^2)$-verteilten Zufallsvariablen X erhält man aus der Verteilungsfunktion Φ der N(0;1)-Verteilung durch Standardisierung

$$F(x) = P(X \le x) = P\left(\frac{X-\mu}{\sigma} \le \frac{x-\mu}{\sigma}\right) = \Phi\left(\frac{x-\mu}{\sigma}\right). \tag{6.41}$$

Beispiel 6.5:
Von einer Maschine werden Zuckerpakete abgefüllt. Die Zufallsvariable X des Gewichts (in Gramm) sei ungefähr normalverteilt mit dem Erwartungswert $\mu = 1\,000$ und der Standardabweichung $\sigma = 4$.

a) Gesucht ist die Wahrscheinlichkeit, mit der das Gewicht eines aus der Produktion zufällig ausgewählten Pakets zwischen 990 und 1 005 Gramm liegt. Mit der Standardisierung und aus Tabelle 1 im Anhang erhält man

$$P(990 \le X \le 1005) = P\left(\frac{990-1\,000}{4} \le \frac{X-1\,000}{4} \le \frac{1\,005-1\,000}{4}\right)$$
$$= \Phi(1{,}25) - \Phi(-2{,}5) = \Phi(1{,}25) - [1-\Phi(2{,}5)]$$
$$= \Phi(1{,}25) + \Phi(2{,}5) - 1 \approx 0{,}8944 + 0{,}9938 - 1 = 0{,}8882.$$

b) Welches Mindestgewicht c kann auf den Paketen angegeben werden, damit tatsächlich 99 % der Pakete dieses Mindestgewicht nicht unterschreiten? Zusammen mit Tabelle 2 im Anhang erhält man

$$0{,}99 = P(X \ge c) = 1 - P(X \le c) = 1 - P\left(\frac{X-1\,000}{4} \le \frac{c-1\,000}{4}\right)$$
$$= 1 - \Phi\left(\frac{c-1\,000}{4}\right) = \Phi\left(-\frac{c-1\,000}{4}\right) = \Phi(250 - \tfrac{c}{4});$$
$$250 - \tfrac{c}{4} = 2{,}32635; \quad c = 990{,}6946.$$

Die k-Sigma-Regel
Für beliebiges $k > 0$ erhält man über die Standardisierung mit (6.38)

$$P(|X-\mu| \le k\sigma) = P(\mu - k\sigma \le X \le \mu + k\sigma)$$
$$= P\left(\frac{\mu - k\sigma - \mu}{\sigma} \le \frac{X-\mu}{\sigma} \le \frac{\mu + k\sigma - \mu}{\sigma}\right)$$
$$= P(-k \le Z \le k) = 2\,\Phi(k) - 1.$$

Für jedes $k > 0$ gilt damit

$$P(|X-\mu| \le k\sigma) = P(\mu - k\sigma \le X \le \mu + k\sigma) = 2\Phi(k) - 1. \tag{6.42}$$

Für ganzzahliges k nennt man diese Regel die **k-Sigma-Regel**. Aus der Tabelle 1 der Standard-Normalverteilung im Anhang erhält man die gerundeten Werte

	k	$P(\lvert X-\mu \rvert \le k\sigma)$
Ein-Sigma-Regel	1	0,6827
Zwei-Sigma-Regel	2	0,9545
Drei-Sigma-Regel	3	0,9973

Tab. 6.1: k-Sigma-Regeln

Im Ein-Sigma-Bereich liegt bereits mehr als $\frac{2}{3}$ der Wahrscheinlichkeitsmasse, im Zwei-Sigma-Bereich sind es 95,45 % und im Drei-Sigma-Bereich sogar 99,73 %.

Beispiel 6.6:
Die normalverteilte Zufallsvariable X besitze den Erwartungswert 250 und die Wahrscheinlichkeit

$$P(245 \leq X \leq 255) = 0{,}96\,.$$

Gesucht ist die Standardabweichung σ. Aus (6.42) folgt

$$P(\mu - k\sigma \leq X \leq X + k\sigma) = 2 \cdot \Phi(k) - 1 = 0{,}96.$$

$$\Phi(k) = \frac{1{,}96}{2} = 0{,}98\,; \;\; k = 2{,}0537\,; \;\; k\sigma = 5 \text{ ergibt hieraus } \sigma = 2{,}4346.$$

Für die Normalverteilungen sollen noch zwei Sätze angegeben werden, deren Beweise in der weiterführenden Literatur zu finden sind.

Satz 6.5 (lineare Transformation einer Normalverteilung):
Die Zufallsvariable X sei normalverteilt mit dem Erwartungswert μ und der Varianz σ^2, also $N(\mu;\sigma^2)$-verteilt.
Dann ist für $b \neq 0$ die linear transformierte Zufallsvariable $Y = a + bX$ ebenfalls normalverteilt mit dem Erwartungswert $E(Y) = a + b\mu$ und der Varianz $Var(Y) = b^2\sigma^2$, also $N(a + b\mu;\, b^2\sigma^2)$-verteilt.

Beweis s. Bosch, K. [1996], S. 256f.

Satz 6.6 (Additionstheorem bei unabhängigen Normalverteilungen):
Die Zufallsvariablen X_i seien $N(\mu_i;\sigma_i^2)$-verteilt für $i = 1, 2, \ldots, n$ und unabhängig. Dann ist die Zufallsvariable der Linearkombination

$$Y = \sum_{i=1}^{n} c_i X_i \text{ mit reellen Konstanten } c_i \in \mathbb{R}$$

ebenfalls normalverteilt mit dem

Erwartungswert $E(Y) = \sum_{i=1}^{n} c_i \mu_i$ und der Varianz $Var(Y) = \sum_{i=1}^{n} c_i^2 \sigma_i^2$.

Beweis s. Bosch, K. [1993], S. 268.

6.6.3.3 Approximation der Binomialverteilung durch die Normalverteilung

Die Zufallsvariable X sei binomialverteilt mit den Parametern n und p. Nach Abschnitt 6.6.3.1 ist die Standardisierung

$$X^* = \frac{X - np}{\sqrt{np(1-p)}}$$

für große n näherungsweise Standard-normalverteilt. Dann ist die Zufallsvariable

$$X = np + \sqrt{np(1-p)} \cdot X^*$$

nach Satz 6.5 ungefähr normalverteilt mit

$$E(X) = np; \quad Var(X) = np(1-p),$$

also näherungsweise $N(np; np(1-p))$-verteilt.

Damit die Approximation gut ist, genügt als Faustregel $np(1-p) > 9$. Für $p = \frac{1}{2}$ muß $n > 36$ sein, für $p = 0{,}1$ benötigt man jedoch $n > 100$. Je näher p bei 0 oder 1 liegt, desto größer muß n sein.

Die Binomialverteilung ist eine diskrete Zufallsvariable. Da sie durch die Verteilung einer stetigen Zufallsvariablen approximiert werden soll, wird die Näherung durch die sogenannte **Stetigkeitskorrektur** verbessert. Im Histogramm aus Bild 6.8 sind die Rechtecksinhalte gleich den Wahrscheinlichkeiten $P(X = k)$ für die Rechtecksmitten. Aus diesem Grund ist die folgende Korrektur sinnvoll:

$$P(k_1 \le X_n \le k_2) = P(k_1 - \tfrac{1}{2} \le X_n \le k_2 + \tfrac{1}{2});$$

$$P(X_n = k) = P(k - \tfrac{1}{2} \le X_n \le k + \tfrac{1}{2}).$$

Über die Standardisierung erhält man dann mit der Verteilungsfunktion Φ der Standard-Normalverteilung den

Satz 6.7 (globale Approximation der Binomialverteilung durch die Normalverteilung):
Die Zufallsvariable X sei binomialverteilt mit den Parametern n und p. Im Falle $np(1-p) > 9$ gilt für $0 \le k_1 \le k_2 \le n$ und jedes $0 \le k \le n$ mit der Verteilungsfunktion Φ der Standard-Normalverteilung die Näherung

$$P(k_1 \le X_n \le k_2) \approx \Phi\left(\frac{k_2 - np + 0{,}5}{\sqrt{np(1-p)}}\right) - \Phi\left(\frac{k_1 - np - 0{,}5}{\sqrt{np(1-p)}}\right);$$

$$P(X = k) \approx \Phi\left(\frac{k - np + 0{,}5}{\sqrt{np(1-p)}}\right) - \Phi\left(\frac{k - np - 0{,}5}{\sqrt{np(1-p)}}\right). \tag{6.43}$$

Beispiel 6.7 (Multiple-Choice):
Eine Prüfung besteht aus 50 Fragen. Bei jeder der Fragen sind in zufälliger Reihenfolge die richtige und drei falsche Antworten angegeben. Wie viele richtige Antworten müssen zum Bestehen der Prüfung mindestens verlangt werden, damit jemand durch Raten (zufälliges Ankreuzen je einer Antwort) die Prüfung höchstens mit Wahrscheinlichkeit 0,01 bestehen kann?
Die Zufallsvariable X der Anzahl der richtigen Antworten ist binomialverteilt mit n = 50 und p = 0,25. Die Parameter lauten

$$E(X) = 12{,}5\,; \quad Var(X) = np(1-p) = 50 \cdot 0{,}25 \cdot 0{,}75 = 9{,}375 > 9.$$

Daher kann die Binomialverteilung durch die entsprechende Normalverteilung approximiert werden. c sei die verlangte Mindestanzahl richtiger Antworten. Als Bedingung erhält man

$$0{,}01 = P(X \geq c) = 1 - P(X < c) = 1 - P(X \leq c - 0{,}5)\,;$$

$$0{,}99 = P(X \leq c - 0{,}5) = \Phi\left(\frac{c - 0{,}5 - 12{,}5}{\sqrt{9{,}375}}\right).$$

Aus der Tabelle 2 im Anhang erhält man das Quantil

$$\frac{c - 0{,}5 - 12{,}5}{\sqrt{9{,}375}} = z_{0,99} = 2{,}32635\,; \quad c = 20 \text{ (gerundet)}.$$

Der nachfolgende Grenzwertsatz stammt von **Abraham de Moivre** (1667 – 1754) und **Pierre Simon Laplace** (1749 – 1827).

Satz 6.8 (lokaler Grenzwertsatz von de Moivre-Laplace):
Für np(1 – p) > 9 gilt die lokale Approximation

$$\binom{n}{k} p^k (1-p)^{n-k} \approx \frac{1}{\sqrt{2\pi np(1-p)}} \cdot e^{-\frac{(k-np)^2}{2np(1-p)}} \qquad (6.44)$$

für $k = 0, 1, 2, \ldots, n$.

Beweis:
Nach dem globalen Grenzwertsatz 6.7 gilt für jedes k

$$P(X = k) \approx \Phi\left(\frac{k - np + 0{,}5}{\sqrt{np(1-p)}}\right) - \Phi\left(\frac{k - np - 0{,}5}{\sqrt{np(1-p)}}\right)$$

$$= \frac{1}{\sqrt{2\pi np(1-p)}} \int_{k-0,5}^{k+0,5} e^{-\frac{(u-np)^2}{2np(1-p)}}\, du \approx \frac{1}{\sqrt{2\pi np(1-p)}} \cdot e^{-\frac{(k-np)^2}{2np(1-p)}}.$$

Dabei gilt die letzte Approximation nach dem Mittelwertsatz der Integralrechnung (die Länge des Integrationsintervalls ist gleich Eins).

6.6.4 Chi-Quadrat-Verteilung (Testverteilung)

Die Chi-Quadrat-Verteilung spielt in der beurteilenden Statistik (Teil III) eine wichtige Rolle. Es seien $Z_1, Z_2, \ldots, Z_n$ unabhängige $N(0;1)$-verteilte Zufallsvariablen. Dann heißt die Zufallsvariable der Quadratsumme

$$\chi_n^2 = Z_1^2 + Z_2^2 + \ldots + Z_n^2 \tag{6.45}$$

Chi-Quadrat-, kurz **χ^2-verteilt** mit n **Freiheitsgraden**. Die Realisierungen dieser Zufallsvariablen sind nichtnegativ. Daher hat die Verteilungsfunktion an der Stelle 0 den Wert 0. Für die $N(0;1)$-verteilte Zufallsvariable Z_k gilt wegen $E(Z_k) = 0$

$$Var(Z_k) = E(Z_k^2) = 1.$$

Wegen der Additivität des Erwartungswertes folgt hieraus

$$E(\chi_n^2) = n.$$

Z_k^2 besitzt die Varianz $Var(Z_k^2) = 2$ (s. Bosch, K. [1993], S. 288). Damit erhält man wegen der vorausgesetzten Unabhängigkeit der Summanden

$$Var(\chi_n^2) = 2n.$$

Für jedes n kann die **Dichte** $g_n(x)$ der Chi-Quadrat-Verteilung mit n Freiheitsgraden in geschlossener Form angegeben werden:

$$g_n(x) = \begin{cases} 0 & \text{für } x < 0, \\ \dfrac{1}{2^{\frac{n}{2}}\Gamma(\frac{n}{2})} x^{\frac{n}{2}-1} e^{-\frac{x}{2}} & \text{für } x \geq 0. \end{cases} \tag{6.46}$$

Dabei ist Γ die für jedes $x > 0$ durch $\Gamma(x) = \int_0^\infty e^{-t} \cdot t^{x-1} dt$ definierte **Gamma-Funktion** mit

$$\Gamma(x+1) = x \cdot \Gamma(x);$$

$$\Gamma(n) = (n-1)! \text{ für jede natürliche Zahl } n; \quad \Gamma(\tfrac{1}{2}) = \sqrt{\pi}.$$

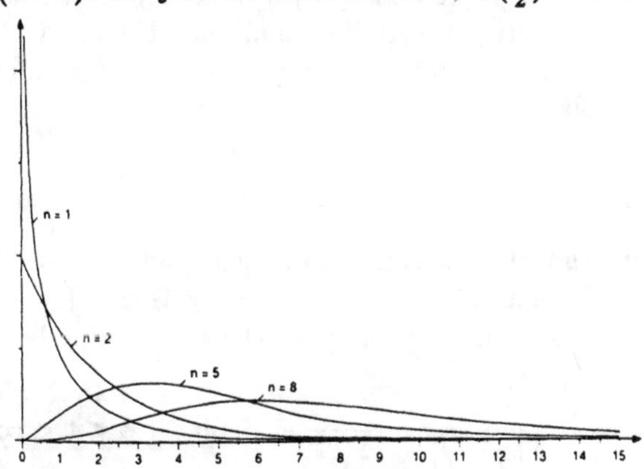

Bild 6.12: Dichten von Chi-Quadrat-Verteilungen

In Bild 6.12 sind Dichten verschiedener Chi-Quadrat-Verteilungen skizziert. Quantile der Chi-Quadrat-Verteilung mit n Freiheitsgraden bezeichnen wir mit

$$\chi^2_{n;q} \quad \text{mit} \quad P(\chi^2_n \le \chi^2_{n;q}) = q. \tag{6.47}$$

Die Chi-Quadrat-Verteilungen sind **nicht symmetrisch.** Daher müssen beidseitige Quantile tabelliert werden (s. Tabelle 4 im Anhang).

Approximation der Chi-Quadrat-Verteilung durch die Normalverteilung

Nach dem zentralen Grenzwertsatz (s. Satz 7.1) ist $\chi^2_n = \sum_{i=1}^{n} Z_i^2$ als Summe unabhängiger identisch verteilter Zufallsvariabler näherungsweise normalverteilt. Mit dem Erwartungswert n und der Varianz 2n kann dann für $n > 30$ folgende Näherung benutzt werden:

$$P(\chi^2_n \le x) = P\left(\frac{\chi^2_n - n}{\sqrt{2n}} \le \frac{x-n}{\sqrt{2n}}\right) \approx \Phi\left(\frac{x-n}{\sqrt{2n}}\right).$$

Damit erhält man für die Quantile der Chi-Quadrat-Verteilung mit n Freiheitsgraden für $n > 30$ die Näherung

$$q = P(\chi^2_n \le \chi^2_{n;q}) \approx \Phi\left(\frac{\chi^2_{n;q} - n}{\sqrt{2n}}\right) = \Phi(z_q);$$

$$\chi^2_{n;q} \approx n + \sqrt{2n} \cdot z_q; \quad z_q \text{ Quantil der } N(0;1)\text{-Verteilung.} \tag{6.48}$$

6.6.5 t-Verteilung (Testverteilung)

Auch diese Verteilung spielt in der beurteilenden Statistik eine wichtige Rolle. Es sei Z eine $N(0;1)$-verteilte Zufallsvariable und χ^2_n eine davon unabhängige χ^2-verteilte Zufallsvariable mit n Freiheitsgraden. Dann heißt die Zufallsvariable

$$T_n = \frac{Z}{\sqrt{\chi^2_n / n}} \tag{6.49}$$

t-verteilt oder **Student-verteilt** mit **n Freiheitsgraden.** Diese Verteilung wurde im Jahre 1908 erstmals von **William Sealy Gosset** (1876 – 1937) unter dem Pseudonym **Student** veröffentlicht. Die t-Verteilung besitzt die **Dichte**

$$g_n(t) = \frac{\Gamma(\frac{n+1}{2})}{\sqrt{n\pi}\ \Gamma(\frac{n}{2})} \cdot \frac{1}{\left(1 + \frac{t^2}{n}\right)^{\frac{n+1}{2}}} \qquad \text{für } -\infty < t < \infty. \tag{6.50}$$

Wegen $g_n(-t) = g_n(t)$ für alle $t \in \mathbb{R}$ sind die Dichten der t-Verteilungen symmetrisch zur y-Achse. In Bild 6.13 sind Dichten mit verschiedenen Freiheitsgraden skizziert.

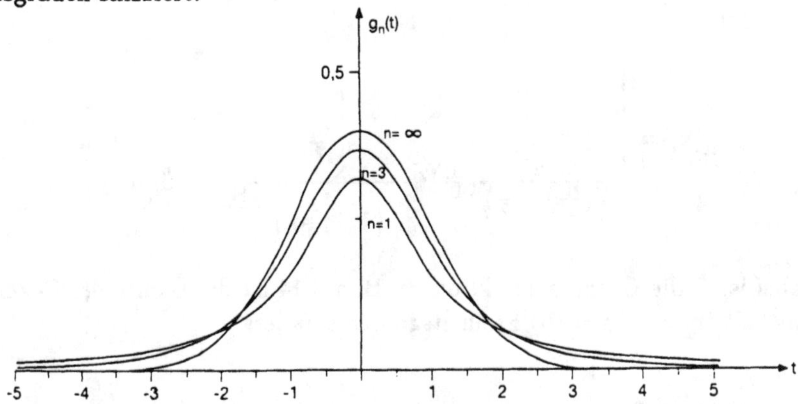

Bild 6.13: Dichten von t-Verteilungen

Quantile der t-Verteilung mit n Freiheitsgraden bezeichnen wir mit

$$t_{n;q} \quad \text{mit } P(T_n \le t_{n;q}) = q. \tag{6.51}$$

Wegen der Symmetrie der Dichte zur y-Achse gilt

$$t_{n;q} = -t_{n;1-q} \quad \text{für } 0 < q < 1. \tag{6.52}$$

Daher genügt die Vertafelung der rechtsseitigen Quantile (s. Tabelle 3).

Approximation der t-Verteilung durch die Normalverteilung

Allgemein kann gezeigt werden, daß

$$\lim_{n\to\infty} g_n(t) = \frac{1}{\sqrt{2\pi}} \cdot e^{-\frac{t^2}{2}} = \varphi(t)$$

gilt. Die Dichte der t-Verteilung konvergiert also für $n \to \infty$ gegen die Dichte der Standard-Normalverteilung. Für $n > 30$ gilt die Näherung

$$P(T_n \le t) \approx \Phi(t); \qquad t_{n;q} \approx z_q. \tag{6.53}$$

6.6.6 F-Verteilung (Testverteilung)

Eine für die beurteilende Statistik ebenfalls wichtige Verteilung ist die F-Verteilung. Es seien χ_m^2 und χ_n^2 zwei unabhängige Chi-Quadrat-verteilte Zufallsvariablen mit m bzw. n Freiheitsgraden. Dabei ist m der Zähler- und n der Nennerfreiheitsgrad. Die Zufallsvariable

$$\frac{\frac{1}{m}\chi_m^2}{\frac{1}{n}\chi_n^2} \tag{6.54}$$

heißt **F-verteilt** oder **Fisher-verteilt** mit (m, n) Freiheitsgraden. Diese Verteilung ist nach **Sir Ronald Aylmer Fisher** (1890 – 1962) benannt. Die von den beiden Parametern m und n abhängige Zufallsvariable $F_{m,n}$ besitzt die Dichte

$$g_{m,n}(x) = \begin{cases} 0 & \text{für } x < 0, \\ \dfrac{\Gamma(\frac{m+n}{2})}{\Gamma(\frac{m}{2})\Gamma(\frac{n}{2})}\left(\frac{m}{n}\right)^{\frac{m}{2}} \cdot \dfrac{x^{\frac{m}{2}-1}}{\left(1+\frac{m}{n}x\right)^{\frac{m+n}{2}}} & \text{für } x \geq 0. \end{cases}$$

Dabei ist Γ die Gamma-Funktion. In Bild 6.14 ist die Dichte der F-Verteilung mit (m = 5 , n = 10) Freiheitsgraden skizziert.

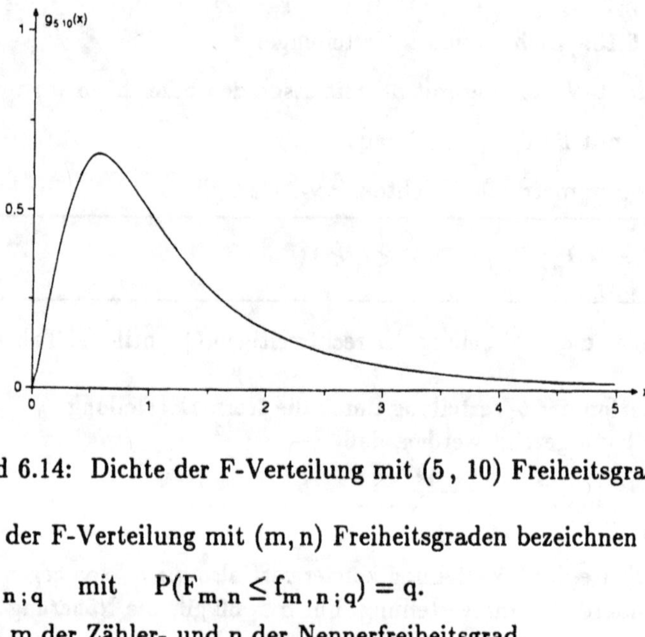

Bild 6.14: Dichte der F-Verteilung mit (5 , 10) Freiheitsgraden

Quantile der F-Verteilung mit (m, n) Freiheitsgraden bezeichnen wir mit

$$f_{m,n;q} \quad \text{mit} \quad P(F_{m,n} \leq f_{m,n;q}) = q. \tag{6.55}$$

Dabei ist m der Zähler- und n der Nennerfreiheitsgrad.

Für die Quantile gilt dabei die Umrechnungsformel

$$f_{n,m;q} = \frac{1}{f_{m,n;1-q}}. \tag{6.56}$$

Wegen dieser Umrechnungsformel genügt die Vertafelung der rechtsseitigen Quantile (Tabelle 5 im Anhang).

Für **große n** gilt: $f_{m,n;q} \approx \dfrac{\chi^2_{m;q}}{m}$ (Gleichheitszeichen für $n \to \infty$) ;

für **große m** gilt: $f_{m,n;q} \approx \dfrac{n}{\chi^2_{n;1-q}}$ (Gleichheitszeichen für $m \to \infty$).

6.7 Aufgaben

Aufgabe 6.1:
Die Zufallsvariable X besitze die Dichte

$$f(x) = \begin{cases} \frac{1}{2}(x-1) & \text{für } 1 \le x \le 3; \\ 0 & \text{sonst.} \end{cases}$$

a) Zeigen Sie, daß f tatsächlich Dichte ist.
b) Bestimmen Sie die Verteilungsfunktion F.
c) Berechnen Sie den Erwartungswert, die Varianz und den Median von X.

Aufgabe 6.2:
Es sei X eine stetige Zufallsvariable mit der Dichte

$$f(x) = \begin{cases} c \cdot x & \text{für } 0 \le x \le 2\pi; \\ 0 & \text{sonst.} \end{cases}$$

a) Bestimmen Sie die Konstante c.
b) Berechnen Sie den Erwartungswert und die Varianz von X.
c) Bestimmen Sie die Verteilungsfunktion.
d) Berechnen Sie den Median und die 0,1- und 0,95 - Quantile.
e) Berechnen Sie den Erwartungswert der Zufallsvariablen $Y = \cos(X)$.

Aufgabe 6.3:
An einer Straßenkreuzung befindet sich eine Ampel, die abwechselnd $\frac{1}{2}$ Minute grünes und eine Minute rotes Licht zeigt. Ein Fahrzeug fahre zu einem zufällig gewählten Zeitpunkt an die Kreuzung heran, wobei sich unmittelbar vor ihm keine weiteren Fahrzeuge befinden.
a) Wie groß ist die Wahrscheinlichkeit, daß das Fahrzeug ohne anzuhalten die Kreuzung passieren kann?
b) Bestimmen Sie die Verteilungsfunktion der Zufallsvariablen X, welche die Wartezeit beschreibt. Wie groß ist der Erwartungswert und die Varianz von X?
c) Ist der Median eindeutig bestimmt?

Aufgabe 6.4:
Die Betriebsdauer (in Stunden) bestimmter Geräte sei exponentialverteilt mit dem Erwartungswert $\mu = 2000$.
a) Mit welcher Wahrscheinlichkeit arbeitet das Gerät mindestens 2 500 Stunden?
b) Ein Gerät hat bereits 3 000 Stunden ohne Ausfall gearbeitet. Bestimmen Sie die Wahrscheinlichkeit, mit der das Gerät noch mindestens 1 000 Stunden intakt ist.

Aufgabe 6.5:
Die Zufallsvariable X, welche die Gewichte (in Gramm) der Eier einer bestimmten Hühnerrasse beschreibt, sei ungefähr normalverteilt mit dem Erwartungswert $\mu = 55$ und der Varianz $\sigma^2 = 16$. Mit welcher Wahrscheinlichkeit ist das Gewicht eines zufällig ausgewählten Eies
a) kleiner als 50 g; b) größer als 58 g;
c) zwischen 50 und 60 g; d) zwischen 52 g und 56 g?
e) Bestimmen Sie die Konstante c so, daß $P(|X - 55| \leq c) = 0{,}995$ gilt.

Aufgabe 6.6:
Der Milchfettgehalt von Kühen einer Population sei N(3,8 ; 0,1)-verteilt. Wie hoch muß der Milchfettgehalt einer Kuh mindestens sein, damit sie zu den a) 5 %; b) 20 %; c) 70 % besten gehört?

Aufgabe 6.7:
Ein Samenkorn keime mit der Wahrscheinlichkeit 0,95. Mit welcher Wahrscheinlichkeit keimen von 1 000 ausgereiften Samenkörnern
a) mindestens 960;
b) mindestens 930, aber höchstens 970?

Aufgabe 6.8:
Eine Apparatur füllt X_1 Gramm eines pulverförmigen Medikaments in X_2 Gramm schwere Röhrchen. Die Zufallsvariablen X_1 und X_2 seien unabhängig und näherungsweise $N(50;1)$- bzw. $N(20;\frac{1}{2})$-verteilt. Mit welcher Wahrscheinlichkeit liegt das Gewicht eines gefüllten Röhrchens
a) zwischen 69 g und 71 g; b) unter 68 g ?

Aufgabe 6.9:
Salzpakete werden von einer Maschine abgefüllt. Die Zufallsvariable X, welche das Gewicht in Gramm beschreibt, sei näherungsweise normalverteilt mit dem Erwartungswert $\mu = 502$ und der Varianz $\sigma^2 = 16$.
a) Aus der Produktion werden 100 Pakete zufällig ausgewählt. Dabei sei Y das Gesamtgewicht. Welche Verteilung besitzt Y?
b) Das Durchschnittsgewicht von 100 Paketen werde durch die Zufallsvariable $\overline{X}$ beschrieben. Welche Verteilung hat $\overline{X}$?

Aufgabe 6.10:
Die Bearbeitungszeiten für 9 Klausuraufgaben werden beschrieben durch unabhängige, identisch normalverteilte Zufallsvariablen $X_1, X_2, \ldots, X_9$ mit dem Erwartungswert 9 Minuten und der Standardabweichung 5 Minuten.
a) Welche Verteilung besitzt die Summe aller 9 Bearbeitungszeiten?
b) Wie groß ist die Wahrscheinlichkeit, daß alle Aufgaben innerhalb von 90 Minuten gelöst werden?
c) Wie lange braucht jemand mindestens zur Bearbeitung aller 9 Aufgaben, der zu den 10% langsamsten gehört?

Kapitel 7: Zentraler Grenzwertsatz und Gesetze der großen Zahlen

Wegen des zentralen Grenzwertsatzes sind viele Zufallsvariablen aus der Praxis wenigstens näherungsweise normalverteilt. Die Gesetze der großen Zahlen werden in der beurteilenden Statistik (Teil III) benutzt. Mit deren Hilfe werden aus repräsentativen Stichproben Aussagen über unbekannte Größen aus der Wahrscheinlichlichkeitsrechnung gemacht.

7.1 Zentraler Grenzwertsatz

Die Binomialverteilung mit den Parametern n und p kann nach Abschnitt 6.6.3.3 für große n durch eine Normalverteilung approximiert werden. Nach Abschnitt 5.3.2 läßt sich eine binomialverteilte Zufallsvariable X als Summe von n unabhängigen Zufallsvariablen darstellen durch

$$X = X_1 + X_2 + \ldots + X_n .$$

Dabei sind die Zufallsvariablen

$$X_i = \begin{cases} 1, & \text{falls beim i-ten Experiment A eintritt;} \\ 0, & \text{sonst} \end{cases}$$

für $i = 1, 2, \ldots, n$ unabhängig und besitzen alle die gleiche Verteilung.

Diese Eigenschaft kann erweitert werden auf Summen unabhängiger Zufallsvariabler, die eine bestimmte Bedingung erfüllen.

Der zentrale Grenzwertsatz wurde in der einfachsten Form im Jahre 1922 von **Jarl Waldemar Lindeberg** (1876 – 1932) und **Paul Pierre Lévy** (1886 – 1971) bewiesen. Er bezieht sich auf Summen unabhängiger Zufallsvariabler, welche alle die gleiche Verteilung und damit auch den gleichen Erwartungswert und die gleiche Varianz besitzen.

Die Zufallsvariablen $X_1, X_2, \ldots, X_n$ seien unabhängig und identisch verteilt, d.h. alle sollen die gleiche Verteilungsfunktion besitzen. Ferner sollen die Erwartungswerte und Varianzen der Zufallsvariablen existieren. Da alle Verteilungen übereinstimmen, gilt

$$E(X_k) = \mu; \quad Var(X_k) = \sigma^2 \quad \text{für } k = 1, 2, \ldots, n. \tag{7.1}$$

Wegen der Unabhängigkeit gilt für die Summe $S_n = \sum_{k=1}^{n} X_k$

$$E(S_n) = n\mu; \qquad Var(S_n) = n\sigma^2. \tag{7.2}$$

Daraus erhält man die standardisierten Summen

$$S_n^* = \frac{\sum_{k=1}^{n} X_k - n\mu}{\sqrt{n} \cdot \sigma}. \tag{7.3}$$

Die Verteilungsfunktionen dieser standardisierten Summen konvergieren für $n \to \infty$ gegen die Verteilungsfunktion Φ der Standard-Normalverteilung, und zwar nach dem

Satz 7.1 (zentraler Grenzwertsatz von Lindeberg-Lévy):
Für jedes $n = 1, 2, \ldots$ seien die Zufallsvariablen $X_1, X_2, \ldots, X_n$ unabhängig und besitzen alle die gleiche Verteilung, den Erwartungswert $\mu = E(X_k)$ sowie die Varianz $\sigma^2 = Var(X_k)$. Dann gilt für die Verteilungsfunktionen der standardisierten Summen

$$\lim_{n \to \infty} P\left(\frac{\sum_{k=1}^{n} X_k - n\mu}{\sqrt{n} \cdot \sigma} \le x \right) = \Phi(x) = \frac{1}{\sqrt{2\pi}} \cdot \int_{-\infty}^{x} e^{-\frac{u^2}{2}} du. \tag{7.4}$$

Beweis s. Fisz, M. [1971], S. 234ff.

Anwendung:

Für große n ist die Zufallsvariable $\frac{\sum_{k=1}^{n} X_k - n\mu}{\sqrt{n} \cdot \sigma}$ ungefähr $N(0;1)$ - verteilt.

Als Faustregel genügt im allgemeinen $n \geq 30$. Dann ist die Summe $\sum_{k=1}^{n} X_k$ ungefähr $N(n\mu; n\sigma^2)$-verteilt und das arithmetische Mittel $\overline{X} = \frac{1}{n} \sum_{k=1}^{n} X_k$ näherungsweise $N(\mu; \frac{\sigma^2}{n})$-verteilt.

Beispiel 7.1 (Augensummen idealer Würfel):
Mit einem idealen Würfel werde 12 000mal geworfen. Die Augenzahl beim k-ten Wurf sei die Realisierung der Zufallsvariablen X_k. Sie ist gleichmäßig verteilt auf $W = \{1, 2, \ldots, 6\}$. Mit $m = 6$ erhält man nach Abschnitt 5.3.1

$$E(X_k) = \frac{m+1}{2} = 3{,}5; \qquad Var(X_k) = \frac{m^2 - 1}{12} = \frac{35}{12}.$$

Die Zufallsvariable der Augensumme $S_{12\,000} = \sum_{k=1}^{12\,000} X_k$ ist nach Satz 7.1 ungefähr normalverteilt mit

$$E(S_{12\,000}) = 12\,000 \cdot 3{,}5 = 42\,000; \; Var(S_{12\,000}) = 12\,000 \cdot \frac{35}{12} = 35\,000.$$

Gesucht ist eine Konstante c mit

$$P(42\,000 - c \leq S_{12\,000} \leq 42\,000 + c) = 0{,}99.$$

Mit der Standardisierung erhält man

$$0{,}99 = P\left(\frac{42\,000 - c - 42\,000}{\sqrt{35\,000}} \leq \frac{S_{12000} - 42\,000}{\sqrt{35\,000}} \leq \frac{42\,000 + c - 42\,000}{\sqrt{35\,000}}\right)$$

$$\approx P\left(-\frac{c}{\sqrt{35\,000}} \leq Z \leq \frac{c}{\sqrt{35\,000}}\right) = 2 \cdot \Phi\left(\frac{c}{\sqrt{35\,000}}\right) - 1.$$

Aus $\Phi\left(\frac{c}{\sqrt{35\,000}}\right) \approx 0{,}995$ folgt

$$\frac{c}{\sqrt{35\,000}} \approx 2{,}5758; \quad c \approx 482 \text{ (aufgerundet!)}.$$

Daraus erhält man für die Augensumme

$$P(41\,518 \leq S_{12\,000} \leq 42\,482) \approx 0{,}99.$$

Die im Satz von Lindeberg-Lévy angegebene Bedingung kann noch wesentlich abgeschwächt werden. Die schwächste Bedingung besagt im wesentlichen folgendes aus: Jeder der unabhängigen Summanden X_i trägt zur Summe S_n nur einen kleinen Anteil bei, d. h. keiner der Summanden darf dominierend sein. Dann konvergieren die Verteilungsfunktionen der standardisierten Summen gegen die Verteilungsfunktion Φ der Standard-Normalverteilung. Für große n sind dann die Summen

$$X_1 + X_1 + \ldots + X_n$$

ungefähr normalverteilt. Bezüglich der genauen Bedingungen und der Beweise sei auf die weiterführende Literatur verwiesen, z. B. Fisz, M. [1971].

Bei vielen in der Praxis vorkommenden Zufallsvariablen kann man davon ausgehen, daß sie aus vielen unabhängigen nichtdominierenden Einzeleinflüssen additiv zusammengesetzt sind. Dann sind sie nach dem zentralen Grenzwertsatz wenigstens näherungsweise normalverteilt. Deswegen spielt die Normalverteilung in der Statistik eine zentrale Rolle.

7.2 Gesetze der großen Zahlen

In diesem Abschnitt sollen die Zusammenhänge von Erwartungswert und Varianz, Erwartungswert und Stichprobenmittel sowie zwischen der relativen Häufigkeit und Wahrscheinlichkeit näher präzisiert werden.

7.2.1 Tschebyschewsche Ungleichung

Die Varianz einer Zufallsvariablen X steht im Zusammenhang mit den Wahrscheinlichkeiten für die Abweichungen der Werte von X von deren Erwartungswert μ. Dieser Zusammenhang wird in der von **Pafnuti Lwowitsch Tschebyschew** (1821 – 1894) stammenden Ungleichung deutlich.

Satz 7.2 (Tschebyschewsche Ungleichung):
Die Zufallsvariable X besitze den Erwartungswert $E(X) = \mu$ und die Varianz Var(X). Dann gilt für jedes beliebige $c > 0$ die **Tschebyschewsche Ungleichung**

$$P(|X-\mu| \geq c) \leq \frac{\operatorname{Var}(X)}{c^2}. \tag{7.5}$$

Beweis:
Die Ungleichung soll nur für diskrete Zufallsvariablen bewiesen werden. Bei stetigen Zufallsvariablen verläuft der Beweis entsprechend, indem man die Summen durch Integrale ersetzt. Die Varianz wird dadurch verkleinert, daß nicht mehr über sämtliche Werte, sondern nur noch über diejenigen mit $|x_i - \mu| \geq c$ summiert wird. Diese Realisierungen besitzen die Wahrscheinlichkeit $P(|X - \mu| \geq c)$. Damit gilt

$$\operatorname{Var}(X) = \sum_i (x_i-\mu)^2 \cdot P(X = x_i) \geq \sum_{i:\,|x_i-\mu| \geq c} (x_i-\mu)^2 \cdot P(X = x_i)$$

$$\geq \sum_{i:\,|x_i-\mu| \geq c} c^2 \cdot P(X = x_i) = c^2 \cdot P(|X-\mu| \geq c).$$

Division dieser Ungleichung durch c^2 ergibt unmittelbar die Behauptung.

Durch Komplementbildung erhält man aus (7.5)

$$P(|X - \mu| < c) = 1 - P(|X - \mu| \geq c) \geq 1 - \frac{\operatorname{Var}(X)}{c^2}. \tag{7.6}$$

Bemerkung:
Für $c^2 \leq \operatorname{Var}(X)$ ist die Tschebyschewsche Ungleichung informationslos, da Wahrscheinlichkeiten ja allgemein kleiner oder gleich 1 sind.

Mit $c = k\sigma$, $k > 0$ geht die Tschebyschewsche Ungleichung über in

$$P(|X - \mu| \geq k\sigma) \leq \frac{1}{k^2};$$

$$P(|X - \mu| < k\sigma) = P(\mu - k\sigma < X < \mu + k\sigma) \geq 1 - \frac{1}{k^2} \tag{7.7}$$

(**k-Sigma-Regel** bei beliebigen Zufallsvariablen).

Interpretation der k-Sigma-Regel
Im Intervall $(\mu - k\sigma;\ \mu + k\sigma)$ liegt mindestens $100 \cdot \left(1 - \frac{1}{k^2}\right)$ % der Wahrscheinlichkeitsmasse jeder Zufallsvariablen X.

Spezielle Werte:

$$P(\mu - 2\sigma < X < \mu + 2\sigma) \geq \frac{3}{4} \qquad \textbf{(Zwei-Sigma-Regel)};$$

$$P(\mu - 3\sigma < X < \mu + 3\sigma) \geq \frac{8}{9} \qquad \textbf{(Drei-Sigma-Regel)};$$

$$P(\mu - 4\sigma < X < \mu + 4\sigma) \geq \frac{15}{16} \qquad \textbf{(Vier-Sigma-Regel)};$$

$$P(\mu - 5\sigma < X < \mu + 5\sigma) \geq \frac{24}{25} \qquad \textbf{(Fünf-Sigma-Regel)}.$$

Die hier angegebenen unteren Schranken sind wesentlich kleiner als die entsprechenden Werte bei Normalverteilungen in Abschnitt 6.6.3.2. Der Grund liegt darin, daß hier über die Verteilung der Zufallsvariablen X keinerlei Voraussetzungen gemacht werden, während die Wahrscheinlichkeiten bei Normalverteilungen bedingt durch die Struktur der Gaußschen Glockenkurve stärker beim Erwartungswert μ konzentriert sind.

Beispiel 7.2:
Die Verteilung der Zufallsvariablen X sei nicht bekannt, wohl aber der Erwartungswert $\mu = 100$ und die Varianz $\sigma^2 = 25$. Gesucht ist ein Intervall mit dem Mittelpunkt 100, das mindestens 99% der Wahrscheinlichkeitsmasse von X enthält. Nach (7.7) gilt

$$P(100 - k \cdot 5 < X < 100 + k \cdot 5) \geq 1 - \frac{1}{k^2} = 0{,}99;$$

$$\frac{1}{k^2} = 0{,}01;\ k = 10 \quad \Rightarrow \quad P(50 < X < 150) \geq 0{,}99.$$

Falls die Zufallsvariable X normalverteilt ist, erhalten wir aus (6.42)

$$P(|X - 50| < k\sigma) = 2 \cdot \Phi(k) - 1 = 0{,}99; \quad k = 2{,}5758;$$

$$P(87{,}12 < X < 112{,}88) \approx 0{,}99.$$

7.2.2 Schwaches Gesetz der großen Zahlen

Es seien $X_1, X_2, \ldots, X_n$ beliebige unabhängige Zufallsvariablen, welche alle den gleichen Erwartungswert μ und die gleiche Varianz σ^2 besitzen. Dabei dürfen die Verteilungen der einzelnen Zufallsvariablen auch verschieden sein. Realisierungen solcher Zufallsvariabler können z. B. dadurch gebildet werden, daß das gleiche Zufallsexperiment n-mal unabhängig durchgeführt und bei jeder einzelnen Versuchsdurchführung die Realisierung der gleichen Zufallsvariablen X festgestellt wird. Dann beschreibt X_i die Realisierung der Zufallsvariablen X bei der i-ten Versuchsdurchführung. Die n Zufallsvariablen $X_1, X_2, \ldots, X_n$ sind in diesem Fall unabhängig und besitzen alle die gleiche Verteilung und somit auch den gleichen Erwartungswert und die gleiche Varianz wie X. Die X_i sind also unabhängige Wiederholungen der gleichen Zufallsvariablen X.

Das arithmetische Mittel

$$\overline{X} = \frac{1}{n} \sum_{i=1}^{n} X_i$$

besitzt wegen der Unabhängigkeit der Summanden die Kenngrößen

$$\begin{aligned} E(\overline{X}) &= E\left(\frac{1}{n}\sum_{i=1}^{n} X_i\right) = \frac{1}{n}\sum_{i=1}^{n} E(X_i) = \frac{1}{n}\cdot n\cdot\mu = \mu; \\ \operatorname{Var}(\overline{X}) &= \operatorname{Var}\left(\frac{1}{n}\sum_{i=1}^{n} X_i\right) = \frac{1}{n^2}\sum_{i=1}^{n} \operatorname{Var}(X_i) = \frac{1}{n^2}\cdot n\cdot\sigma^2 = \frac{\sigma^2}{n}. \end{aligned} \tag{7.8}$$

Daher gilt

$$\lim_{n\to\infty} \operatorname{Var}(\overline{X}) = \lim_{n\to\infty} \operatorname{Var}\left(\frac{1}{n}\sum_{i=1}^{n} X_i\right) = 0. \tag{7.9}$$

Wendet man die Tschebyschewsche Ungleichung (7.5) auf die Zufallsvariable $\overline{X}$ des arithmetischen Mittels an, so erhält man für jedes $\varepsilon > 0$

$$P\left(\left|\frac{1}{n}\sum_{i=1}^{n} X_i - \mu\right| \geq \varepsilon\right) \leq \frac{\sigma^2}{n\varepsilon^2} \quad \text{für } n = 1, 2, \ldots . \tag{7.10}$$

Hieraus folgt

$$\lim_{n\to\infty} P\left(\left|\frac{1}{n}\sum_{i=1}^{n} X_i - \mu\right| \geq \varepsilon\right) = 0 \quad \text{für jedes } \varepsilon > 0. \tag{7.11}$$

Diese sogenannte Konvergenz in Wahrscheinlichkeit nennt man das schwache Gesetz der großen Zahlen. Damit haben wir den folgenden Satz bewiesen:

Satz 7.3 (Das schwache Gesetz der großen Zahlen):
Für jedes n seien die Zufallsvariablen $X_1, X_2, \ldots, X_n$ paarweise unabhängig und besitzen alle den gleichen Ewartungswert μ und die gleiche Varianz σ^2. Dann gilt für jedes beliebige $\varepsilon > 0$

$$\begin{aligned} &P\left(\left|\frac{1}{n}\sum_{i=1}^{n} X_i - \mu\right| \geq \varepsilon\right) \leq \frac{\sigma^2}{n\varepsilon^2}; \\ &\lim_{n\to\infty} P\left(\left|\frac{1}{n}\sum_{i=1}^{n} X_i - \mu\right| \geq \varepsilon\right) = 0. \end{aligned} \tag{7.12}$$

Interpretation

Wegen des schwachen Gesetzes der großen Zahlen liegen für große n die Realisierungen $\overline{x}$ der Zufallsvariablen $\overline{X}$ des arithmetischen Mittels meistens in der Nähe des Zahlenwertes μ. Daher ist der Mittelwert $\overline{x}$ einer entsprechenden Stichprobe als Realisierung der Zufallsvariablen $\overline{X}$ im allgemeinen ein recht guter Schätzwert (Näherungswert) für den unbekannten Erwartungswert μ, also $\overline{x} \approx \mu$.

Beispiel 7.3:

Jemand geht immer zu einem zufällig gewählten Zeitpunkt zur Straßenbahnhaltestelle, ohne sich um den Fahrplan zu kümmern. Die Wartezeit X bis zum Eintreffen der nächsten Bahn besitze den Erwartungswert $\mu = 3$ Minuten und die Varianz Var(X) = 1,5 Minuten^2. Die Person fahre während eines Jahres 250mal mit der Bahn. Gesucht ist eine untere Schranke für die Wahrscheinlichkeit, daß die mittlere Wartezeit zwischen 2,5 und 3,5 Minuten liegt. Aus (7.12) folgt

$$P\left(\left|\frac{1}{250}\sum_{i=1}^{250} X_i - 3\right| < 0{,}5\right) = 1 - P\left(\left|\frac{1}{250}\sum_{i=1}^{250} X_i - 3\right| \geq 0{,}5\right)$$

$$\geq 1 - \frac{1{,}5}{250 \cdot 0{,}5^2} = 0{,}976 .$$

7.2.3 Bernoullisches Gesetz der großen Zahlen

In diesem Abschnitt wird das schwache Gesetz der großen Zahlen auf eine beliebige Wahrscheinlichkeit p = P(A) übertragen.

Es sei A ein beliebiges Ereignis, das bei einem Einzelexperiment die Wahrscheinlichkeit p = P(A) besitzt. Das Experiment werde n-mal unabhängig durchgeführt. $r_n(A)$ sei die relative Häufigkeit des Ereignisses A in einer solchen Versuchsserie. $r_n(A)$ hängt vom Zufall ab und ist daher Realisierung einer Zufallsvariablen; wir bezeichnen diese Zufallsvariable mit $R_n(A)$. Dann ist $X = n \cdot R_n(A) = H_n(A)$ die Zufallsvariable der absoluten Häufigkeit. Sie ist nach Abschnitt 5.3.2 binomialverteilt mit den Parametern n und p. In Abschnitt 5.3.2 wurde X dargestellt in der Form

$$X = X_1 + X_2 + \ldots + X_n ,$$

$$X_i = \begin{cases} 1, & \text{falls beim i-ten Versuch A eintritt;} \\ 0, & \text{sonst.} \end{cases}$$

Dabei sind die Zufallsvariablen X_i unabhängig mit

$$E(X_i) = p; \quad Var(X_i) = p(1-p).$$

Damit gilt für $R_n(A) = \overline{X} = \frac{1}{n}\sum_{k=1}^{n} X_k$

$$E(R_n(A)) = p ; \quad Var(R_n(A)) = \frac{p(1-p)}{n} \leq \frac{1}{4n} .$$

Die Funktion $f(p) = p(1-p)$ ist eine nach unten geöffnete Parabel. An der Stelle $p = \frac{1}{2}$ nimmt sie das Maximum $\frac{1}{4}$ an. Daher gilt $p(1-p) \leq \frac{1}{4}$ für $0 \leq p \leq 1$. Wendet man das schwache Gesetz der große Zahlen (Satz 7.3) auf die Zufallsvariable $R_n(A)$ der relativen Häufigkeit an, so erhält man das nach **Jakob Bernoulli** (1654 – 1706) benannte Gesetz:

Satz 7.4 (Bernoullisches Gesetz der großen Zahlen):
In einem Einzelexperiment besitze das Ereignis A die Wahrscheinlichkeit p. Das Experiment werde n-mal unabhängig durchgeführt. Dann gilt für die Zufallsvariable $R_n(A)$ der relativen Häufigkeit von A:

$$E(R_n(A)) = p \,; \quad Var(R_n(A)) = \frac{p(1-p)}{n} \leq \frac{1}{4n} \,; \tag{7.13}$$

$$P\Big(\big|R_n(A) - p\big| \geq \varepsilon\Big) \leq \frac{p(1-p)}{n\varepsilon^2} \leq \frac{1}{4n\varepsilon^2} \,; \tag{7.14}$$

$$\lim_{n\to\infty} P\Big(\big|R_n(A) - p\big| \geq \varepsilon\Big) = 0 \quad \text{für jedes } \varepsilon > 0\,. \tag{7.15}$$

Der Vorschlag von **Richard von Mises** (s. Abschnitt 4.3), die Wahrscheinlichkeit als Grenzwert der relativen Häufigkeiten zu erklären, war gar nicht so abwegig. Er hatte nur den falschen Konvergenzbegriff benutzt. Die gewöhnliche Konvergenz muß durch die Konvergenz in Wahrscheinlichkeit ersetzt werden.

Beispiel 7.4 (Schätzen einer unbekannten Wahrscheinlichkeit):
Die Wahrscheinlichkeit p eines Ereignisses A sei nicht bekannt und soll durch die relative Häufigkeit $r_n(A)$ in einer unabhängigen Versuchsserie vom Umfang n geschätzt werden. Dafür soll der minimale Stichprobenumfang n so bestimmt werden, daß die Zufallsvariable $R_n(A)$ der relativen Häufigkeit höchstens mit Wahrscheinlichkeit 0,05 von der unbekannten Wahrscheinlichkeit um mehr als 0,01 abweicht, also mit

$$P\Big(\big|R_n(A) - p\big| \geq 0{,}01\Big) \leq 0{,}05\,.$$

a) Über p sei nichts bekannt. Dann kann p auch in der Nähe von 0,5 liegen. Damit folgt aus (7.14)

$$P\Big(\big|R_n(A) - p\big| \geq 0{,}01\Big) \leq \frac{p(1-p)}{n\cdot 0{,}01^2} \leq \frac{1}{4\cdot n\cdot 0{,}01^2} \leq 0{,}05\,;$$

$$n \geq \frac{1}{4\cdot 0{,}01^2\cdot 0{,}05} = 50\,000\,.$$

b) Aus Vorinformationen sei $p \leq 0{,}1$ bekannt. Dies ist z. B. bei einer Ausschußwahrscheinlichkeit der Fall oder auch bei der Wahrscheinlichkeit, daß eine zufällig ausgewählte Person bei einer Bundestagswahl eine bestimmte kleine Partei wählt. Da die Funktion $f(p) = p(1-p)$ zwischen 0 und 0,5 streng monoton wachsend ist, nimmt sie im Bereich $[0\,; 0{,}1]$ das Maximum am rechten Randpunkt 0,1 an. Daraus folgt

$$P\left(\left|R_n(A)-p\right|\geq 0{,}01\right)\leq\frac{p(1-p)}{n\cdot 0{,}01^2}\leq\max_{0\leq p\leq 0{,}1}p(1-p)\cdot\frac{1}{n\cdot 0{,}01^2}$$

$$=0{,}1\cdot 0{,}9\cdot\frac{1}{n\cdot 0{,}01^2}\leq 0{,}05;\quad n\geq 18\,000.$$

Durch die Zusatzinformation in b) kann der notwendige Stichprobenumfang n erheblich reduziert werden. Er muß immer dann am größten gewählt werden, wenn Werte von p im Bereich von 0,5 nicht auszuschließen sind. Dann liegt die "größte Unsicherheit" vor. Durch die Näherung

$$r_n(A)\approx P(A)$$

wird in beiden Fällen auf Dauer in ungefähr 95% der Fälle die unbekannte Wahrscheinlicheit mit einer Genauigkeit von mindestens 0,01 geschätzt.

7.3 Aufgaben

Aufgabe 7.1:
Die Zufallsvariable X beschreibe das Gewicht (in Gramm) maschinell abgefüllter Pakete. X sei nicht normalverteilt. Bekannt sei jedoch der Erwartungswert $\mu=100$ und die Varianz $\sigma^2=25{,}6$. Aus der Produktion werden insgesamt 1 000 Pakete zufällig ausgewählt.

a) Mit welcher Wahrscheinlichkeit liegt das Gesamtgewicht zwischen 99,8 und 100,3 kg?
b) Bestimmen sie eine untere Grenze c, die das Gesamtgewicht in kg der 1 000 Pakete mit Wahrscheinlichkeit von 0,99 überschreitet.

Aufgabe 7.2:
Die Zufallsvariablen $X_1, X_2, \ldots, X_n$ seien unabhängig und besitzen denselben Erwartungswert $\mu=10$ und die gleiche Varianz $\sigma^2=9$. Die Zufallsvariablen seien nicht normalverteilt. Ferner sei

$$\bar{X}=\frac{1}{n}\sum_{i=1}^{n}X_i\,.$$

a) Schätzen Sie $P(|\bar{X}-10|\geq 0{,}4)$ nach oben ab.
b) Wie groß muß n mindestens sein, damit $P(|\bar{X}-10|\geq 0{,}4)\leq 0{,}05$ gilt?
c) Wie groß muß d bei $n=100$ mindestens sein, damit
$P(|\bar{X}-10|<d)\geq 0{,}99$
erfüllt ist?

Aufgabe 7.3:
Die Zufallsvariable X beschreibe den Durchmesser (in mm) maschinell gefertigter Unterlegscheiben. Der Erwartungswert μ der Zufallsvariablen X hänge von der Maschineneinstellung ab und kann sich somit im Laufe der Zeit ändern. Die Varianz $\mathrm{Var}(X)=0{,}04$ sei als Maschinengröße bekannt.

Sie sei von der Maschineneinstellung unabhängig. Zur Schätzung des unbekannten Erwartungswertes μ werden n Scheiben zufällig ausgewählt. Dabei beschreibe

$$\overline{X} = \frac{1}{n} \sum_{i=1}^{n} X_i$$

den mittleren Durchmesser. Wie groß muß n mindestens sein, damit

$$P(|\overline{X} - \mu| < 0{,}1) \geq 0{,}999$$

erfüllt ist,
a) falls über die Verteilung von X nichts bekannt ist;
b) falls X näherungsweise normalverteilt ist ?
Interpretieren Sie die Ergebnisse.

Aufgabe 7.4:
Mit einem idealen Würfel werde n-mal geworfen. Wie groß muß n mindestens sein, damit die Wahrscheinlichkeit dafür, daß die mittlere Augenzahl von der erwarteten Augenzahl um mehr als
a) 0,1; b) 0,01; c) 0,001
höchstens mit einer Wahrscheinlichkeit von 0,95 abweicht?

Aufgabe 7.5:
$R_n(A)$ beschreibe die relative Häufigkeit eines Ereignisses A mit der Wahrscheinlichkeit $p = P(A)$ in einer unabhängigen Versuchsserie vom Umfang n. Wie groß muß n mindestens sein, damit

$$P(|R_n(A) - p| \geq 0{,}1) \leq 0{,}05$$

erfüllt ist, falls
a) über p nichts bekannt ist;
b) $p \leq 0{,}05$ bekannt ist?

Aufgabe 7.6:
$R_{1000}(A)$ beschreibe die relative Häufigkeit in einer unabhängigen Versuchsserie vom Umfang 1000. Dabei sei $p = P(A)$ unbekannt. Wie groß muß c mindestens sein, damit

$$P(|R_{1000}(A) - p| \geq c) \leq 0{,}05$$

erfüllt ist, falls
a) über p nichts bekannt ist;
b) $0{,}7 \leq p \leq 0{,}9$ bekannt ist?

Aufgabe 7.7:
Wie oft muß mit einem idealen Würfel mindestens geworfen werden, damit die Standardabweichung der Zufallsvariablen $R_n(A)$ der relativen Häufigkeit des Ereignisses $A = \{6\}$ höchstens gleich 0,001 ist?

Teil III: Beurteilende (induktive) Statistik

Oft sind Wahrscheinlichkeiten, Erwartungswerte oder Varianzen von Zufallsvariablen nicht bekannt. Dann werden diese unbekannten Größen in der beurteilenden Statistik geschätzt oder getestet.

Eine Wahrscheinlichkeit darf nur dann nach der Formel für die klassische Wahrscheinlichkeit berechnet werden, wenn sichergestellt ist, daß jedes der endlich vielen möglichen Versuchsergebnisse auch tatsächlich die gleiche Wahrscheinlichkeit besitzt. Ob diese Bedingung - wenigstens näherungsweise - erfüllt ist, kann ebenfalls mit Hilfe statistischer Methoden festgestellt werden. Ein weiteres Problem der induktiven Statistik ist die Untersuchung, ob zwei Zufallsvariablen voneinander unabhängig sind.

Viele Zufallsvariablen sind wegen des zentralen Grenzwertsatzes wenigstens näherungsweise normalverteilt. "Tests auf Normalverteilungen" werden ebenfalls in der induktiven Statistik durchgeführt.

Solche Probleme werden in der beurteilenden Statistik mit Hilfe geeigneter Stichproben gelöst werden. Dabei werden mit Hilfe von Realisierungen (Beobachtungswerten) von Zufallsvariablen Aussagen über die Verteilung der entsprechenden Grundgesamtheit gemacht. Wertvolle Hilfe leisten dabei einerseits die in der beschreibenden Statistik (Teil I) abgeleiteten Kenngrößen, andererseits aber auch Ergebnisse aus der Wahscheinlichkeitsrechnung (Teil II). Besonders wichtig sind dabei die Gesetze der großen Zahlen aus Abschnitt 7.2. Sie stellen praktisch die Verbindung zwischen der beschreibenden Statistik und der Wahrscheinlichkeitsrechnung her.

Im Rahmen dieser Einführung müssen wir uns selbstverständlich auf wenige Verfahren beschränken. Bei deren Darstellung sollen die Leserinnen und Leser in die Denkweise der beurteilenden Statistik eingeführt werden, so daß sie in die Lage versetzt werden, für weitere Probleme geeignete Verfahren aus der weiterführenden Statistik zu übernehmen. Dabei muß allerdings sorgfältig geprüft werden, ob die Voraussetzungen für die Anwendung des entsprechenden Verfahrens auch tatsächlich erfüllt sind, und welche Aussagen mit den gewonnenen Ergebnissen gemacht werden können.

Kapitel 8: Parameterschätzung

In diesem Kapitel sollen für unbekannte Parameter aus der Wahrscheinlichkeitsrechnung, z. B. für eine unbekannte Wahrscheinlichkeit p, einen unbekannten Erwartunsgwert μ oder eine unbekannte Varianz σ^2 Näherungswerte (Punktschätzungen) bestimmt werden. In Abschnitt 8.1 wird mit Hilfe der Punktschätzung jeweils ein einzelner Zahlenwert als Schätzwert bestimmt. Der tatsächliche Parameterwert wird vermutlich von diesem angegebenen Schätzwert mehr oder weniger stark abweichen. Aus diesem Grund werden in Abschnitt 8.2 mit Hilfe der Intervallschätzung ganze Intervalle konstruiert, bei denen man darauf vertraut, daß sie den wahren Parameterwert auch tatsächlich enthalten.

8.1 Punktschätzungen

8.1.1 Zufallsstichproben und Stichprobenfunktionen

In der beurteilenden Statistik benutzt man im allgemeinen Stichproben $x = (x_1, x_2, \ldots, x_n)$, deren Werte mit Hilfe von Zufallsexperimenten gewonnen werden. Dann ist der i-te Stichprobenwert x_i Realisierung einer Zufallsvariablen X_i für $i = 1, 2, \ldots, n$. Bei vielen Stichprobenerhebungen wird zusätzlich gefordert, daß alle n Zufallsvariablen $X_1, X_2, \ldots, X_n$ unabhängig sind. Dann spricht man von einer **unabhängigen** Stichprobe. Sind die unabhängigen Zufallsvariablen auch noch identisch verteilt, so nennt man die Stichprobe **einfach**. Wenn alle n Stichprobenwerte unabhängige Realisierungen der gleichen Zufallsvariablen X sind, handelt es sich um eine einfache Stichprobe. Falls im weiteren Verlauf nichts anderes angegeben wird, sollen die Stichproben immer einfache Zufallsstichproben sein.

Zur Durchführung eines statistischen Verfahrens benutzt man meistens nicht die einzelnen Stichprobenwerte, sondern nur einen daraus berechneten Funktionswert

$$t_n = g_n(x_1, x_2, \ldots, x_n). \tag{8.1}$$

Dieser Funktionswert t_n ist Realisierung einer Zufallsvariablen, die wir mit

$$T_n = g_n(X_1, X_2, \ldots, X_n) \tag{8.2}$$

bezeichnen. Eine solche durch die Stichprobe bestimmte Zufallsvariable T_n

heißt **Stichprobenfunktion** oder **Statistik**. Falls sie zur Schätzung eines Parameters benutzt wird, nennt man sie auch **Schätzfunktion**. Wird die Stichprobenfunktion zur Durchführung eines Tests verwendet (Kapitel 9), so heißt sie auch **Testfunktion**.

Beispiel 8.1:
Es sei $x = (x_1, x_2, \ldots, x_n)$ eine einfache Stichprobe. Dann sind alle Stichprobenwerte x_i Realisierungen einer einzigen Zufallsvariablen X. Diese Zufallsvariable soll den Erwartungswert $E(X) = \mu$ und die Varianz $Var(X) = \sigma^2$ besitzen. Falls einer oder beide Parameter nicht bekannt sind, sollen dafür aus der Zufallsstichprobe Schätzwerte bestimmt werden.

a) Der **Mittelwert** der Stichprobe

$$\bar{x} = \frac{1}{n}\sum_{i=1}^{n} x_i$$

ist Realisierung der Stichprobenfunktion (Zufallsvariablen)

$$\overline{X} = \frac{1}{n}\sum_{i=1}^{n} X_i \,. \tag{8.3}$$

Dabei sind die einzelnen Zufallsvariablen $X_1, X_2, \ldots, X_n$ unabhängig und besitzen alle die gleiche Verteilung und die gleichen Parameter

$$E(X_i) = \mu; \quad Var(X_i) = \sigma^2 \quad \text{für } i = 1, 2, \ldots, n.$$

Wegen der Unabhängigkeit der Summanden ist nicht nur der Erwartungswert, sondern auch die Varianz additiv. Daher gilt

$$\begin{aligned} E(\overline{X}) &= \frac{1}{n}\sum_{i=1}^{n} E(X_i) = \frac{1}{n}\cdot n \cdot \mu = \mu; \\ Var(\overline{X}) &= \frac{1}{n^2}\sum_{i=1}^{n} Var(X_i) = \frac{1}{n^2}\cdot n \cdot \sigma^2 = \frac{\sigma^2}{n}. \end{aligned} \tag{8.4}$$

b) Die **Varianz** der Stichprobe

$$s^2 = \frac{1}{n-1}\sum_{i=1}^{n}(x_i - \bar{x})^2 = \frac{1}{n-1}\left[\sum_{i=1}^{n} x_i^2 - n\cdot\bar{x}^2\right]$$

ist Realisierung der Zufallsvariablen

$$S^2 = \frac{1}{n-1}\sum_{i=1}^{n}(X_i - \overline{X})^2 = \frac{1}{n-1}\left[\sum_{i=1}^{n} X_i^2 - n\cdot\overline{X}^2\right]. \tag{8.5}$$

Zusammen mit (8.4) erhält man

$$\sigma^2 = Var(X_i) = E(X_i^2) - [E(X_i)]^2 = E(X_i^2) - \mu^2;$$

$$\frac{\sigma^2}{n} = Var(\overline{X}) = E(\overline{X}^2) - [E(\overline{X})]^2 = E(\overline{X}^2) - \mu^2$$

und hieraus

$$E(X_i^2) = \sigma^2 + \mu^2 \quad \text{für} \quad i = 1, 2, \ldots, n;$$

$$E(\overline{X}^2) = \frac{\sigma^2}{n} + \mu^2.$$

Hiermit geht (8.5) über in

$$E(S^2) = \frac{1}{n-1}\left[\sum_{i=1}^{n} E(X_i^2) - n \cdot E(\overline{X}^2)\right] \tag{8.6}$$

$$= \frac{1}{n-1}\left[n \cdot (\sigma^2 + \mu^2) - n \cdot \left(\frac{\sigma^2}{n} + \mu^2\right)\right] = \frac{1}{n-1} \cdot (n-1) \cdot \sigma^2 = \sigma^2.$$

8.1.2 Schätzfunktionen

Wir nehmen an, daß die Verteilung einer Zufallsvariablen durch einen oder mehrere unbekannte Parameter ϑ_k, $k = 1, 2, \ldots, m$ eindeutig festgelegt ist. Beispiele dafür sind:

- die Poissonverteilung durch den Parameter λ
- die Binomialverteilung durch den Parameter $p = P(A)$ (n sei bekannt)
- die Exponentialverteilung durch den Parameter λ
- die Normalverteilung durch die beiden Parameter μ und σ^2.

Die unbekannten Parameter ϑ_k sollen mit Hilfe von Zufallsstichproben geschätzt werden.

8.1.2.1 Allgemeine Schätzfunktionen

Wenn die Verteilungen der Zufallsvariablen $X_1, X_2, \ldots, X_n$ von einem (unbekannten) Parameter ϑ abhängen bzw. durch ihn eindeutig festgelegt sind, wird im allgemeinen auch die Verteilung der Schätzfunktion (Stichprobenfunktion)

$$T_n = g_n(X_1, X_2, \ldots, X_n)$$

von diesem Parameter ϑ abhängen. Aus den Realisierungen dieser Schätzfunktion sollen dann Näherungswerte für ϑ gewonnen werden. Damit die Realisierungen der Schätzfunktion gute Schätzwerte für den unbekannten Parameter ϑ liefern, müssen an die Schätzfunktion gewisse Forderungen gestellt werden. Dies sind meistens Bedingungen, die gewährleisten, daß das schwache Gesetz der großen Zahlen aus Abschnitt 7.2.2 erfüllt ist. Im allgemeinen gibt es für den gleichen Parameter verschiedene Schätzfunktionen. Ziel der Parameterschätzung ist es dann, aus der Menge der möglichen Schätzfunktionen solche auszuwählen, die gewisse optimale Eigenschaften besitzen. Einen aus einer Schätzfunktion T_n gewonnenen Schätzwert, also die Realisierung der Zufallsvariablen T_n, bezeichnen wir mit $\hat{\vartheta}$. Damit erhalten wir unter bestimmten Bedingungen einen geeigneten Näherungswert (Schätzwert) für den unbekannten Parameter ϑ

$$\hat{\vartheta} \approx \vartheta. \tag{8.7}$$

In den nachfolgenden Abschnitten werden Bedingungen dafür angegeben, daß auf Dauer die meisten der so gewonnenen Schätzwerte tatsächlich in der Nähe der unbekannten Parameter liegen.

8.1.2.2 Erwartungstreue Schätzfunktionen

Definition 8.1 (erwartungstreue Schätzfunktion):
Eine Schätzfunktion $T_n = g_n(X_1, X_2, \ldots, X_n)$ heißt **erwartungstreu** für den Parameter ϑ, wenn sie den Erwartungswert

$$E(T_n) = E\big(g_n(X_1, X_2, \ldots, X_n)\big) = \vartheta$$

besitzt. Sie heißt **asymptotisch erwartungstreu** für ϑ, falls gilt

$$\lim_{n\to\infty} E(T_n) = \lim_{n\to\infty} E\big(g_n(X_1, X_2, \ldots, X_n)\big) = \vartheta.$$

Interpretation
Ist eine Schätzfunktion erwartungstreu für ϑ, so wird bei einer großen Anzahl von Stichproben der mittlere Schätzfehler in der Nähe von Null liegen. Bei einer erwartungstreuen Schätzfunktion können die einzelnen Schätzwerte vom genauen Parameterwert abweichen, doch werden sich auf Dauer die positiven und negativen Schätzfehler gegenseitig aufheben, so daß man "im Durchschnitt" eine gute Schätzung des unbekannten Parameters erhält.

Beispiel 8.2 (Schätzungen für Erwartungswerte und Varianzen):

a) Nach (8.4) ist das Stichprobenmittel $\overline{X}$ eine erwartungstreue Schätzfunktion für den Erwartungswert μ. Die einzelnen Zufallsvariablen X_i müssen dabei nicht unabhängig sein, sondern nur alle den gleichen (zu schätzenden) Erwartungswert μ besitzen. Diese Eigenschaft gilt für jeden beliebigen Stichprobenumfang n.

b) Wegen (8.6) ist die Stichprobenvarianz

$$S^2 = \frac{1}{n-1}\sum_{i=1}^{n}(X_i - \overline{X})^2$$

in einer einfachen Stichprobe eine erwartungstreue Schätzfunktion für die Varianz σ^2. Dies ist ein Grund, weshalb bei der Bildung der Varianz einer Stichprobe durch $n-1$ und nicht durch n dividiert wird.

c) Die Zufallsvariable

$$\hat{S}^2 = \frac{1}{n}\sum_{i=1}^{n}(X_i-\overline{X})^2 = \frac{n-1}{n}S^2$$

besitzt in einer einfachen Stichprobe den Ewartungswert

$$E(\hat{S}^2) = \frac{n-1}{n}\cdot E(S^2) = \frac{n-1}{n}\cdot\sigma^2 < \sigma^2.$$

Durch $\hat{S}^2$ würde eine unbekannte Varianz σ^2 im Mittel zu klein geschätzt, also unterschätzt. Allerdings ist $\hat{S}^2$ asymptotisch erwartungstreu für σ^2 wegen

$$\lim_{n\to\infty} E(\hat{S}^2) = \lim_{n\to\infty}\frac{n-1}{n}\cdot E(S^2) = E(S^2) = \sigma^2.$$

d) Falls der Erwartungswert μ einer Zufallsvariablen bekannt ist, sollte man zur Schätzung der unbekannten Varianz σ^2 die Schätzfunktion

$$\tilde{S}^2 = \frac{1}{n}\sum_{i=1}^{n}(X_i-\mu)^2$$

benutzen. Wegen

$$E(\tilde{S}^2) = \frac{1}{n}\sum_{i=1}^{n}E\Big((X_i-\mu)^2\Big) = \frac{1}{n}\sum_{i=1}^{n}\mathrm{Var}(X_i) = \frac{1}{n}\cdot n\sigma^2 = \sigma^2 \qquad (8.8)$$

ist sie erwartungstreu.

8.1.2.3 Konsistente Schätzfunktionen

Nach Beispiel 8.2 a) ist der Mittelwert $\overline{x}$ einer Stichprobe ein erwartungstreuer Schätzwert für den unbekannten Erwartungswert μ. Diese Eigenschaft gilt für jeden beliebigen Stichprobenumfang n, also auch für $n = 1$. Bei kleinen n schwanken zwar die Mittelwerte um den zu schätzenden Parameter ϑ, jedoch können die einzelnen Schätzwerte sehr stark vom tatsächlichen Parameter abweichen. Falls man einen verfälschten Würfel jeweils nur ein einziges Mal wirft, sind die geworfenen Augenzahlen zwar erwartungstreue Schätzwerte für den Erwartungswert. Als Realisierungen können bei einem Einzelwurf allerdings nur die Augenzahlen $1, 2, \ldots, 6$ auftreten. Trotz der Erwartungstreue sind dann die einzelnen Schätzwerte häufig sehr schlecht. Wird zusätzlich gefordert, daß die Varianz $\mathrm{Var}(T_n)$ der erwartungstreuen Schätzfunktion T_n klein ist, so werden die Schätzwerte meistens in der Nähe des zu schätzenden Parameters liegen. Dann sind die meisten der einzelnen Schätzwerte gut. Dazu die

Definition 8.2 (konsistente Schätzfunktion):
Eine Folge von Schätzfunktionen $T_n = g_n(X_1, X_2, \ldots, X_n)$, $n = 1, 2, \ldots$ heißt **konsistent** bezüglich ϑ, wenn für jedes $\varepsilon > 0$ gilt

$$\lim_{n\to\infty} P\Big(|T_n - \vartheta| \geq \varepsilon\Big) = 0. \qquad (8.9)$$

Interpretation
Bei großem Stichprobenumfang n liegt der Schätzwert einer Schätzfunktion, die zu einer Folge konsistenter Schätzfunktionen gehört, meistens in der unmittelbaren Nähe des zu schätzenden Parameters ϑ. Eine Schätzfunktion T_n, die zu einer Folge konsistenter Schätzfunktionen gehört, nennen wir auch **konsistent.**

Hinreichende Bedingung für die Konsistenz einer Schätzfunktion
Jede für ϑ erwartungstreue Schätzfunktion T_n besitze eine Varianz mit

$$\lim_{n\to\infty} \operatorname{Var}(T_n) = \lim_{n\to\infty} E\Big((T_n - \vartheta)^2\Big) = 0. \tag{8.10}$$

Dann folgt aus der Tschebyschewschen Ungleichung (7.5)

$$P\Big(|T_n - \vartheta| \geq \varepsilon\Big) \leq \frac{\operatorname{Var}(T_n)}{\varepsilon^2} \quad \text{für jedes } \varepsilon > 0;$$

$$\lim_{n\to\infty} P\Big(|T_n - \vartheta| \geq \varepsilon\Big) = 0 \quad \text{für jedes } \varepsilon > 0,$$

also die Konsistenz der Schätzfunktion T_n.

Beispiel 8.3 (Schätzfunktionen für μ und σ^2):

a) Die Stichprobenfunktion

$$T_n = \sum_{i=1}^{n} \alpha_i X_i \quad \text{mit} \quad \alpha_i \in \mathbb{R}$$

einer einfachen Stichprobe ist erwartungstreu für μ, falls gilt

$$\mu = E(T_n) = \sum_{i=1}^{n} \alpha_i E(X_i) = \mu \sum_{i=1}^{n} \alpha_i,$$

also für

$$\sum_{i=1}^{n} \alpha_i = 1.$$

T_n besitzt wegen der Unabhängigkeit der X_i die Varianz

$$\operatorname{Var}(T_n) = \sum_{i=1}^{n} \alpha_i^2 \operatorname{Var}(X_i) = \sigma^2 \sum_{i=1}^{n} \alpha_i^2.$$

Unter der Nebenbedingung $\sum_{i=1}^{n} \alpha_i = 1$ nimmt diese Varianz das Minimum für $\alpha_i = \frac{1}{n}$ an. Daher liefert das Stichprobenmittel $\overline{X}$ in gewisser Weise unter diesen Schätzfunktionen die besten Schätzwerte für μ.

b) Falls die Zufallsvariablen X_i die Varianz σ^2 besitzen, gilt wegen (8.4) nach (7.12) für jedes beliebig kleine $\varepsilon > 0$

$$P(|\overline{X} - \mu| \geq \varepsilon) \leq \frac{\operatorname{Var}(\overline{X})}{\varepsilon^2} = \frac{\sigma^2}{n \cdot \varepsilon^2} \to 0 \quad \text{für } n \to \infty.$$

Damit ist $\overline{X}$ konsistent und erwartungstreu für μ. Die Schätzfunktion S^2 ist konsistent für σ^2, falls der Erwartungswert $E(S^4)$ existiert.

Beispiel 8.4 (Schätzung einer unbekannten Wahrscheinlichkeit):
Als Schätzwert für eine unbekannte Wahrscheinlichkeit $p = P(A)$ benutzt man die relative Häufigkeit $r_n(A)$ in einer unabhängigen Versuchsserie vom Umfang n, also $\hat{p} = r_n(A)$. Nach dem Bernoullischen Gesetz der großen Zahlen (Satz 7.4) ist die zugehörige Schätzfunktion $R_n(A)$ erwartungstreue und konsistent mit

$$P\left(|R_n(A) - p| \geq \varepsilon\right) \leq \frac{p(1-p)}{n\varepsilon^2} \leq \frac{1}{4n\varepsilon^2} \to 0 \text{ für } n \to \infty.$$

8.1.3 Maximum-Likelihood-Schätzungen

Die Schätzung nach der Maximum-Likelihood-Methode wurde um 1920 von dem bekannten englischen Statistiker **Sir Ronald Aylmer Fisher** (1890 – 1962) vorgeschlagen. Diese Methode liefert Schätzfunktionen, die im allgemeinen recht brauchbare Eigenschaften besitzen.

8.1.3.1 Likelihood-Funktion bei diskreten Verteilungen

Von einer diskreten Zufallsvariablen X sei der Wertevorrat bekannt. Die dazugehörigen Wahrscheinlichkeiten sollen jedoch von m unbekannten Parametern $\vartheta_1, \vartheta_2, \ldots, \vartheta_m$ abhängen. Dafür schreibt man

$$P(X = x_k) = p(x_k; \vartheta_1, \vartheta_2, \ldots, \vartheta_m). \tag{8.11}$$

Mit den m Parametern ist dann auch die Verteilung der Zufallsvariablen X bekannt. Ein Beispiel dafür ist die Poisson-Verteilung, die durch den einzigen Parameter $\vartheta_1 = \lambda$ bestimmt ist.

Bezüglich der Zufallsvariablen X wird eine einfache Stichprobe vom Umfang n gezogen. In der Stichprobe $x = (x_1, x_2, \ldots, x_n)$ seien also die Stichprobenwerte x_i unabhängige Realisierungen der Zufallsvariablen X. Wegen der Unabhängigkeit ist die Wahrscheinlichkeit für diese Stichprobe gleich dem Produkt der Wahrscheinlichkeiten für die einzelnen Werte, also

$$L(x_1, x_2, \ldots, x_n; \vartheta_1, \vartheta_2, \ldots, \vartheta_m) = \prod_{i=1}^{n} p(x_i; \vartheta_1, \vartheta_2, \ldots, \vartheta_m). \tag{8.12}$$

Die von den unbekannten Parametern abhängige Funktion L nennt man **Likelihood-Funktion.** Sie ist die Wahrscheinlichkeit, mit der man bei der Durchführung des Zufallsexperiments die gezogene Stichprobe erhält.

8.1.3.2 Likelihood-Funktion bei stetigen Verteilungen

Die Dichte f einer stetigen Zufallsvariablen X hänge von m Parametern ab. Dafür schreibt man

$$f(x) = f(x; \vartheta_1, \vartheta_2, \ldots, \vartheta_m).$$

Für eine einfache Stichprobe aus dieser Grundgesamtheit ist die **Likelihood-Funktion** das Produkt der Funktionswerte der Dichte an den entsprechenden Stellen

$$L(x_1, x_2, \ldots, x_n; \vartheta_1, \vartheta_2, \ldots, \vartheta_m) = \prod_{i=1}^{n} f(x_i; \vartheta_1, \vartheta_2, \ldots, \vartheta_m). \qquad (8.13)$$

8.1.3.3 Das Maximum-Likelihood-Prinzip

Nach dem Maximum-Likelihood-Prinzip werden die unbekannten Parameter so bestimmt, daß die Likelihood-Funktion (8.12) bzw. (8.13) maximal wird. Falls die Likelihood-Funktion nicht nach allen Parametern stetig differenzierbar ist, muß das Maximum mit Hilfe numerischer Methoden berechnet werden. Wenn die Funktion L jedoch nach allen m Variablen stetig differenzierbar ist, setzt man alle m partiellen Ableitungen gleich Null und erhält so das Gleichungssystem

$$\frac{\partial L}{\partial \vartheta_1} = 0; \quad \frac{\partial L}{\partial \vartheta_2} = 0; \ \ldots ; \frac{\partial L}{\partial \vartheta_m} = 0.$$

Da Wahrscheinlichkeiten und Dichten nichtnegativ sind und außerdem der natürliche Logarithmus streng monoton wachsend ist, nimmt die Likelihood-Funktion an denjenigen Stellen das Maximum an, an denen der Logarithmus ln L maximal wird. Wegen

$$\ln L(x_1, x_2, \ldots, x_n; \vartheta_1, \vartheta_2, \ldots, \vartheta_m) = \sum_{i=1}^{n} \ln p(x_i; \vartheta_1, \vartheta_2, \ldots, \vartheta_m) \text{ bzw.}$$

$$= \sum_{i=1}^{n} \ln f(x_i; \vartheta_1, \vartheta_2, \ldots, \vartheta_m)$$

ist es häufig einfacher, das folgende äquivalente Gleichungssystem zu lösen:

$$\frac{\partial \ln L}{\partial \vartheta_1} = 0; \quad \frac{\partial \ln L}{\partial \vartheta_2} = 0; \ldots ; \ \frac{\partial \ln L}{\partial \vartheta_m} = 0.$$

Beispiel 8.5 (Maximum-Likelihood-Schätzung einer Wahrscheinlichkeit):
Die Wahrscheinlichkeit $p = P(A)$ eines Ereignisses A sei nicht bekannt. Das entsprechende Zufallsexperiment werde n-mal unabhängig durchgeführt. Dabei entsteht (unter Berücksichtigung der aufgetretenen Reihenfolge) eine bestimmte Serie, z. B. $A, \overline{A}, A, \ldots, \overline{A}$.
In der Serie sei das Ereignis A genau m-mal aufgetreten. Dannn erhält man

$$L(p) = p^m \cdot (1-p)^{n-m}; \quad \ln L(p) = m \cdot \ln p + (n-m) \cdot \ln(1-p);$$

$$\frac{d\, Ln(p)}{dp} = \frac{m}{p} - \frac{n-m}{1-p} = 0 \Leftrightarrow m \cdot (1-p) = (n-m) \cdot p \ \Leftrightarrow \ m = n \cdot p;$$

$\hat{p} = \frac{m}{n} = r_n(A)$ (relative Häufigkeit).

Beispiel 8.6 (Maximum-Likelihood-Schätzung bei der Poisson-Verteilung): Eine mit dem Parameter $\lambda > 0$ Poisson-verteilte Zufallsvariable X besitzt nach Abschnitt 5.3.5 die Wahrscheinlichkeiten

$$P(X = k) = \frac{\lambda^k}{k!} \cdot e^{-\lambda} \quad \text{für } k = 0, 1, 2, 3, \ldots .$$

Eine einfache Stichprobe $(x_1, x_2, \ldots, x_n)$ hat die Likelihood-Funktion

$$\begin{aligned} L(x_1, x_2, \ldots, x_n; \lambda) &= \frac{\lambda^{x_1}}{x_1!} \cdot e^{-\lambda} \cdot \frac{\lambda^{x_2}}{x_2!} \cdot e^{-\lambda} \cdot \ldots \cdot \frac{\lambda^{x_n}}{x_n!} \cdot e^{-\lambda} \\ &= \frac{\lambda^{(x_1 + x_2 + \ldots + x_n)}}{x_1! \cdot x_2! \cdot \ldots \cdot x_n!} \cdot e^{-n \cdot \lambda} . \end{aligned}$$

Logarithmieren ergibt

$$\ln L(x_1, x_2, \ldots, x_n; \lambda) = \sum_{i=1}^{n} x_i \cdot \ln \lambda - \ln (x_1! \cdot x_2! \cdot \ldots \cdot x_n!) - n \cdot \lambda ;$$

$$\frac{d \ln L}{d\lambda} = \frac{\sum_{i=1}^{n} x_i}{\lambda} - n = \frac{n \cdot \bar{x}}{\lambda} - n = 0.$$

Hieraus erhält man die Maximum-Likelihood-Schätzung

$$\hat{\lambda} = \bar{x} \quad \text{(Mittelwert der Stichprobe).}$$

Maximum-Likelihood-Schätzungen sind meistens asymptotisch ewartungstreu und konsistent, sie liefern daher im allgemeinen recht gute Schätzwerte. Bezüglich dieser Eigenschaften sei auf weiterführende Literatur verwiesen, z. B. Schmetterer, L. [1966], S. 360ff.

8.2 Konfidenzintervalle (Intervallschätzungen)

In Abschnitt 8.1 wurde als Schätzwert $\hat{\vartheta}$ für einen unbekannten Parameter die Realisierung einer Zufallsvariablen T_n, also ein einziger Zahlenwert angegeben. Auch wenn die Schätzfunktion T_n noch so gute Eigenschaften besitzt, wird der Schätzwert $\hat{\vartheta}$ meistens vom tatsächlichen Wert ϑ mehr oder weniger stark abweichen. Verschiedene Schätzungen ergeben dann auch unterschiedliche Schätzwerte. Zwar kann man bei konsistenten Schätzfunktionen davon ausgehen, daß bei großem Stichprobenumfang n die meisten Schätzwerte in der unmittelbaren Nähe des zu schätzenden Parameters ϑ liegen, doch werden auch hier - allerdings entsprechend kleine - Abweichungen vorkommen. Daher ist es sinnvoll, über den Fehler, also die maximale Abweichung des Schätzwertes $\hat{\vartheta}$ vom wahren Parameter ϑ eine Aussage zu machen. Wenn man z. B. fest davon überzeugt ist, daß eine unbekannte Wahrscheinlichkeit p vom Schätzwert $\hat{p}$ um höchstens 0,01 abweicht, bringt man dies zum Ausdruck durch die Angabe

$\hat{p} = p \pm 0{,}01$ bzw. $\hat{p} - 0{,}01 \leq p \leq \hat{p} + 0{,}01$ bzw. $p \in [\hat{p} - 0{,}01; \hat{p} + 0{,}01]$.

Für $\hat{p} = 0{,}25$ bedeutet diese Aussage, die unbekannte Wahrscheinlichkeit p liege zwischen 0,24 und 0,26. Derartige Aussagen werden z. B. bei Wahlprognosen gemacht. Bei der Prognose, daß eine bestimmte Partei bei der nächsten Wahl 38 % der Stimmen erhält, wird in der Regel eine Abweichung von einem Prozentpunkt zugelassen. Die genaue Prognose besagt dann, daß der Stimmenanteil zwischen 37 und 39 % liegt.

Manchmal läßt man in den entsprechenden Aussagen auch nur einseitige Abweichungen zu. Die Prognose, eine kleine Partei komme bei der nächsten Wahl wieder in den Bundestag, bedeutet einen prognostizierten Stimmenanteil von über 5 %. Wenn der Hersteller eines bestimmten Produktes behauptet, die Ausschußwahrscheinlichkeit p sei höchstens 0,05, so macht er damit die Aussage

$$p \leq 0{,}05 .$$

Falls ein Kunde diese Aussage widerlegen möchte, muß er zum Ergebnis

$$p > 0{,}05$$

gelangen.

Solche Intervalle nennt man **Konfidenzintervalle** oder **Vertrauensintervalle.** Man vertraut also darauf, daß ein spezielles Intervall den unbekannten Parameter auch tatsächlich enthält. Ähnlich wie die Schätzwerte werden solche Vertrauensintervalle, d. h. ihre Grenzen als Realisierungen von Schätzfunktionen gewonnen. Dabei benutzt man meistens die gleichen Schätzfunktionen wie bei den Punktschätzungen in Abschnitt 8.1. Gleichzeitig ist aber die Angabe wichtig, wie sicher ein solches Vertrauensintervall ist.

8.2.1 Allgemeine Konfidenzintervalle

Definition 8.3 (Konfidenz- oder Vertauensintervalle):
Gegeben seien zwei Stichprobenfunktionen

$$G_u = g_u(X_1, X_2, \ldots, X_n); \quad G_o = g_o(X_1, X_2, \ldots, X_n)$$

mit

$$\begin{aligned} &P(G_u \leq \vartheta \leq G_o) = \gamma = 1 - \alpha \quad \text{bzw.} \\ &P(\vartheta \leq G_o) = \gamma = 1 - \alpha; \quad P(\vartheta \geq G_u) = \gamma = 1 - \alpha. \end{aligned} \tag{8.14}$$

Dann heißen die Zufallsintervalle

$[G_u; G_o]$ **zweiseitige** bzw

$(-\infty; G_o]$ und $[G_u; +\infty)$ **einseitige**

Konfidenzintervalle (**Vertrauensintervalle**) für ϑ zum **Konfidenzniveau** (**Vertrauenswahrscheinlichkeit**) $\gamma = 1 - \alpha$.

Interpretation

Falls $[g_u; g_o]$, $(-\infty; g_o]$ bzw. $[g_u; +\infty)$ Realisierungen des entsprechenden Konfidenzintervalls (Zufallsintervalls) zum Niveau $\gamma = 1 - \alpha$ sind, kann man auf Grund des Gesetzes der großen Zahlen davon ausgehen, daß auf Dauer ungefähr $100\,\gamma\,\%$ der so bestimmten Intervalle den unbekannten Parameter ϑ auch tatsächlich enthalten. Dann sind von den Aussagen, der Parameter befinde sich in diesem Intervall, auf Dauer ungefähr $100\,\gamma\,\%$ richtig, und damit $100\,\alpha\,\%$ falsch. Wir nennen die Realisierungen dieser Zufallsintervalle ebenfalls **Konfidenzintervalle**. Falls man viele solche Konfidenzintervalle zum gleichen Niveau $\gamma = 1 - \alpha$ berechnet, kann davon ausgegangen werden, daß auf Dauer etwa $100\,\gamma\;\%$ dieser Intervalle den unbekannten Parameter ϑ auch tatsächlich enthalten. Welche der Intervalle den wirklichen Parameter aber nicht enthalten, darüber ist keine Aussage möglich. Für die Sicherheit einer aus einem Konfidenzintervall gemachten Aussage ist die Konfidenzwahrscheinlichkeit γ maßgebend. Je größer γ ist, umso sicherer ist die Aussage.

Bei zweiseitigen Konfidenzintervallen ist die Länge $G_o - G_u$ für die Güte der Intervallschätzung entscheidend. Je kleiner der Erwartungswert der Differenz $G_o - G_u$ ist, umso besser ist die Intervallschätzung. Im allgemeinen hängt die mittlere Länge $E(G_o - G_u)$ des Konfidenzintervalls vom Konfidenzniveau γ und vom Stichprobenumfang n ab. Eine Vergrößerung von γ hat bei gleichem Stichprobenumfang n in der Regel eine Verbreiterung des Intervalls zur Folge. Dann werden die Aussagen unpräziser. Bei konstant gehaltenem γ wird das Konfidenzintervall bei einer Vergrößerung des Stichprobenumfangs n in der Regel schmaler, die Aussage also präziser.

8.2.2 Konfidenzintervalle für einen Erwartungswert

Zur Bestimmung von Konfidenzintervallen für einen unbekannten Erwartungswert $E(X) = \mu$ benutzt man als Stichprobenfunktion die Zufallsvariable des arithmetischen Mittels einer einfachen Stichprobe

$$\overline{X} = \frac{1}{n} \sum_{i=1}^{n} X_i .$$

Dabei soll folgende Voraussetzung erfüllt sein: Entweder ist X normalverteilt oder der Stichprobenumfang n so groß, daß wegen des zentralen Grenzwertsatzes $\overline{X}$ ungefähr normalverteilt ist. Meistens genügt dafür $n > 30$.

8.2.2.1 Konfidenzintervalle bei bekannter Varianz

In diesem Abschnitt setzen wir voraus, daß die Varianz σ_0^2 bekannt ist, nicht aber der Erwartungswert μ. Eine solche Situation liegt z. B. vor, wenn die Varianz eine konstante Maschinengröße ist, der Erwartunsgwert μ als Maschineneinstellung sich aber im Laufe der Zeit ändern kann.

Dann gilt nach (8.4)

$$E(\overline{X}) = \mu; \quad Var(\overline{X}) = \frac{\sigma_0^2}{n}.$$

Nach dem zentralen Grenzwertsatz (s. Abschnitt 7.1) ist die Standardisierung

$$Z = \frac{\overline{X} - \mu}{\sigma_0} \cdot \sqrt{n} \tag{8.15}$$

- wenigstens näherungsweise - N(0 ; 1) - verteilt.

Zur Bestimmung von zweiseitigen Konfidenzintervallen wird eine Konstante c (vgl. Bild 8.1) bestimmt mit

$$\gamma = 1 - \alpha = P(-c \le Z \le c) = 2\Phi(c) - 1; \; \Phi(c) = 1 - \frac{\alpha}{2};$$

$c = z_{1-\frac{\alpha}{2}}$ ist das $(1 - \frac{\alpha}{2})$ - Quantil der Standard-Normalverteilung.

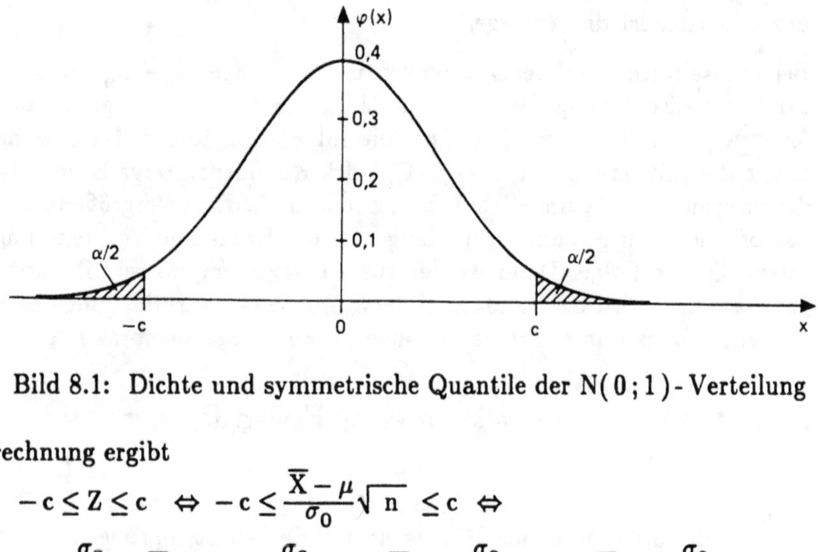

Bild 8.1: Dichte und symmetrische Quantile der N(0 ; 1) - Verteilung

Umrechnung ergibt

$$-c \le Z \le c \;\Leftrightarrow\; -c \le \frac{\overline{X} - \mu}{\sigma_0}\sqrt{n} \le c \;\Leftrightarrow$$

$$-c \cdot \frac{\sigma_0}{\sqrt{n}} \le \overline{X} - \mu \le c \cdot \frac{\sigma_0}{\sqrt{n}} \;\Leftrightarrow\; \overline{X} - c \cdot \frac{\sigma_0}{\sqrt{n}} \le \mu \le \overline{X} + c \cdot \frac{\sigma_0}{\sqrt{n}}.$$

Damit ist das Zufallsintervall

$$\left[\overline{X} - z_{1-\frac{\alpha}{2}} \cdot \frac{\sigma_0}{\sqrt{n}}; \overline{X} + z_{1-\frac{\alpha}{2}} \cdot \frac{\sigma_0}{\sqrt{n}}\right] \text{ mit } \Phi(z_{1-\frac{\alpha}{2}}) = 1 - \frac{\alpha}{2} \tag{8.16}$$

ein **zweiseitiges Konfidenzintervall** für den Erwartungswert μ zum Konfidenzniveau $\gamma = 1 - \alpha$.

Einseitige Konfidenzintervalle zum Konfidenzniveau $1 - \alpha$ erhält man aus

$$1 - \alpha = P\left(\frac{\overline{X} - \mu}{\sigma_0}\sqrt{n} \le z_{1-\alpha}\right) = P\left(\mu \ge \overline{X} - z_{1-\alpha} \cdot \frac{\sigma_0}{\sqrt{n}}\right);$$

$$1 - \alpha = P\left(-z_{1-\alpha} \le \frac{\overline{X} - \mu}{\sigma_0}\sqrt{n}\right) = P\left(\mu \le \overline{X} + z_{1-\alpha} \cdot \frac{\sigma_0}{\sqrt{n}}\right)$$

in der Form

$$\left[\overline{X} - z_{1-\alpha}\cdot\frac{\sigma_0}{\sqrt{n}};\ +\infty\right);\ \left(-\infty;\ \overline{X} + z_{1-\alpha}\cdot\frac{\sigma_0}{\sqrt{n}}\right] \tag{8.17}$$

$$\text{mit } \Phi(z_{1-\alpha}) = 1-\alpha = \gamma.$$

Bestimmung eines Konfidenzintervalls für μ bei gegebenem σ_0^2:

1. Man gebe das Konfidenzniveau $\gamma = 1-\alpha$ vor, z. B. $\gamma = 0{,}95$.
2. Man bestimme das Quantil der $N(0;1)$-Verteilung (Tabelle 2),
   bei zweiseitigen Intervallen: $c_2 = z_{1-\frac{\alpha}{2}}$ mit $\Phi(z_{1-\frac{\alpha}{2}}) = 1-\frac{\alpha}{2}$;
   bei einseitigen Intervallen: $c_1 = z_{1-\alpha}$ mit $\Phi(z_{1-\alpha}) = 1-\alpha$.
3. Man berechne den Mittelwert $\overline{x}$ einer Stichprobe vom Umfang n.
4. Man berechne die Hilfsgröße $d_i = \frac{c_i\cdot\sigma_0}{\sqrt{n}}$, $i = 1, 2$.
5. Die Realisierung des Konfidenzintervalls lautet
   $[\overline{x}-d_2;\ \overline{x}+d_2]$ bzw. $(-\infty;\ \overline{x}+d_1]$ bzw. $[\overline{x}-d_1;\ +\infty)$.

Bemerkung:
Läßt man im zweiseitigen Konfidenzintervall eine der beiden Grenzen weg, so erhält man ein einseitiges Konfidenzintervall, allerdings nicht zum Niveau $\gamma = 1-\alpha$, sondern zum größeren Niveau $1-\frac{\alpha}{2} = \frac{1+\gamma}{2}$.

Das zweiseitige Konfidenzintervall besitzt die **Länge**

$$l = 2\cdot z_{1-\frac{\alpha}{2}}\cdot\frac{\sigma_0}{\sqrt{n}}. \tag{8.18}$$

Die Länge l hängt nur von der Konfidenzzahl $\gamma = 1-\alpha$ und dem Stichprobenumfang n, nicht jedoch von den speziellen Stichprobenwerten ab. Für $n\to\infty$ konvergiert die Länge l gegen 0. Die maximal zugelassene Länge l eines zu bestimmenden Konfidenzintervalls kann bereits vor Versuchsbeginn festgelegt werden. Zusätzlich sei das Konfidenzniveau $\gamma = 1-\alpha$ vorgegeben. Ein Konfidenzintervall, dessen Länge l nicht größer als ein vorgegebenes l_0 ist, muß folgende Bedingung erfüllen:

$$l = 2\cdot z_{1-\frac{\alpha}{2}}\cdot\frac{\sigma_0}{\sqrt{n}} \le l_0 \quad\Leftrightarrow\quad 4\cdot z^2_{1-\frac{\alpha}{2}}\cdot\frac{\sigma_0^2}{n} \le l_0^2 \quad\Leftrightarrow$$

$$n \ge \frac{4\cdot z^2_{1-\frac{\alpha}{2}}\cdot\sigma_0^2}{l_0^2}. \tag{8.19}$$

Mit diesem minimalen Stichprobenumfang n gilt dann für die Länge l des aus der Stichprobe berechneten Konfidenzintervalls: $l \le l_0$.

Beispiel 8.7:
Die Varianz $\sigma_0^2 = 20$ einer Zufallsvariablen X sei bekannt.

a) Für den Erwartungswert μ soll aus einer Stichprobe vom Umfang $n = 100$ mit dem Mittelwert $\overline{x} = 101{,}5$ ein zweiseitiges Konfidenzintervall zur Konfidenzwahrscheinlichkeit $\gamma = 0{,}95$ bestimmt werden. Mit $\alpha = 1 - \gamma = 0{,}05$ erhält man aus Tab. 2 im Anhang das Quantil

$$z_{1-\frac{\alpha}{2}} = z_{0,975} = 1{,}95996\,;\ z_{1-\frac{\alpha}{2}} \cdot \frac{\sigma_0}{\sqrt{n}} = 1{,}95996 \cdot \frac{\sqrt{20}}{10} = 0{,}87652.$$

Hieraus erhält man das (empirische) Konfidenzintervall

$$[\,101{,}5 - 0{,}87652\,;\, 101{,}5 + 0{,}87652\,] = [\,100{,}623\,;\, 102{,}377\,].$$

b) Läßt man in dem zweiseitigen Konfidenzintervall eine Grenze weg, so erhält man einseitige Konfidenzintervalle zur Konfindenzwahrscheinlichkeit

$$\gamma' = 1 - \frac{\alpha}{2} = 1 - \frac{1-\gamma}{2} = \frac{1+\gamma}{2} = 0{,}975.$$

c) Wie groß muß der Stichprobenumfang n mindestens sein, damit man zum Niveau $\gamma = 0{,}99$ ein zweiseitiges Konfidenzintervall enthält, dessen Länge höchstens gleich 0,1 ist? Aus (8.19) folgt

$$n \geq \frac{4 \cdot z_{0,995}^2 \cdot 25}{(0{,}1)^2}\,;\quad n \geq 66\,349 \text{ (aufgerundet)}.$$

8.2.2.2 Konfidenzintervalle bei unbekannter Varianz

Falls die Varianz nicht bekannt ist, ist es naheliegend, sie durch die Stichprobenvarianz s^2 zu schätzen. Die Stichprobenvarianz ist Realisierung der Zufallsvariablen

$$S^2 = \frac{1}{n-1} \sum_{i=1}^{n} (X_i - \overline{X})^2,$$

die nach Beispiel 8.1 b) bei unbekanntem Erwartungswert μ eine erwartungstreue Schätzfunktion für die Varianz σ^2 ist. Die Stichprobenfunktion

$$\frac{\overline{X} - \mu}{S} \cdot \sqrt{n} = \frac{\frac{1}{n}\sum_{i=1}^{n} X_i - \mu}{\sqrt{\frac{1}{n-1}\sum_{i=1}^{n} (X_i - \overline{X})^2}} \cdot \sqrt{n}$$

ist jedoch nicht mehr normalverteilt. Sie ist t-verteilt mit $n-1$ Freiheitsgraden (s. Abschnitt 6.6.5). Ein Beweis dafür ist z. B. bei Fisz, M. [1971], S. 408f. zu finden. Wie bei der Normalverteilung ist ihre Dichte symmetrisch zu $s = 0$. In Abschnitt 8.2.2.1 ersetzen wir σ_0 durch s und die Quantile der Normalverteilung durch die entsprechenden Quantile der t-Verteilung mit $n-1$ Freiheitsgraden. Dadurch erhält man Konfidenzintervalle für μ bei unbekannter Varianz.

Bestimmung eines Konfidenzintervalls für μ bei unbekanntem σ^2:

1. Man gebe das Konfidenzniveau $\gamma = 1 - \alpha$ vor.
2. Man bestimme das Quantil der t-Verteilung mit $n-1$ Freiheitgraden (Tab. 3),

   bei zweiseitigen: $c_2 = t_{n-1;1-\frac{\alpha}{2}}$;

   bei einseitigen: $c_1 = t_{n-1;1-\alpha}$.
3. Man berechne den Mittelwert $\bar{x}$ und die Standardabweichung s einer Stichprobe vom Umfang n.
4. Man berechne die Hilfsgröße $d_i = \frac{c_i \cdot s}{\sqrt{n}}$, $i = 1, 2$.
5. Die Realisierung des Konfidenzintervalls lautet

   $[\bar{x} - d_2; \bar{x} + d_2]$ bzw. $(-\infty; \bar{x} + d_1]$; $[\bar{x} - d_1; +\infty)$.

Die **Länge** des zweiseitigen Konfidenzintervalls

$$l = 2 \cdot t_{n-1;1-\frac{\alpha}{2}} \cdot \frac{s}{\sqrt{n}} \tag{8.20}$$

hängt von der Standardabweichung s der Stichprobe ab.

Beispiel 8.8:
Von der Zufallsvariable X der Gewichte (in Gramm) der von einer Maschine abgefüllten Pakete seien weder der Erwartungswert noch die Varianz bekannt. Der Hersteller möchte eine untere Schranke für den Erwartungswert μ angeben, die mit 99%iger Sicherheit auch eingehalten wird. Zur Bestimmung eines einseitigen, nach unten beschränkten Konfidenzintervalls zu $\gamma = 0{,}95$ wurde das Gewicht von 100 Paketen festgestellt mit dem Mittelwert $\bar{x} = 985$ und der Standardabweichung $s = 4{,}5$. Aus Tab. 3 im Anhang erhalten wir das Quantil $c = t_{99;0,99} = 2{,}3646$. Mit

$$d = \frac{c \cdot s}{\sqrt{n}} = \frac{2{,}3646 \cdot 4{,}5}{10} = 1{,}0641; \ \bar{x} - d = 983{,}94.$$

erhält man das Konfidenzintervall $[983{,}94; \infty)$.

8.2.3 Konfidenzintervalle für eine Varianz bei Normalverteilungen

Die Zufallsvariable X sei normalverteilt. Dabei seien μ und σ^2 nicht bekannt. Als Schätzfunktion für σ^2 benutzt man die Zufallsvariable S^2 der Varianz einer einfachen Stichprobe vom Umfang n. Die unabhängigen Zufallsvariablen $X_1, X_2, \ldots, X_n$ sind somit $N(\mu; \sigma^2)$-verteilt. Dann ist

$$\frac{(n-1)\,S^2}{\sigma^2} = \frac{\sum\limits_{i=1}^{n} (X_i - \overline{X})^2}{\sigma^2} \tag{8.21}$$

Chi-Quadrat-verteilt mit $n-1$ Freiheitsgraden (s. Abschnitt 6.6.4). Die Dichte der Chi-Quadrat-Verteilung ist nicht symmetrisch. Für zweiseitige Konfidenzintervalle zum Niveau $\gamma = 1-\alpha$ müssen daher zwei Grenzen c_1 und c_2 bestimmt werden, so daß links von c_1 und rechts von c_2 jeweils die Wahrscheinlichkeitsmasse $\frac{\alpha}{2}$ liegt. Damit befindet sich zwischen c_1 und c_2 die Wahrscheinlichkeitsmasse $\gamma = 1-\alpha$ (s. Bild 8.2).

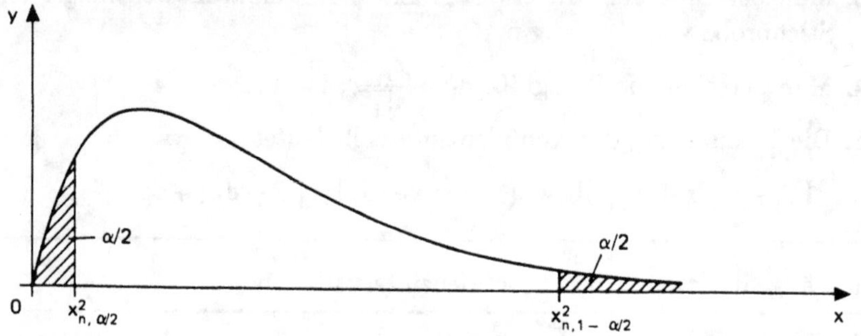

Bild 8.2: Dichte und Quantile der Chi-Quadrat-Verteilung

$c_1 = \chi^2_{n-1;\frac{\alpha}{2}}$ ist das $\frac{\alpha}{2}$-Quantil. Wegen

$$\frac{\alpha}{2} = P\left(\frac{(n-1)\,S^2}{\sigma^2} \geq c_2\right); \qquad P\left(\frac{(n-1)\,S^2}{\sigma^2} \leq c_2\right) = 1-\frac{\alpha}{2}$$

ist $c_2 = \chi^2_{n-1;1-\frac{\alpha}{2}}$ das $(1-\frac{\alpha}{2})$-Quantil. Damit gilt

$$1-\alpha = P\left(c_1 \leq \frac{(n-1)\,S^2}{\sigma^2} \leq c_2\right) = P\left(\frac{(n-1)\,S^2}{c_2} \leq \sigma^2 \leq \frac{(n-1)\,S^2}{c_1}\right).$$

Somit ist

$$\left[\frac{(n-1)\,S^2}{\chi^2_{n-1;1-\frac{\alpha}{2}}}\;;\;\frac{(n-1)\,S^2}{\chi^2_{n-1;\frac{\alpha}{2}}}\right] \tag{8.22}$$

ein zweiseitiges Konfidenzintervall für σ^2.

Einseitige Konfidenzintervalle erhält man aus

$$1-\alpha = P\left(\frac{(n-1)\,S^2}{\sigma^2} \leq \chi^2_{n-1;1-\alpha}\right) = P\left(\sigma^2 \geq \frac{(n-1)\,S^2}{\chi^2_{n-1;1-\alpha}}\right);$$

$$1-\alpha = P\left(\frac{(n-1)\,S^2}{\sigma^2} \geq \chi^2_{n-1;\alpha}\right) = P\left(\sigma^2 \leq \frac{(n-1)\,S^2}{\chi^2_{n-1;\alpha}}\right)$$

in der Form

$$\left[\frac{(n-1)\,S^2}{\chi^2_{n-1\,;\,1-\alpha}}\;;\;+\infty\right);\;\left(0\;;\;\frac{(n-1)\,S^2}{\chi^2_{n-1\,;\,\alpha}}\right]. \tag{8.23}$$

Bestimmung eines Konfidenzintervalls für σ^2 bei unbekanntem μ:

1. Man gebe das Konfidenzniveau $\gamma = 1-\alpha$ vor.

2. Man bestimme die Quantile der Chi-Quadrat Verteilung mit $n-1$ Freiheitsgraden (Tab. 4),

bei zweiseitigen: $\chi^2_{n-1\,;\,\frac{\alpha}{2}}$ und $\chi^2_{n-1\,;\,1-\frac{\alpha}{2}}$;

bei einseitigen: $\chi^2_{n-1\,;\,\alpha}$ bzw. $\chi^2_{n-1\,;\,1-\alpha}$.

3. Man berechne aus einer Stichprobe vom Umfang n

$$(n-1)\,s^2 = \sum_{i=1}^{n} (x_i - \overline{x})^2 .$$

4. Dann lauten die Realisierungen der Konfidenzintervalle:

zweiseitige: $\left[\dfrac{(n-1)\,s^2}{\chi^2_{n-1\,;\,1-\frac{\alpha}{2}}}\;;\;\dfrac{(n-1)\,s^2}{\chi^2_{n-1\,;\,\frac{\alpha}{2}}}\right]$;

einseitige: $\left[\dfrac{(n-1)\,s^2}{\chi^2_{n-1\,;\,1-\alpha}}\;;\;+\infty\right);\;\left(0\;;\;\dfrac{(n-1)\,s^2}{\chi^2_{n-1\,;\,\alpha}}\right]$.

Beispiel 8.9:
Aus einer normalverteilten Grundgesamtheit wurde eine Stichprobe vom Umfang $n = 101$ gezogen mit dem Mittelwert $\overline{x} = 981$ und der Varianz $s^2 = 28{,}7$. Gesucht ist ein zweiseitiges Konfidenzintervall für die unbekannte Varianz σ^2 zum Niveau $\gamma = 0{,}95$. Aus $\gamma = 0{,}95 = 1-\alpha$ erhält man die Quantile der Chi-Quadrat-Verteilung mit 100 Freiheitsgraden:

$$\chi^2_{100\,;\,0{,}025} = 74{,}222;\quad \chi^2_{100\,;\,0{,}975} = 129{,}561.$$

Damit erhält man das zweiseitige Konfidenzintervall für σ^2

$$\left[\frac{100\cdot 28{,}7}{129{,}561};\;\frac{100\cdot 28{,}7}{74{,}222}\right] = [22{,}152\,;\,38{,}668],$$

also die zu 95 % abgesicherte Aussage $22{,}152 \le \sigma^2 \le 38{,}668$.

8.2.4 Konfidenzintervalle für eine Wahrscheinlichkeit p

Eine unbekannte Wahrscheinlichkeit $p = P(A)$ wird durch die relative Häufigkeit $r_n(A)$ in einer unabhängigen Versuchsserie vom Umfang n geschätzt. Nach Beispiel 8.4 ist die Schätzfunktion konsistent.

Der Stichprobenumfang n sei so groß, daß $np(1-p) > 9$ erfüllt ist. Wenn z.B. bekannt ist, daß p in der Nähe von 0,5 liegt, muß n nicht wesentlich größer als 36 sein. Falls man z. B. aus Voruntersuchungen weiß, daß p höchstens gleich 0,1 ist, nimmt die Parabel $f(p) = p(1-p)$ in diesem Bereich das Minimum an der Stelle 0,1 mit $f(0{,}1) = 0{,}1 \cdot 0{,}9 = 0{,}09$ an. Dann gilt für den minimalen Stichprobenumfang $n > \frac{9}{0{,}1 \cdot 0{,}9} = 100$.

Die Zufallsvariable $X = H_n(A)$ der absoluten Häufigkeit des Ereignisses A in einer unabhängigen Versuchsserie vom Umfang n ist binomialverteilt mit den Parametern n und p. Nach Abschnitt 6.6.3.3 ist X ungefähr normalverteilt mit $E(X) = np$ und $Var(X) = np(1-p)$. Die Standardisierung

$$\frac{X - np}{\sqrt{np(1-p)}}$$

ist dann näherungsweise $N(0;1)$-verteilt. Zum Konfidenzniveau $\gamma = 1 - \alpha$ bestimmen wir zunächst ein zweiseitiges Konfidenzintervall. Für $z > 0$ gilt

$$2\Phi(z) - 1 \approx P\left(-z \le \frac{X-np}{\sqrt{np(1-p)}} \le z\right) = P\left(\frac{(X-np)^2}{np(1-p)} \le z^2\right)$$

$$= P\left((X-np)^2 \le np(1-p)z^2\right);$$

$$(X-np)^2 \le np(1-p)z^2 \Leftrightarrow X^2 - 2npX + n^2p^2 - z^2np + z^2np^2 \le 0$$

$$\Leftrightarrow np^2(n+z^2) - np(2X+z^2) + X^2 \le 0 \Leftrightarrow p^2 - p\frac{2X+z^2}{n+z^2} \le -\frac{X^2}{n(n+z^2)} \Leftrightarrow$$

$$\left|p - \frac{2X+z^2}{2(n+z^2)}\right|^2 \le -\frac{X^2}{n(n+z^2)} + \frac{(2X+z^2)^2}{4(n+z^2)^2} = \frac{-4X^2(n+z^2) + n(2X+z^2)^2}{4n(n+z^2)^2}$$

$$= \frac{-4X^2n - 4X^2z^2 + 4nX^2 + 4nXz^2 + nz^4}{4n(n+z^2)^2} = \frac{-4X^2z^2 + 4nXz^2 + nz^4}{4n(n+z^2)^2}$$

$$= z^2 \cdot \frac{-4X^2 + 4nX + nz^2}{4n(n+z^2)^2} = \frac{1}{(n+z^2)^2} \cdot z^2 \cdot \left[\frac{X(n-X)}{n} + \frac{z^2}{4}\right]$$

$$\Leftrightarrow \left|p - \frac{2X+z^2}{2(n+z^2)}\right|^2 \le \frac{1}{(n+z^2)^2} \cdot z^2 \cdot \left[\frac{X(n-X)}{n} + \frac{z^2}{4}\right].$$

$$\Leftrightarrow \left|p - \frac{2X+z^2}{2(n+z^2)}\right| \le \frac{1}{n+z^2} \cdot z \cdot \sqrt{\frac{X(n-X)}{n} + \frac{z^2}{4}}\ .$$

Weitere Umformung ergibt mit der relativen Häufigkeit $\frac{X}{n} = R_n(A)$

$$\left| p - \frac{n}{n+z^2} \cdot \left(R_n(A) + \frac{z^2}{2n} \right) \right| \le \frac{n}{n+z^2} \cdot z \cdot \sqrt{\frac{R_n(A)(1-R_n(A))}{n} + \frac{z^2}{4n^2}}.$$

Daraus erhält man

Asymptotische Konfidenzintervalle für p zum Niveau $1-\alpha$ bei großem Stichprobenumfang n mit $np(1-p) > 9$:
r_n sei die relative Häufigkeit des Ereignisses A in einer unabhängigen Versuchsserie vom Umfang n. Mit dem $(1-\frac{\alpha}{2})$-Quantil $z = z_{1-\frac{\alpha}{2}}$ der N(0 ; 1)-Verteilung erhält man für die Wahrscheinlichkeit p ein **asymptotisches zweiseitiges Konfidenzintervall** $[p_u ; p_o]$ mit den Grenzen

$$p_{u,o} = \frac{n}{n+z^2}\left(r_n + \frac{z^2}{2n} \mp z \cdot \sqrt{\frac{r_n \cdot (1-r_n)}{n} + \frac{z^2}{4n^2}} \right); \; z = z_{1-\frac{\alpha}{2}}. \qquad (8.24)$$

Mit den Quantilen $z = z_{1-\alpha}$ erhält man durch Weglassen der anderen Grenze **einseitige Konfidenzintervalle** für p zum Niveau $1-\alpha$.

Das zweiseitige Konfidenzintervall besitzt die

Länge:

$$l = \frac{2zn}{n+z^2} \cdot \sqrt{\frac{r_n \cdot (1-r_n)}{n} + \frac{z^2}{4n^2}} \quad \text{mit } z = z_{1-\frac{\alpha}{2}}. \qquad (8.25)$$

Für $n \to \infty$ konvergiert die Länge gegen Null.

Mit $r_n(1-r_n) \le \frac{1}{4}$ können für große n (8.24) und (8.25) vereinfacht werden zu

$$p_{u,o} \approx r_n \mp z_{1-\frac{\alpha}{2}} \cdot \sqrt{\frac{r_n \cdot (1-r_n)}{n}}; \qquad (8.26)$$

$$l \approx 2z_{1-\frac{\alpha}{2}} \cdot \sqrt{\frac{r_n \cdot (1-r_n)}{n}} \le 2z_{1-\frac{\alpha}{2}} \cdot \sqrt{\frac{1}{4n}} = \frac{z_{1-\frac{\alpha}{2}}}{\sqrt{n}}. \qquad (8.27)$$

Beispiel 8.10 (Wahrscheinlichkeit einer Knabengeburt):
Im Jahre 1994 wurden in Baden-Württemberg 113 398 Kinder lebend geboren. Davon waren 58 497 männlich (Quelle: Wirtschaft und Statistik 1995/12). Für die Wahrscheinlichkeit p, daß ein neugeborenes Kind ein Knabe ist, erhält man hieraus den Schätzwert

$$\hat{p} = r_n = \frac{58\,497}{113\,398} \approx 0{,}515856.$$

Gesucht ist ein zweiseitiges Konfidenzintervall für p zum Niveau 0,99. Mit dem 0,995-Quantil $z_{0,995} = 2{,}27583$, n = 113 398 und der relativen Häufigkeit erhält man aus (8.26) die Grenzen

$$p_{u,o} = 0{,}515856 \mp 2{,}257583 \cdot \sqrt{\frac{0{,}515856 \cdot (1 - 0{,}515856)}{113\,398}}$$

und das Konfidenzintervall für p

$$[0{,}5125;\ 0{,}5192].$$

8.2.5 Konfidenzintervalle für die Differenz zweier Erwartungswerte bei verbundenen Stichproben

An verschiedenen Individuen werden jeweils die Realisierungen zweier Zufallsvariabler X und Y gemessen. Dadurch ensteht eine verbundene (zweidimensionale) Stichprobe

$$(x, y) = \big((x_1, y_1), (x_2, y_2), \ldots, (x_n, y_n)\big).$$

Dann sind die Differenzen

$$d_i = x_i - y_i \text{ für } i = 1, 2, \ldots, n$$

unabhängige Realisierungen der Zufallsvariablen $D = X - Y$ mit dem Erwartungswert

$$E(D) = E(X - Y) = E(X) - E(Y) = \mu_X - \mu_Y. \tag{8.28}$$

Die Stichprobe der Differenzen

$$d = (d_1, d_2, \ldots, d_n)$$

besitze den Mittelwert

$$\overline{d} = \overline{x} - \overline{y} = \frac{1}{n} \sum_{i=1}^{n} d_i = \frac{1}{n} \sum_{i=1}^{n} (x_i - y_i)$$

und die Varianz

$$s_d^2 = \frac{1}{n-1} \sum_{i=1}^{n} (d_i - \overline{d})^2 = \frac{1}{n-1} \Big(\sum_{i=1}^{n} d_i^2 - n\overline{d}^2 \Big).$$

Wir setzen wie in Abschnitt 8.2.2 voraus, daß die Zufallsvariablen X und Y normalverteilt sind oder daß für den Stichprobenumfang $n > 30$ gilt, so daß die Normalverteilungsapproximation benutzt werden kann. Dann ist die Schätzfunktion

$$\sqrt{n} \cdot \frac{\overline{X} - \overline{Y} - (\mu_X - \mu_Y)}{S_d} \tag{8.29}$$

(wenigstens näherungsweise) t-verteilt mit $n - 1$ Freiheitsgraden. Mit den Quantilen der t-Verteilung mit $n - 1$ Freiheitsgraden, den Mittelwerten $\overline{x}$ und $\overline{y}$ sowie der Standardabweichung s_d der Stichprobe der Differenzen $x_i - y_i$ erhält man hiermit unmittelbar

Konfidenzintervalle für $\mu_X - \mu_Y$ bei verbundenen Stichproben zum Niveau $\gamma = 1 - \alpha$:

zweiseitige:

$$\left[\bar{x} - \bar{y} - t_{n-1;1-\frac{\alpha}{2}} \cdot \frac{s_d}{\sqrt{n}} \; ; \; \bar{x} - \bar{y} + t_{n-1;1-\frac{\alpha}{2}} \cdot \frac{s_d}{\sqrt{n}}\right];$$

einseitige: (8.30)

$$\left[\bar{x} - \bar{y} - t_{n-1;1-\alpha} \cdot \frac{s_d}{\sqrt{n}} \; ; \; \infty\right); \left(-\infty \; ; \; \bar{x} - \bar{y} + t_{n-1;1-\alpha} \cdot \frac{s_d}{\sqrt{n}}\right];$$

s_d = Standardabweichung der Stichprobe der Differenzen $x_i - y_i$.

Beispiel 8.11:

Bei 51 Personen wurden die Reaktionszeiten (in Sekunden) auf ein bestimmtes Signal einmal im nüchternen Zustand (y_i) und eine bestimmte Zeit nach dem Genuß einer vorgegebenen Menge Alkohol (x_i) gemessen. Dabei erhielt man die Werte $\bar{y} = 0{,}41$; $\bar{x} = 0{,}72$; $s_d = 0{,}438$.

Für die Differenz $\mu_X - \mu_Y$ bestimmen wir zu $\gamma = 0{,}95$ ein einseitiges, nach unten beschränktes, also nach oben offenes Konfidenzintervall. Die untere Grenze ist

$$\bar{x} - \bar{y} - t_{50\,;\,0{,}95} \cdot \frac{s_d}{\sqrt{n}} = 0{,}72 - 0{,}41 - 1{,}6759 \cdot \frac{0{,}438}{\sqrt{51}} = 0{,}207 .$$

Das Konfidenzintervall für $\mu_X - \mu_Y$ lautet

$$[0{,}207 \, ; \, \infty);$$

äquivalent dazu ist die Aussage

$$\mu_X - \mu_Y \geq 0{,}207 .$$

8.2.6 Konfidenzintervalle für den Quotienten der Varianzen zweier Normalverteilungen

Es seien X und Y unabhängige normalverteilte Zufallsvariablen mit existierenden, aber unbekannten Varianzen

$$\operatorname{Var}(X) = \sigma_X^2 \, ; \quad \operatorname{Var}(Y) = \sigma_Y^2 .$$

Aus zwei unabhängigen Stichproben

$$x = (x_1, x_2, \ldots, x_{n_x}) \, ; \quad y = (y_1, y_2, \ldots, y_{n_y})$$

vom Umfang n_x bezüglich X und vom Umfang n_y bezüglich Y können die unbekannten Varianzen σ_X^2 und σ_Y^2 geschätzt werden durch die Varianzen der beiden Stichproben

$$s_x^2 = \frac{1}{n_x - 1} \sum_{i=1}^{n_x} (x_i - \bar{x})^2 \quad \text{bzw.} \quad s_y^2 = \frac{1}{n_y - 1} \sum_{j=1}^{n_y} (y_j - \bar{y})^2 .$$

Die Testgrößen

$$\frac{(n_x - 1)\, S_X^2}{\sigma_X^2} \quad \text{und} \quad \frac{(n_y - 1)\, S_Y^2}{\sigma_Y^2} \tag{8.31}$$

sind unabhängig und nach Abschnitt 8.2.3 Chi-Quadrat-verteilt mit $n_x - 1$ bzw. $n_y - 1$ Freiheitsgraden. Nach Abschnitt 6.6.6 ist die Testgröße

$$\frac{S_Y^2}{\sigma_Y^2} : \frac{S_X^2}{\sigma_X^2} = \frac{S_Y^2}{S_X^2} \cdot \frac{\sigma_X^2}{\sigma_Y^2} \tag{8.32}$$

F-verteilt mit $(n_y - 1\,, n_x - 1)$ Freiheitsgraden.

Mit den Quantilen der F-Verteilung mit $(n_y - 1\,, n_x - 1)$ Freiheitsgraden gilt nach den obigen Ausführungen

$$\begin{aligned} 1 - \alpha &= P\left(f_{n_y - 1\,, n_x - 1\,;\, \frac{\alpha}{2}} \le \frac{S_Y^2}{S_X^2} \cdot \frac{\sigma_X^2}{\sigma_Y^2} \le f_{n_y - 1\,, n_x - 1\,;\, 1 - \frac{\alpha}{2}}\right) \\ &= P\left(\frac{S_X^2}{S_Y^2} \cdot f_{n_y - 1\,, n_x - 1\,;\, \frac{\alpha}{2}} \le \frac{\sigma_X^2}{\sigma_Y^2} \le \frac{S_X^2}{S_Y^2} \cdot f_{n_y - 1\,, n_x - 1\,;\, 1 - \frac{\alpha}{2}}\right). \end{aligned}$$

Falls die linksseitigen Quantile der F-Verteilung nicht vertafelt sind, kann man die Umrechnungsformel aus Abschnitt 6.6.6 benutzen:

$$f_{n_y - 1\,, n_x - 1\,;\, \frac{\alpha}{2}} = \frac{1}{f_{n_x - 1\,, n_y - 1\,;\, 1 - \frac{\alpha}{2}}}\,.$$

Damit erhält man

Konfidenzintervalle für den Quotienten $\frac{\sigma_X^2}{\sigma_Y^2}$ zum Niveau $1 - \alpha$:
zweiseitige:

$$\left[\frac{s_x^2}{s_y^2} \cdot \frac{1}{f_{n_x - 1\,, n_y - 1\,;\, 1 - \frac{\alpha}{2}}}\;;\; \frac{s_x^2}{s_y^2} \cdot f_{n_y - 1\,, n_x - 1\,;\, 1 - \frac{\alpha}{2}}\right];$$

einseitige: (8.33)

$$\left[\frac{s_x^2}{s_y^2} \cdot \frac{1}{f_{n_x - 1\,, n_y - 1\,;\, 1 - \alpha}}\,;\, \infty\right);\; \left(0\,;\; \frac{s_x^2}{s_y^2} \cdot f_{n_y - 1\,, n_x - 1\,;\, 1 - \alpha}\right].$$

Beispiel 8.12:
Für den Quotienten der beiden Varianzen normalverteilter Zufallsvariabler soll zum Niveau $\gamma = 0{,}95$ ein zweiseitiges Konfidenzintervall bestimmt werden aus

$s_x^2 = 31{,}4;$ Stichprobenumfang $n_x = 20;$

$s_y^2 = 24{,}5;$ Stichprobenumfang $n_y = 15.$

Aus Tabelle 5 im Anhang erhält man die Quantile

$$f_{n_x-1,\,n_y-1\,;\,1-\frac{\alpha}{2}} = f_{19\,;\,14\,;\,0{,}975} = 2{,}861;$$

$$f_{n_y-1,\,n_x-1\,;\,1-\frac{\alpha}{2}} = f_{14\,;\,19\,;\,0{,}975} = 2{,}647$$

und hiermit das Konfidenzintervall für den Quotienten $\frac{\sigma_X^2}{\sigma_Y^2}$

$$\left[\frac{31{,}4}{24{,}5}\cdot\frac{1}{2{,}861};\ \frac{31{,}4}{24{,}5}\cdot 2{,}647\right] = [0{,}448;\ 3{,}392].$$

8.3 Aufgaben

Aufgabe 8.1:
Es sei $X = (X_1, X_2, \ldots, X_n)$ eine unabhängige Stichprobe mit bekanntem Erwartungswert $E(X_i) = \mu_0$ und unbekannter Varianz $Var(X_i) = \sigma^2 > 0$ für $i = 1, 2, \ldots, n$. Gegeben seien die Statistiken

$$T_1 = \frac{1}{n}\sum_{i=1}^{n}(X_i - \mu_0)^2; \quad T_2 = n(\overline{X} - \mu_0)^2$$

mit

$$Var(T_1) = \frac{2\sigma^4}{n^4}; \ Var(T_2) = 2\sigma^4.$$

a) Sind T_1 und T_2 erwartungstreue Schätzfunktionen für σ^2 ?
b) Sind die Schätzfunktionen für σ^2 konsistent?

Aufgabe 8.2:
Eine Zufallsvariable X sei exponentialverteilt mit dem Parameter λ. Zeigen Sie, daß $\hat{\lambda} = \frac{1}{\overline{x}}$ Maximum-Likelihood-Schätzung für den Parameter λ ist.

Aufgabe 8.3:
Zeigen Sie, daß bei Normalverteilungen

$$\overline{X} = \frac{1}{n}\sum_{i=1}^{n} X_i \quad \text{und} \quad \hat{S}^2 = \frac{n-1}{n}S^2 = \frac{1}{n}\sum_{i=1}^{n}(X_i - \overline{X})^2$$

Maximum-Likelihood-Schätzungen für μ und σ^2 sind.

Aufgabe 8.4:
Die stetige Zufallsvariable X besitze die Verteilungsfunktion

$$F(x) = \begin{cases} 0 & \text{für } x \le 0; \\ 1 - e^{-b x^r} & \text{für } x > 0 \quad \text{mit } b, r > 0. \end{cases}$$

Dabei sei r eine fest vorgegebene Zahl mit $r > 0$, während von dem Parameter b nur $b > 0$ bekannt ist.
a) Zeigen Sie, daß F eine Verteilungsfunktion ist.
b) Bestimmen Sie die Maximum-Likelihood-Schätzung für b.

Aufgabe 8.5:
Ein Lebensmittel wird in 1 kg-Dosen verkauft. Eine Stichprobe vom Umfang $n = 20$ ergab einen Mittelwert von 0,985 kg und eine (empirische) Varianz $s^2 = 0{,}2\ kg^2$. Bestimmen Sie unter der Normalverteilungsannahme ein 99 %-Vertrauensintervall für den Erwartungswert μ des Gewichts.

Aufgabe 8.6:
An zehn Patienten wurden die Wirkungen zweier Schlaftabletten A und B untersucht. In allen Fällen schliefen die Patienten unter der Wirkung von A mindestens so lange wie unter B. Es ergaben sich folgende Zuwächse der Schlafzeiten (unter A gegenüber B) in Stunden:

1,2 2,4 1,3 1,3 0,0 1,0 1,8 0,8 4,6 1,4.

Bestimmen Sie unter der Normalverteilungsannahme ein 95 %-Vertrauensintervall für die Differenz der Erwartungswerte der Schlafzeiten unter der Wirkung von A und unter der Wirkung von B
a) für den Fall bekannter Varianz $\sigma_0^2 = 1{,}66$;
b) bei unbekannter Varianz.
c) Wie groß muß bei bekannter Varianz $\sigma_0^2 = 1{,}66$ der Stichprobenumfang n mindestens sein, damit das Konfidenzintervall höchstens die Länge 0,8 besitzt?

Aufgabe 8.7:
Bei einer Meinungsumfrage über den Bekanntheitsgrad eines bestimmten Artikels wurde festgestellt, daß 65 % der zufällig ausgewählten befragten Personen den Artikel kennen. Berechnen Sie ein Vertrauensintervall für den Bekanntheitsgrad (in Prozent) für $\gamma = 0{,}95$, falls $n = 10^k$ ist für $k = 3, 4, 5, 6$.

Aufgabe 8.8:
In einem Hotel werde ein vorbestelltes Zimmer mit einer unbekannten Wahrscheinlichkeit p nicht in Anspruch genommen.
a) Aufgrund wie vieler Vorbestellungen könnte ein 99 %-Konfidenzintervall für p berechnet werden, welches höchstens die Länge 0,05 hat?
b) Bestimmen Sie für $\gamma = 0{,}99$ ein Konfidenzintervall für p für den Fall, daß von 500 vorbestellten Zimmern 50 nicht belegt werden.
c) Es sei $p = 0{,}1$ bekannt. Wie groß ist dann näherungsweise die Wahrscheinlichkeit, daß von 500 Buchungen höchstens 450 wahrgenommen werden? Hinweis: Benutzen Sie die Approximation durch die Normalverteilung!

Kapitel 9: Parametertests

Eine Annahme über einen unbekannten Parameterwert einer Wahrscheinlichkeitsverteilung nennt man **Parameterhypothese**. Ein **Parametertest** ist ein statistisches Verfahren, das zur Nachprüfung (Ablehnung oder Nichtablehnung) einer Parameterhypothese dient. Zur Testdurchführung benutzt man eine vom Parameter abhängige Stichprobenfunktion (Testfunktion), mit deren Realisierung die Testentscheidung getroffen wird. Sehr oft wird dabei als Testfunktion eine der erwartungstreuen Schätzfunktionen aus Kap. 8 benutzt.

9.1 Einfache Alternativtests

In diesem Abschnitt sollen als einführende Beispiele zwei Tests behandelt werden, bei denen für den unbekannten Parameter nur zwei verschiedene vorgegebene Werte in Betracht kommen. Dabei wird die Vorgehensweise der allgemeinen Testtheorie bereits deutlich.

9.1.1 Test von $H_0 : \mu = \mu_0$ gegen $H_1 : \mu = \mu_1$

Beispiel 9.1 (Beispiel zur Einführung):
Ein Händler verkauft Eier von zwei Hühnerrassen. Dabei seien die Gewichte normalverteilt. Die Zufallsvariable X des Gewichts (in Gramm) besitze bei einer Rasse den Erwartungswert $\mu_0 = 50$ und die Varianz $\sigma_0^2 = 100$, bei der anderen sei der Erwartungswert $\mu_1 = 54$ und die Varianz $\sigma_1^2 = 121$.
Von einer Lieferung sei bekannt, daß sämtliche Eier von einer der beiden Rassen stammen. Mit Hilfe des Durchschnittsgewichts $\bar{x}$ einer Stichprobe soll nun entschieden werden, um welche Rasse es sich handelt. Nach der allgemeinen Theorie kommen wir auf dieses Beispiel zurück.

Allgemein betrachten wir eine normalverteilte Zufallsvariable X. Dabei soll es für die beiden Parameter nur zwei Möglichkeiten geben. X ist entweder $N(\mu_0; \sigma_0^2)$- oder $N(\mu_1; \sigma_1^2)$-verteilt. Wir setzen noch $\mu_0 < \mu_1$ voraus. Mit Hilfe des Stichprobenmittels $\bar{x}$ soll entschieden werden, welche der beiden Verteilungen zugrunde liegt. Zunächst betrachten wir die sogenannte

Nullhypothese H_0: X ist $N(\mu_0; \sigma_0^2)$-verteilt

und die zugehörige

Alternative H_1: X ist $N(\mu_1; \sigma_1^2)$-verteilt.

Die Zufallsvariable $\overline{X}$ des Stichprobenmittels ist ebenfalls normalverteilt, und zwar $N\left(\mu_0; \frac{\sigma_0^2}{n}\right)$- oder $N\left(\mu_1; \frac{\sigma_1^2}{n}\right)$-verteilt, je nachdem, ob die Nullhypothese H_0 oder die Alternative H_1 richtig ist.

Mit einer noch zu bestimmenden **kritischen Grenze** c mit $\mu_0 < c < \mu_1$ gelangt man mit dem Stichprobenmittel $\overline{x}$ aus einer Zufallsstichprobe zur

Testentscheidung:

$\overline{x} > c \quad \Rightarrow$ Entscheidung gegen H_0 (Annahme von H_1);

$\overline{x} \leq c \quad \Rightarrow$ Entscheidung für H_0 (keine Ablehnung von H_0).

Zunächst wäre es vielleicht naheliegend, sich für denjenigen Erwartungswert zu entscheiden, bei dem $\overline{x}$ am nächsten liegt. Dann müßte c als arithmetisches Mittel $\frac{1}{2}(\mu_0 + \mu_1)$ gewählt werden. Doch wir lassen die genaue Wahl von c noch offen.

Bei dieser Testentscheidung können zwei Arten von Fehlern (Fehlentscheidungen) gemacht werden: Eine Entscheidung gegen H_0, obwohl H_0 richtig ist, nennt man **Fehler 1. Art**; eine Entscheidung für H_0, obwohl H_1 richtig ist, heißt **Fehler 2. Art.** Die Wahrscheinlichkeit dafür, daß bei einer Testentscheidung ein Fehler 1. Art gemacht wird, bezeichnen wir mit α. Dann heißt α die **Irrtumswahrscheinlichkeit 1. Art.** Die **Irrtumswahrscheinlichkeit 2. Art** β ist die Wahrscheinlichkeit für einen Fehler 2. Art. In der Tabelle 9.1 sind alle vier Entscheidungsmöglichkeiten zusammengestellt.

	Entscheidung für H_0	Entscheidung gegen H_0
H_0 richtig	richtige Entscheidung	Fehler 1. Art Irrtumswahrscheinlichkeit α
H_1 richtig	Fehler 2. Art Irrtumswahrscheinlichkeit β	richtige Entscheidung

Tab. 9.1: Entscheidungsmöglichkeiten beim Alternativtest

Beide Irrtumswahrscheinlichkeiten α und β hängen von c ab.

Ein Fehler erster Art wird gemacht, wenn die Nullhypothese abgelehnt wird, obwohl sie richtig ist, X also $N(\mu_0; \sigma_0^2)$-verteilt ist. Ein solcher Fehler wird begangen, wenn das Ereignis $\overline{X} > c$ unter der Bedingung der Null hypothese H_0 eintritt. Dann ist die Zufallsvariable $\overline{X}$ des arithmetischen Mittels $N\left(\mu_0; \frac{\sigma_0^2}{n}\right)$-verteilt. Mit Hilfe der Standardisierung erhält man

$$\begin{aligned}\alpha &= P(\overline{X} > c \mid H_0) = 1 - P(\overline{X} \leq c \mid H_0) \\ &= 1 - P\left(\frac{\overline{X} - \mu_0}{\sigma_0} \cdot \sqrt{n} \leq \frac{c - \mu_0}{\sigma_0} \cdot \sqrt{n} \mid H_0\right) = 1 - \Phi\left(\frac{c - \mu_0}{\sigma_0} \cdot \sqrt{n}\right).\end{aligned}$$

Zwischen der Irrtumswahrscheinlichkeit 1. Art α und der kritischen Grenze c besteht also die Beziehung

$$\Phi\left(\frac{c-\mu_0}{\sigma_0}\cdot\sqrt{n}\right)=1-\alpha. \tag{9.1}$$

Mit dem $(1-\alpha)$-Quantil $z_{1-\alpha}$ der Standard-Normalverteilung erhält man hieraus

$$\frac{c-\mu_0}{\sigma_0}\cdot\sqrt{n}=z_{1-\alpha}\,;\quad c=\mu_0+\frac{\sigma_0}{\sqrt{n}}\cdot z_{1-\alpha}. \tag{9.2}$$

Falls c vogegeben ist, kann α aus (9.1) bestimmt werden. Umgekehrt kann man α vorgeben und nach (9.2) die kritische Grenze c berechnen.

Ein Fehler zweiter Art wird gemacht, wenn man sich für H_0 entscheidet, obwohl H_1 richtig ist, wenn also das Ereignis $\overline{X}\le c$ eintritt und X $N(\mu_1;\sigma_1^2)$-verteilt ist. Die Wahrscheinlichkeit dafür ist

$$\begin{aligned}\beta &= P(\overline{X}\le c\,|\,H_1)=P\left(\frac{\overline{X}-\mu_1}{\sigma_1}\cdot\sqrt{n}\le\frac{c-\mu_1}{\sigma_1}\cdot\sqrt{n}\,\middle|\,H_1\right) \\ &= \Phi\left(\frac{c-\mu_1}{\sigma_1}\cdot\sqrt{n}\right).\end{aligned} \tag{9.3}$$

Hieraus folgt

$$\frac{c-\mu_1}{\sigma_1}\cdot\sqrt{n}=z_\beta=-z_{1-\beta};\quad c=\mu_1-\frac{\sigma_1}{\sqrt{n}}\cdot z_{1-\beta}. \tag{9.4}$$

Bedingung für $\alpha=\beta$

Falls beide Irrtumswahrscheinlichkeiten gleich groß sein sollen, also für $\alpha=\beta$, erhält man mit $z_{1-\beta}=z_{1-\alpha}$ aus (9.2) und (9.4) durch Gleichsetzen

$$\mu_0+\frac{\sigma_0}{\sqrt{n}}\cdot z_{1-\alpha}=\mu_1-\frac{\sigma_1}{\sqrt{n}}\cdot z_{1-\alpha}\,;$$

$$\frac{\sigma_0+\sigma_1}{\sqrt{n}}\cdot z_{1-\alpha}=\mu_1-\mu_0\,;$$

$$z_{1-\alpha}=z_{1-\beta}=\frac{\mu_1-\mu_0}{\sigma_0+\sigma_1}\cdot\sqrt{n}\,;\quad 1-\alpha=1-\beta=\Phi\left(\frac{\mu_1-\mu_0}{\sigma_0+\sigma_1}\cdot\sqrt{n}\right).$$

Bedingung für $\alpha=\beta$:

$$\begin{aligned}&\alpha=\beta=1-\Phi\left(\frac{\mu_1-\mu_0}{\sigma_0+\sigma_1}\cdot\sqrt{n}\right); \\ &c=\mu_0+\frac{\sigma_0}{\sigma_0+\sigma_1}\cdot(\mu_1-\mu_0).\end{aligned} \tag{9.5}$$

Nur für $\sigma_0=\sigma_1$ liegt $c=\frac{\mu_0+\mu_1}{2}$ in der Mitte der beiden zu testenden Erwartungswerte μ_0 und μ_1.

Beispiel 9.1 (Testdurchführung):
Für Beispiel 9.1 soll der Test so durchgeführt werden, daß beide Irrtumswahrscheinlichkeiten gleich sind, also mit $\alpha = \beta$. Aus (9.5) erhält man

$$\alpha = \beta = 1 - \Phi\Big(\frac{54-50}{10+11}\cdot\sqrt{100}\Big) = 1 - \Phi(1{,}9048) = 0{,}0284;$$

$$c = 50 + \frac{10}{10+11}\cdot(54-50) = 51{,}9048.$$

Für $\overline{x} > 51{,}9048$ entscheidet man sich gegen H_0, sonst für H_0.

9.1.2 Test von $H_0 : p = p_0$ gegen $H_1 : p = p_1$

Von einer Wahrscheinlichkeit $p = P(A)$ sei bekannt, daß sie entweder gleich p_0 oder gleich p_1 ist. Dabei seien die beiden Werte p_0 und p_1 gegeben mit $p_0 < p_1$. Analog zu Abschnitt 9.1.1 betrachten wir die Nullhypothese und Alternative

Nullhypothese H_0: $p = p_0$; **Alternative** H_1: $p = p_1$.

Zur Testdurchführung wird die relative Häufigkeit $r_n(A)$ des Ereignisses A in einer unabhängigen Versuchsserie vom Umfang n benutzt. Mit Hilfe einer kritischen Grenze c mit $p_0 < c < p_1$ gelangt man zur

Testentscheidung:

$r_n(A) > c \;\Rightarrow\;$ Entscheidung gegen H_0 (Annahme von H_1);

$r_n(A) \leq c \;\Rightarrow\;$ Entscheidung für H_0 (keine Ablehnung von H_0).

Für die Zufallsvariable $R_n(A)$ der relativen Häufigkeit gilt nach (7.13)

$$E(R_n(A)) = p; \quad Var(R_n(A)) = \frac{p(1-p)}{n}.$$

Dabei kommen für den Parameter p nur die beiden Werte p_0 oder p_1 in Betracht, je nachdem, ob H_0 oder H_1 richtig ist. Im Falle $np_0(1-p_0) > 9$ und $np_1(1-p_1) > 9$ ist $R_n(A)$ näherungsweise normalverteilt. Die beiden möglichen Irrtumswahrscheinlichkeiten sind in Tab. 9.1 aufgeführt. Ein Fehler erster Art wird gemacht, wenn H_0 zu Unrecht abgelehnt wird, wenn also das Ereignis $R_n(A) > c$ eintritt und $p = p_0$ die richtige Wahrscheinlichkeit ist. Damit erhält man die Irrtumswahrscheinlichkeit 1. Art

$$\begin{aligned}\alpha &= P(R_n(A) > c \mid p = p_0) = 1 - P(R_n(A) \leq c \mid p = p_0)\\ &= 1 - P\Big(\frac{R_n(A) - p_0}{\sqrt{p_0(1-p_0)}}\cdot\sqrt{n} \leq \frac{c - p_0}{\sqrt{p_0(1-p_0)}}\cdot\sqrt{n} \mid p = p_0\Big)\\ &\approx 1 - \Phi\Big(\frac{c-p_0}{\sqrt{p_0(1-p_0)}}\cdot\sqrt{n}\Big);\end{aligned}$$

$$\Phi\left(\frac{c-p_0}{\sqrt{p_0(1-p_0)}}\cdot\sqrt{n}\right)\approx 1-\alpha$$

ergibt mit dem $(1-\alpha)$-Quantil $z_{1-\alpha}$ der $N(0;1)$-Verteilung

$$c = p_0 + z_{1-\alpha}\cdot\sqrt{\frac{p_0(1-p_0)}{n}} \quad \text{mit} \quad \Phi(z_{1-\alpha}) = 1-\alpha. \tag{9.6}$$

Ein Fehler zweiter Art wird begangen, wenn man sich für H_0 entscheidet, obwohl H_1 richtig ist, falls also $R_n(A) \le c$ eintritt und $p = p_1$ die tatsächliche Wahrscheinlichkeit ist. Daher lautet die Irrtumswahrscheinlichkeit 2. Art

$$\begin{aligned}\beta &= P(R_n(A)) \le c \mid p = p_1) \\ &= P\left(\frac{R_n(A)-p_1}{\sqrt{p_1(1-p_1)}}\cdot\sqrt{n} \le \frac{c-p_1}{\sqrt{p_1(1-p_1)}}\cdot\sqrt{n} \mid p = p_1\right) \\ &\approx \Phi\left(\frac{c-p_1}{\sqrt{p_1(1-p_1)}}\cdot\sqrt{n}\right).\end{aligned}$$

Hieraus folgt mit $z_\beta = -z_{1-\beta}$

$$c = p_1 - z_{1-\beta}\cdot\sqrt{\frac{p_1(1-p_1)}{n}} \quad \text{mit} \quad \Phi(z_{1-\beta}) = 1-\beta. \tag{9.7}$$

Bei fest vorgegebenem Stichprobenumfang n treten in den Gleichungen (9.6) und (9.7) drei Größen c, α und β auf. Davon kann eine vorgegeben werden. Die beiden anderen sind dann bestimmt.

Bedingung für $\alpha = \beta$

Die kritische Grenze c soll nun so bestimmt werden, daß beide Irrtumswahrscheinlichkeiten gleich sind, also $\alpha = \beta$ erfüllt ist. Nach (9.6) und (9.7) muß dann wegen $z_{1-\alpha} = z_{1-\beta}$ die Bedingung

$$c = p_0 + z_{1-\alpha}\cdot\sqrt{\frac{p_0(1-p_0)}{n}} = p_1 - z_{1-\alpha}\cdot\sqrt{\frac{p_1(1-p_1)}{n}}$$

erfüllt sein. Hieraus erhält man unmittelbar die

Bedingung für $\alpha = \beta$:

$$\alpha = \beta = 1-\Phi\left(\frac{p_1-p_0}{\sqrt{\frac{p_0(1-p_0)}{n}}+\sqrt{\frac{p_1(1-p_1)}{n}}}\right);$$

$$c = p_0 + \frac{\sqrt{\frac{p_0(1-p_0)}{n}}}{\sqrt{\frac{p_0(1-p_0)}{n}}+\sqrt{\frac{p_1(1-p_1)}{n}}}\cdot(p_1-p_0). \tag{9.8}$$

9.2 Tests von Erwartungswerten

In diesem Abschnitt sollen einseitige und zweiseitige Tests für Erwartungswerte behandelt werden. Wie in Abschnitt 8.2.2 soll wieder die Normalverteilung vorausgesetzt werden oder der Stichprobenumfang n so groß sein, daß die Zufallsvariablen des arithmetischen Mittels nach dem zentralen Grenzwertsatz ungefähr normalverteilt sind.

9.2.1 Test eines Erwartungswertes bei bekannter Varianz

In diesem Abschnitt sei die Varianz $\mathrm{Var}(X) = \sigma_0^2$ bekannt.

9.2.1.1 Zweiseitiger Test von $H_0: \mu = \mu_0$ gegen $H_1: \mu \neq \mu_0$

Bei vielen Produktionsvorgängen wird verlangt, daß der Erwartungswert möglichst nahe bei einem vorgegebenen Sollwert μ_0 liegt. Dann wird die

Nullhypothese $\quad H_0: \mu = \mu_0$

gegen die

Alternative $\quad H_1: \mu \neq \mu_0$

getestet. Da die Parametermenge $\{\mu_0\}$ der Nullhypothese nur aus einem einzigen Element besteht, nennt man H_0 eine **einfache Hypothese.** Die Elemente der Alternativen $\{\mu \,|\, \mu \neq \mu_0\}$ befinden sich auf beiden Seiten von μ_0. Daher spricht man von einem **zweiseitigen Test.**
Wie in Abschnitt 9.1.1 wird der Test mit Hilfe des Mittelwertes $\bar{x}$ einer einfachen Zufallsstichprobe vom Umfang n durchgeführt. Falls $\bar{x}$ von μ_0 stärker abweicht, wird man die Nullhypothese H_0 ablehnen, die Alternative H_1 also annehmen. Bei kleineren Abweichungen lehnt man H_0 nicht ab. Man sagt dann auch "das Ergebnis steht nicht in signifikantem Widerspruch zur Nullhypothese" und geht davon aus, daß der wahre Parameter μ in der Nähe des Sollwertes μ_0 liegt. Bei richtiger Nullhypothese H_0 besitzt die Zufallsvariable $\overline{X}$ des Mittelwertes einer einfachen Stichprobe vom Umfang n die Kenngrößen

$$E(\overline{X} \,|\, H_0) = \mu_0; \quad \mathrm{Var}(\overline{X} \,|\, H_1) = \frac{\sigma_0^2}{n}.$$

Dann ist die Standardisierung $\dfrac{\overline{X} - \mu_0}{\sigma_0} \cdot \sqrt{n}$ standard-normalverteilt.

Mit einer geeigneten kritischen Grenze c gelangt man zur

Testentscheidung:

$$\frac{|\bar{x} - \mu_0|}{\sigma_0} \cdot \sqrt{n} > c \quad \Rightarrow \quad \text{Entscheidung gegen } H_0: \mu = \mu_0 \ (\text{Annahme von } H_1: \mu \neq \mu_0);$$

$$\frac{|\bar{x} - \mu_0|}{\sigma_0} \cdot \sqrt{n} \le c \quad \Rightarrow \quad \text{keine Ablehnung von } H_0.$$

Bei dieser Testentscheidung wird ein Fehler 1. Art begangen, wenn die Nullhypothese H_0 zu Unrecht abgelehnt wird. Die zugehörige Wahrscheinlichkeit α ist die Irrtumswahrscheinlichkeit 1. Art. Zur Bestimmung der Ablehnungsgrenze c wird α vorgegeben. Bei richtiger Nullhypothese erhalten wir über die Standardisierung von $\overline{X}$ für c die Bestimmungsgleichung

$$\begin{aligned} \alpha &= P\left(\frac{|\overline{X}-\mu_0|}{\sigma_0}\cdot\sqrt{n} > c \mid \mu=\mu_0\right) \\ &= 1 - P\left(-c \le \frac{\overline{X}-\mu_0}{\sigma_0}\cdot\sqrt{n} \le c \mid \mu=\mu_0\right); \\ 1-\alpha &= P\left(-c \le \frac{\overline{X}-\mu_0}{\sigma_0}\cdot\sqrt{n} \le c \mid \mu=\mu_0\right) = \Phi(c)-\Phi(-c) \\ &= 2\Phi(c)-1;\quad \Phi(c) = 1-\tfrac{\alpha}{2}; \end{aligned} \tag{9.9}$$

c ist das $(1-\frac{\alpha}{2})$-Quantil der Standard-Normalverteilung, also

$$c = z_{1-\frac{\alpha}{2}}\,. \tag{9.10}$$

Falls die Nullhypothese H_0 nicht abgelehnt wird, obwohl sie falsch ist, wird ein Fehler 2. Art gemacht. Dann ist der wahre Erwartungswert μ nicht bekannt, man weiß nur, daß $\mu \neq \mu_0$ ist. Die Irrtumswahrscheinlichkeit 2. Art β hängt vom tatsächlichen Erwartungswert $\mu \neq \mu_0$ ab. Falls μ der wirkliche Erwartungswert ist, besitzt $\overline{X}$ nicht den Erwartungswert μ_0, sondern den Erwartungswert μ. Dies muß bei der Standardisierung beachtet werden. Dann erhält man die Irrtumswahrscheinlichkeit 2. Art durch Standardisierung bezüglich des tatsächlichen Erwartungswertes μ als

$$\begin{aligned} \beta(\mu) &= P\left(\frac{|\overline{X}-\mu_0|}{\sigma_0}\cdot\sqrt{n} \le c \mid \mu\right) = P\left(|\overline{X}-\mu_0| \le c\cdot\frac{\sigma_0}{\sqrt{n}} \mid \mu\right) \\ &= P\left(\mu_0 - c\cdot\frac{\sigma_0}{\sqrt{n}} \le \overline{X} \le \mu_0 + c\cdot\frac{\sigma_0}{\sqrt{n}} \mid \mu\right) \\ &= P\left(\frac{\mu_0-\mu}{\sigma_0}\cdot\sqrt{n} - c \le \frac{\overline{X}-\mu}{\sigma_0}\cdot\sqrt{n} \le \frac{\mu_0-\mu}{\sigma_0}\cdot\sqrt{n} + c \mid \mu\right) \\ &= \Phi\left(\frac{\mu_0-\mu}{\sigma_0}\cdot\sqrt{n}+c\right) - \Phi\left(\frac{\mu_0-\mu}{\sigma_0}\cdot\sqrt{n}-c\right). \end{aligned} \tag{9.11}$$

Falls μ weit von μ_0 entfernt ist, ist $\beta(\mu)$ klein. Ist jedoch μ in der Nähe von μ_0, so kann β sehr groß werden. Zusammen mit (9.9) erhält man

$$\lim_{\mu\to\mu_0} \beta(\mu) = \Phi(c) - \Phi(-c) = 1-\alpha. \tag{9.12}$$

Während die Irrtumswahrscheinlichkeit 1. Art α im allgemeinen klein vorgegeben wird, kann die Irrtumswahrscheinlichkeit 2. Art β unter Umständen sehr groß werden. Aus diesem Grund darf die Nullhypothese im Falle einer Nichtablehnung nicht ohne weiteres angenommen werden. Man sollte dann lieber sagen "das Ergebnis steht nicht in signifikantem Widerspruch zur Nullhypothese H_0".

Beispiel 9.2:
Die Zufallsvariable des Gewichts (in Gramm) von Zuckerpaketen besitze die bekannte Standardabweichung $\sigma_0 = 2{,}5$. Der Sollwert für den Erwartungswert sei $\mu_0 = 980$. Aus der Produktion wurden 100 Pakete zufällig ausgewählt mit dem Durchschnittsgewicht $\overline{x} = 980{,}52$. Kann damit die Nullhypothese H_0: $\mu = 980$ mit $\alpha = 0{,}05$ abgelehnt werden?
$\alpha = 0{,}05$ ergibt nach (9.10) $c = z_{1-\frac{\alpha}{2}} = z_{0,975} = 1{,}96$. Wegen
$\frac{|\overline{x} - \mu_0|}{\sigma_0} \cdot \sqrt{n} = \frac{|980{,}52 - 980|}{2{,}5} \cdot \sqrt{100} = 2{,}08 > z_{0,975}$ wird H_0 abgelehnt.

9.2.1.2 Einseitiger Test von $H_0: \mu \geq \mu_0$ gegen $H_1: \mu < \mu_0$

Beispiel 9.3 (Einführung):
Von den Füllmengen (in Gramm) einer hochwertigen Ware behauptet der Hersteller, der Erwartungswert μ betrage mindestens 250. Eine Behörde hat den begründeten Verdacht, daß der Erwartungswert μ unter 250 liegt. Um dies statistisch nachzuweisen, muß sie zur Entscheidung $\mu < 250$ gelangen. Wir kommen auf dieses Beispiel nochmals zurück.

Allgemein soll die

Nullhypothese $H_0: \mu \geq \mu_0$

gegen die

Alternative $H_1: \mu < \mu_0$

getestet werden. Die beiden Hypothesen nennt man **einseitig**. Daher handelt es sich um einen **einseitigen Test**. Die Nullhypothese kann sinnvollerweise nur dann abgelehnt werden, wenn das arithmetische Mittel $\overline{x}$ den Grenzwert μ_0 (deutlich) unterschreitet. Mit einer kritischen Grenze c gelangt man mit dem Mittelwert $\overline{x}$ einer Stichprobe vom Umfang n zur

Testentscheidung:

$\frac{\overline{x} - \mu_0}{\sigma_0} \cdot \sqrt{n} < c \quad \Rightarrow$ Entscheidung gegen $H_0: \mu \geq \mu_0$ (Annahme von H_1: $\mu < \mu_0$);

$\frac{\overline{x} - \mu_0}{\sigma_0} \cdot \sqrt{n} \geq c \quad \Rightarrow$ keine Ablehnung von H_0.

Die Grenze c wird so bestimmt, daß die Irrtumswahrscheinlichkeit 1. Art gleich α ist, falls μ_0 der richtige Erwartungswert ist. Damit erhält man mit Hilfe der Standardisierung

$$\alpha = P\Big(\frac{\overline{X} - \mu_0}{\sigma_0} \cdot \sqrt{n} < c \,|\, \mu = \mu_0 \Big) = \Phi(c).$$

Mit den Quantilen der Standard-Normalverteilung erhält man hieraus

$$c = z_\alpha = -z_{1-\alpha}. \tag{9.13}$$

Irrtumswahrscheinlichkeiten 1. Art

Wenn die Grenzstelle μ_0 der tatsächliche Erwartungswert ist, dann ist α die Irrtumswahrscheinlichkeit 1. Art. Für jedes $\mu \geq \mu_0$ ist die Nullhypothese H_0 aber ebenfalls richtig. Falls $\mu > \mu_0$ der wahre Erwartungswert ist, muß bezüglich μ und nicht bezüglich μ_0 standardisiert werden. Dann lautet die von μ abhängige Irrtumswahrscheinlichkeit 1. Art

$$\begin{aligned}\alpha(\mu) &= P\left(\frac{\overline{X}-\mu_0}{\sigma_0}\cdot\sqrt{n} < c \,|\, \mu\right) = P\left(\overline{X} < \mu_0 + c\cdot\frac{\sigma_0}{\sqrt{n}} \,|\, \mu\right) \qquad (9.14)\\ &= P\left(\frac{\overline{X}-\mu}{\sigma_0}\cdot\sqrt{n} < \frac{\mu_0-\mu}{\sigma_0}\cdot\sqrt{n} + c \,|\, \mu\right) = \Phi\left(\frac{\mu_0-\mu}{\sigma_0}\cdot\sqrt{n} + c\right)\\ &\qquad \text{für } \mu \geq \mu_0.\end{aligned}$$

Die Funktion $\alpha(\mu)$ ist im Nullhypothesenbereich $\{\mu \,|\, \mu \geq \mu_0\}$ streng monoton fallend. Sie nimmt das Maximum $\alpha(\mu_0) = \alpha$ am linken Rand $\mu = \mu_0$ an. Daher ist bei diesem Test die Irrtumswahrscheinlichkeit 1. Art höchstens gleich α. Man nennt α das **Signifikanzniveau** des Tests.

Irrtumswahrscheinlichkeit 2. Art

Die Irrtumswahrscheinlichkeit 2. Art $\beta(\mu)$ hängt ebenfalls vom tatsächlichen Parameterwert $\mu < \mu_0$ ab. Es gilt

$$\begin{aligned}\beta(\mu) &= P\left(\frac{\overline{X}-\mu_0}{\sigma_0}\cdot\sqrt{n} \geq c \,|\, \mu\right) = P\left(\overline{X} \geq \mu_0 + c\cdot\frac{\sigma_0}{\sqrt{n}} \,|\, \mu\right) \qquad (9.15)\\ &= P\left(\frac{\overline{X}-\mu}{\sigma_0}\cdot\sqrt{n} \geq \frac{\mu_0-\mu}{\sigma_0}\cdot\sqrt{n} + c \,|\, \mu\right)\\ &= 1 - \Phi\left(\frac{\mu_0-\mu}{\sigma_0}\cdot\sqrt{n} + c\right) \quad \text{für } \mu \geq \mu_0.\end{aligned}$$

Im Alternativenbereich $\{\mu \,|\, \mu < \mu_0\}$ ist die Funktion $\beta(\mu)$ in μ streng monoton wachsend mit

$$\lim_{\mu \to \mu_0} \beta(\mu) = 1 - \Phi(c) = 1 - \alpha.$$

Wie beim zweiseitigen Test in Abschnitt 9.2.1.1 kann die Irrtumswahrscheinlichkeit 2. Art unter Umständen sehr groß werden. Sie kann fast $1 - \alpha$ erreichen, wenn der Erwartungswert μ sehr nahe bei μ_0 liegt. Aus diesem Grund sollte man die Nullhypothese nicht ohne weiteres annehmen.

Beispiel 9.3 (Fortsetzung):

Die Standardabweichung des Gewichts sei $\sigma_0 = 5$. Zum Test der Nullhypothese $H_0: \mu \geq 250$ gegen die Alternative $H_1: \mu < 250$ wird der Mittelwert $\overline{x}$ einer Stichprobe vom Umfang $n = 100$ benutzt. Welchen Wert muß $\overline{x}$ mindestens unterschreiten, damit die Nullhypothese H_0 höchstens mit einer Irrtumswahrscheinlichkeit von $\alpha = 0{,}05$ abgelehnt werden kann? Aus (9.13) erhält man den Ablehnungsbereich

$$\frac{\overline{x}-\mu_0}{\sigma_0}\cdot\sqrt{n} = \frac{\overline{x}-250}{5}\cdot\sqrt{100} < -z_{0,95} = -1{,}64485;$$

$$\overline{x} < 250 - 1{,}64485\cdot\frac{5}{10} = 249{,}1776.$$

9.2.1.3 Einseitiger Test von $H_0: \mu \leq \mu_0$ gegen $H_1: \mu > \mu_0$

Falls man zur Testentscheidung $\mu > \mu_0$ gelangen möchte, sollte als

Nullhypothese $\quad H_0: \mu \leq \mu_0$

und als

Alternative $\quad H_1: \mu > \mu_0$

gewählt werden. Wie in Abschnitt 9.2.1.2 handelt es sich um einen **einseitigen Test.** Mit einer kritischen Grenze c gelangt man zur

Testentscheidung:

$\frac{\overline{x}-\mu_0}{\sigma_0}\cdot\sqrt{n} > c \quad \Rightarrow$ Entscheidung gegen $H_0: \mu = \mu_0$ (Annahme von H_1);

$\frac{\overline{x}-\mu_0}{\sigma_0}\cdot\sqrt{n} \leq c \quad \Rightarrow$ keine Ablehnung von H_0.

Aus dem **Signifikanzniveau** α, der maximalen Irrtumswahrscheinlichkeit 1. Art des Tests, erhält man die Ablehnungsgrenze c aus

$$\alpha = P\left(\frac{\overline{X}-\mu_0}{\sigma_0}\cdot\sqrt{n} > c \mid \mu = \mu_0\right) = 1 - P\left(\frac{\overline{X}-\mu_0}{\sigma_0}\cdot\sqrt{n} \leq c \mid \mu = \mu_0\right)$$
$$= 1 - \Phi(c)$$

als

$$c = z_{1-\alpha}. \tag{9.16}$$

Während die Irrtumswahrscheinlichkeit 1. Art höchstens gleich α ist, kann auch bei diesem Test die Irrtumswahrscheinlichkeit 2. Art β sehr groß werden, sogar fast gleich $1-\alpha$, falls μ in der Nähe von μ_0 liegt.

9.2.1.4 Zusammenstellung der Testentscheidungen:

Nullhypothese H_0	Alternative H_1	Ablehnungsbereich von H_0
a) $\mu = \mu_0$	$\mu \neq \mu_0$	$\frac{\lvert\overline{x}-\mu_0\rvert}{\sigma_0}\cdot\sqrt{n} > z_{1-\frac{\alpha}{2}}$
b) $\mu \geq \mu_0$	$\mu < \mu_0$	$\frac{\overline{x}-\mu_0}{\sigma_0}\cdot\sqrt{n} < -z_{1-\alpha}$
c) $\mu \leq \mu_0$	$\mu > \mu_0$	$\frac{\overline{x}-\mu_0}{\sigma_0}\cdot\sqrt{n} > z_{1-\alpha}$

9.2.2 Test eines Erwartungswertes bei unbekannter Varianz

Falls die Varianz σ^2 nicht bekannt ist, wird sie wie bei der Bestimmung von Konfidenzintervallen in Abschnitt 8.2.2.2 durch die empirische Varianz s^2 einer einfachen Stichprobe vom Umfang n geschätzt. Dann ist die Testgröße

$$\frac{\overline{X}-\mu_0}{S}\cdot\sqrt{n} \qquad (9.17)$$

t-verteilt mit $n-1$ Freiheitsgraden, falls μ_0 der tatsächliche Erwartungswert von X ist. Mit der aus einer Stichprobe vom Umfang n berechneten Realisierung

$$\frac{\overline{x}-\mu_0}{s}\cdot\sqrt{n}$$

und den Quantilen der t-Verteilung mit $n-1$ Freiheitsgraden erhält man für den zweiseitigen Test a) und die beiden einseitigen Tests b) und c) die in der nachfolgenden Tabelle angegebenen Ablehnungsgrenzen.

Testentscheidungen:

Nullhypothese H_0	Alternative H_1	Ablehnungsbereich von H_0
a) $\mu = \mu_0$	$\mu \neq \mu_0$	$\frac{\lvert\overline{x}-\mu_0\rvert}{s}\cdot\sqrt{n} > t_{n-1;1-\frac{\alpha}{2}}$
b) $\mu \geq \mu_0$	$\mu < \mu_0$	$\frac{\overline{x}-\mu_0}{s}\cdot\sqrt{n} < -t_{n-1;1-\alpha}$
c) $\mu \leq \mu_0$	$\mu > \mu_0$	$\frac{\overline{x}-\mu_0}{s}\cdot\sqrt{n} > t_{n-1;1-\alpha}$

Beispiel 9.4:
Für den zweiseitigen Test von H_0: $\mu = 200$ gegen H_1: $\mu \neq 200$ wurde eine Stichprobe vom Umfang $n = 51$ gezogen mit dem Mittelwert $\overline{x} = 198{,}9$ und der Standardabweichung $s = 3{,}2$. Kann hiermit die Nullhypothese H_0 mit einer Irrtumswahrscheinlichkeit $\alpha = 0{,}05$ abgelehnt werden?

Die Realisierung der Testgröße lautet

$$t_{ber} = \frac{198{,}9-200}{3{,}2}\cdot\sqrt{51} = -2{,}4549; \quad t_{50;0{,}975} = 2{,}0086.$$

Wegen $\lvert t_{ber}\rvert > t_{50;0{,}975}$ wird die Nullhypothese H_0 abgelehnt.

9.2.3 Test der Differenz der Erwartungswerte bei verbundenen Stichproben

Wie in Abschnitt 8.2.5 sei

$$(x,y) = ((x_1,y_1),(x_2,y_2),\dots,(x_n,y_n))$$

eine verbundene Stichprobe bezüglich der zweidimensionalen Zufallsvariablen (X,Y) mit den Erwartungswerten $E(X) = \mu_X$ und $E(Y) = \mu_Y$. Zum Test der Differenz $\mu_X - \mu_Y$ sei die Normalverteilung oder $n > 30$ vorausgesetzt. Allgemein soll getestet werden, ob die Differenz $\mu_X - \mu_Y$ der beiden Erwartungswerte gleich, kleiner oder größer als eine fest vorgegebene Konstante a ist. Dabei ergibt $a = 0$ als Spezialfall den **Test auf Gleichheit** der beiden Erwartungswerte. Wie bei der Bestimmung von Konfidenzintervallen in Abschnitt 8.2.5 wird aus der Stichprobe $d = x - y$ der Differenzen $d_i = x_i - y_i$ der Mittelwert und die Varianz bestimmt:

$$\bar{d} = \bar{x} - \bar{y} = \frac{1}{n}\sum_{i=1}^{n}(x_i - y_i); \quad s_d^2 = \frac{1}{n-1}\sum_{i=1}^{n}(d_i - \bar{d})^2. \tag{9.18}$$

Unter der Bedingung $\mu_X - \mu_Y = a$ besitzt die Zufallsvariable $D = X - Y$ den Erwartungswert $\mu_X - \mu_Y = a$. Dann ist

$$\frac{\bar{D} - a}{S_d}\cdot\sqrt{n} = \frac{\bar{X} - \bar{Y} - a}{S_d}\cdot\sqrt{n} \tag{9.19}$$

(ungefähr) t-verteilt mit $n-1$ Freiheitsgraden. Zur Testentscheidung benutzt man die Realisierung

$$\frac{\bar{d} - a}{s_d}\cdot\sqrt{n} = \frac{\bar{x} - \bar{y} - a}{s_d}\cdot\sqrt{n}\,. \tag{9.20}$$

Wie in den Abschnitten 9.2.1 und 9.2.2 können ein zweiseitiger Test sowie zwei einseitige Tests durchgeführt werden. Die jeweiligen Nullhypothesen und Alternativen sind in der nachfolgenden Tabelle zusammengestellt. Die Ablehnungsgrenzen werden analog zu den Abschnitten 9.2.1 und 9.2.2 bestimmt. Es sind Quantile der t-Verteilung mit $n-1$ Freiheitsgraden (Tab. 3 im Anhang). Damit gelangt man zu den

Testentscheidungen:

Nullhypothese H_0	Alternative H_1	Ablehnungsbereich von H_0
a) $\mu_X - \mu_Y = a$	$\mu_X - \mu_Y \neq a$	$\frac{\lvert\bar{x} - \bar{y} - a\rvert}{s_d}\cdot\sqrt{n} > t_{n-1;1-\frac{\alpha}{2}}$
b) $\mu_X - \mu_Y \geq a$	$\mu_X - \mu_Y < a$	$\frac{\bar{x} - \bar{y} - a}{s_d}\cdot\sqrt{n} < -t_{n-1;1-\alpha}$
c) $\mu_X - \mu_Y \leq a$	$\mu_X - \mu_Y > a$	$\frac{\bar{x} - \bar{y} - a}{s_d}\cdot\sqrt{n} > t_{n-1;1-\alpha}$

Beispiel 9.5:
Es wird vermutet, daß die Reaktionszeit (in Sekunden) auf ein bestimmtes Signal durch den Genuß einer bestimmten Menge Alkohol um mehr als 0,2 Sekunden erhöht wird. Da man von $\mu_X - \mu_Y > 0{,}2$ überzeugt ist, sollte dieser Bereich als Alternative H_1 gewählt werden. Mit $\alpha = 0{,}05$ ist also

$$H_0: \mu_X - \mu_Y \leq 0{,}2 \quad \text{gegen} \quad H_1: \mu_X - \mu_Y > 0{,}2$$

zu testen. Es handelt sich um den Test c) mit $a = 0{,}2$. Zum Test wurden bei 100 zufällig ausgewählten Personen die Reaktionszeiten im nüchternen Zustand und eine Stunde nach dem Genuß einer bestimmten Menge Alkohol gemessen. Dabei erhielt man die Werte:

$$\bar{y} = 0{,}95 \text{ (ohne Alkohol)}; \quad \bar{x} = 1{,}19 \text{ (mit Alkohol)}.$$

Die Stichprobe der Differenzen besitze die Standardabweichung $s_d = 0{,}18$. Daraus erhält man mit $a = 0{,}2$ die Testgröße

$$\frac{\bar{x} - \bar{y} - a}{s_d} \cdot \sqrt{n} = \frac{1{,}19 - 0{,}95 - 0{,}2}{0{,}18} \cdot \sqrt{100} = 2{,}2222.$$

Das $(1-\alpha)$-Quantil der t-Verteilung mit $n - 1 = 99$ Freiheitsgraden beträgt $t_{99\,;\,0{,}95} = 1{,}6604$.

Wegen $\frac{\bar{x} - \bar{y} - a}{s_d} \cdot \sqrt{n} > t_{n-1\,;\,1-\alpha}$ wird die Nullhypothese H_0 abgelehnt, die Alternative H_1 also angenommen. Aufgrund des Stichprobenergebnisses kann man also davon ausgehen, daß der Erwartungswert der Reaktionszeit durch den Alkoholgenuß um mehr als 0,2 Sekunden erhöht wird.

9.3 Tests von Varianzen bei Normalverteilungen

In diesem Abschnitt wird vorausgesetzt, daß die entsprechenden Zufallsvariablen normalverteilt sind mit unbekanntem Erwartungswert und unbekannter Varianz. Im ersten Abschnitt soll eine einzige Varianz σ^2 getestet werden, im zweiten Teil wird der Quotient der Varianzen zweier unabhängiger Normalverteilungen getestet.

9.3.1 Test einer einzigen Varianz

Von einer normalverteilten Zufallsvariablen X sei weder der Erwartungswert noch die Varianz bekannt. Zu einer vorgegebenen Grenzstelle σ_0^2 sind für den zweiseitigen und die beiden einseitigen Tests die Nullhypothesen und zugehörigen Alternativen in der nachfolgenden Tabelle angegeben. Falls σ_0^2 die tatsächliche Varianz der Zufallsvariablen X ist, so ist nach Abschnitt 8.2.3 die Testfunktion

$$\frac{(n-1)\,S^2}{\sigma_0^2} = \frac{\sum\limits_{i=1}^{n}(X_i-\overline{X})^2}{\sigma_0^2} \tag{9.21}$$

Chi-Quadrat-verteilt mit n − 1 Freiheitsgraden. Dabei ist die Realisierung von S^2 die empirische Varianz s^2 einer Stichprobe vom Umfang n. Mit der Stichprobenvarianz s^2 und den Quantilen der Chi-Quadrat-Verteilung mit n − 1 Freiheitsgraden erhält man analog zu Abschnitt 9.2 die

Testentscheidungen:

Nullhypothese H_0	Alternative H_1	Ablehnungsbereich von H_0
a) $\sigma^2 = \sigma_0^2$	$\sigma^2 \neq \sigma_0^2$	$\frac{(n-1)\,s^2}{\sigma_0^2} < \chi^2_{n-1;\frac{\alpha}{2}}$ oder $> \chi^2_{n-1;1-\frac{\alpha}{2}}$
b) $\sigma^2 \leq \sigma_0^2$	$\sigma^2 > \sigma_0^2$	$\frac{(n-1)\,s^2}{\sigma_0^2} > \chi^2_{n-1;1-\alpha}$
c) $\sigma^2 \geq \sigma_0^2$	$\sigma^2 < \sigma_0^2$	$\frac{(n-1)\,s^2}{\sigma_0^2} < \chi^2_{n-1;\alpha}$

Beispiel 9.6:
Zum Test von $H_0: \sigma^2 \leq 10$ gegen $H_1: \sigma^2 > 10$ wird die Varianz s^2 einer Stichprobe vom Umfang 51 benutzt. Wie groß muß s^2 mindestens sein, damit die Nullhypothese mit $\alpha = 0{,}05$ abgelehnt werden kann? Aus b) erhält man die Bedingung $s^2 > \frac{10}{50}\cdot\chi^2_{50;0{,}95} = \frac{1}{5}\cdot 67{,}5048 = 13{,}50$.

9.3.2 Test des Quotienten zweier Varianzen

Wir betrachten zwei unabhängige normalverteilte Zufallsvariablen X und Y mit den unbekannten Varianzen σ_X^2 und σ_Y^2. Getestet werden soll, ob der Quotient σ_X^2/σ_Y^2 kleiner, gleich oder größer als eine vorgegebene positive Konstante a ist. Für a = 1 erhält man als Spezialfall den Test auf Gleichheit der beiden Varianzen.

Wie bei der Bestimmung von Konfidenzintervallen für den Quotienten in Abschnitt 8.2.6 berechnet man aus zwei unabhängigen Stichproben

$$x = (x_1, x_2, \ldots, x_{n_x})\,; \quad y = (y_1, y_2, \ldots, y_{n_y})$$

der Längen n_x und n_y die Varianzen

$$s_x^2 = \frac{1}{n_x-1}\sum_{i=1}^{n_x}(x_i-\overline{x})^2 \quad \text{bzw.} \quad s_y^2 = \frac{1}{n_y-1}\sum_{i=1}^{n_y}(y_i-\overline{y})^2\,. \tag{9.22}$$

Falls σ_X^2 und σ_Y^2 die tatsächlichen Varianzen sind, ist nach Abschnitt 8.2.6

$$\frac{S_X^2}{\sigma_X^2} : \frac{S_Y^2}{\sigma_Y^2} = \frac{S_X^2}{S_Y^2} \cdot \frac{\sigma_Y^2}{\sigma_X^2} \tag{9.23}$$

F-verteilt mit $(n_x - 1, n_y - 1)$ Freiheitsgraden. In (9.23) setzt man zur Bestimmung der Ablehnungsgrenzen $\frac{\sigma_X^2}{\sigma_Y^2} = a$. Damit erhält man nach Bosch, K. [1996], S. 419ff. für die drei möglichen Tests die

Testentscheidungen:

Nullhypothese H_0	Alternative H_1	Ablehnungsbereich von H_0
a) $\frac{\sigma_X^2}{\sigma_Y^2} = a$	$\frac{\sigma_X^2}{\sigma_Y^2} \neq a$	$\frac{s_x^2}{s_y^2} > a \cdot f_{n_x-1, n_y-1; 1-\frac{\alpha}{2}}$ oder $< \frac{a}{f_{n_y-1, n_x-1; 1-\frac{\alpha}{2}}}$
b) $\frac{\sigma_X^2}{\sigma_Y^2} \leq a$	$\frac{\sigma_X^2}{\sigma_Y^2} > a$	$\frac{s_x^2}{s_y^2} > a \cdot f_{n_x-1, n_y-1; 1-\alpha}$
c) $\frac{\sigma_X^2}{\sigma_Y^2} \geq a$	$\frac{\sigma_X^2}{\sigma_Y^2} < a$	$\frac{s_x^2}{s_y^2} < \frac{a}{f_{n_y-1, n_x-1; 1-\alpha}}$

(n_x = Umfang der x-Stichprobe, n_y = Umfang der y-Stichprobe).

Beispiel 9.7:
Eine Firma behauptet, in einer Abfüllanlage werde durch den Einbau einer speziellen Vorrichtung die Standardabweichung der Zufallsvariablen der Füllmenge um mehr als 10% verkleinert. Vor der Umrüstung wurde aus einer Stichprobe vom Umfang 201 die Standardabweichung $s_y = 4{,}3$ bestimmt. Nach der Umrüstung soll in einer Stichprobe vom Umfang 101 die Standardabweichung s_x bestimmt werden. Wie groß darf s_x höchstens sein, damit man der Behauptung der Firma mit einer Irrtumswahrscheinlichkeit $\alpha = 0{,}05$ glauben kann?
Es muß der einseitige Test c) durchgeführt werden:

$$H_0: \frac{\sigma_X}{\sigma_Y} \geq 0{,}9 \Leftrightarrow \frac{\sigma_X^2}{\sigma_Y^2} \geq 0{,}81; \quad H_1: \frac{\sigma_X^2}{\sigma_Y^2} < 0{,}81.$$

Mit a = 0,81 erhält man aus c) den Ablehnungsbereich

$$\frac{s_x^2}{s_y^2} < \frac{a}{f_{100,200;0{,}95}}; \quad s_x^2 < \frac{0{,}81 \cdot s_y^2}{f_{100,200;0{,}95}} = \frac{0{,}81 \cdot 4{,}3^2}{1{,}32064} = 11{,}3407;$$

$s_x < 3{,}3676$.

9.4 Test einer Wahrscheinlichkeit p

Für eine unbekannte Wahrscheinlichkeit $p = P(A)$ eines beliebigen Ereignisses A sollen in diesem Abschnitt zweiseitige und einseitige Tests durchgeführt werden. Wie in Abschnitt 9.1.2 soll für die Grenzwahrscheinlichkeit p_0 der Nullhypothese H_0 die Bedingung

$$np_0(1-p_0) > 9$$

erfülllt sein, so daß die Zufallsvariable $R_n(A)$ der relativen Häufigkeit des Ereignisses A in einer unabhängigen Versuchsserie vom Umfang n näherungsweise normalverteilt ist. Falls p_0 die tatsächliche Wahrscheinlichkeit ist, so ist die Standardisierung

$$\frac{R_n(A) - p_0}{\sqrt{p_0(1-p_0)}} \cdot \sqrt{n} \tag{9.24}$$

ungefähr standard-normalverteilt. Mit der relativen Häufigkeit r_n des Ereignisses A in einer unabhängigen Versuchsserie vom Umfang n und den Quantilen der Standard-Normalverteilung gelangt man analog zu Abschnitt 9.2.1 zu den

Testentscheidungen:

Nullhypothese H_0	Alternative H_1	Ablehnungsbereich von H_0
a) $p = p_0$	$p \neq p_0$	$\frac{\lvert r_n - p_0 \rvert}{\sqrt{p_0(1-p_0)}} \cdot \sqrt{n} > z_{1-\frac{\alpha}{2}}$
b) $p \leq p_0$	$p > p_0$	$\frac{r_n - p_0}{\sqrt{p_0(1-p_0)}} \cdot \sqrt{n} > z_{1-\alpha}$
c) $p \geq p_0$	$p < p_0$	$\frac{r_n - p_0}{\sqrt{p_0(1-p_0)}} \cdot \sqrt{n} < -z_{1-\alpha}$

Beispiel 9.8:
Ein herkömmliches Medikament besitze eine aus Erfahrung bekannte Heilungswahrscheinlichkeit $p = 0{,}6$. Ein neu entwickeltes Medikament soll nur dann auf den Markt gebracht werden, wenn statistisch nachgewiesen ist, daß dessen Heilungswahrscheinlichkeit größer als 0,65 ist.

a) Zum Test von $H_0: p \leq 0{,}65$ gegen $H_1: p > 0{,}65$ mit $\alpha = 0{,}05$ wurde das Medikament 100 an der Krankheit leidenden Patienten verabreicht. Dabei wurden 68 geheilt. Mit der relativen Häufigkeit $r_{100} = 0{,}68$ lautet die Realisierung der Testgröße

$$\frac{r_n - p_0}{\sqrt{p_0(1-p_0)}} \cdot \sqrt{n} = \frac{0{,}68 - 0{,}65}{\sqrt{0{,}65 \cdot (1-0{,}65)}} \cdot 10 = 0{,}629.$$

Die Ablehnungsgrenze ist $z_{1-\alpha} = z_{0,95} = 1{,}645$. Da die berechnete Testgröße dieses Quantil nicht überschreitet, kann die Nullhypothese H_0 nicht abgelehnt werden. Es sind zwar mehr als 65 % der Patienten durch das neue Medikament geheilt worden. Das Ergebnis ist jedoch nicht signifikant, es kann auf den Zufall zurückgeführt werden.

b) Das Medikament werde 1000 Patienten verabreicht. Wie viele davon müssen mindestens geheilt werden, damit man sich mit $\alpha = 0{,}01$ für die Alternative $H_1 : p > 0{,}65$ entscheiden kann?

$$\frac{r_{1000} - 0{,}65}{\sqrt{0{,}65 \cdot (1-0{,}65)}} \cdot \sqrt{1000} > z_{0,99} = 2{,}3263$$

ergibt

$$r_{1000} > 0{,}65 + \frac{\sqrt{0{,}65 \cdot (1-0{,}65)}}{\sqrt{1000}} \cdot 2{,}3263 = 0{,}6851\,.$$

Es müssen also mindestens 686 der 1 000 Patienten geheilt werden.

9.5 Aufgaben

Aufgabe 9.1:
Ein Markthändler verkauft Eier zweier Hühnerrassen. Die Zufallsvariablen der Gewichte (in Gramm) seien jeweils normalverteilt. Bei der ersten Rasse sei $\mu_1 = 48$; $\sigma_1^2 = 100$, bei der zweiten $\mu_2 = 52$; $\sigma_2^2 = 25$. Ein Händler kauft eine Sendung Eier. Dabei wird unterstellt, daß alle Eier von einer der beiden Rassen stammen. Zum Test von

$$H_0 : \mu = 48 \qquad \text{gegen} \qquad H_1 : \mu = 52$$

wird eine Palette von 30 Eiern gewogen. Wenn das Durchschnittsgewicht $\bar{x}$ einen kritischen Wert c überschreitet, entscheidet man sich für H_1, sonst für H_0. Die zugehörigen Irrtumswahrscheinlichkeiten seien α und β. Von den drei Werten c, α und β wird jeweils einer vorgegeben. Bestimmen Sie die beiden anderen aus:

a) $c = 53$; b) $\alpha = 0{,}05$; c) $\beta = 0{,}5$.

d) Wie muß die kritische Grenze c gewählt werden, damit beide Irrtumswahrscheinlichkeiten gleich groß sind?

e) Bestimmen Sie den minimalen Stichprobenumfang n so, daß beide Irrtumswahrscheinlichkeiten übereinstimmen und höchstens gleich 0,01 sind.

Aufgabe 9.2:
In einer Schießbude sind durch ein Versehen zwei Gewehre vertauscht worden. Fest steht nur noch, daß eines davon eine Trefferwahrscheinlichkeit von 0,5, das andere eine von 0,8 hat. Zur Identifizierung der Gewehre geht der Schießbudenbesitzer folgendermaßen vor: Mit einem der beiden Gewehre gibt er 4 Schüsse ab. Falls mindestens 3 davon treffen, entscheidet er sich bei dem ausgewählten Gewehr für eine Trefferwahrscheinlichkeit von 0,8; sonst für 0,5. Berechnen Sie die Irrtumswahrscheinlichkeiten.

Aufgabe 9.3:
In der vorhergehenden Aufgabe schießt der Schießbudenbesitzer 200mal. Bei mindestens 120 Treffern entscheidet er sich für $p = 0{,}8$; sonst für $p = 0{,}5$. Lösen Sie die Aufgabe näherungsweise mit Hilfe der Normalverteilungsapproximation.

Aufgabe 9.4:
Beim Überprüfen der Reißfestigkeit einer Drahtsorte wurden die Werte 299, 300, 302, 305, 307, 311 gemessen. Die Meßwerte können als unabhängige Stichprobe einer normalverteilten Zufallsvariablen betrachtet werden.

a) Testen Sie mit $\alpha = 0{,}05$ die Nullhypothese H_0: $\mu = 300$ gegen die Alternative H_1: $\mu \neq 300$.
b) Testen Sie mit $\alpha = 0{,}05$ H_0: $\mu \leq 300$ gegen H_1: $\mu > 300$, wobei $\sigma_0 = 6$ bekannt sei.

Aufgabe 9.5:
Ein Hersteller kleiner Elektromotoren behauptet, daß die Motoren im Mittel nicht mehr als 0,8 Ampere aufnehmen. Eine Stichprobe von 16 Motoren ergab einen Mittelwert von $\overline{x} = 0{,}96$ Ampere und eine Standardabweichung $s = 0{,}32$ Ampere. Kann die Behauptung des Herstellers mit der Irrtumswahrscheinlichkeit $\alpha = 0{,}05$ unter der Normalverteilungsannahme abgelehnt werden?

Aufgabe 9.6:
Die Gewichte (in Gramm) von Pfeffertüten seien normalverteilt mit der konstanten Standardabweichung $\sigma_0 = 1{,}5$, während der Erwartungswert μ von der Maschineneinstellung abhängt. Zum Test von H_0: $\mu = 80$ (Sollwert) gegen H_1 : $\mu \neq 80$ werde der Mittelwert $\overline{x}$ einer Stichprobe vom Umfang $n = 100$ benutzt. Für $|\overline{x} - 80| > c$ soll die Nullhypothese abgelehnt werden.

a) Bestimmen Sie die Ablehnungsgrenze c für $\alpha = 0{,}05$.
b) Bestimmen Sie die Irrtumswahrscheinlichkeit 2. Art, falls $\mu = 80{,}5$ der tatsächliche Erwartungswert ist.

Aufgabe 9.7:
Eine Verbraucherzentrale vermutet, daß die von einem Hersteller verkauften Pakete entgegen dessen Behauptung im Schnitt weniger als 300 Gramm wiegen. Eine Stichprobe von 101 Paketen ergab einen Mittelwert $\bar{x} = 299{,}5$ und eine Standardabweichung $s = 2{,}7$. Kann damit die Vermutung der Verbraucherzentrale mit $\alpha = 0{,}05$ bestätigt werden?

Aufgabe 9.8:
Die Zufallsvariable X der Temperatur (in Grad) eines Kühlregals in einem Supermarkt sei normalverteilt und besitze im Idealfall den Erwartungswert $\mu = -15$. Um größere Temperaturschwankungen zu vermeiden, soll die Standardabweichung σ kleiner als 0,6 sein. Zum Test der Standardabweichung wurde eine Stichprobe vom Umfang $n = 20$ gezogen mit dem Ergebnis

$$\sum_{i=1}^{20} x_i = -304{,}5\,; \quad \sum_{i=1}^{20} x_i^2 = 4\,641{,}8\,.$$

Kann damit die Behauptung $\sigma < 0{,}6$ mit $\alpha = 0{,}05$ bestätigt werden?

Aufgabe 9.9:
Es wird vermutet, daß bei einem Blutalkoholgehalt von 0,8 Promille die mittlere Reaktionszeit auf ein bestimmtes Signal um mindestens 0,1 Sekunden größer ist als bei 0 Promille.

a) Stellen Sie die Nullhypothese H_0 und die zugehörige Alternative H_1 auf, falls Sie von der Bestätigung der Vermutung fest überzeugt sind.
b) Zum Test wurden bei 10 Personen die Reaktionszeiten (in Sekunden) x_i bei 0 Promille und später die Reaktionszeiten y_i bei 0,8 Promille festgestellt:

Person i	1	2	3	4	5	6	7	8	9	10
x_i	0,18	0,21	0,15	0,23	0,19	0,23	0,27	0,14	0,22	0,16
y_i	0,29	0,34	0,24	0,37	0,32	0,38	0,51	0,24	0,30	0,27

Führen Sie unter der Normalverteilungsannahme den Test mit $\alpha = 0{,}05$ durch.

Aufgabe 9.10:
Der Lieferant einer Ware behauptet, die Ausschußwahrscheinlichkeit seiner Ware sei höchstens 0,06. Ein Abnehmer prüft 500 zufällig ausgewählte Stücke. Bei welcher Mindestanzahl fehlerhafter Stücke in dieser Stichprobe kann der Abnehmer die Behauptung des Lieferanten zurückweisen mit einer Irrtumswahrscheinlichkeit
a) $\alpha = 0{,}05$; b) $\alpha = 0{,}02$; c) $\alpha = 0{,}01$?

Aufgabe 9.11:
Der Hersteller eines Medikaments behauptet, die Heilungswahrscheinlichkeit durch dieses Medikament sei mindestens gleich 0,9. In einem Krankenhaus wurde das Medikament 400 Patienten verabreicht, 340 wurden geheilt. Kann mit einer Irrtumswahrscheinlichkeit $\alpha = 0{,}01$ die Behauptung des Herstellers widerlegt werden?

Aufgabe 9.12:
Eine Firma behauptet, bei der Herstellung von Autoreifen werde durch die Zugabe eines bestimmten Mittels die Standardabweichung der Lebensdauer um mehr als 20 % verkleinert. Zum Test dieser Behauptung wurde bei der alten Produktion von 501 Reifen die Lebensdauer in km festgestellt. Dabei betrug die Standardabweichung 4223 km. Von 26 mit dem Zusatzmittel produzierten Reifen werde in einem Schnelltest jeweils die Lebensdauer festgestellt. Wie groß darf die Standardabweichung s höchstens sein, damit die obige Behauptung mit einer Irrtumswahrscheinlichkeit $\alpha = 0{,}05$ als gesichert angesehen werden kann?

Aufgabe 9.13:
Zum Test von

$$H_0: \mu \le \mu_0 \quad \text{gegen } H_1: \mu > \mu_0$$

wird der Mittelwert $\bar{x}$ einer Stichprobe benutzt. Dabei sei $\bar{x} \le \mu_0$. Geben Sie spontan eine Testentscheidung ohne jegliche Rechnung an.

Aufgabe 9.14:
In einer unabhängigen Versuchsserie vom Umfang n besitzt ein Ereignis A die relative Häufigkeit $r_n(A) = 0{,}3$. Daraus wird die Nullhypothese

$$H_0: \; P(A) = 0{,}3$$

aufgestellt. Weshalb ist es nicht zulässig, H_0 mit dieser Stichprobe zu testen?

Aufgabe 9.15:
Die Zufallsvariable X des Gewichts (in Gramm) der von einer Anlage abgefüllten Pakete sei normalverteilt. Der Erwartungswert μ kann sich im Laufe der Zeit ändern, während die Standardabweichung $\sigma_0 = 3$ konstant ist. Zum Test von

$$H_0: |\mu - 1000| \ge 2 \quad \text{gegen } H_1: |\mu - 1000| < 2$$

wird mit dem Mittelwert $\bar{x}$ des Gewichts von 400 zufällig ausgewählten Paketen folgende Entscheidung getroffen:
Im Falle $|\bar{x} - 1000| < 1{,}7$ wird H_0 zugunsten von H_1 abgelehnt. Bestimmen Sie die von μ abhängige Irrtumswahrscheinlichkeit 1. Art des Tests. Wie groß kann diese Irrtumswahrscheinlichkeit maximal werden?

Kapitel 10: Chi-Quadrat-Tests

Bei den sogenanten Chi-Quadrats-Tests sind die Testfunktionen näherungsweise Chi-Quadrat-verteilt. Mit Hilfe der Anpassungstests können einerseits gleichzeitig mehrere Wahrscheinlichkeiten getestet werden, andererseits kann damit untersucht werden, ob eine bestimmte Verteilungsfunktion vorliegt bzw. ob die unbekannte Verteilungsfunktion zu einer bestimmten Klasse von Verteilungsfunktionen gehört, z.B. zur Klasse der Normalverteilungen. Mit den Unabhängigkeitstests werden zwei Zufallsvariablen auf Unabhängigkeit getestet. Mit Hilfe von Homogenitätstests kann getestet werden, ob mehrere Zufallsvariablen die gleiche Verteilung besitzen.

10.1 Test von mehreren Wahrscheinlichkeiten

Beispiel 10.1:
Zum Test der Nullhypothese H_0: "ein Würfel ist ideal" müssen gleichzeitig sechs Wahrscheinlichkeiten getestet werden, da diese bei einem idealen Würfel alle gleich $\frac{1}{6}$ sind. Die Nullhypothese lautet also

$$H_0:\ p_i = P(X = i) = \frac{1}{6} \quad \text{für } i = 1, 2, \ldots, 6.$$

Weil die Summe aller 6 Wahrscheinlichkeiten gleich Eins ist, handelt es sich im Grunde genommen nur um den Test von 5 Wahrscheinlichkeiten. Es ist naheliegend, daß man zum Test die relativen bzw. absoluten Häufigkeiten der einzelnen Augenzahlen benutzt. Falls einige oder alle relativen Häufigkeiten r_i von den hypothetischen Wahrscheinlichkeiten $p_i = \frac{1}{6}$ stärker abweichen, wird man die Nullhypothese ablehnen. Nach der allgemeinen Theorie werden wir auf dieses Beispiel zurückkommen.

Allgemein sei $A_1, A_2, \ldots, A_r$ eine **vollständige Ereignisdisjunktion**, also r paarweise unvereinbare Ereignisse, von denen bei jeder Versuchsdurchführung genau eines eintreten muß. Für diese Ereignisse gilt damit

$$\Omega = \bigcup_{i=1}^{r} A_i \quad \text{mit} \quad A_i \cap A_j = \emptyset \ \text{ für } i \neq j. \tag{10.1}$$

Bezüglich vorgegebener Wahrscheinlichkeiten $p_1, p_2, \ldots, p_r$ mit

$$p_i > 0 \ \text{ für alle } i \quad \text{und} \quad \sum_{i=1}^{r} p_i = 1$$

soll folgende Nullhypothese getestet werden:

$$H_0: \; P(A_1) = p_1 ; \; P(A_2) = p_2 ; \; \dots ; \; P(A_r) = p_r . \tag{10.2}$$

Wegen $\sum\limits_{i=1}^{r} p_i = 1$ sind nur $r-1$ Wahrscheinlichkeiten zu testen.

Zum Test werden in einer unabhängigen Versuchsserie vom Umfang n die absoluten Häufigkeiten $h_i = h_n(A_i)$ für $i = 1, 2, \dots, r$ bestimmt.

In der unabhängigen Versuchsserie vom Umfang n sei $H_n(A_i)$ die Zufallsvariable der absoluten Häufigkeit des Ereignisses A_i. Bei richtiger Nullhypothese H_0 ist $H_n(A_i)$ binomialverteilt mit den Parametern

$$E(H_n(A_i)) = np_i ; \quad Var(H_n(A_i)) = np_i(1-p_i) \quad \text{für } i = 1, 2, \dots, r .$$

Für große n ist $H_n(A_i)$ ungefähr normalverteilt. Dann ist

$$Z_i = \frac{H_n(A_i) - np_i}{\sqrt{np_i}} \tag{10.3}$$

ebenfalls näherungsweise normalverteilt mit

$$E(Z_i) = 0 ; \quad Var(Z_i) = \frac{1}{np_i} \cdot Var(H_n(A_i)) = 1 - p_i . \tag{10.4}$$

Zu Ehren des englischen Statistikers **Egon Sharpe Pearson** (1895 – 1980) heißt die Stichprobenfunktion

$$\chi^2 = \sum_{i=1}^{r} \frac{(H_n(A_i) - np_i)^2}{np_i} \tag{10.5}$$

Pearsonsche Testfunktion. Sie ist **asymptotisch Chi-Quadrat-verteilt** mit $r-1$ Freiheitsgraden, falls die Nullhypothese H_0 richtig ist.

Die Approximation durch die asymptotische Chi-Quadrat-Verteilung darf bereits dann benutzt werden, wenn von den r erwarteten Häufigkeiten np_i höchstens 20 % kleiner als 5, aber alle mindestens gleich Eins sind. Sollte diese Bedingung nicht erfüllt sein, so müssen von den Ereignissen A_i manche zusammengefaßt werden, bis die Approximationsbedingung für die zusammengefaßte Ereignisdisjunktion erfüllt ist. Oder es muß der Stichprobenumfang n vergrößert werden. Eine evtl. zusammengefaßte vollständige Ereignisdisjunktion bezeichnen wir wieder mit $A_1, A_2, \dots, A_r$.

Die Realiserung der Testfunktion kann umgeformt werden durch

$$\begin{aligned} \chi^2_{ber} &= \sum_{i=1}^{r} \frac{(h_i - np_i)^2}{np_i} = \sum_{i=1}^{r} \frac{h_i^2 - 2nh_ip_i + n^2p_i^2}{np_i} \\ &= \sum_{i=1}^{r} \frac{h_i^2}{np_i} - 2\underbrace{\sum_{i=1}^{r} h_i}_{=n} + n\underbrace{\sum_{i=1}^{r} p_i}_{=1} \\ &= \frac{1}{n}\sum_{i=1}^{r} \frac{h_i^2}{p_i} - n . \end{aligned} \tag{10.6}$$

Testdurchführung:

1. Die hypothetischen Wahrscheinlichkeiten der Nullhypothese lauten
$$H_0: \; P(A_i) = p_i \quad \text{für } i = 1, 2, \ldots, r \quad \text{mit} \; \sum_{i=1}^{r} p_i = 1 .$$
Von den erwarteten Häufigkeiten np_i für $i = 1, 2, \ldots, r$ dürfen höchstens 20 % kleiner als 5, aber alle müssen mindestens gleich Eins sein. Andernfalls müssen Ereignisse zusammengefaßt oder der Stichprobenumfang n vergrößert werden.
2. Man bestimme die absoluten Häufigkeiten $h_1, h_2, \ldots, h_r$ der Ereignisse $A_1, A_2, \ldots, A_r$ in einer Versuchsserie vom Umfang n.
3. Man berechne die Testgröße
$$\chi^2_{ber} = \sum_{i=1}^{r} \frac{(h_i - np_i)^2}{np_i} = \frac{1}{n}\sum_{i=1}^{r} \frac{h_i^2}{p_i} - n .$$
4. Man bestimme das $(1-\alpha)$-Quantil $\chi^2_{r-1;1-\alpha}$ der Chi-Quadrat-Verteilung mit $r-1$ Freiheitsgraden.
5. Testentscheidung: Im Falle $\chi^2_{ber} > \chi^2_{r-1;1-\alpha}$ wird H_0 abgelehnt, sonst wird H_0 nicht abgelehnt.

Bemerkungen:

In der Testgröße werden die beobachteten Häufigkeiten h_i mit den erwarteten Häufigkeiten np_i verglichen. Je weniger diese Werte voneinander abweichen, umso kleiner wird die Testgröße. Sie verschwindet nur dann, wenn alle Häufigkeiten h_i mit den erwarteten Häufigkeiten np_i übereinstimmen. Kleine Abweichungen können auf den Zufall zurückgeführt werden, größere stehen in signifikantem Widerspruch zur Nullhypothese. Aus diesem Grund benutzt man zur Testentscheidung nur das $(1-\alpha)$-Quantil der Chi-Quadrat-Verteilung (einseitiger Test).

Falls die Nullhypothese auf Grund des Stichprobenergebnisses nicht abgelehnt werden kann, folgt daraus noch keineswegs, daß sie richtig ist. Die entsprechende Irrtumswahrscheinlichkeit 2. Art β kann bei einer Nichtablehnung der Nullhypothese H_0 unter Umständen sehr groß sein, besonders dann, wenn die Nullhypothese falsch ist, aber die tatsächlichen Wahrscheinlichkeiten in der Nähe der hypothetischen Wahrscheinlichkeiten liegen. In einem solchen Fall steht das Stichprobenergebnis nicht in signifikantem Widerspruch zur Nullhypothese.

Beim Test auf Gleichheit aller r Wahrscheinlichkeiten, also bei
$$H_0: \; P(A_1) = P(A_2) = \ldots = P(A_r) = \frac{1}{r} ,$$
vereinfacht sich die Berechnung der Testgröße zu
$$\chi^2_{ber} = \frac{r}{n}\sum_{i=1}^{r} h_i^2 - n \quad \text{für } p_1 = p_2 = \ldots = p_r = \frac{1}{r}. \qquad (10.7)$$

Beispiel 10.2 (vgl. Beispiel 10.1):
Zum Test mit $\alpha = 0{,}05$, ob ein Würfel ideal ist, wurde dieser n-mal unabhängig geworfen. Wegen $p_i = \frac{1}{6}$ muß die Approximationsbedingung

$$np_i = \frac{n}{6} \geq 5 \text{ , also } n \geq 30$$

erfüllt sein. Für $n = 120$ erhielt man folgende Häufigkeiten der Augenzahlen:

Augenzahl	1	2	3	4	5	6
Häufigkeit	18	15	19	21	22	25

Die erwartete Augenzahl ist jeweils gleich 20. Aus (10.7) erhält man mit $r = 6$ die Realisierung der Testfunktion

$$\chi^2_{\text{ber}} = \frac{r}{n}\sum_{i=1}^{r} h_i^2 - n = \frac{6}{120}\cdot 2460 - 120 = 3 .$$

Das 0,95-Quantil der Chi-Quadrat-Verteilung lautet $\chi^2_{5\,;\,0{,}95} = 11{,}07$. Wegen $\chi^2_{\text{ber}} < \chi^2_{5\,;\,0{,}95}$ kann die Nullhypothese nicht abgelehnt werden. Das Ergebnis steht nicht in signifikantem Widerspruch zur Idealität des Würfels.

Stetigkeitskorrektur nach Yates
Beim Chi-Quadrat-Test wird eine diskrete Verteilung durch eine stetige approximiert. Daher wird im allgemeinen das Quantil der exakten Verteilung der Testfunktion von dem der Chi-Quadrat-Verteilung abweichen. Falls man beim Test der diskreten Verteilung die Testgröße aus der stetigen Verteilung ohne Korrektur berechnet, besteht die Tendenz, die Nullhypothese H_0 zu oft abzulehnen. Aus diesem Grund sollte die Testgröße ähnlich wie bei der Approximation der Binomialverteilung durch die Normalverteilung in Abschnitt 6.6.3.3 korrigiert werden. **Frank Yates** hat im Jahre 1934 gezeigt, daß bei der korrigierten Testgröße

$$\chi^2_{\text{ber}} = \sum_{i=1}^{r} \frac{\left(|h_i - np_i| - \frac{1}{2}\right)^2}{np_i} \tag{10.8}$$

die Chi-Quadrat-Approximation verbessert wird. Diese Korrektur muß allerdings nur bei einem Freiheitsgrad, also für $r = 2$ benutzt werden. Bei mehr als einem Freiheitsgrad kann auf sie verzichtet werden.

10.2 Tests von Verteilungen

Es sei F eine unbekannte Verteilungsfunktion einer Zufallsvariablen X. Mit dem Chi-Quadrat-Anpassungstest können zwei Arten von Hypothesen getestet werden:

a) $H_0: \ F = F_0; \ H_1: F \neq F_0$.

Dabei ist F_0 eine vorgegebene hypothetische Verteilungsfunktion. Bei diskreten Zufallsvariablen kann man anstelle der Verteilungsfunktion F_0 eine bestimmte hypothetische Verteilung vorgeben; bei stetigen Verteilungen genügt die Dichte f.

b) H_0: F gehört zu einer Klasse von Verteilungsfunktionen, die durch m (unbekannte) Parameter $\theta_1, \theta_2, \ldots, \theta_m$ festgelegt ist. Durch die m Parameter kann auch die Verteilung festgelegt sein.

H_1 : F gehört nicht zu dieser Klasse.

In a) muß die Verteilungsfunktion $F_0(x)$ vollständig vorgegeben werden, z. B. daß die Zufallsvariable X normalverteilt mit dem Erwartungswert $\mu = 100$ und der Varianz $\sigma^2 = 5$, also N(100 ; 5) - verteilt ist.
In b) kann z. B. getestet werden, ob eine Zufallsvariable Poisson-verteilt, binomialverteilt, exponentialverteilt oder normalverteilt ist. Dabei müssen die Parameter nicht vorgegeben werden. Sie werden aus einer Stichprobe vom Umfang n geschätzt.

Im Fall b) werden die unbekannten Parameter aus einer Stichprobe vom Umfang n nach der Maximum-Likelihood-Methode (s. Abschnitt 8.1.3) geschätzt und in die Verteilungsfunktion F eingesetzt. Damit erhält man wie in a) eine vollständig vorgegebene Verteilungsfunktion F_0 bzw. eine eindeutig festgelegte Verteilung.

Unser Ziel ist es, den Test auf den in Abschnitt 10.1 zurückzuführen. Dazu wird der Wertevorrat der Zufallsvariablen X in r disjunkte Klassen $A_1, A_2, \ldots, A_r$ zerlegt. Mit Hilfe der Verteilungsfunktion F_0 oder der hypothetischen Verteilung werden die Wahrscheinlichkeiten

$$p_i = P(X \in A_i) \quad \text{für } i = 1, 2, \ldots, r \tag{10.9}$$

bestimmt. Mit dem Umfang n der benutzten Stichprobe muß die bereits in Abschnitt 10.1 angegebene Bedingung

$$np_i \geq 5 \text{ für mindestens 80\% der Klassen und } np_i \geq 1 \text{ für alle Klassen}$$

erfüllt sein. Andernfalls müssen Klassen zusammengelegt werden. Die Anzahl der so entstandenen Klassen soll wieder mit r bezeichnet werden.
Aus der Stichprobe wird für jedes i die Anzahl der Stichprobenwerte h_i bestimmt, die in der Klasse A_i liegen, also die absolute Klassenhäufigkeit

$$h_i = h_n(A_i) \quad \text{für } i = 1, 2, \ldots, r.$$

Hiermit berechnet man die Pearsonsche Testfunktion

$$\chi^2_{ber} = \sum_{i=1}^{r} \frac{(h_i - np_i)^2}{np_i} = \frac{1}{n} \sum_{i=1}^{r} \frac{h_i^2}{p_i} - n.$$

Unter der Nullhypothese H_0 ist sie Realisierung einer Zufallsvariablen, die näherungsweise Chi-Quadratverteilt ist. Die Anzahl der Freiheitsgrade beträgt $r-m-1$. Dabei ist m die Anzahl der in b) geschätzten Parameter. Falls kein Parameter (Fall a)) geschätzt wird, muß $m = 0$ gesetzt werden.

Testdurchführung:

1. Die Wertemenge der Zufallsvariablen X wird in $r \geq 2$ disjunkte Klassen $A_1, A_2, \ldots, A_r$ eingeteilt.
2. Aus einer Stichprobe vom Umfang n werden die Klassenhäufigkeiten h_i, also die Anzahl der Stichprobenwerte bestimmt, die in der Klasse A_i liegen für $i = 1, 2, \ldots, r$.
3. Im Fall b) werden die m unbekannten Parameter nach der Maximum-Likelihood-Methode (s. Abschnitt 8.1.3) geschätzt und in die Verteilung bzw. Verteilungsfunktion eingesetzt. Dadurch erhält man die hypothetische Verteilungsfunktion F_0 bzw. eine hypothetische Verteilung der Zufallsvariablen X.
4. Für die Zufallsvariable X mit der Verteilungsfunktion F_0 werden die hypothetischen Klassenwahrscheinlichkeiten $P(X \in A_i) = p_i$ berechnet für $i = 1, 2, \ldots, r$. Von den erwarteten Klassenhäufigleiten np_i dürfen höchstens 20 % kleiner als 5, aber alle müssen mindestens gleich Eins sein. Andernfalls müssen Klassen zusammengefaßt werden. Die Anzahl der Klassen soll wieder mit r bezeichnet werden.
5. Man berechne die Testgröße
$$\chi^2_{ber} = \sum_{i=1}^{r} \frac{(h_i - np_i)^2}{np_i} = \frac{1}{n} \sum_{i=1}^{r} \frac{h_i^2}{p_i} - n .$$
6. Man bestimme das $(1-\alpha)$-Quantil $\chi^2_{r-m-1\,;\,1-\alpha}$ der Chi-Quadrat-Verteilung mit $r-m-1$ Freiheitsgraden. Dabei ist m die Anzahl der geschätzten Parameter.
7. Testentscheidung:
Im Falle $\chi^2_{ber} > \chi^2_{r-m-1\,;\,1-\alpha}$ wird die Nullhypothese H_0 abgelehnt, sonst nicht.

Hinweis zur Testentscheidung:

Durch die Klasseneinteilung wird in Wirklichkeit nur getestet, ob die Zufallsvariable die mit Hilfe der hypothetischen Verteilungsfunktion F_0 berechneten Klassenwahrscheinlichkeiten besitzt. Falls man zu einer Ablehnung dieser Klassenwahrscheinlichkeiten kommt, kann gleichzeitig die Nullhypothese H_0 abgelehnt werden. Wäre nämlich die Nullhypothese H_0 richtig, so müßten auch die daraus berechneten Klassenwahrscheinlichkeiten korrekt sein.

Falls die Nullhypothese H_0 nicht abgelehnt werden kann, tritt neben der Irrtumswahrscheinlichkeit 2. Art β ein zusätzliches Problem auf. Wenn die berechneten Klassenwahrscheinlichkeiten sogar richtig wären, müßte die Nullhypothese noch keineswegs erfüllt sein. Die tatsächliche Verteilungsfunktion könnte ja von F_0 abweichen und trotzdem die gleichen Klassenwahrscheinlichkeiten besitzen. Dieses zusätzliche Problem kann vernachlässigt werden, wenn die Klasseneinteilung sehr fein gewählt wird. Dazu benötigt man allerdings einen sehr großen Stichprobenumfang n.

Geeignete Wahl der Anzahl der Klassen

Damit die erwarteten Klassenhäufigkeiten groß werden, sollte man nicht zu viele Klassen wählen. Andererseits ist bei einer kleinen Klassenzahl der Informationsverlust, der durch die Klasseneinteilung entsteht, groß. Es hat sich als brauchbar erwiesen, die Klassenanzahl ungefähr $\sqrt{n}$ zu wählen.

Beispiel 10.3 (Test auf Binomialverteilung):

Glühbirnen einer bestimmten Sorte werden in einer Großhandlung in Viererpackungen verkauft. Mit $\alpha = 0{,}01$ soll folgende Nullhypothese H_0 getestet werden: Die Anzahl der defekten Glühbirnen pro Viererpackung ist binomialverteilt mit einer unbekannten Wahrscheinlichkeit p. Der andere Parameter ist $n = 4$ (da sich in jeder Packung 4 Glühbirnen befinden). Zum Test wurden 500 Packungen untersucht mit dem Ergebnis

Anzahl defekter Birnen pro Packung	0	1	2	3	4
absolute Häufigkeit	319	93	51	22	15

Der Parameter $p = P(\text{eine Glühbirne ist defekt})$ wird aus der Stichprobe mit der Maximum-Likelihood-Methode geschätzt. Nach Beispiel 8.5 ist die Maximum-Likelihood-Schätzung die relative Häufigkeit. In allen 500 Pakkungen zusammen befinden sich $4 \cdot 500 = 2\,000$ Glühbirnen. Davon sind

$$0 \cdot 319 + 1 \cdot 93 + 2 \cdot 51 + 3 \cdot 22 + 4 \cdot 15 = 321$$

defekt. Für p erhält man damit den Schätzwert $\hat{p} = \frac{321}{2\,000} = 0{,}1605$.

Falls tatsächlich eine Binomialverteilung vorliegt, erhält man mit diesem Schätzwert die Wahrscheinlichkeiten

$$p_k = P(X = k) = \binom{4}{k} \cdot 0{,}1605^k \cdot 0{,}8395^{4-k} \quad \text{für } k = 0, 1, 2, 3, 4.$$

Zusammen mit den beobachteten Häufigkeiten h_i sind die erwarteten Häufigkeiten $500 \cdot p_i$ in der nachfolgenden Tabelle eingetragen.

Def. Glühbirnen pro Packung	0	1	2	3	4
beobachtete Häufigkeiten	319	93	51	22	15
erwartete Häufigkeiten	248,34	189,92	54,46	6,94	0,33

Beim letzten Wert ist die erwartete Häufigkeit kleiner als 1. Daher faßt man die beiden letzten Klassen zusammen.

Def. Glühbirnen pro Packung	0	1	2	3 oder 4
beobachtete Häufigkeiten	319	93	51	37
erwartete Häufigkeiten	248,34	189,92	54,46	7,27

Daraus erhält man die Realisierung der Testfunktion

$$\chi^2_{\text{ber}} = \frac{(319-248{,}34)^2}{248{,}34} + \frac{(93-189{,}92)^2}{189{,}92} + \frac{(51-54{,}46)^2}{54{,}46} + \frac{(37-7{,}27)^2}{7{,}27}$$

$$= 191{,}36.$$

Zur Berechnung der Testgröße wurden $r = 4$ Klassen benutzt. 1 Parameter wurde geschätzt. Aus der Chi-Quadrat-Verteilung mit $r - m - 1 = 2$ Freiheitsgraden erhält man das Quantil $\chi^2_{4-1-1\,;\,0{,}99} = \chi^2_{2\,;\,0{,}99} = 9{,}21$.

Wegen $\chi^2_{\text{ber}} > \chi^2_{2\,;\,0{,}999}$ wird die Nullhypothese der Binomialverteilung abgelehnt.

Beispiel 10.4 (Test auf Poisson-Verteilung):
Es wird vermutet, daß die Zufallsvariable X der Anzahl der Druckfehler pro Seite in einem 400-seitigen Buch Poisson-verteilt ist. Zum Test mit $\alpha = 0{,}01$ wurde auf jeder Seite des Buches die Anzahl der Druckfehler festgestellt. Dabei erhielt man das Ergebnis

Druckfehler pro Seite	0	1	2	3	4
beobachtete Häufigkeiten	302	67	15	10	6

Nach Beispiel 8.6 ist die Maximum-Likelihood-Schätzung des Parameters λ das Stichprobenmittel, also

$$\hat{\lambda} = \bar{x} = \frac{1}{400}(0 \cdot 302 + 1 \cdot 67 + 2 \cdot 15 + 3 \cdot 10 + 4 \cdot 6) = \frac{151}{400} = 0{,}3775\,.$$

Damit erhalten wir die geschätzten Wahrscheinlichkeiten

$$p_k = \frac{0{,}3775^k}{k!} \cdot e^{-0{,}3775} \quad \text{für } k = 0, 1, \ldots\,.$$

Alle Werte von 4 an werden zunächst zu einer Klasse zusammengefaßt. Die fünfte Klasse $\{X \geq 4\}$ besitzt dann die Klassenwahrscheinlichkeit

$$q_4 = -p_0 - p_1 - p_2 - p_3\,.$$

Hiermit erhält man
$p_0 = 0{,}68557$; $p_1 = 0{,}25880$; $p_2 = 0{,}04885$; $p_3 = 0{,}00615$; $q_4 = 0{,}00063$.

In der nachfolgenden Tabelle sind die beobachteten und die erwarteten Klassenhäufigkeiten zusammengestellt:

Druckfehler pro Seite	0	1	2	3	≥ 4
beobachtete Häufigkeiten	302	67	15	10	6
erwartete Häufigkeiten	274,23	103,52	19,54	2,46	0,25

Weil die erwartete Häufigkeit der letzten Klasse kleiner als 1 ist, werden die letzten beiden Klassen zusammengefaßt. Damit lautet die Realisierung der Testfunktion

$$\begin{aligned}\chi^2_{\text{ber}} &= \frac{(302-274{,}23)^2}{274{,}23}+\frac{(67-103{,}52)^2}{103{,}52}+\frac{(15-19{,}54)^2}{19{,}54}+\frac{(16-2{,}71)^2}{2{,}71}\\ &= 81{,}93\,.\end{aligned}$$

Da ein Parameter geschätzt wurde, beträgt das Quantil $\chi^2_{2\,;\,0{,}99} = 9{,}21$. Wegen $\chi^2_{\text{ber}} > \chi^2_{2\,;\,0{,}99}$ wird die Nullhypothese der Poisson-Verteilung abgelehnt.

Beispiel 10.5 (Test auf Normalverteilung):
Zum Test auf Normalverteilung müssen die Werte auf der Zahlengeraden in Klassen eingeteilt werden. Dazu wurden die Stichprobenwerte bereits in der ersten und zweiten Spalte der nachfolgenden Klasseneinteilung sortiert.

Klasseneinteilung	Häufigkeit	$F(z_i)$ (recht. Rand)	p_i (Wahrsch.) $F(z_i)-F(z_{i-1})$	erwartete Häufigkeit
$x \leq 90$	12	0,123070	0,123070	12,3070
$90 < x \leq 95$	17	0,260430	0,137361	13,7361
$95 < x \leq 100$	22	0,450554	0,190124	19,0124
$100 < x \leq 105$	20	0,653023	0,202470	20,2470
$105 < x \leq 110$	15	0,818919	0,165896	16,5896
$110 < x$	14	1,000000	0,181081	18,1081
Summe	100		1,000002	100,0002

Die Originalstichprobe besitze dabei den Mittelwert $\overline{x} = 101{,}2$ und die Varianz $s^2 = 94{,}2$. Nach Aufgabe 8.3 lauten die Maximum-Likelihood-Schätzungen bei einer Normalverteilung

$$\hat{\mu} = \overline{x} = 101{,}2\,; \quad \hat{\sigma}^2 = \frac{n-1}{n}\cdot s^2 = \frac{99}{100}\cdot 94{,}2 = 93{,}258\,.$$

Mit diesen Parametern wird die Verteilungsfunktion der Normalverteilung bestimmt. An den oberen Grenzstellen z_i der Klasseneinteilung erhalten wir den Wert der Verteilungsfunktion über die Standardisierung

$$F(z_i) = P(X \leq z_i) = \Phi\left(\frac{z_i - 101{,}2}{\sqrt{93{,}258}}\right).$$

Diese Werte sind in der dritten Spalte der obigen Tabelle eingetragen. In der vierten Spalte stehen die Klassenwahrscheinlichkeiten

$$p_i = F(z_i) - F(z_{i-1}).$$

In der fünften Spalte sind die erwarteten Klassenhäufigkeiten $100 \cdot p_i$ aufgeführt. Hieraus erhält man die Realisierung der Testfunktion

$$\chi^2_{ber} = \sum_{i=1}^{6} \frac{(h_i - np_i)^2}{np_i} = 2{,}34.$$

Da m = 2 Parameter geschätzt wurden, lautet das Quantil

$$\chi^2_{r-m-1;1-\alpha} = \chi^2_{6-2-1;1-\alpha} = \chi^2_{3;0,95} = 7{,}815.$$

Wegen $\chi^2_{ber} < \chi^2_{r-m-1;1-\alpha}$ kann die Nullhypothese der Normalverteilung nicht abgelehnt werden.

10.3 Unabhängigkeitstest

Im Unabhängigkeitstest wird die Nullhypothese

H_0: zwei Zufallsvariablen X und Y sind unabhängig

getestet. Zur Testdurchführung wird der Wertebereich der Zufallsvariablen X in m disjunkte Klassen $S_1, S_2, \ldots, S_m$ und der Wertevorrat von Y in l disjunkte Klassen $G_1, G_2, \ldots, G_l$ eingeteilt.

Aus einer zweidimensionalen Stichprobe

$$(x, y) = ((x_1, y_1), (x_2, y_2), \ldots, (x_n, y_n))$$

vom Umfang n wird für alle Klassenpaare (S_j, G_k) die Anzahl der Stichprobenpaare bestimmt, welche in dieser Klasse liegen. Diese absolute Häufigkeit bezeichnen wir mit h_{jk}. Die Klasseneinteilung muß so vorgenommen werden, daß alle ml absoluten Häufigkeiten mindestens gleich 5 sind. Nach Abschnitt 3.2 können die absoluten Häufigkeiten in einer Kontingenztafel (Tabelle 10.1) übersichtlich dargestellt werden.

Die gemeinsamen (unbekannten) Klassenwahrscheinlichkeiten bezeichnen wir mit

$$p_{jk} = P(X \in S_j; Y \in G_k); \; j = 1, 2, \ldots, m; \; k = 1, 2, \ldots, l. \qquad (10.10)$$

Mit den Bezeichnungen aus Abschnitt 5.2.1 erhält man die Randwahrscheinlichkeiten

$$\begin{aligned} P(X \in S_j) &= p_{j\cdot} = \sum_{k=1}^{l} p_{jk} \quad \text{für } j = 1, 2, \ldots, m; \\ P(Y \in G_k) &= p_{\cdot k} = \sum_{j=1}^{m} p_{jk} \quad \text{für } k = 1, 2, \ldots, l. \end{aligned} \qquad (10.11)$$

X \ Y	G_1	G_2	...	G_k	...	G_l	Summe
S_1	h_{11}	h_{12}	...	h_{1k}	...	h_{1l}	$h_{1\cdot}$
S_2	h_{21}	h_{22}	...	h_{2k}	...	h_{2l}	$h_{2\cdot}$
$\vdots$	$\vdots$	$\vdots$		$\vdots$		$\vdots$	$\vdots$
S_j	h_{j1}	h_{j2}	...	h_{jk}	...	h_{jl}	$h_{j\cdot}$
$\vdots$	$\vdots$	$\vdots$		$\vdots$		$\vdots$	$\vdots$
S_m	h_{m1}	h_{m2}	...	h_{mk}	...	h_{ml}	$h_{m\cdot}$
Summe	$h_{\cdot 1}$	$h_{\cdot 2}$	...	$h_{\cdot k}$	...	$h_{\cdot l}$	$h_{\cdot\cdot} = n$

Tab. 10.1: Kontingenztafel beim Unabhängigkeitstest

Falls die Nullhypothese H_0 richtig ist, besitzen die ml Ereignisse

$$A_{jk} = (X \in S_j\,; Y \in G_k)$$

die gemeinsamen Wahrscheinlichkeiten

$$H_0': P(A_{jk}) = p_{jk} = p_{j\cdot} \cdot p_{\cdot k} \quad \text{für } j = 1, \ldots, m; \;\; k = 1, \ldots, l. \tag{10.12}$$

Wenn die Nullhypothese H_0 richtig ist, dann ist auch die Nullhypothese H_0' aus (10.12) richtig. Mit H_0' kann dann auch H_0 abgelehnt werden. Unter der Nullhypothese H_0 (bzw. H_0') sind alle gemeinsamen Wahrscheinlichkeiten durch die $m + l$ Randwahrscheinlichkeiten bestimmt. Da die Randwahrscheinlichkeiten $p_{j\cdot}$ und $p_{\cdot k}$ nicht bekannt sind, werden sie nach Abschnitt 10.2 durch die relativen Häufigkeiten (Maximum-Likelihood-Methode) geschätzt in der Form

$$\hat{p}_{j\cdot} = \frac{h_{j\cdot}}{n} = \frac{\sum_{k=1}^{l} h_{jk}}{n}\,; \quad \hat{p}_{\cdot k} = \frac{h_{\cdot k}}{n} = \frac{\sum_{j=1}^{m} h_{jk}}{n} \quad \text{für alle } j \text{ und } k. \tag{10.13}$$

Damit erhält man unter H_0' die erwarteten Klassenhäufigkeiten

$$n \cdot \hat{p}_{jk} = n \cdot \hat{p}_{j\cdot} \cdot \hat{p}_{\cdot k} = n \cdot \frac{h_{j\cdot}}{n} \cdot \frac{h_{\cdot k}}{n} = \frac{h_{j\cdot} \cdot h_{\cdot k}}{n} \quad \text{für alle } j, k. \tag{10.14}$$

Also geht die Testgröße aus Abschnitt 10.2 über in

$$\chi^2_{ber} = \sum_{j=1}^{m} \sum_{k=1}^{l} \frac{\left(h_{jk} - \frac{h_{j\cdot} \cdot h_{\cdot k}}{n}\right)^2}{\frac{h_{j\cdot} \cdot h_{\cdot k}}{n}} = n \sum_{j=1}^{m} \sum_{k=1}^{l} \frac{\left(h_{jk} - \frac{h_{j\cdot} \cdot h_{\cdot k}}{n}\right)^2}{h_{j\cdot} \cdot h_{\cdot k}}$$

$$= n \sum_{j=1}^{m} \sum_{k=1}^{l} \frac{h_{jk}^2 - 2h_{jk} \cdot \frac{h_{j\cdot} \cdot h_{\cdot k}}{n} + \frac{h_{j\cdot}^2 \cdot h_{\cdot k}^2}{n^2}}{h_{j\cdot} \cdot h_{\cdot k}} \tag{10.15}$$

$$= n\sum_{j=1}^{m}\sum_{k=1}^{l} \frac{h_{jk}^2}{h_{j\cdot}\cdot h_{\cdot k}} - 2\underbrace{\sum_{j=1}^{m}\sum_{k=1}^{l} h_{jk}}_{=n} + \frac{1}{n}\underbrace{\sum_{j=1}^{m} h_{j\cdot}}_{=n}\cdot\underbrace{\sum_{k=1}^{l} h_{\cdot k}}_{=n}$$

$$= n\cdot\Big(\sum_{j=1}^{m}\sum_{k=1}^{l} \frac{h_{jk}^2}{h_{j\cdot}\cdot h_{\cdot k}} - 1\Big).$$

Die entsprechende Testfunktion ist näherungsweise Chi-Quadrat-verteilt, falls H_0 bzw. H_0' richtig ist.
Insgesamt gibt es ml Klassen. Geschätzt wurden $m + l - 2$ Parameter (die Summe der Randwahrscheinlichkeiten ist ja jeweils gleich Eins). Damit lautet die Anzahl der Freiheitsgrade $ml - (m + l - 2) - 1 = (m-1)(l-1)$. Mit dem $(1-\alpha)$-Quantil $\chi^2_{(m-1)(l-1);1-\alpha}$ der Chi-Quadrat-Verteilung mit $(m-1)(l-1)$ Freiheitsgraden gelangt man zur

Testentscheidung: Im Falle

$$\chi^2_{ber} > \chi^2_{(m-1)(l-1);1-\alpha}$$

wird die Nullhypothese H_0' und damit die Nullhypothese H_0 der Unabhängigkeit der beiden Zufallsvariablen X und Y abgelehnt.

Testdurchführung:

1. Man teile den Wertevorrat der Zufallsvariablen X in m Klassen und den von Y in l Klassen ein. Aus einer zweidimensionalen Stichprobe vom Umfang n bestimme man die absoluten Häufigkeiten h_{jk} der Stichprobenpaare, deren x-Werte in der j-ten Klasse von X und deren y-Werte in der k-ten Klasse von Y liegen.
Von den festgestellten Klassenhäufigkeiten dürfen höchstens 20 % kleiner als 5, aber alle müssen mindestens Eins sein. Andernfalls müssen Klassen zusammengefaßt oder der Stichprobenumfang n vergrößert werden. Die Anzahl der neuen Klassen bezeichnen wir wieder mit r.
2. Man berechne die Testgröße
$$\chi^2_{ber} = n\cdot\Big(\sum_{j=1}^{m}\sum_{k=1}^{l} \frac{h_{jk}^2}{h_{j\cdot}\cdot h_{\cdot k}} - 1\Big). \qquad (10.16)$$
3. Testentscheidung:
Im Falle $\chi^2_{ber} > \chi^2_{(m-1)(l-1);1-\alpha}$ wird die Nullhypothese der Unabhängigkeit der beiden Zufallsvariablen X und Y abgelehnt.

Vierfeldertafel (Spezialfall)

Im Falle $m = l = 2$ gibt es insgesamt vier gemeinsame Häufigkeiten. Dann ist die Kontingenztafel eine Vierfeldertafel. Mit einer solchen Vierfeldertafel kann z. B. getestet werden, ob die beiden **Ereignisse** A und B **unabhängig** sind.

	A	$\overline{A}$	Zeilensummen
B	h_{11}	h_{12}	$h_{1\cdot}$
$\overline{B}$	h_{21}	h_{22}	$h_{2\cdot}$
Spalten-summen	$h_{\cdot 1}$	$h_{\cdot 2}$	$h_{\cdot\cdot} = n$

Dabei stimmen die absoluten Häufigkeiten überein mit

$$h_{11} = h_n(B \cap A)\,;\; h_{12} = h_n(B \cap \overline{A})\,;\; h_{21} = h_n(\overline{B} \cap A);\; h_{22} = h_n(\overline{B} \cap \overline{A}).$$

Durch elementare Rechnung geht die Testgröße über in

$$\chi^2_{\text{ber}} = \frac{n \cdot (h_{11} \cdot h_{22} - h_{12} \cdot h_{21})^2}{h_{1\cdot} \cdot h_{2\cdot} \cdot h_{\cdot 1} \cdot h_{\cdot 2}}. \tag{10.17}$$

Da die Testgröße der Chi-Quadrat-Verteilung nur einen einzigen Freiheitsgrad besitzt, sollte die Stetigkeitskorrektur nach **Yates** (s. Abschnitt 10.1) berücksichtigt werden. Dabei gilt nach Frank Yates:

n < 20: Bei kleinen Stichprobenumfängen $n < 20$ sollte der Chi-Quadrat-Test mit Hilfe der Vierfeldertafel nicht benutzt werden.

20 ≤ n ≤ 200: In diesem Bereich eignet sich die nach Yates **korrigierte Teststatistik**

$$\chi^2_{\text{ber}} = \frac{n \cdot \left(\left| h_{11} \cdot h_{22} - h_{12} \cdot h_{21}\right| - \frac{n}{2}\right)^2}{h_{1\cdot} \cdot h_{2\cdot} \cdot h_{\cdot 1} \cdot h_{\cdot 2}}. \tag{10.18}$$

n > 200: Hier kann auf die Yates-Korrektur verzichtet werden.

Beispiel 10.6 (Test auf Unabhängigkeit zweier Ereignisse):
Von 500 zufällig ausgewählten Personen ließen sich 98 gegen Grippe impfen. Von den geimpften erkrankten 8 und von den nicht geimpften 71 an Grippe. Hier werden also gleichzeitig die Ereignisse G (geimpft); $\overline{G}$ (nicht geimpft); E (erkrankt) und $\overline{E}$ (nicht erkrankt) untersucht.
Mit $\alpha = 0{,}05$ soll getestet werden, ob die beiden Ereignisse G und E unabhängig sind. Die Vierfeldertafel für die absoluten Häufigkeiten lautet:

	E (erkrankt)	$\overline{E}$ (nicht erkrankt)	Summe
G (geimpft)	8	90	98
$\overline{G}$ (nicht geimpft)	71	331	402
Summe	79	421	500

Wegen $n > 200$ kann auf die Stetigkeitskorrektur nach Yates verzichtet werden. Die Realisierung der Testfunktion beträgt

$$\chi^2_{\text{ber}} = \frac{500 \cdot (8 \cdot 331 - 71 \cdot 90)^2}{79 \cdot 421 \cdot 98 \cdot 402} = 5{,}34.$$

Das 0,95-Quantil der Chi-Quadrat-Verteilung mit einem Freiheitsgrad beträgt

$$\chi^2_{1\,;\,0{,}95} = z^2_{0{,}95} = 3{,}84.$$

Wegen $\chi^2_{\text{ber}} > 3{,}84$ wird die Nullhypothese der Unabhängigkeit der beiden Ereignisse abgelehnt. Man kann also davon ausgehen, daß durch die Impfung die Krankenquote gesenkt wird.
Mit der nach Yates korrigierten Teststatistik erhält man die Realisierung $\chi^2_{\text{ber}} = 4{,}65$, welche ebenfalls die Ablehnung der Unabhängigkeit der beiden Ereignisse zur Folge hat.

10.4 Homogenitätstest

Mit dem sogenannten Homogenitätstest kann getestet werden, ob m Zufallsvariablen die gleiche Verteilung besitzen. Dabei muß vorausgesetzt werden, daß die Wertebereiche von allen m Zufallsvariablen übereinstimmen.

Der gemeinsame Wertebereich W wird in l disjunkte Klassen $G_1, \ldots, G_l$ zerlegt. Mit dieser Klasseneinteilung wird getestet, ob alle m Zufallsvariablen die gleichen Klassenwahrscheinlichkeiten besitzen, also die Nullhypothese

$$H_0 : p_{jk} = P(X_j \in G_k) = p_k \quad \text{für } j = 1, \ldots, m; \; k = 1, \ldots, l. \tag{10.19}$$

Falls H_0 falsch ist, können nicht alle m Zufallsvariablen die gleiche Verteilung besitzen.

Zur Testdurchführung wird bezüglich der j-ten Zufallsvariablen X_j eine einfache Stichprobe der Länge n_j gezogen:

$$(x_{j1}, x_{j2}, \ldots, x_{jn_j}) \quad \text{für } j = 1, 2, \ldots, m.$$

Dabei können die Stichprobenumfänge n_j verschieden groß sein. Die Anzahl der Werte der j-ten Stichprobe, welche in der Klasse G_k liegen, bezeichnen wir mit h_{jk}. Diese Häufigkeiten werden in die Kontingenztafel (Tab. 10.2) eingetragen. Die Zeilensumme $h_{j\cdot} = n_j$ ist gleich dem Umfang der j-ten Stichprobe.

Falls die in (10.19) angegebene Nullhypothese H_0 richtig ist, müssen die gemeinsamen Wahrscheinlichkeiten $p_1, p_2, \ldots, p_l$ durch relative Häufigkeiten geschätzt werden. Dazu werden alle m Einzelstichproben vereinigt zu einer

	Klasseneinteilung G_1 G_2 ... G_k ... G_r	Summe
X_1	h_{11} h_{12} ... h_{1k} ... h_{1l}	$n_1 = h_{1\cdot}$
X_2	h_{21} h_{22} ... h_{2k} ... h_{2l}	$n_2 = h_{2\cdot}$
$\vdots$	$\vdots$ $\vdots$ $\vdots$ $\vdots$	$\vdots$
X_j	h_{j1} h_{j2} ... h_{jk} ... h_{jl}	$n_j = h_{j\cdot}$
$\vdots$	$\vdots$ $\vdots$ $\vdots$ $\vdots$	$\vdots$
X_m	h_{m1} h_{m2} ... h_{mk} ... h_{ml}	$n_m = h_{m\cdot}$
Summe	$h_{\cdot 1}$ $h_{\cdot 2}$ ... $h_{\cdot k}$ ... $h_{\cdot l}$	$n = h_{\cdot\cdot}$

Tab. 10.2: Kontingenztafel beim Homogenitätstest

Stichprobe

$$(x_{11}, x_{12}, \ldots x_{1n_1}, x_{21}, \ldots, x_{2n_2}, \ldots, x_{m1}, \ldots, x_{m\,n_m})$$

vom Umfang $n = h_{\cdot\cdot} = \sum_{j=1}^{l} n_j$. Die Anzahl alle Stichprobenwerte, die in der k-ten Klasse G_k liegen, erhält man durch Summenbildung $\sum_{j=1}^{m} h_{ik} = h_{\cdot k}$. Die Spaltensummen sind in der letzten Zeile der Kontingenztafel eingetragen. Damit erhält man die Maximum-Likelihood-Schätzungen

$$\hat{p}_k = \frac{\sum_{j=1}^{m} h_{ik}}{n} = \frac{h_{\cdot k}}{n} \quad \text{für} \quad k = 1, 2, \ldots, l.$$

Wegen $\sum_{k=1}^{l} p_k = 1$ müssen nur $l-1$ Parameter geschätzt werden.

Damit erhält man nach Abschnitt 10.2 die Testgröße

$$\chi^2_{ber} = \sum_{j=1}^{m} \sum_{k=1}^{l} \frac{\left(h_{jk} - n_j \cdot \frac{h_{\cdot k}}{n}\right)^2}{n_j \cdot \frac{h_{\cdot k}}{n}} = n \cdot \left(\sum_{j=1}^{m} \sum_{k=1}^{l} \frac{h_{jk}^2}{n_j \cdot h_{\cdot k}} - 1 \right). \quad (10.20)$$

Diese Umformung verläuft genauso wie in (10.15). Mit den Zeilensummen $h_{j\cdot} = n_j$ stimmt die Testfunktion (10.20) mit der Testfunktion (10.15) aus Abschnitt 10.3 überein. Es handelt sich also im Grunde genommen um den gleichen Test wie in Abschnitt 10.3. Unter der Nullhypothese ist die Testgröße Realisierung einer Zufallsvariablen, die näherungsweise Chi-Quadrat-verteilt ist. Insgesamt gibt es ml Klassen. Da in jeder Zeile die Summe der Klassenwahrscheinlichkeiten gleich Eins ist und $l-1$ Parameter geschätzt wurden, beträgt die Anzahl der Freiheitsgrade

$$m(l-1)-(l-1)=(m-1)(l-1).$$

Diese Anzahl stimmt mit der aus Abschnitt 10.3 überein. Mit dem $(1-\alpha)$-Quantil der Chi-Quadrat-Verteilung mit $(m-1)(l-1)$ Freiheitsgraden gelangt man zur

Testentscheidung:

Im Falle $\chi^2_{ber} > \chi^2_{(m-1)(r-1);1-\alpha}$ wird die Nullhypothese, daß die m Zufallsvariablen die gleiche Verteilung besitzen, abgelehnt.

Testdurchführung:

1. Man teile den gemeinsamen Wertevorrat aller m Zufallsvariablen in l Klassen $G_1, G_2, \ldots, G_l$ ein. Bezüglich jeder der m Zufallsvariablen X_j, $j=1,2,\ldots,m$ wird eine einfache Stichprobe vom Umfang n_j gezogen. Dabei sei h_{jk} die absolute Häufigkeit der Werte der j-ten Stichprobe, die zur Klasse G_k gehören.
   Von den Klassenhäufigkeiten h_{jk} dürfen höchstens 20 % kleiner als 5 sein, alle müssen aber mindestens Eins sein. Andernfalls müssen Klassen zusammengefaßt oder die Stichprobenumfänge vergrößert werden. Die Anzahl der neuen Klassen bezeichnen wir wieder mit r.
2. Aus der Kontingenztafel (Tabelle 10.2) berechne man die Testgröße
   $$\chi^2_{ber} = n \cdot \left(\sum_{j=1}^{m} \sum_{k=1}^{l} \frac{h_{jk}^2}{n_{j\cdot} \cdot h_{\cdot k}} - 1 \right).$$
3. Man bestimme das $(1-\alpha)$-Quantil $\chi^2_{(m-1)(l-1);1-\alpha}$ der Chi-Quadrat-Verteilung mit $(m-1)(l-1)$ Freiheitsgraden.
4. Testentscheidung:
   Im Falle $\chi^2_{ber} > \chi^2_{(m-1)(l-1);1-\alpha}$ wird die Nullhypothese, daß die m Zufallsvariablen die gleiche Verteilung besitzen, abgelehnt.

Test auf Gleichheit zweier Wahrscheinlichkeiten

Es soll getestet werden, ob in zwei verschiedenen Grundgesamtheiten das Ereignis A die gleiche Wahrscheinlichkeit besitzt. Zu diesem Test benutzt man die Vierfeldertafel

	A	$\overline{A}$	Zeilensummen
1. Grundgesamtheit	h_{11}	h_{12}	$h_{1\cdot} = n_1$
2. Grundgesamtheit	h_{21}	h_{22}	$h_{2\cdot} = n_2$
Spaltensummen	$h_{\cdot 1}$	$h_{\cdot 2}$	$n = h_{\cdot\cdot}$

Der Test wird wie in Abschnitt 10.3 durchgeführt.

Für **n < 20** sollte dieser Test nicht verwendet werden.

Für **20 ≤ n ≤ 200** benutzt man die nach Yates korrigierte Teststatistik

$$\chi^2_{\text{ber}} = \frac{n \cdot \left(|\, h_{11} \cdot h_{22} - h_{12} \cdot h_{21} | - \frac{n}{2} \right)^2}{n_1 \cdot n_2 \cdot h_{\cdot 1} \cdot h_{\cdot 2}} . \tag{10.21}$$

Für **n > 200** verwendet man die Testfunktion

$$\chi^2_{\text{ber}} = \frac{n \cdot (h_{11} \cdot h_{22} - h_{12} \cdot h_{21})^2}{n_1 \cdot n_2 \cdot h_{\cdot 1} \cdot h_{\cdot 2}} . \tag{10.22}$$

Die Anzahl der Freiheitsgrade ist gleich 1.

Testentscheidung:

Im Falle $\chi^2_{\text{ber}} > \chi^2_{1\,;\,1-\alpha}$ wird die Nullhypothese der Gleichheit der beiden Wahrscheinlichkeiten abgelehnt.

Beispiel 10.7:
In zwei Werken einer Firma wird das gleiche Produkt hergestellt. Es soll mit $\alpha = 0{,}05$ getestet werden, ob in beiden Werken die Ausschußwahrscheinlichkeit gleich ist. Dazu sei folgende Stichprobe gegeben:

	fehlerhaft	fehlerfrei	Summe
Werk I	31	369	400
Werk II	41	459	500
Summe	72	838	900

Die Testgröße lautet

$$\chi^2_{\text{ber}} = \frac{900 \cdot (31 \cdot 459 - 41 \cdot 369)^2}{72 \cdot 838 \cdot 400 \cdot 500} = 0{,}0604 .$$

Wegen $\chi^2_{\text{ber}} < \chi^2_{1\,;\,0{,}95} = 3{,}84$ kann die Nullhypothese der Gleichheit der beiden Ausschußwahrscheinlichkeiten nicht abgelehnt werden.

10.5 Aufgaben

Aufgabe 10.1:

Bei einem Zufallsexperiment soll immer genau eines der drei paarweise unvereinbaren Ereignisse A, B und C eintreten. Zum Test der Nullhypothese

$$H_0: \; P(A) = \tfrac{1}{2}P(B) = \tfrac{1}{3}P(C)$$

wurde das Experiment 600mal durchgeführt, wobei sich folgende Häufigkeiten ergaben: $h_{600}(A) = 85$; $h_{600}(B) = 185$; $h_{600}(C) = 330$. Kann die Nullhypothese mit einer Irrtumswahrscheinlichkeit $\alpha = 0{,}05$ abgelehnt werden?

Aufgabe 10.2:

Eine Firma verkauft eine Ware in 5 Güteklassen. Nach ihren Angaben sind die Wahrscheinlichkeiten dafür, daß ein zufällig ausgewähltes Stück den einzelnen Güteklassen angehört, in der nachfolgenden Tabelle zusammengestellt:

Güteklasse	I	II	III	IV	V
Wahrscheinlichkeit	0,10	0,20	0,35	0,25	0,10

Zum Test wurden 200 Stücke zufällig ausgewählt mit dem Ergebnis

Güteklasse	I	II	III	IV	V
Häufigkeit	18	36	58	58	20

Testen Sie mit mit $\alpha = 0{,}05$, ob die Angaben des Herstellers richtig sind.

Aufgabe 10.3:

Ein Student sollte als Hausaufgabe 50mal aus den Ziffern 0, 1, 2, ... , 9 eine zufällig auswählen. Dabei brachte er das folgende Ergebnis mit

Ziffer	0	1	2	3	4	5	6	7	8	9
Häufigkeit	0	2	6	8	6	7	5	10	3	3

Der Professor hat den Verdacht, daß der Student das Zufallsexperiment gar nicht durchgeführt, sondern die Tabelle willkürlich angefertigt hat. Läßt sich dieser Verdacht mit einer Irrtumswahrscheinlichkeit

a) $\alpha = 0{,}05$; b) $\alpha = 0{,}1$

bestätigen?

Aufgabe 10.4:
Zum Test, ob ein Würfel unverfälscht ist, wurde er 120mal geworfen. Dabei erhielt man als Summe der Quadrate der Häufigkeiten für die einzelnen Augenzahlen 2 669. Kann hiermit die Nullhypothese der Unverfälschtheit des Würfels mit der Irrtumswahrscheinlichkeit a) $\alpha = 0{,}05$; b) $\alpha = 0{,}01$ abgelehnt werden?

Aufgabe 10.5:
Glühbirnen werden in Dreierpackungen verkauft. Bei einer Überprüfung von 1000 Packungen auf die Anzahl der beschädigten Glühbirnen erhielt man folgendes Ergebnis:

Anzahl fehlerhafter Glühbirnen pro Packung	0	1	2	3
absolute Häufigkeit	719	243	28	10

Es sei X die Zufallsvariable der Anzahl der fehlerhaften Glühbirnen je Packung in der Gesamtproduktion. Testen Sie mit $\alpha = 0{,}01$ die Nullhypothese H_0: die Zufallsvariable X der Anzahl der defekten Glühbirnen pro Dreierpackung ist binomialverteilt.

Aufgabe 10.6:
Prüfen Sie die Nullhypothese ($\alpha = 0{,}05$), daß die Werte der folgenden Stichprobe Realisierungen einer normalverteilten Zufallsvariablen sind. Die Stichprobe besitze den Mittelwert 101,2 und die Varianz 94,2. Benutzen Sei dabei die in Aufgabe 8.3 angegebenen Maximum-Likelihood-Schätzungen.

Klasse	$(-\infty; 90]$	$(90; 95]$	$(95; 100]$	$(100; 105]$	$(105; 110]$	$(110; \infty)$
Häufigkeit	12	17	22	20	15	14

Aufgabe 10.7:
Es wird vermutet, daß die Lebensdauer (in Stunden) bestimmter Geräte exponentialverteilt ist. Zum Test wurde die Betriebsdauer von 25 Geräten festgestellt: 232; 105; 523; 549; 776; 276; 196; 180; 305; 994; 420; 630; 68; 163; 407; 782; 389; 619; 1 478; 17; 980; 222; 269; 501; 231.
Führen Sie den Test mit $\alpha = 0{,}05$ und den Klassengrenzen 200, 300 und 600, also mit 4 Klassen durch. Benutzen Sie dabei die Maximum-Likelihood-Schätzung aus Aufgabe 8.2.

Aufgabe 10.8:
Bei der Befragung von Personen, ob sie trinken bzw. rauchen, erhielt man folgende Häufigkeiten:

	Raucher	Nichtraucher
Trinker	120	70
Nichttrinker	48	62

Testen Sie mit $\alpha = 0{,}01$, ob die beiden Merkmale "Rauchen" und "Trinken" unabhängig sind.

Aufgabe 10.9:
Zum Test, ob die Mitgliedschaft in einer Gewerkschaft vom Geschlecht abhängig ist, wurden die Angehörigen eines Betriebes befragt. Das Ergebnis ist in der nachfolgenden Häufigkeitstabelle zusammengestellt.

	Mitglied	nicht Mitglied
männlich	1 851	291
weiblich	382	61

Führen Sie den Test mit $\alpha = 0{,}05$ durch.

Aufgabe 10.10:
Vier Wochen vor einer Bundestagswahl erklärten 492 von 2 000 zufällig ausgewählten Perosen, sie würden nicht zur Wahl gehen. Eine Woche vor der Wahl wurden nochmals 1 000 Personen befragt. Davon erklärten 219, sie würden nicht zur Wahl gehen. Kann aufgrund dieses Ergebnisses mit $\alpha = 0{,}05$ behauptet werden, daß sich in der Zwischenzeit Nichtwähler umstimmen ließen?

Aufgabe 10.11:
In einer Meinungsumfrage wurden 150 Personen nach ihrer Meinung über die zukünftige Konjunkturentwicklung befragt mit folgendem Ergebnis:

	aufwärts	abwärts	bleibt gleich	weiß nicht
Männer	29	11	23	18
Frauen	14	16	17	22

Testen Sie mit $\alpha = 0{,}05$, ob die Prognosen vom Geschlecht unabhängig sind.

Kapitel 11: Varianzanalyse

Auf die Ausprägungen eines bestimmten Merkmals haben häufig verschiedene Einflußfaktoren unterschiedliche Wirkung. So hängt z. B. der mittlere Ertrag oft von der Sorte, der Düngung, dem Anbauort oder der Anbauart ab. Mit der von R. A. Fisher entwickelten Varianzanalyse ist es möglich, solche Einflüsse statistisch nachzuweisen. Wir behandeln hier nur zwei elementare Fälle der Varianzanalyse. In der **einfachen Varianzanalyse** wird der Einfluß eines einzigen Faktors untersucht. Bei der **doppelten Varianzanalyse** liegen zwei verschiedene Faktoren vor. Bezüglich weiterer Modelle sei auf weiterführende Literatur verwiesen, z. B. Schach, S.; Schäfer, T. [1978].

11.1 Einfache Varianzanalyse

Wir betrachten m unabhängige Zufallsvariablen $X_1, X_2, \ldots, X_m$, die alle normalverteilt sind. Dabei seien die Varianzen gleich, d. h. $Var(X_i) = \sigma^2$, wobei σ^2 nicht bekannt sein muß. Die m Zufallsvariablen können verschiedene Erwartungswerte $E(X_i) = \mu_i$ besitzen. In der Varianzanalyse soll die (evtl. unbekannte) Varianz σ^2 geschätzt und ein Test auf Gleichheit aller m Erwartungswerte durchgeführt werden. Getestet werden soll also die Nullhypothese

$$H_0: \mu_1 = \mu_2 = \ldots = \mu_m \tag{11.1}$$

gegen die Alternative

$$H_1: \mu_{i_1} \neq \mu_{i_2} \quad \text{für mindestens ein Paar } i_1 \neq i_2 .$$

Zur Testdurchführung benötigt man wie in Abschnitt 10.4 für jede Zufallsvariable X_i eine unabhängige Stichprobe vom Umfang n_i

$$(x_{i1}, x_{i2}, \ldots, x_{in_i}) \quad \text{für } i = 1, 2, \ldots, m.$$

Die i-te Stichprobe besitze die Kenngrößen

$$\begin{aligned}
&\text{Summe der Stichprobenwerte:} \quad x_{i\cdot} = \sum_{j=1}^{n_i} x_{ij}\,; \\
&\text{Mittelwert:} \quad \bar{x}_i = \frac{x_{i\cdot}}{n_i} = \frac{1}{n_i}\sum_{j=1}^{n_i} x_{ij}\,; \\
&\text{Varianz:} \quad s_i^2 = \frac{1}{n_i - 1}\sum_{j=1}^{n_i}(x_{ij} - \bar{x}_i)^2 .
\end{aligned} \tag{11.2}$$

Die Stichprobenwerte x_{ij} jeder Gruppe werden zusammen mit den Umfängen n_i, den Summen $x_{i\cdot}$ und den Mittelwerten $\overline{x}_i$ für $i = 1, 2, \ldots, m$ in der Tabelle 11.1 übersichtlich dargestellt.

Gruppe	Stichprobenwerte	Gruppen-umfang	Zeilen-summe	Gruppen-mittel
1	$x_{11}\ x_{12}\ x_{13}\ \ldots\ x_{1n_1}$	n_1	$x_{1\cdot}$	$\overline{x}_1$
2	$x_{21}\ x_{22}\ x_{23}\ \ldots\ x_{2n_2}$	n_2	$x_{2\cdot}$	$\overline{x}_2$
$\vdots$	....	$\vdots$	$\vdots$	$\vdots$
i	$x_{i1}\ x_{i2}\ x_{i3}\ \ldots\ x_{in_i}$	n_i	$x_{i\cdot}$	$\overline{x}_i$
$\vdots$	....	$\vdots$	$\vdots$	$\vdots$
m	$x_{m1}\ x_{m2}\ x_{m3}\ \ldots\ x_{mn_m}$	n_m	$x_{m\cdot}$	$\overline{x}_m$
Gesamt	Summe	n	$x_{\cdot\cdot}$	$\overline{x} = \frac{x_{\cdot\cdot}}{n}$

Tab. 11.1: Schema für die einfache Varianzanalyse

Alle m Einzelstichproben werden zu einer Gesamtstichprobe

$$(x_{11}, \ldots, x_{1n_1}; x_{21}, \ldots, x_{2n_2}; \ldots; x_{m1}, \ldots, x_{mn_m})$$

vom Umfang $n = \sum_{i=1}^{m} n_i$ zusammengefaßt. Sie besitzt das Gesamtmittel

$$\overline{x} = \frac{1}{n} \sum_{i=1}^{m} \sum_{j=1}^{n_i} x_{ij} = \frac{1}{n} \sum_{i=1}^{m} x_{i\cdot} = \frac{x_{\cdot\cdot}}{n} = \sum_{i=1}^{m} \frac{n_i}{n} \cdot \overline{x}_i . \tag{11.3}$$

Für die Summe q_{ges} der Abweichungsquadrate aller Stichprobenwerte vom Gesamtmittelwert $\overline{x}$ wird folgende Zerlegung durchgeführt:

$$\begin{aligned} q_{ges} &= \sum_{i=1}^{m} \sum_{j=1}^{n_i} (x_{ij} - \overline{x})^2 = \sum_{i=1}^{m} \sum_{j=1}^{n_i} [(x_{ij} - \overline{x}_i) + (\overline{x}_i - \overline{x})]^2 \\ &= \sum_{i=1}^{m} \sum_{j=1}^{n_i} (\overline{x}_i - \overline{x})^2 + \sum_{i=1}^{m} \sum_{j=1}^{n_i} (x_{ij} - \overline{x}_i)^2 + 2 \sum_{i=1}^{m} \sum_{j=1}^{n_i} (x_{ij} - \overline{x}_i)(\overline{x}_i - \overline{x}) . \end{aligned}$$

Für die Summe der gemischten Produkte gilt

$$\begin{aligned} \sum_{i=1}^{m} \sum_{j=1}^{n_i} (x_{ij} - \overline{x}_i)(\overline{x}_i - \overline{x}) &= \sum_{i=1}^{m} (\overline{x}_i - \overline{x}) \sum_{j=1}^{n_i} (x_{ij} - \overline{x}_i) \\ &= \sum_{i=1}^{m} (\overline{x}_i - \overline{x}) \cdot (x_{i\cdot} - n_i \cdot \overline{x}_i) = \sum_{i=1}^{m} (\overline{x}_i - \overline{x}) \cdot (x_{i\cdot} - x_{i\cdot}) = 0 . \end{aligned}$$

Damit erhalten wir die Quadratsummenzerlegung

$$q_{ges} = \sum_{i=1}^{m} \sum_{j=1}^{n_i} (x_{ij} - \bar{x})^2 = \underbrace{\sum_{i=1}^{m} n_i (\bar{x}_i - \bar{x})^2}_{= q_{zw}} + \underbrace{\sum_{i=1}^{m} \sum_{j=1}^{n_i} (x_{ij} - \bar{x}_i)^2}_{= q_{in}} . \quad (11.4)$$

Für die nachfolgenden Umrechnungen benutzen wir die Eigenschaft

$$\sum_{\nu=1}^{N} (z_\nu - \bar{z})^2 = \sum_{\nu=1}^{N} z_\nu^2 - N\bar{z}^2 ; \quad \bar{z} = \frac{1}{N} \sum_{\nu=1}^{N} z_\nu \quad \text{(Mittelwert)}.$$

Damit ist die gesamte Quadratsumme

$$q_{ges} = \sum_{i=1}^{m} \sum_{j=1}^{n_i} (x_{ij} - \bar{x})^2 = \sum_{i=1}^{m} \sum_{j=1}^{n_i} x_{ij}^2 - \frac{x_{..}^2}{n} \quad (11.5)$$

additiv zerlegbar in die Summe der Abstandsquadrate der Gruppenmittel $\bar{x}_i$ vom Gesamtmittel $\bar{x}$, also zwischen den Gruppenmitteln

$$q_{zw} = \sum_{i=1}^{m} n_i (\bar{x}_i - \bar{x})^2 = \sum_{i=1}^{m} \frac{x_{i.}^2}{n_i} - \frac{x_{..}^2}{n} \quad (11.6)$$

und die Summe der Abstandsquadrate der einzelnen Gruppenwerte von ihrem Gruppenmittel, also innerhalb der Gruppen

$$q_{in} = \sum_{i=1}^{m} \sum_{j=1}^{n_i} (x_{ij} - \bar{x}_i)^2 = \sum_{i=1}^{m} \sum_{j=1}^{n_i} x_{ij}^2 - \sum_{i=1}^{m} \frac{x_{i.}^2}{n_i} . \quad (11.7)$$

Für die praktische Rechnung ist es sinnvoll, zuerst q_{ges} und q_{zw} und daraus die Differenz $q_{in} = q_{ges} - q_{zw}$ zu berechnen. q_{in} ist Realisierung der Zufallsvariablen

$$Q_{in} = \sum_{i=1}^{m} \sum_{j=1}^{n_i} (X_{ij} - \bar{X}_i)^2 . \quad (11.8)$$

Die Stichprobenfunktion

$$S_i^2 = \frac{1}{n_i - 1} \sum_{j=1}^{n_i} (X_{ij} - \bar{X}_i)^2$$

ist nach der Modellannahme erwartungstreu für σ^2 mit

$$E(S_i^2) = \frac{1}{n_i - 1} E\Big(\sum_{j=1}^{n_i} (X_{ij} - \bar{X}_i)^2 \Big) = \sigma^2 .$$

Hieraus folgt

$$E\Big(\sum_{j=1}^{n_i} (X_{ij} - \bar{X}_i)^2 \Big) = (n_i - 1)\sigma^2 \quad \text{für } i = 1, 2, \ldots, m.$$

$$E(Q_{in}) = \sum_{i=1}^{m} E\Big(\sum_{j=1}^{n_i} (X_{ij} - \bar{X}_i)^2 \Big) = \sum_{i=1}^{m} (n_i - 1)\sigma^2 = (n - m)\sigma^2. \quad (11.9)$$

Diese Eigenschaft gilt auch, wenn die Nullhypothese H_0 nicht richtig ist.

Wir nehmen an, die Nullhypothese H_0 sei erfüllt. Dann kann die gesamte Stichprobe vom Umfang n als Zufallsstichprobe einer normalverteilten Zufallsvariablen mit dem Erwartungswert $\mu = \mu_1 = \mu_2 = \ldots = \mu_m$ und der Varianz σ^2 aufgefaßt werden. Sie besitzt die (empirische) Varianz

$$s^2 = \frac{1}{n-1}\sum_{i=1}^{m}\sum_{j=1}^{n_i}(x_{ij}-\bar{x})^2 = \frac{1}{n-1}q_{ges}.$$

Wegen der Erwartungstreue der Schätzfunktion S^2 für σ^2 gilt

$$E(S^2 \mid H_0) = \frac{1}{n-1}E(Q_{ges} \mid H_0) = \sigma^2,$$

also

$$E(Q_{ges} \mid H_0) = (n-1)\sigma^2. \qquad (11.10)$$

Mit (11.4) folgt aus (11.9) und (11.10)

$$\begin{aligned} E(Q_{zw} \mid H_0) &= E(Q_{ges} \mid H_0) - E(Q_{in}) \\ &= (n-1)\sigma^2 - (n-m)\sigma^2 = (m-1)\sigma^2. \end{aligned} \qquad (11.11)$$

Division durch die Anzahl der Freiheitsgrade ergibt unter der Nullhypothese H_0 die Erwartungswerte

$$\begin{aligned} &E\left(\frac{Q_{in}}{n-m}\right) = \sigma^2 \quad \text{(gilt immer)}; \\ &E\left(\frac{Q_{zw}}{m-1} \mid H_0\right) = E\left(\frac{Q_{ges}}{n-1} \mid H_0\right) = \sigma^2, \text{ falls } H_0 \text{ richtig ist.} \end{aligned} \qquad (11.12)$$

In Tab. 11.2 werden die Schätzgrößen mit der jeweiligen Anzahl der Freiheitsgrade sowie den gemittelten Summen zusammengestellt.

Abstands-quadrate	Summen der Abstandsquadrate	Freiheits-grade
zwischen den Gruppenmitteln	$q_{zw} = \sum_{i=1}^{m} n_i(\bar{x}_i - \bar{x})^2 = \sum_{i=1}^{m}\frac{x_{i\cdot}^2}{n_i} - \frac{x_{\cdot\cdot}^2}{n}$	$m-1$
innerhalb der Gruppen	$q_{in} = \sum_{i=1}^{m}\sum_{j=1}^{n_i}(x_{ij}-\bar{x}_i)^2 = \sum_{i=1}^{m}\sum_{j=1}^{n_i}x_{ij}^2 - \sum_{i=1}^{m}\frac{x_{i\cdot}^2}{n_i}$	$n-m$
Gesamt	$q_{ges} = \sum_{i=1}^{m}\sum_{j=1}^{n_i}(x_{ij}-\bar{x})^2 = \sum_{i=1}^{m}\sum_{j=1}^{n_i}x_{ij}^2 - \frac{x_{\cdot\cdot}^2}{n}$	$n-1$

Tab. 11.2: Tafel der einfachen Varianzanalyse

Unter der Nullhypothese H_0 sind nach (11.12) auch $\frac{Q_{zw}}{m-1}$ und $\frac{Q_{ges}}{n-1}$ erwartungstreu für σ^2. Ferner ist dann $\frac{Q_{zw}}{\sigma^2}$ Chi-Quadrat-verteilt mit $m-1$ Freiheitsgraden und $\frac{Q_{in}}{\sigma^2}$ Chi-Quadrat-verteilt mit $n-m$ Freiheitsgraden. Ferner sind diese beiden Zufallsvariablen unabhängig. Dann ist nach Abschnitt 6.6.6

$$\frac{Q_{zw}/[(m-1)\sigma^2]}{Q_{in}/[(n-m)\sigma^2]} = \frac{Q_{zw}/(m-1)}{Q_{in}/(n-m)} \tag{12.13}$$

als Quotient zweier unabhängiger Chi-Quadrat-verteilter Zufallsvariabler F-verteilt mit $(m-1, n-m)$ Freiheitsgraden.
Mit dem $(1-\alpha)$-Quantil $f_{m-1,n-m;1-\alpha}$ der F-Verteilung lautet die

Testentscheidung:

Im Falle $f_{ber} = \frac{q_{zw}/(m-1)}{q_{in}/(n-m)} > f_{m-1,n-m;1-\alpha}$ wird H_0 abgelehnt.

Beispiel 11.1:
Bei der Untersuchung der Weizenerträge [in 100 Kg/ha] in Abhängigkeit von drei verschiedenen Düngemitteln erhielt man die folgenden Erträge:

Düngemittel	Erträge	Gruppenumfang	Zeilensumme	Gruppenmittel
1	54,2 52,9 59,1 56,8	4	223	55,75
2	51,0 56,8 55,7	3	163,5	54,5
3	58,6 51,2 54,5 57,2 61	5	282,5	56,5.
Gesamt	Summe	12	669	55,75

$$\sum_{i=1}^{3} \frac{x_{i\cdot}^2}{n_i} = \frac{223^2}{4} + \frac{163,5^2}{3} + \frac{282,5^2}{5} = 37\,304,25\,; \quad \sum_{i=1}^{3}\sum_{j=1}^{n_i} x_{ij}^2 = 37\,403,32\,;$$

$$q_{zw} = 7,5\,; \quad q_{ges} = 106,57\,; \quad q_{in} = q_{ges} - q_{zw} = 99,07.$$

Damit erhalten wir für die Varianzanalyse die folgende Tafel:

Abstandsquadrate	Summen der Abstandsquadrate	Freiheitsgrade	gemittelte Summen
zwischen den Gruppenmitteln	$q_{zw} = 7,5$	2	3,75
innerhalb der Gruppen	$q_{in} = 99,07$	9	$11,008 \approx \sigma^2$
Gesamt	$q_{ges} = 106,57$	11	9,689

Aus der Tafel erhält man den Schätzwert für die gemeinsame Varianz σ^2

$$\hat{\sigma}^2 = 11{,}008\,.$$

Zum Test auf Gleichheit der Erwartungswerte mit $\alpha = 0{,}05$ benutzt man die Realisierung der Testgröße

$$f_{ber} = \frac{q_{zw}/2}{q_{in}/9} = \frac{3{,}75}{11{,}008} = 0{,}341.$$

Das 0,95-Quantil der F-Verteilung ist $f_{2,9;0,95} = 4{,}26$. Wegen $f_{ber} < 4{,}26$ kann die Nullhypothese der Gleichheit der drei Erwartungswerte nicht abgelehnt werden. Als Schätzwert für den gemeinsamen Erwartungswert dient das Gesamtmittel $\hat{\mu} = \overline{x} = \frac{669}{12} = 55{,}75$.

11.2 Doppelte Varianzanalyse

Bei der doppelten (zweifachen) Varianzanalyse wird gleichzeitig der Einfluß zweier Faktoren auf ein bestimmtes Merkmal untersucht. Ein Beispiel dafür ist der Weizenertrag in Abhängigkeit von der Sorte und der Düngung. In diesem Beispiel ist der eine Faktor (A) die Sorte, der andere (Faktor B) das Düngemittel. Die Effekte der beiden Faktoren sollen sich additiv überlagern. Vom Faktor A (Zeileneinfluß) sollen m, vom Faktor B insgesamt l Stufen in den Versuch einbezogen werden. Insgesamt gibt es dann ml verschiedene Klassen. Wir behandeln nur den Fall der einfachen Klassenbesetzung. Aus jeder der ml Klassen soll genau ein Stichprobenwert vorliegen. Bezüglich mehrfacher Klassenbesetzung sei auf die weiterführende Literatur verwiesen, z. B. Bosch, K. [1993], S. 541ff.

Die m Stufen des Zeilenfaktors A werden als Zeilennummern, die l Stufen des Spaltenfaktors B als Spaltennummern eingetragen. Dann besteht die gesamte Stichprobe x aus ml Elementen

$$x_{ij}\,;\;\; i = 1,2,\ldots,m;\;\; j = 1,2,\ldots,l.$$

Die Stichprobenwerte werden in einer Kontingenztafel (Tabelle 11.3) übersichtlich dargestellt, wobei gleichzeitig noch die Zeilensummen und Spaltensummen sowie deren Mittelwerte berechnet werden mit

$$\text{Mittelwerte der i-ten Stufe des Faktors A: } \overline{x}_{i\cdot} = \frac{1}{l}\sum_{j=1}^{l} x_{ij} = \frac{x_{i\cdot}}{l}\,;$$

$$\text{Mittelwerte der j-ten Stufe des Faktors B: } \overline{x}_{\cdot j} = \frac{1}{m}\sum_{i=1}^{m} x_{ij} = \frac{x_{\cdot j}}{m}\,.$$

Da alle Zeilen- bzw. Spaltenumfänge gleich sind, ist das Gesamtmittel $\overline{x}$ gleich dem arithmetischen Mittel der einzelnen Mittelwerte:

$$\overline{x} = \frac{x_{\cdot\cdot}}{ml} = \frac{1}{m}\sum_{i=1}^{m} \overline{x}_{i\cdot} = \frac{1}{l}\sum_{j=1}^{l} \overline{x}_{\cdot j}\,.$$

A Zeilen-nummer	B Spaltennummer 1	2	...	j	...	l	Zeilen-summen	Zeilen-mittel
1	x_{11}	x_{12}	...	x_{1j}	...	x_{1l}	$x_{1\cdot}$	$\bar{x}_{1\cdot}$
2	x_{21}	x_{22}	...	x_{2j}	...	x_{2l}	$x_{2\cdot}$	$\bar{x}_{2\cdot}$
⋮	......						⋮	⋮
i	x_{i1}	x_{i2}	...	x_{ij}	...	x_{il}	$x_{i\cdot}$	$\bar{x}_{i\cdot}$
⋮	......						⋮	⋮
m	x_{m1}	x_{m2}	...	x_{mj}	...	x_{ml}	$x_{m\cdot}$	$\bar{x}_{m\cdot}$
Spalten-summen	$x_{\cdot 1}$	$x_{\cdot 2}$	...	$x_{\cdot j}$	...	$x_{\cdot l}$	$x_{\cdot\cdot}$	
Spalten-mittel	$\bar{x}_{\cdot 1}$	$\bar{x}_{\cdot 2}$	...	$\bar{x}_{\cdot j}$	...	$\bar{x}_{\cdot l}$		$\bar{x}$

Tab. 11.3: Schema der doppelten Varianzanalyse

Der Stichprobenwert x_{ij} sei Realisierung der Zufallsvariablen X_{ij}. Wie bei der einfachen Varianzanalyse seien die Zufallsvariablen X_{ij} unabhängig und normalverteilt mit konstanter Varianz σ^2. Bezüglich der Erwartungswerte sollen sich die beiden Faktoren A und B additiv überlagern, wobei durch das Zusammentreffen bestimmter Stufen keine Wechselwirkung möglich sein soll. Es gelte also

$$E(X_{ij}) = \alpha_i + \beta_j \quad \text{für } i = 1,2,\ldots,m; \quad j = 1,2,\ldots,l. \tag{11.14}$$

X_{ij} ist damit $N(\alpha_i + \beta_j; \sigma^2)$ - verteilt.

Dabei ist α_i der Einfluß der i-ten Stufe des Faktors A und β_j der Einfluß der j-ten Stufe des Faktors B. Der Faktor A hat keinen unterschiedlichen Einfluß, wenn alle α_i gleich sind. Stimmen sämtliche β_j überein, so hat der Faktor B keinen unterschiedlichen Einfluß. Daher sollen gleichzeitig folgende Nullhypothesen getestet werden:

$$\begin{aligned} &H_A: \alpha_1 = \alpha_2 = \ldots = \alpha_m \quad \text{(A hat konstanten Einfluß)};\\ &H_B: \beta_1 = \beta_2 = \ldots = \beta_l \quad \text{(B hat konstanten Einfluß)}. \end{aligned} \tag{11.15}$$

Zur Testdurchführung wird die Summe der Abstandsquadrate aller ml Stichprobenwerte vom Gesamtmittel $\bar{x}$ folgendermaßen zerlegt:

$$q_{ges} = \sum_{i=1}^{m}\sum_{j=1}^{l}(x_{ij}-\bar{x})^2 = \sum_{i=1}^{m}\sum_{j=1}^{l}[(\bar{x}_{i\cdot}-\bar{x}) + (\bar{x}_{\cdot j}-\bar{x}) + (x_{ij}-\bar{x}_{i\cdot}-\bar{x}_{\cdot j}+\bar{x})]^2$$

$$= \underbrace{\sum_{i=1}^{m}\sum_{j=1}^{l}(\bar{x}_{i\cdot}-\bar{x})^2}_{=q_A} + \underbrace{\sum_{i=1}^{m}\sum_{j=1}^{l}(\bar{x}_{\cdot j}-\bar{x})^2}_{=q_B} + \underbrace{\sum_{i=1}^{m}\sum_{j=1}^{l}(x_{ij}-\bar{x}_{i\cdot}-\bar{x}_{\cdot j}+\bar{x})^2}_{=q_{Rest}} + G.$$

Wie bei der einfachen Varianzanalyse kann man zeigen, daß die Summe G der gemischten Produkte verschwindet, also G = 0 ist.

Für die einzelnen Abstandsquadrate erhält man durch elementare Umformung die Darstellungen:

Mittelwerte des Faktors A vom Gesamtmittel:

$$q_A = l\sum_{i=1}^{m}(\bar{x}_{i\cdot}-\bar{x})^2 = \frac{1}{l}\sum_{i=1}^{m} x_{i\cdot}^2 - \frac{x_{\cdot\cdot}^2}{ml}.$$

Mittelwerte des Faktors B vom Gesamtmittel:

$$q_B = m\sum_{j=1}^{l}(\bar{x}_{\cdot j}-\bar{x})^2 = \frac{1}{m}\sum_{j=1}^{l} x_{\cdot j}^2 - \frac{x_{\cdot\cdot}^2}{ml}.$$

Gesamt:

$$q_{ges} = \sum_{i=1}^{m}\sum_{j=1}^{l}(x_{ij}-\bar{x})^2 = \sum_{i=1}^{m}\sum_{j=1}^{l} x_{ij}^2 - \frac{x_{\cdot\cdot}^2}{ml}.$$

Rest (Fehlerabweichung):

$$q_{Rest} = q_{ges} - q_A - q_B .$$

Für die entsprechenden Zufallsvariablen erhält man nach einiger Umformung die Erwartungswerte:

$$\begin{aligned}
&E\left(\frac{Q_{Rest}}{(m-1)(l-1)}\right) = \sigma^2 \quad \text{(gilt immer);}\\
&E\left(\frac{Q_A}{m-1}\right) = \sigma^2, \text{ falls } H_A \text{ richtig ist;}\\
&E\left(\frac{Q_B}{l-1}\right) = \sigma^2, \text{ falls } H_B \text{ richtig ist;}\\
&E\left(\frac{Q_{ges}}{ml-1}\right) = \sigma^2, \text{ falls } H_A \text{ und } H_B \text{ richtig sind.}
\end{aligned} \tag{11.16}$$

In Tab. 11.4 ist die Tafel der doppelten Varianzanalyse zusammengestellt.

Unter der Nullhypothese H_A ist $E\left(\frac{Q_A}{m-1}\right) = \sigma^2$. Dann ist die Testgröße

$$F_A = \frac{Q_A/(m-1)}{Q_{Rest}/[(m-1)(l-1)]} = \frac{Q_A}{Q_{Rest}}\cdot(l-1) \tag{11.17}$$

F-verteilt mit $(m-1, (m-1)(l-1))$ Freiheitsgraden.

Unter H_B gilt ferner $E\left(\frac{Q_B}{l-1}\right) = \sigma^2$.

$$F_B = \frac{Q_B/(l-1)}{Q_{Rest}/[(m-1)(l-1)]} = \frac{Q_B}{Q_{Rest}}\cdot(m-1) \tag{11.18}$$

ist ebenfalls F-verteilt mit $(l-1, (m-1)(l-1))$ Freiheitsgraden.

Abstands-quadrate	Summe der Abstandsquadrate	Freiheits-grade
Mittelwerte von A vom Gesamtmittel	$q_A = l \sum_{i=1}^{m} (\bar{x}_{i\cdot} - \bar{x})^2 = \frac{1}{l} \sum_{i=1}^{m} x_{i\cdot}^2 - \frac{x_{\cdot\cdot}^2}{ml}$	$m-1$
Mittelwerte von B vom Gesamtmittel	$q_B = m \sum_{j=1}^{l} (\bar{x}_{\cdot j} - \bar{x})^2 = \frac{1}{m} \sum_{j=1}^{l} x_{\cdot j}^2 - \frac{x_{\cdot\cdot}^2}{ml}$	$l-1$
Rest	$q_{Rest} = q_{ges} - q_A - q_B$	$(m-1)(l-1)$
Gesamt	$q_{ges} = \sum_{i=1}^{m} \sum_{j=1}^{l} (x_{ij} - \bar{x})^2 = \sum_{i=1}^{m} \sum_{j=1}^{l} x_{ij}^2 - \frac{x_{\cdot\cdot}^2}{ml}$	$ml-1$

Tab. 11.4: Tafel der doppelten Varianzanalyse

Mit den $(1-\alpha)$-Quantilen der F-Verteilungen erhält man die

Testentscheidungen:

a) Im Falle $f_A = \dfrac{q_A/(m-1)}{q_{Rest}/[(m-1)(l-1)]} > f_{m-1,(m-1)(l-1);1-\alpha}$

wird H_A abgelehnt.

b) Für $f_B = \dfrac{q_B/(l-1)}{q_{Rest}/[(m-1)(l-1)]} > f_{l-1,(m-1)(l-1);1-\alpha}$

wird H_B abgelehnt.

Beispiel 11.2:
In der nachfolgenden Tabelle sind Weizenerträge in Abhängigkeit von der Sorte und vom Anbauort gemessen worden. Unter der Normalverteilungsannahme soll mit $\alpha = 0{,}05$ getestet werden, ob die Sorte (Faktor A) oder der Anbauort (Faktor B) einen unterschiedlichen Einfluß auf den mittleren Ertrag hat. Dabei erhielt man die in der nachfolgenden Tabelle eingetragenen Werte.

Mit $m = 5$ und $l = 4$ erhält man

$$q_A = \frac{1}{4} \sum_{i=1}^{5} x_{i\cdot}^2 - \frac{343^2}{20} = 9{,}30; \quad q_B = \frac{1}{5} \sum_{j=1}^{4} x_{\cdot j}^2 - \frac{343^2}{20} = 154{,}95;$$

$$q_{ges} = \sum_{i=1}^{5} \sum_{j=1}^{4} x_{ij}^2 - \frac{343^2}{20} = 208{,}55; \quad q_{Rest} = q_{ges} - q_A - q_B = 44{,}30.$$

A Sorte	B Anbauort 1	2	3	4	Zeilen-summen	Zeilenmittel
1	15	16	15	19	65	16,25
2	12	14	18	22	66	16,50
3	13	15	20	21	69	17,25
4	14	18	17	23	72	18
5	17	13	19	22	71	17,75
Summen	71	76	89	107	343	85,75
Spalten-Mittel	14,2	15,2	17,8	21,4		$17{,}15 = \bar{x}$

Die Tafel der Varianzanalyse lautet mit den oben berechneten Werten

Abstands-quadrate	Summen der Abstandsquadrate	Freiheits-grade	gemittelte Summen
Mittelwerte von A vom Gesamtmittel	$q_A = 9{,}30$	4	2,323
Mittelwerte von B vom Gesamtmittel	$q_B = 154{,}95$	3	51,65
Rest	$q_{Rest} = 44{,}30$	12	$3{,}692 = \hat{\sigma}^2$
Gesamt	$q_{ges} = 208{,}55$	19	10,976

Zum Test auf verschiedenen Einfluß der Sorte (Faktor A) gilt

$$f_A = \frac{2{,}323}{3{,}692} = 0{,}63.$$

Wegen $f_A < f_{4,12;0,95} = 3{,}26$ kann ein unterschiedlicher Einfluß der Sorte nicht festgestellt werden.

Zum Test des Einflusses des Anbauorts (Faktor B) erhält man

$$f_B = \frac{51{,}56}{3{,}692} = 13{,}99.$$

Wegen $f_B > f_{3,12;0,95} = 3{,}49$ kann die Nullhypothese, der Anbauort habe keinen unterschiedlichen Einfluß auf den mittleren Ertrag, abgelehnt werden.

Als Schätzwert für die Varianz in diesem Modell erhält man $\hat{\sigma}^2 = 3{,}692$.

11.3 Aufgaben

Aufgabe 11.1:
Ein bestimmtes Produkt wird auf drei verschiedenen Maschinen hergestellt. Die Zufallsvariablen der Fertigungszeiten auf den jeweiligen Maschinen seien näherungsweise normalverteilt. Dabei seien die Varianzen aller drei Zufallsvariablen gleich. Auf den Maschinen wurden folgende Fertigungszeiten festgestellt:

Maschine	Fertigungszeiten								
I	48,3	47,1	50,4	44,6	52,6	48,9	48,8	55,1	
II	48,1	50,2	42,3	46,0	45,3	50,1			
III	42,5	41,2	40,5	45,7	43,2	40,5	43,7	42,9	42,3

a) Führen Sie den Test auf Gleichheit der Erwartungswerte mit $\alpha = 0{,}05$ durch.
b) Geben Sie einen Schätzwert für die gemeinsame Varianz σ^2 des Modells an.
c) Geben Sie Schätzwerte für die drei Erwartungswerte an.

Aufgabe 11.2:
In einer Klinik ist ein Arzt bezüglich einer bestimmten Art von Schmerzen der Ansicht, daß die mittlere Zeitdauer, in der sich ein Patient nach Einnahme einer Tablette schmerzfrei fühlt, gar nicht vom Wirkstoff der Tablette abhängt, sondern nur von der Tatsache, daß dem Patienten eine Tablette verabreicht wurde. Um dies zu prüfen, wurden Patienten, die an diesen Schmerzen litten, entweder ein sogenanntes Placebo (Tablette ohne Wirkstoff) oder eines von drei schmerzstillenden Mitteln verabreicht. In der nachfolgenden Tabelle ist zusammengestellt, wie viele Stunden sich die einzelnen Patienten schmerzfrei fühlten. Dabei seien die entsprechenden Zufallsvariablen näherungsweise normalverteilt mit gleicher Varianz.

	Schmerzfreie Zeit in Stunden								
Placebo	3,5	2,8	4,6	2,6	3,2	1,2	3,4	3,7	4,1
Tabl. A	1,8	4,0	0,9	2,3	2,9				
Tabl. B	2,1	3,8	4,2	4,5	2,3				
Tabl. C	1,7	2,0	2,6	3,6	3,1				

a) Testen Sie mit $\alpha = 0{,}05$ die Vermutung des Arztes.
b) Berechnen Sie einen Schätzwert für die gemeinsame Varianz σ^2 des Modells.
c) Bestimmen Sie in Abhängigkeit von der Entscheidung in a) Schätzwerte für den oder die Erwartungswerte.

Aufgabe 11.3:
In der nachfolgenden Tabelle sind Weizenerträge in Abhängigkeit von der Sorte und der Düngung gemessen worden.

		Düngung		
		I	II	III
Sorte	A	10	21	26
	B	12	22	24
	C	18	30	25
	D	16	24	23

Testen Sie mit $\alpha = 0{,}05$, ob die Sorte oder die Düngung einen Einfluß auf den mittleren Ertrag hat.

Aufgabe 11.4:
Testen Sie mit Hilfe der nachfolgenden Stichprobe, ob der Wochentag oder die Arbeitsschicht einen signifikanten Einfluß auf die mittleren Produktionsmengen (in Tonnen) eines Werkes haben ($\alpha = 0{,}05$). Dabei seien die Voraussetzungen der Varianzanalyse erfüllt.

	Frühschicht	Tagesschicht	Spätschicht
Montag	8,1	8,8	8,0
Dienstag	9,3	9,4	8,5
Mittwoch	9,5	8,6	8,7
Donnerstag	8,2	8,3	8,7
Freitag	7,8	8,1	7,7

Aufgabe 11.5:
Fünf verschiedene Zapfsäulen einer Tankstelle wurden folgendermaßen geprüft. Drei Prüfer entnahmen jeweils nach der Anzeige der Zapfsäule 20 Liter. Diese Menge wurde exakt nachgemessen. Die Differenzen zwischen den von den Zapfsäulen angezeigten und den gemessenen Werten (Einheit 10 cm^3) sind in der nachfolgenden Tabelle zusammengestellt.

	Zapfsäule				
Prüfer	1	2	3	4	5
I	0,1	1,2	− 3,0	− 4,9	− 3,1
II	− 1,3	− 2,0	0,6	− 3,6	− 3,0
III	− 1,9	1,6	2,9	1,1	− 1,8

Testen Sie unter der Normalverteilungsannahme mit $\alpha = 0{,}05$, ob die Prüfer unterschiedliche mittlere Meßwerte erhalten und ob die Zapfsäulen verschiedene mittlere Benzinmengen abgeben.

Kapitel 12: Lineare Regression

In Abschnitt 3.5.1 wird einer zweidimensionalen Punktwolke nach dem Prinzip der kleinsten Abstandsquadrate eine Gerade "angepaßt". In diesem Kapitel soll das zugehörige stochastische Modell behandelt werden. Dabei wird ein Test auf lineare Regression angegeben. In diesem Rahmen beschränken wir uns auf die lineare Regression. Bezüglich anderer Regressionsfunktionen sei auf die weiterführende Literatur verwiesen, z. B. Bosch, K. [1996], S. 531ff.

12.1 Das Lineare Regressionsmodell

Für jedes reelle x aus einem bestimmten Intervall $I \subseteq \mathbb{R}$ sei $Y(x)$ eine normalverteilte Zufallsvariable. Jede dieser Zufallsvariablen $Y(x)$ besitze die konstante Varianz σ^2. Die Erwartungswerte $E(Y(x))$ sollen jedoch auf einer Geraden liegen, auf der sogenannten **Regressionsgeraden**

$$f(x) = \beta_0 + \beta_1 x \tag{12.1}$$

mit dem y-Achsenabschnitt β_0 und dem Regressionskoeffizienten (Steigung) β_1. Für jedes x ist $Y(x)$ eine $N(\beta_0 + \beta_1 x;\ \sigma^2)$-verteilte Zufallsvariable.

Ziel der Regressionsanalyse ist es, die drei unbekannten Parameter β_0, β_1 und σ^2 zu schätzen bzw. zu testen, ob die Regressionsfunktion tatsächlich eine Gerade ist. Zur Durchführung bestimmt man zu n vorgegebenen Werten x_i die zugehörigen Realisierungen y_i der Zufallsvariablen $Y(x_i)$ für $i = 1, 2, \ldots, n$. Damit erhält man eine zweidimensionale Stichprobe aus n Wertepaaren

$$(x, y) = ((x_1, y_1), (x_2, y_2), \ldots (x_n, y_n)).$$

Der zu x_i gehörende Stichprobenwert y_i ist also Realisierung der Zufallsvariablen $Y_i = Y(x_i)$ mit

$$E(Y_i) = \beta_0 + \beta_1 x_i\,; \quad Var(Y_i) = \sigma^2. \tag{12.2}$$

Die Stichprobenwerte x_i werden vorgegeben. Daher handelt es sich um Konstanten und nicht um Realisierungen einer Zufallsvariablen. Trotzdem können der Mittelwert und die Varianz der x-Werte berechnet werden:

$$\bar{x} = \frac{1}{n}\sum_{i=1}^{n} x_i\,; \qquad s_x^2 = \frac{1}{n-1}\sum_{i=1}^{n}(x_i - \bar{x})^2. \tag{12.3}$$

12.2 Schätzung der Parameter

Im allgemeinen sind Achsenabschnitt β_0 und Regressionskoeffizient β_1 einer Regressionsgeraden nicht bekannt. Dann werden sie mit Hilfe einer zweidimensionalen Stichprobe vom Umfang n nach der Maximum-Likelihood-Methode (s. Abschnitt 8.1.3.3) geschätzt. Wegen der Modellannahme besitzt $Y_i = Y(x_i)$ die Dichte

$$f_i(y) = \frac{1}{\sqrt{2\pi} \cdot \sigma} \cdot e^{-\frac{(y-\beta_0-\beta_1 x_i)^2}{2\sigma^2}}. \tag{12.4}$$

Dann lautet die Likelihood-Funktion der y-Stichprobe

$$L = \frac{1}{\left(\sqrt{2\pi} \cdot \sigma\right)^n} \cdot e^{-\frac{\sum\limits_{i=1}^{n} (y_i-\beta_0-\beta_1 x_i)^2}{2\sigma^2}}.$$

Logarithmieren ergibt

$$\ln L = -\frac{\sum\limits_{i=1}^{n} (y_i-\beta_0-\beta_1 x_i)^2}{2\sigma^2} - n \cdot \ln\left(\sqrt{2\pi}\,\sigma\right).$$

$$\frac{\partial \ln L}{\partial \beta_0} = 0 \quad \text{und} \quad \frac{\partial \ln L}{\partial \beta_1} = 0$$

liefert die Gleichungen

$$\sum_{i=1}^{n} (y_i-\beta_0-\beta_1 x_i) = 0; \qquad \sum_{i=1}^{n} x_i (y_i-\beta_0-\beta_1 x_i) = 0.$$

Summation ergibt das Gleichungssystem

$$\begin{aligned} \beta_0 + \quad \bar{x} \cdot \beta_1 &= \bar{y} \\ n\bar{x} \cdot \beta_0 + \sum_{i=1}^{n} x_i^2 \cdot \beta_1 &= \sum_{i=1}^{n} x_i y_i. \end{aligned} \tag{12.5}$$

Dieses Gleichungssystem stimmt mit dem Gleichungssystem für die empirische Regressionsgerade aus Abschnitt 3.5.1 überein. Dort wurde es nach dem Prinzip der kleinsten (vertikalen) Abstandsquadrate bestimmt. Damit lauten die Schätzungen

$$\begin{aligned} \hat{\beta}_1 = b_1 &= \frac{\sum\limits_{i=1}^{n} (x_i-\bar{x})(y_i-\bar{y})}{\sum\limits_{i=1}^{n} (x_i-\bar{x})^2} = \frac{\sum\limits_{i=1}^{n} x_i y_i - n\bar{x}\bar{y}}{\sum\limits_{i=1}^{n} x_i^2 - n\bar{x}^2} = \frac{s_{xy}}{s_x^2} = r \cdot \frac{s_y}{s_x}; \\ \hat{\beta}_0 = b_0 &= \bar{y} - \hat{\beta}_1 \bar{x}. \end{aligned} \tag{12.6}$$

Damit wird die Regressionsgerade geschätzt durch

$$\hat{y} - \bar{y} = \frac{s_{xy}}{s_x^2}(x - \bar{x}) \quad \text{für } s_x^2 > 0 .$$

Die Schätzwerte b_1 und b_0 sind Realisierungen der Zufallsvariablen

$$B_1 = \frac{\sum_{i=1}^{n} (x_i - \bar{x})(Y_i - \bar{Y})}{\sum_{i=1}^{n} (x_i - \bar{x})^2} = \frac{\sum_{i=1}^{n} (x_i - \bar{x}) Y_i}{\sum_{i=1}^{n} (x_i - \bar{x})^2} \; ; \; B_0 = \bar{Y} - \bar{x} \cdot B_1 . \quad (12.7)$$

Diese Identität folgt aus

$$\sum_{i=1}^{n} (x_i - \bar{x}) \cdot \bar{Y} = 0 .$$

Aus der Modellvoraussetzung (12.1) erhält man

$$E(Y_i) = \beta_0 + \beta_1 x_i ; \; E(\bar{Y}) = \beta_0 + \beta_1 \bar{x} ; \; E(Y_i - \bar{Y}) = \beta_1 (x_i - \bar{x}) .$$

Da die Werte x_i als Konstanten vorgegeben werden, erhält man hiermit

$$E(B_1) = \frac{\sum_{i=1}^{n} (x_i - \bar{x}) E(Y_i - \bar{Y})}{\sum_{i=1}^{n} (x_i - \bar{x})^2} = \frac{\sum_{i=1}^{n} \beta_1 (x_i - \bar{x})^2}{\sum_{i=1}^{n} (x_i - \bar{x})^2} = \beta_1 ;$$

$$E(B_0) = E(\bar{Y}) - \bar{x} \cdot E(B_1) = \beta_0 + \beta_1 \bar{x} - \beta_1 \bar{x} = \beta_0 .$$

Die Schätzfunktionen B_1 bzw. B_0 sind erwartungstreu für β_1 bzw. β_0.

Zu jedem Beobachtungswert y_i wird für $s_x^2 > 0$ durch

$$\hat{y}_i = \bar{y} + \frac{s_{xy}}{s_x^2}(x_i - \bar{x})$$

der zugehörige Wert $\hat{y}_i$ auf der geschätzten (empirischen) Regressionsgeraden bestimmt. Wie y_i Realisierung der Zufallsvariablen Y_i ist, so ist auch $\hat{y}_i$ Realisierung der Zufallvariablen $\hat{Y}_i$. Dabei gilt (s. Bosch, K. [1996], S. 511)

$$E\left(\frac{1}{n-2} \sum_{i=1}^{n} (Y_i - \hat{Y}_i)^2\right) = \sigma^2 . \quad (12.8)$$

Damit erhält man in

$$\hat{\sigma}^2 = \frac{1}{n-2} \sum_{i=1}^{n} (y_i - \hat{y}_i)^2 \quad (12.9)$$

einen erwartungstreuen Schätzwert für die gemeinsame Varianz σ^2.

12.3 Test auf lineare Regression

Für jedes $x \in I \subseteq \mathbb{R}$ sei Y(x) eine normalverteilte Zufallsvariable mit konstanter Varianz σ^2. Es soll getestet werden, ob die von x abhängigen Erwartungswerte E(Y(x)) auf einer Geraden liegen. Die Nullhypothese lautet

$$H_0: E(Y(x)) = f(x) = \beta_0 + \beta_1 x \quad \text{für jedes } x \in I. \tag{12.10}$$

Bei richtiger Nullhypothese H_0 liegt eine lineare Regression vor. Die Testdurchführung erfolgt wie bei der einfachen Varianzanalyse (Abschnitt 11.1) mit Hilfe einer analogen Quadratsummenzerlegung. Um Gruppenabweichungen bilden zu können, müssen zu mindestens einem x-Wert mindestens zwei y-Werte gehören.

In der gesamten Stichprobe sollen m verschiedene x-Werte $x_1^*, x_2^*, \ldots, x_m^*$ vorkommen. Zu x_i^* gehören die y-Werte $y_{i1}, y_{i2}, y_{i3}, \ldots, y_{in_i}$. Die m Gruppenstichproben können in das nachfolgende Schema der Varianzanalyse eingetragen werden:

Gruppe	Stichprobenwerte	Gruppenumfang	Zeilensumme	Gruppenmittel
x_1^*	$y_{11}\ y_{12}\ y_{13}\ \cdots\ y_{1n_1}$	n_1	$y_{1\cdot}$	$\bar{y}_1$
x_2^*	$y_{21}\ y_{22}\ y_{23}\ \cdots\ y_{2n_2}$	n_2	$y_{2\cdot}$	$\bar{y}_2$
$\vdots$	....	$\vdots$	$\vdots$	$\vdots$
x_i^*	$y_{i1}\ y_{i2}\ y_{i3}\ \cdots\ y_{in_i}$	n_i	$y_{i\cdot}$	$\bar{y}_i$
$\vdots$	....	$\vdots$	$\vdots$	$\vdots$
x_m^*	$y_{m1}\ y_{m2}\ y_{m3}\ \cdots\ y_{mn_m}$	n_m	$y_{m\cdot}$	$\bar{y}_m$
Gesamt	Summe	n	$y_{\cdot\cdot}$	$\bar{y} = \frac{y_{\cdot\cdot}}{n}$

Tab. 12.1: Schema für die Varianzanalyse

Die gesamte Stichprobe vom Umfang $n = \sum_{i=1}^{m} n_i$ besitzt die folgenden Kenngrößen:

Mittelwert und Varianz aller x-Werte:

$$\bar{x} = \frac{1}{n}\sum_{i=1}^{m} n_i x_i^* ; \quad s_x^2 = \frac{1}{n-1}\sum_{i=1}^{m} n_i (x_i^* - \bar{x})^2 = \frac{1}{n-1}\left(\sum_{i=1}^{m} n_i x_i^{*2} - n\bar{x}^2\right).$$

Die einzelnen y-Stichproben besitzen die Größen:

Gruppenmittel: $\bar{y}_i = \frac{1}{n_i} \sum_{j=1}^{n_i} y_{ij} = \frac{y_{i\cdot}}{n_i}$ für $i = 1, 2, \ldots, m$;

Gesamtmittel: $\bar{y} = \frac{y_{\cdot\cdot}}{n} = \frac{1}{n} \sum_{i=1}^{m} \sum_{j=1}^{n_i} y_{ij} = \frac{1}{n} \sum_{i=1}^{m} y_{i\cdot} = \frac{1}{n} \sum_{i=1}^{m} n_i \bar{y}_i$;

Gesamtvarianz: $s_y^2 = \frac{1}{n-1} \Big(\sum_{i=1}^{m} \sum_{j=1}^{n_i} y_{ij}^2 - n\,\bar{y}^2 \Big)$;

Kovarianz: $s_{xy} = \frac{1}{n-1} \Big(\sum_{i=1}^{m} x_i^* \, y_{i\cdot} - n\,\bar{x}\,\bar{y} \Big)$.

Zerlegt wird die Summe der vertikalen Abweichungsquadrate aller Punkte von der empirischen Regressionsgeraden $\hat{y} = b_0 + b_1 x$

$$q_{ges} = \sum_{i=1}^{m} \sum_{j=1}^{n_i} (y_{ij} - b_0 - b_1 x_i^*)^2 = \sum_{i=1}^{m} \sum_{j=1}^{n_i} \Big((y_{ij} - \bar{y}_i) + (\bar{y}_i - b_0 - b_1 x_i^*) \Big)^2$$

$$= \underbrace{\sum_{i=1}^{m} \sum_{j=1}^{n_i} (y_{ij} - \bar{y}_i)^2}_{= q_{in}} + \underbrace{\sum_{i=1}^{m} n_i \cdot (\bar{y}_i - b_0 - b_1 x_i^*)^2}_{= q_{Reg}} .$$

Wie bei der Varianzanalyse verschwindet auch hier die Summe der gemischten Produkte

$$\sum_{i=1}^{m} \sum_{j=1}^{n_i} (y_{ij} - \bar{y}_i)(\bar{y}_i - b_0 - b_1 x_i^*) = \sum_{i=1}^{m} (\bar{y}_i - b_0 - b_1 x_i^*) \sum_{j=1}^{n_i} (y_{ij} - \bar{y}_i)$$

$$= \sum_{i=1}^{m} (\bar{y}_i - b_0 - b_1 x_i^*)\,(y_{i\cdot} - n_i \bar{y}_i) = \sum_{i=1}^{m} (\bar{y}_i - b_0 - b_1 x_i^*)\,(y_{i\cdot} - y_{i\cdot}) = 0.$$

Nach (3.4) gilt für die gesamte Abweichungssumme

$$q_{ges} = \sum_{i=1}^{m} \sum_{j=1}^{n_i} (y_{ij} - b_0 - b_1 x_i^*)^2 = (n-1)\,(s_y^2 - b_1^2 s_x^2) .$$

Elementare Rechnung ergibt die Abweichungsquadrate innerhalb der Gruppen:

$$q_{in} = \sum_{i=1}^{m} \sum_{j=1}^{n_i} (y_{ij} - \bar{y}_i)^2 = \sum_{i=1}^{m} \sum_{j=1}^{n_i} y_{ij}^2 - \sum_{i=1}^{m} \frac{y_{i\cdot}^2}{n_i} .$$

Abweichungsquadrate der Gruppenmittel von der Regressionsgeraden:

$$q_{Reg} = \sum_{i=1}^{m} \sum_{j=1}^{n_i} (\bar{y}_i - b_0 - b_1 x_i^*)^2 = \sum_{i=1}^{m} n_i\,(\bar{y}_i - b_0 - b_1 x_i^*)^2 .$$

Man kann zeigen, daß unter H_0 die zugehörigen Zufallsvariablen folgende Erwartungswerte besitzen (s. Bosch, K. [1996], S. 523):

$$E(Q_{in}) = (n-m)\sigma^2 \text{ (gilt immer)}; \qquad (12.11)$$
$$E(Q_{ges} \mid H_0) = (n-1)\,\sigma^2 \,;\; E(Q_{Reg} \mid H_0) = (m-2)\,\sigma^2 .$$

Somit erhält man folgende Tafel der Varianzanalyse:

Abstands-quadrate	Summen der Abstandsquadrate	Freiheits-grade
Gruppenmittel von der Regres-sionsgeraden	$q_{Reg} = \sum_{i=1}^{m} n_i (\bar{y}_i - b_0 - b_1 x_i^*)^2$	$m-2$
innerhalb der Gruppen	$q_{in} = \sum_{i=1}^{m} \sum_{j=1}^{n_i} (y_{ij} - \bar{y}_i)^2 = \sum_{i=1}^{m} \sum_{j=1}^{n_i} y_{ij}^2 - \sum_{i=1}^{m} \frac{y_{i\cdot}^2}{n_i}$	$n-m$
Gesamt	$q_{ges} = \sum_{i=1}^{m} \sum_{j=1}^{n_i} (y_{ij} - b_0 - b_1 x_i^*)^2 = (n-1)(s_y^2 - b_1^2 s_x^2)$	$n-2$

Tab. 12.2: Tafel der Varianzanalyse beim Test auf lineare Regression

Falls die Nullhypothese richtig ist, sind unter der Normalverteilungsannahme die beiden Zufallsvariablen

$\frac{Q_{Reg}}{\sigma^2}$ und $\frac{Q_{in}}{\sigma^2}$ Chi-Quadrat-verteilt mit $m-2$ bzw. $n-m$ Freiheitsgraden und voneinander unabhängig. Dann ist die Testgröße

$$\frac{Q_{Reg}/(m-2)}{Q_{in}/(n-m)} \tag{12.12}$$

F-verteilt mit $(m-2, n-m)$ Freiheitsgraden.

Mit dem $(1-\alpha)$-Quantil $f_{m-2,n-m;1-\alpha}$ der F-Verteilung mit diesen Freiheitsgraden gelangt man zur

> Testentscheidung:
>
> Im Falle $\frac{q_{Reg}/(m-2)}{q_{in}/(n-m)} > f_{m-2,n-m;1-\alpha}$ wird die Nullhypothese der linearen Regression abgelehnt.

Beispiel 12.1:
Bei der Untersuchung des Fettgehalts y [in %] der Milch in Abhängigkeit des Rohfaseranteils [in %] im Futter bei einer bestimmten Kuh wurden die in der nachfolgenden Tabelle angegebenen Werte gemessen:

Rohfaser-anteil x_i^*	Stichprobenwerte	Gruppen-umfang	Zeilen-summe	Gruppen-mittel
12	3,3 3,4 3,0 2,9 3,1	5	15,7	3,14
14	3,5 3,8 3,3 3,5 3,4	5	17,5	3,50
16	3,5 3,7 3,4 3,6 3,7	5	17,9	3,58
18	3,7 4,1 3,7 3,6 4,0	5	19,1	3,82
20	4,1 3,9 4,2 3,9 4,0	5	20,1	4,02
Gesamt	Summe	25	90,3	$\bar{y} = 3,612$

Mit $\alpha = 0,05$ soll ein Test auf lineare Regression durchgeführt werden. Da alle fünf Gruppenumfänge gleich sind, ist das Gesamtmittel $\bar{y}$ gleich dem arithmetischen Mittel der einzelnen Gruppenmittel. Entsprechend ist $\bar{x}$ das arithmetische Mittel der fünf x-Werte.

Mit m = 5 und n = 25 erhält man folgende Größen:

$$\bar{x} = 16; \quad s_x^2 = \frac{1}{24}(6\,600 - 25 \cdot 16^2) = \frac{25}{3} \approx 8,3333;$$

Gesamtmittel: $\bar{y} = 3,612$;

$$s_y^2 = \frac{1}{24}(329,03 - 25 \cdot 3,612^2) = 0,11943 ;$$

$$\sum_{i,j} x_i^* \, y_{ij} = 12 \cdot 15,7 + 14 \cdot 17,5 + 16 \cdot 17,9 + 18 \cdot 19,1 + 20 \cdot 20,1 = 1\,465,6;$$

$$s_{xy} = \frac{1}{24}(1\,465,6 - 25 \cdot 16 \cdot 3,612) = 0,8667;$$

$$r = \frac{0,8667}{\sqrt{\frac{25}{3} \cdot 0,1192}} = 0,8638; \quad b_1 = \frac{s_{xy}}{s_x^2} = 0,104; \quad b_0 = \bar{y} - b_1 \bar{x} = 1,948;$$

$$\hat{y} = 1,948 + 0,104\,x .$$

Die Schätzwerte der einzelnen Gruppen auf der Regressionsgeraden lauten:

$$\hat{y}_1 = 3,196 \; ; \; \hat{y}_2 = 3,404 \; ; \; \hat{y}_3 = 3,612 \; ; \; \hat{y}_4 = 3,82; \; \hat{y}_5 = 4,028.$$

Als Summe der Abstandsquadrate der Gruppenmittel von der Regressionsgeraden erhält man

$$q_{Reg} = 5 \cdot \sum_{i=1}^{5} (\bar{y}_i - \hat{y}_i)^2 = 5\Big((3,14 - 3,196)^2 + (3,5 - 3,404)^2 + (3,58 - 3,612)^2 + (3,82 - 3,82)^2 + (4,02 - 4,028)^2\Big) = 0,0672.$$

Summe der Abstandsquadrate aller Werte von der Regressionsgeraden:

$$q_{ges} = (n-1)(s_y^2 - b^2 s_x^2) = 24(0{,}11943 - 0{,}104^2 \cdot 8{,}3333) = 0{,}7032\,.$$

Summe der Abweichungsquadrate innerhalb der Gruppen:

$$q_{in} = q_{ges} - q_{Reg} = 0{,}7032 - 0{,}0672 = 0{,}636.$$

Daraus erhält man die Testgröße

$$f_{ber} = \frac{q_{Reg}/(m-2)}{q_{in}/(n-m)} = \frac{0{,}0672/3}{0{,}636/20} = 0{,}704.$$

Das 0,95 - Quantil lautet $f_{3,20;\,0,95} = 3{,}10$. Wegen $f_{ber} < f_{3,20;\,0,95}$ kann die Nullhypothese einer linearen Regression nicht abgelehnt werden.

12.4 Aufgaben

Aufgabe 12.1:
Bei 25 Männern verschiedener Altersstufen wurde der systolische Blutdruck gemessen. Dabei ergaben sich folgende Werte:

Alter [Jahre]	Blutdruck [mm in HG]				
20	111	107	112	118	109
30	117	109	119	115	122
40	134	132	129	122	127
50	139	137	129	133	134
60	141	146	139	148	143

a) Testen Sie auf lineare Regression mit $\alpha = 0{,}05$.
b) Bestimmen Sie Schätzwerte für die Parameter β_0 und β_1 der Regressionsraden $f(x) = \beta_0 + \beta_1 x$.
c) Geben Sie einen Schätzwert für die Varianz σ^2 an.

Aufgabe 12.2:
Mit der Stichprobe

x_i^*	y_{ij}			
5	9,1	10,2	14,4	12,9
10	20,9	17,7	19,7	21,1
15	27,7	29,1	31,2	30,7

soll für $\alpha = 0{,}05$ unter der Normalverteilungsannahme die Nullhypothese getestet werden, daß $f(x) = c \cdot x$ mit einer Konstanten $c \in \mathbb{R}$ Regressionsfunktion ist. Bestimmen Sie zunächst die Regressionsgerade durch den Koordinatenursprung O. Benutzen Sie die Testfunktion $\dfrac{Q_{Reg}/(m-1)}{Q_{in}/(n-m)}$.

Kapitel 13: Parameterfreie Verfahren

In Kapitel 9 werden Hypothesen getestet, die sich ausschließlich auf Parameterwerte beziehen. In diesem Kapitel behandeln wir Hypothesen, die sich nicht nur auf spezielle Parameter stützen. Bei den Chi-Quadrat-Tests in Kapitel 10 wurden bereits spezielle parameterfreie Verfahren behandelt. Da man bei diesen Tests keine Voraussetzungen über die Verteilung der zu untersuchenden Zufallsvariablen benötigt, nennt man derartige Tests manchmal auch **verteilungsfreie Tests.**

13.1 Vorzeichen-Test

Beispiel 13.1:
In Beispiel 9.5 aus Abschnitt 9.2.3 wurde der Einfluß einer bestimmten Menge Alkohol auf die Reaktionszeit auf ein bestimmtes Signal untersucht. Dabei wurde unterstellt, daß die entsprechenden (verbundenen) Zufallsvariablen normalverteilt sind. In diesem Abschnitt soll der Fall behandelt werden, daß die Zufallsvariablen nicht unbedingt normalverteilt sind. Zum Test werden wie in Beispiel 9.5 bei n Personen die Reaktionszeiten vor und nach dem Alkoholgenuß festgestellt und ihre Differenzen berechnet. Falls der Alkoholgenuß keinen Einfluß hätte, wären die Abweichungen rein zufällig. Dann müßten ungefähr die Hälfte der Differenzen positiv und die andere Hälfte negativ sein. Über die Größe der einzelnen Differenzen wird bei diesem Test allerdings nichts ausgesagt. Die genauen Werte der einzelnen Differenzen werden beim Wilcoxon-Vorzeichenrangtest in Abschnitt 13.4 berücksichtigt.

13.1.1 Vorzeichen-Test bei stetigen Zufallsvariablen (ohne Bindungen)

Es sei (X, Y) eine zweidimensionale stetige Zufallsvariable, deren gemeinsame Verteilung nicht bekannt sein muß. Dann ist die Zufallsvariable $X - Y$ ebenfalls stetig. Daher gilt

$$P(X - Y = 0) = 0. \tag{13.1}$$

Einer der folgenden Tests soll durchgeführt werden:

a) $H_0: P(X-Y>0) = P(X-Y<0)$; $H_1: P(X-Y>0) \neq P(X-Y<0)$;

b) $H_0: P(X-Y>0) \leq P(X-Y<0)$; $H_1: P(X-Y>0) > P(X-Y<0)$;

c) $H_0: P(X-Y>0) \geq P(X-Y<0)$; $H_1: P(X-Y>0) < P(X-Y<0)$.

In a) handelt es sich um einen zweiseitigen Test, während die beiden anderen Tests einseitig sind.

Zur Testdurchführung werden wie in Abschnitt 9.2.3 aus einer verbundenen zweidimensionalen Stichprobe

$$(x,y) = ((x_1,y_1),(x_2,y_2),\dots,(x_n,y_n))$$

vom Umfang n die Differenzen

$$d_i = x_i - y_i \quad \text{für } i = 1,2,\dots,n$$

bestimmt. Falls die Nullhypothese H_0 aus a) richtig ist, gilt wegen der vorausgesetzten Stetigkeit

$$P(X-Y>0) = P(X-Y<0) = \tfrac{1}{2}. \tag{13.2}$$

Daher tritt eine Nulldifferenz $x_i - y_i = 0$ nur mit Wahrscheinlichkeit 0 auf. Trotzdem kann es vor allem wegen Rundungen vorkommen, daß manche der Differenzen gleich Null sind. Dann spricht man von **Bindungen**. Dieser Fall wird im Abschnitt 13.1.2 behandelt. Wir gehen zunächst von Stichproben ohne Bindungen aus, d. h. wir setzen voraus, daß alle n Differenzen $x_i - y_i$ von 0 verschieden sind. Wegen der vorausgesetzten Stetigkeit der Zufallsvariablen ist dies mit Wahrscheinlichkeit Eins der Fall.

Als Testgröße wird die Zufallsvariable V_n^+ der Anzahl der positiven Differenzen $d_i = x_i - y_i$ der n Stichprobenpaare benutzt. Unter der Bedingung (13.2) ist die Zufallsvariable V_n^+ binomialverteilt mit den Parametern n (Stichprobenumfang) und p = 0,5. Damit gilt unter (13.2)

$$P(V_n^+ = k \mid p = \tfrac{1}{2}) = \binom{n}{k} \cdot \frac{1}{2^n} \quad \text{für } k = 0,1,\dots,n. \tag{13.3}$$

Da die Testgröße V_n^+ diskret ist, kann im allgemeinen eine vorgegebene Irrtumswahrscheinlichkeit α nicht exakt eingehalten werden. Unter der Nullhypothese a) ist wegen $p = \frac{1}{2}$ die Verteilung von V_n^+ symmetrisch.

Die kritischen Grenzen werden bestimmt aus

$$k_\alpha \text{ maximal mit } P(V_n^+ \leq k_\alpha \mid p = \tfrac{1}{2}) = \sum_{k=0}^{k_\alpha} \binom{n}{k} \cdot \frac{1}{2^n} \leq \alpha. \tag{13.4}$$

Wegen p = 0,5 ist die Verteilung von V_n^+ symmetrisch. Daher erhält man mit der Anzahl v_n^+ der positiven Differenzen die

Testentscheidungen mit $D = X - Y$:

Nullhypothese H_0	Alternative H_1	Ablehnungsbereich von H_0
$P(D > 0) = P(D < 0)$	$P(D > 0) \neq P(D < 0)$	$v_n^+ \leq k_{\frac{\alpha}{2}}$ oder $v_n^+ \geq n - k_{\frac{\alpha}{2}}$
$P(D > 0) \leq P(D < 0)$	$P(D > 0) > P(D < 0)$	$v_n^+ \geq n - k_\alpha$
$P(D > 0) \geq P(D < 0)$	$P(D > 0) < P(D < 0)$	$v_n^+ \leq k_\alpha$

Quantile bei großem Stichprobenumfang
Bei großem Stichprobenumfang n kann die Binomialverteilung durch die Normalverteilung approximiert werden. Unter der Bedingung (13.2) genügt bereits $n > 36$. Mit den Kenngrößen

$$E(V_n^+ \mid p = \tfrac{1}{2}) = \tfrac{n}{2}; \quad Var(V_n^+ \mid p = \tfrac{1}{2}) = \tfrac{n}{4}$$

erhält man aus der Verteilungsfunktion Φ der Standard-Normalverteilung mit der Stetigkeitskorrektur die Approximation

$$P(V_n^+ \leq k_\alpha \mid p = \tfrac{1}{2}) \approx \Phi\left(\frac{k_\alpha + 0{,}5 - \frac{n}{2}}{0{,}5 \cdot \sqrt{n}}\right);$$

$$k_\alpha \approx \frac{n}{2} - 0{,}5 + \frac{\sqrt{n}}{2} \cdot z_\alpha \quad \text{für } n > 36. \tag{13.5}$$

13.1.2 Vorzeichen-Test bei beliebigen Zufallsvariablen (mit Bindungen)

Bei beliebigen Zufallsvariablen kann die Wahrscheinlichkeit $P(X - Y = 0)$ von Null verschieden sein. Auch in diesem Fall soll mit dem Vorzeichen-Test eine der Nullhypothesen aus Abschnitt 13.1.1 getestet werden.

Besonders im Fall $P(X - Y = 0) > 0$ werden **Bindungen** auftreten, also Differenzen $x_i - y_i$ verschwinden. Zunächst wäre es naheliegend, die verschwindenden Differenzen gleichmäßig auf die Gruppen der positiven und negativen Differenzen aufzuteilen. Die Zuordnung könnte aber auch zufällig (gleichwahrscheinlich) erfolgen.

Besser ist es jedoch, in einem solchen Fall die Werte der Bindungen einfach wegzulassen und den Test aus Abschnitt 13.1.1 mit dem reduzierten Stichprobenumfang durchzuführen. Dann bleibt der Test konservativ, d.h. die Irrtumswahrscheinlichkeit 1. Art wird dadurch nicht vergrößert.

Beispiel 13.2 (vgl. Beispiel 13.1):
Bei 500 zufällig ausgewählten Personen wurden die Reaktionszeiten auf zwei verschiedene Reizsignale gemessen. Dabei waren bei 271 Personen die Reaktionszeiten auf das zweite Signal größer und bei 214 kleiner als auf das erste Signal. Bei den restlichen 15 Personen wurden gleiche Zeiten festgestellt. Mit diesem Ergebnis soll mit $\alpha = 0{,}05$ getestet werden, ob die positiven Differenzen allgemein eine größere Wahrscheinlichkeit besitzen als die negativen Differenzen. Es handelt sich um den Test b).
Da 15 Differenzen verschwinden, ist der reduzierte Stichprobenumfang $n = 485$. Mit der Approximation durch die Normalverteilung erhält man aus (13.5)

$$k_{0,05} \approx \frac{485}{2} - 0{,}5 + \frac{\sqrt{485}}{2} \cdot z_{0,05} = 224\,; \; n - k_{0,05} = 261\,.$$

Wegen

$$v_{485}^{+} = 271 > n - k_{0,05}$$

gelangt man zur Testentscheidung: Mit Wahrscheinlichkeit von mehr als 0,5 ist die Reaktionszeit beim zweiten Signal größer als die beim ersten Signal.

13.2 Test des Medians bei stetigen Zufallsvariablen

Der Median $\tilde{\mu}$ einer stetigen Zufallsvariablen ist definiert durch

$$P(X > \tilde{\mu}) = P(X < \tilde{\mu}) = \tfrac{1}{2}\,. \tag{13.6}$$

Diese Bedingung ist gleichwertig mit

$$P(X - \tilde{\mu} < 0) = P(X - \tilde{\mu} > 0) = \tfrac{1}{2}\,. \tag{13.7}$$

Damit kann der Vorzeichen-Test aus Abschnitt 13.1 unmittelbar zum Test des Medians $\tilde{\mu}$ benutzt werden. Nullhypothesen und Alternativen sind in der nachfolgenden Tabelle zusammengestellt. In einer Stichprobe

$$x = (x_1, x_2, \ldots, x_n)$$

werden alle Werte weggelassen, die mit dem hypothetischen Grenzwert $\tilde{\mu}_0$ übereinstimmen. Als Testgröße V_n^{+} benutzt man die Anzahl derjenigen Stichprobenwerte in der reduzierten Stichprobe, welche größer als $\tilde{\mu}_0$ sind. Falls $\tilde{\mu}_0$ der tatsächliche Median ist, ist diese Testgröße binomialverteilt mit den Parametern $p = 0{,}5$ und dem um die Bindungen bereinigten Stichprobenumfang n'. Damit erhält man die

Testentscheidungen:

Nullhypothese H_0	Alternative H_1	Ablehnungsbereich von H_0
a) $\tilde{\mu} = \tilde{\mu}_0$	$\tilde{\mu} \neq \tilde{\mu}_0$	$v_{n'}^+ \leq k_{\frac{\alpha}{2}}$ oder $v_{n'}^+ \geq n' - k_{\frac{\alpha}{2}}$
b) $\tilde{\mu} \leq \tilde{\mu}_0$	$\tilde{\mu} > \tilde{\mu}_0$	$v_{n'}^+ \geq n' - k_\alpha$
c) $\tilde{\mu} \geq \tilde{\mu}_0$	$\tilde{\mu} < \tilde{\mu}_0$	$v_{n'}^+ \leq k_\alpha$

Beispiel 13.3:
Zum Test von $H_0 : \tilde{\mu} = 5$ gegen $H_1 : \tilde{\mu} \neq 5$ mit $\alpha = 0{,}05$ soll eine Stichprobe vom Umfang $n = 200$ ausgewertet werden. Dabei wird vorausgesetzt, daß alle Stichprobenwerte von 5 verschieden sind. v_{200}^+ sei die Anzahl der Stichprobenwerte, die größer als 5 sind. In welchem Bereich muß v_{200}^+ liegen, damit H_0 abgelehnt werden kann? Aus der Approximation der Binomialverteilung durch die Normalverteilung erhält man unter der Nullhypothese H_0

$$E(V_{200}^+ \mid H_0) = 100\,; \quad Var(V_{200}^+ \mid H_0) = 50\,;$$

$$0{,}05 = P(\mid V_{200}^+ - 100 \mid \geq c) = 1 - P(\mid V_{200}^+ - 100 \mid < c)\,;$$

$$\begin{aligned} 0{,}95 &= P(\mid V_{200}^+ - 100 \mid < c) = P(100 - c < V_{200}^+ < 100 + < c) \\ &= P\Big(-\frac{c}{\sqrt{50}} < Z < \frac{c}{\sqrt{50}}\Big) = 2\Phi\Big(\frac{c}{\sqrt{50}}\Big) - 1\,; \end{aligned}$$

$\frac{c}{\sqrt{50}} = z_{0{,}975}$; $c = 14$ (aufgerundet); zur Ablehnung muß also gelten

$$\mid v_{200}^+ - 100 \mid \geq 14\,.$$

13.3 Sensorische Tests

Bei der Verkostung von Lebensmitteln sollen ein oder mehrere Prüfer nur durch eine Geschmacksprüfung bestimmte Lebensmittelproben unterscheiden. Ein Beispiel dafür ist die Prüfung, welcher von zwei Fruchtsäften einen höheren Säuregehalt hat oder ob beide Fruchtsäfte gleich fruchtig sind. Dazu werden den Testern mehrere Proben vorgelegt. Aufgrund des Ergebnisses soll entschieden werden, ob die Prüfer tatsächlich in der Lage sind, Unterschiede festzustellen oder ob sie einfach geraten haben.

13.3.1 Der Duo-Test: Paarweise Unterschiedsprüfung

Einem oder mehreren Prüfern werden n Probenpaare vorgelegt. Jedes einzelne Paar kann aus einer Kontroll- und einer Analyseprobe bestehen. Dabei unterscheidet sich die Analyseprobe bezüglich des zu bestimmenden Merkmals von der Kontrollprobe. Beide Proben können aber auch von demselben Gut in unterschiedlicher Konzentration sein. Die Prüfer soll bei jedem Probenpaar sensorisch den Unterschied feststellen, d. h. er muß sich für eine der beiden Proben entscheiden.

Um den Prüfer nicht zu beeinflussen, sind die Probenpaare jeweils zufällig angeordnet, z.B.

$$AB, BA, BA, AB, \ldots, BA.$$

Die Wahrscheinlichkeit, daß bei einem einzelnen Probenpaar sensorisch richtig entschieden wird, sei p.

Falls von einer Person nur geraten wird, ist $p = \frac{1}{2}$. Der Fall $p < \frac{1}{2}$ bedeutet, daß absichtlich die falsche Probe identifiziert wird. Dieser Fall soll daher ausgeschlossen werden. Im Falle $p > \frac{1}{2}$ überwiegt auf Dauer die richtige Identifikation. Getestet werden soll folgende Nullhypothese H_0 gegen die Alternative H_1:

$$H_0: p = \frac{1}{2}; \qquad H_1: p > \frac{1}{2}.$$

Als Testgröße benutzt man die Anzahl X derjenigen von den n Proben, die richtig identifiziert werden. Unter der Nullhypothese H_0 ist X binomialverteilt mit den Parametern n und $p = \frac{1}{2}$. Dann gilt

$$\begin{aligned} &P(X = k \mid H_0) = \binom{n}{k} \cdot \frac{1}{2^n} \quad \text{für} \quad k = 0, 1, \ldots, n; \\ &E(X \mid H_0) = \frac{n}{2}; \quad Var(X \mid H_0) = \frac{n}{4}. \end{aligned} \tag{13.8}$$

Die Nullhypothese kann höchstens dann abgelehnt werden, wenn mehr als $\frac{n}{2}$ der Proben richtig identifiziert werden. Die Verteilung von X ist symmetrisch zu s = 0. Daher gilt

$$P(X \geq n - k_\alpha \mid H_0) = P(X \leq k_\alpha \mid H_0).$$

Da die Zufallsvariable X diskret ist, kann eine vorgegebene Irrtumswahrscheinlichkeit α im allgemeinen nicht exakt eingehalten werden. Zu vorgegebenem α wird k_α maximal bestimmt mit

$$P(X \geq n - k_\alpha \mid H_0) = P(X \leq k_\alpha \mid H_0) = \sum_{k=0}^{k_\alpha} \binom{n}{k} \cdot \frac{1}{2^n} \leq \alpha. \tag{13.9}$$

Gleichwertig damit ist

$$\binom{n}{0} + \binom{n}{1} + \ldots + \binom{n}{k_\alpha} \leq \alpha \cdot 2^n, \quad k_\alpha \text{ maximal.} \tag{13.10}$$

Hiermit erhält man die

> Testentscheidung:
>
> Von n Probenpaaren werden x richtig analysiert. Im Falle
>
> $$x \geq n - k_\alpha$$
>
> wird $H_0: p = \frac{1}{2}$ abgelehnt, also $H_1: p > \frac{1}{2}$ angenommen.

Für n > 36 kann die Approximation der Binomialverteilung durch die Normalverteilung benutzt werden mit

$$P(X \leq k_\alpha \mid H_0) \approx \Phi\left(\frac{k_\alpha - \frac{n}{2} + 0{,}5}{\sqrt{\frac{n}{4}}}\right) = \alpha;$$

$$\frac{k_\alpha - \frac{n}{2} + 0{,}5}{\frac{\sqrt{n}}{2}} \approx z_\alpha = -\, z_{1-\alpha};$$

$$k_\alpha - \frac{n}{2} + 0{,}5 \approx -\frac{\sqrt{n}}{2} \cdot z_{1-\alpha}; \quad k_\alpha \approx \frac{1}{2}(n - 1 - \sqrt{n} \cdot z_{1-\alpha}).$$

$$n - k_\alpha \approx \frac{1}{2}(n + 1 + \sqrt{n} \cdot z_{1-\alpha}) \text{ (aufrunden!) für } n > 9. \qquad (13.11)$$

Beispiel 13.4:

a) Es werden 15 Proben analysiert. Wie viele davon müssen mindestens richtig analysiert werden, damit dem Prüfer mit $\alpha = 0{,}05$ sensorische Fähigkeiten bestätigt werden können?

Aus (13.10) erhält man

$$\binom{15}{0} + \binom{15}{1} + \ldots + \binom{15}{k_{0,05}} \leq 0{,}05 \cdot 2^{15} = 1\,638; \; k_{0,05} \text{ maximal.}$$

$$1 + 15 + 105 + 455 = 576 < 1\,638; \quad \binom{15}{4} = 1\,365;$$

$$k_{0,05} = 3; \; n - k_{0,05} = 12.$$

Es müssen mindestens 12 Proben richtig analysiert werden. Die tatsächliche Irrtumwahrscheinlichkeit beträgt dann $\frac{1}{2^{15}} \cdot 576 = 0{,}01758$.

Falls nur mindestens 11 richtige Identifikationen verlangt würden, wäre $\alpha = 0{,}05923$.

b) Wie viele von 200 Proben müssen mindestens richtig beurteilt werden, damit H_0 mit $\alpha = 0{,}01$ abgelehnt werden kann?

Aus (13.11) folgt mit mit $z_{0,99} = 2{,}3263$

$$n - k_{0,01} \approx \frac{1}{2}(200 + 1 + \sqrt{200} \cdot 2{,}3263) \approx 117 \text{ (aufgerundet).}$$

13.3.2 Der Triangel-Test: Dreiecksprüfung

Beim Triangel-Test werden dem Prüfer n-mal drei Proben vorgegeben. Dabei sind zwei der Proben gleich, die dritte ist abweichend. Der Prüfer muß die abweichende Probe identifizieren. Die drei Proben können in Dreiecksform angeordnet werden. Daher rührt der Name Triangel-Test. Bei jedem Probentripel sollte die abweichende Probe richtig analysiert werden.

Es sei p die Wahrscheinlichkeit, daß die abweichende Probe richtig identifiziert wird. Bei reinem Raten ist $p = \frac{1}{3}$. In Analogie zum Duo-Test aus Abschnitt 13.4.1 betrachten wir folgende Nullhypothese und Alternative:

$$H_0: p = \frac{1}{3}; \qquad H_1: p > \frac{1}{3}.$$

Zum Test werden n Probentripel benutzt. X beschreibe die Anzahl der richtig identifizierten Proben. Unter H_0 ist X binomialverteilt mit den Parametern n und $p = \frac{1}{3}$. Es gilt also unter H_0

$$P(X = k \mid H_0) = \binom{n}{k} \cdot \left(\frac{1}{3}\right)^k \cdot \left(\frac{2}{3}\right)^{n-k} = \binom{n}{k} \cdot \frac{2^{n-k}}{3^n}, \ k = 0, 1, \ldots, n;$$
$$E(X \mid H_0) = \frac{n}{3}; \quad Var(X \mid H_0) = n \cdot \frac{1}{3} \cdot \frac{2}{3} = \frac{2}{9} n. \qquad (13.12)$$

Wegen $p \neq \frac{1}{2}$ ist unter der Nullhypothese H_0 die Zufallsvariable X nicht symmetrisch verteilt. Daher müssen die Quantile am rechten Rand bestimmt werden. Zu einer vorgegebenen Irrtumswahrscheinlichkeit α wird c minimal bestimmt mit

$$P(X \geq c \mid H_0) = \sum_{k=c}^{n} \binom{n}{k} \cdot \left(\frac{1}{3}\right)^k \cdot \left(\frac{2}{3}\right)^{n-k} \leq \alpha. \qquad (13.13)$$

Gleichwertig damit ist die Bedingung

$$c \text{ minimal mit } \sum_{k=c}^{n} \binom{n}{k} \cdot 2^{n-k} \leq \alpha \cdot 3^n. \qquad (13.14)$$

Hiermit erhält man die

Testentscheidung:

Von n Probentripeln werden x richtig analysiert. Im Falle

$x \geq c$ (c s. (13.14))

wird $H_0: p = \frac{1}{3}$ abgelehnt, also $H_1: p > \frac{1}{3}$ angenommen.

Für $n > 40$ kann die Approximation der Binomialverteilung durch die Normalverteilung benutzt werden mit

$$P(X \geq c \mid H_0) = 1 - P(X \leq c-1 \mid H_0)$$

$$\approx 1 - \Phi\left(\frac{c - 1 - \frac{n}{3} + 0{,}5}{\sqrt{\frac{2}{9}\cdot n}}\right) = \alpha\,;$$

$$\Phi\left(\frac{c - \frac{n}{3} - 0{,}5}{\frac{1}{3}\cdot\sqrt{2\,n}}\right) \approx 1 - \alpha\,.$$

Mit dem $(1-\alpha)$-Quantil $z_{1-\alpha}$ der Standard-Normalverteilung erhält man hieraus

$$c - \frac{n}{3} - 0{,}5 \approx \frac{\sqrt{2\,n}}{3}\cdot z_{1-\alpha}\,;$$

$$c \approx \frac{n}{3} + 0{,}5 + \frac{\sqrt{2\,n}}{3}\cdot z_{1-\alpha} = \frac{1}{3}\left(n + \frac{3}{2} + \sqrt{2\,n}\cdot z_{1-\alpha}\right),$$

also

$$c \approx \frac{1}{3}\left(n + \frac{3}{2} + \sqrt{2\,n}\cdot z_{1-\alpha}\right) \text{ (aufrunden!) für } n > 40\,. \qquad (13.15)$$

Beispiel 13.5:

a) Es werden 10 Probentripel analysiert. Wie viele davon müssen mindestens richtig analysiert werden, damit H_0 mit $\alpha = 0{,}05$ abgelehnt werden kann? Aus (13.13) erhält man von $k = 10$ ausgehend

$$\binom{10}{10}\cdot\left(\frac{1}{3}\right)^{10} + \binom{10}{9}\cdot\left(\frac{1}{3}\right)^{9}\cdot\left(\frac{2}{3}\right) + \binom{10}{8}\cdot\left(\frac{1}{3}\right)^{8}\cdot\left(\frac{2}{3}\right)^{2} + \binom{10}{7}\cdot\left(\frac{1}{3}\right)^{7}\cdot\left(\frac{2}{3}\right)^{3}$$

$$= 0{,}0000169 + 0{,}0003387 + 0{,}0030483 + 0{,}0162577 = 0{,}0196616.$$

Wegen $\binom{10}{6}\cdot\left(\frac{1}{3}\right)^{6}\cdot\left(\frac{2}{3}\right)^{6} = 0{,}0569019$ würde mit dem nächsten Summanden die vorgegebene maximale Irrtumswahrscheinlichkeit $\alpha = 0{,}05$ überschritten. Falls bei mindestens 7 richtigen Analysierungen H_0 abgelehnt wird, ist $\alpha = 0{,}0196616$ die tatsächliche Irrtumswahrscheinlichkeit erster Art. Verlangt jedoch man zur Ablehnung von H_0 nur 6 richtige Identifizierungen, so beträgt die Irrtumswahrscheinlichkeit $\alpha = 0{,}0765635$.

b) Bei 50 Probentripel benötigt man zur Ablehnung von H_0 mit $\alpha = 0{,}01$ nach (13.15) mindestens

$$c \approx \frac{1}{3}\left(50 + \frac{3}{2} + \sqrt{2\cdot 50}\cdot 2{,}32635\right) = 25 \text{ (aufgerundet)}$$

richtige Identifizierungen.

13.4 Vorzeichen-Rangtest nach Wilcoxon

Mit dem Vorzeichentest a) aus Abschnitt 13.1 wird nur die Hypothese untersucht, ob positive und negative Werte gleichwahrscheinlich sind. Über die Verteilung der beiden Bereiche wird jedoch keine Aussage gemacht. Auch wenn positive und negative Differenzen gleichwahrscheinlich sind, könnten die positiven Diffenzen viel größer als die negativen Differenzen sein. In diesem Abschnitt soll untersucht werden, ob sich die positiven und negativen Differenzen gleich verhalten. Dies ist genau dann der Fall, wenn die Verteilung der Differenzenvariablen $X-Y$ **symmetrisch** zur Stelle $s=0$ ist, wenn also die beiden Zufallsvariablen

$$X-Y \quad \text{und} \quad -(X-Y)=Y-X$$

die gleiche Verteilung besitzen. Gleichwertig damit ist für jedes $u \in \mathbb{R}$

$$P(X-Y \leq -u) = P(-(X-Y) \leq -u) = P(X-Y \geq u).$$

Wenn der Alkoholgenuß keinen Einfluß auf die Reaktionszeit hat, dann müßte die Verteilung der Zufallsvariablen der Differenzen $D = X-Y$ symmetrisch zur Stelle $s=0$ sein.

Daher können wir uns auf die Behandlung einer einzigen Zufallsvariablen beschränken. Diese soll wieder mit X bezeichnet werden. Als hypothetische Symmetriestelle lassen wir einen allgemeinen Wert ϑ_0 zu. Die Symmetriestelle ist gleichzeitig der Median $\tilde{\mu}$.

Für eine beliebige Zufallsvariable X stellen wir folgende Nullhypothese auf:

$$H_0: \text{ die Verteilung von X ist symmetrisch zur Stelle } \vartheta_0. \tag{13.16}$$

Dabei ist ϑ_0 ein vorgegebener Zahlenwert. Diese Nullhypothese ist genau dann richtig, wenn die Zufallsvariable

$$Y = X - \vartheta_0 \tag{13.17}$$

symmetrisch um 0 verteilt ist, wenn also

$$(X-\vartheta_0) \text{ und } -(X-\vartheta_0) = \vartheta_0 + X$$

die gleiche Verteilung besitzen.

Zur Testdurchführung wird aus einer Stichprobe $x = (x_1, x_2, \ldots, x_n)$ vom Umfang n die transformierte Stichprobe

$$y = x - \vartheta_0 = (x_1 - \vartheta_0, x_2 - \vartheta_0, \ldots, x_n - \vartheta_0) = (y_1, y_2, \ldots, y_n)$$

bestimmt. Wenn die Nullhypothese H_0 richtig ist, werden sich die positiven und negativen Differenzen "ähnlich" verhalten.

13.4.1 Rangtest ohne Bindungen

Wie in Abschnitt 13.1.1 setzen wir zunächst voraus, daß die Zufallsvariable X **stetig** ist. Dann gilt für die Symmetriestelle ϑ_0 wegen $P(X = \vartheta_0) = 0$

$$P(X < \vartheta_0) = P(X > \vartheta_0) = \frac{1}{2}. \tag{13.18}$$

Wegen der vorausgesetzten Stetigkeit sind in der transformierten Stichprobe

$$y = x - \vartheta_0 = (x_1 - \vartheta_0, x_2 - \vartheta_0, \ldots, x_n - \vartheta_0)$$

mit Wahrscheinlichkeit Eins alle n Werte voneinander und von Null verschieden. Dann treten keine Bindungen auf. Falls Bindungen auftreten muß der Test nach Abschnitt 13.4.2 durchgeführt werden.

Die nach **Frank Wilcoxon** (1892 – 1965) benannte Testgröße wird folgendermaßen berechnet:

1) Die Beträge $|y_i| = |x_i - \vartheta_0|$ der transformierten Stichprobe werden der Größe nach geordnet

$$|y_{(1)}| < |y_{(2)}| < \ldots < |y_{(n)}|.$$

Wegen der vorausgesetzten Stetigkeit sind mit Wahrscheinlichkeit Eins alle n Ränge verschieden, so daß gleiche Ränge (Bindungen) im wesentlichen nur auf das Runden zurückzuführen sind.

2) Der Stichprobenwert $y_i = x_i - \vartheta_0$ besitze in dieser Anordnung den Rang r_i (vgl. Abschnitt 3.4.1).

Als Testgröße wird die Summe der Ränge w_n^+ der positiven y-Werte bestimmt. Als Testgröße kann auch die Summe w_n^- der Ränge der negativen y-Werte benutzt werden.

Die Summe aller Ränge ist $1 + 2 + \ldots + n = \frac{n(n+1)}{2}$. Daher gilt

$$w_n^+ + w_n^- = \frac{n(n+1)}{2}. \tag{13.19}$$

w_n^+ bzw. w_n^- sind Realisierungen von Zufallsvariablen W_n^+ bzw. W_n^-. Falls die Nullhypothese der Symmetrie der Verteilung zur Stelle ϑ_0 richtig ist, besitzen die beiden Zufallsvariablen W_n^+ und W_n^- die gleiche Verteilung und somit auch den gleichen Erwartungswert und die gleiche Varianz. Aus

$$W_n^+ + W_n^- = \frac{n(n+1)}{2}$$

folgt damit unter der Nullhypothese H_0

$$E(W_n^+ | H_0) = E(W_n^- | H_0) = \frac{n(n+1)}{4}. \tag{13.20}$$

Die Testgröße W_n^+ kann dargestellt werden in der Form

$$W_n^+ = \sum_{i=1}^{n} i \cdot Z_i \quad \text{mit} \quad Z_i = \begin{cases} 1, & \text{falls } Y_i > 0; \\ 0, & \text{falls } Y_i < 0. \end{cases}$$

Unter der Nullhypothese H_0 gilt

$$E(Z_i \mid H_0) = E(Z_i^2 \mid H_0) = P(Z_i > 0 \mid H_0) = \tfrac{1}{2}; \quad Var(Z_i \mid H_0) = \tfrac{1}{4}.$$

Aus der Unabhängigkeit der Zufallsvariablen Z_i erhält man unter der Nullhypothese H_0

$$\begin{aligned} E(W_n^+ \mid H_0) &= \sum_{i=1}^{n} i \cdot \tfrac{1}{2} = \frac{n(n+1)}{4}; \\ Var(W_n^+ \mid H_0) &= \sum_{i=1}^{n} i^2 \cdot \tfrac{1}{4} = \frac{n(n+1)(2n+1)}{24}. \end{aligned} \tag{13.21}$$

Die Verteilung der Testgröße W_n^+

Die Testgröße W_n^+ besitzt den Wertevorrat $\left\{0, 1, 2, \ldots, \frac{n(n+1)}{2}\right\}$.

Das Ereignis $W_n^+ = 0$ tritt ein, wenn alle n Stichprobenwerte y_i negativ sind. Sind sämtliche Stichprobenwerte y_i positiv, so ist die Realisierung gleich $\frac{n(n+1)}{2}$. Unter der Nullhypothese H_0 ist W_n^+ **symmetrisch verteilt** um den Erwartungswert $\frac{n(n+1)}{4}$.

In Tabelle 6 im Anhang sind Quantile $w_{n;\alpha}^+$ aufgeführt.

Asymptotische Verteilung von W_n^+

In der Darstellung

$$W_n^+ = \sum_{i=1}^{n} i \cdot Z_i \quad \text{mit} \quad Z_i = \begin{cases} 1, & \text{falls } Y_i > 0; \\ 0, & \text{falls } Y_i < 0 \end{cases}$$

sind die einzelnen Summenvariablen Z_i voneinander unabhängig. Unter der Nullhypothese H_0 konvergiert daher nach dem zentralen Grenzwertsatz die Folge der Verteilungsfunktionen der standardisierten Summen

$$Z_n = \frac{W_n^+ - E(W_n^+)}{\sqrt{Var(W_n^+)}} = \frac{W_n^+ - \frac{n(n+1)}{4}}{\sqrt{\frac{n(n+1)(2n+1)}{24}}}$$

gegen die Verteilungsfunktion Φ der Standard-Normalverteilung. Mit der Stetigkeitskorrektur erhält man für **n > 20** die brauchbare Näherung

$$P(W_n^+ \le k \mid H_0) = P(W_n^+ \le k + 0{,}5) \approx \Phi\left(\frac{k + 0{,}5 - \frac{n(n+1)}{4}}{\sqrt{\frac{n(n+1)(2n+1)}{24}}}\right). \tag{13.22}$$

Mit der Summe w_n^+ der positiven Differenzen $x_i - \vartheta_0$ und den kritischen Grenzen $w^+_{n;\frac{\alpha}{2}}$ maximal mit $P(W_n^+ \leq w^+_{n;\frac{\alpha}{2}}) \leq \frac{\alpha}{2}$ erhält man die

> Testentscheidung:
>
> Im Falle $w_n^+ \leq w^+_{n;\frac{\alpha}{2}}$ oder $w_n^+ \geq \frac{n(n+1)}{2} - w^+_{n;\frac{\alpha}{2}}$
>
> wird die Nullhypothese der Symmetrie zur Stelle ϑ_0 abgelehnt.

Für $n \leq 60$ sind Quantile $w^+_{n;\alpha}$ in Tabelle 6 im Anhang vertafelt.

13.4.2 Rangtest bei Bindungen

Falls die Zufallsvariable X diskret ist, werden Stichprobenwerte mit gleichem Betrag, also Bindungen auftreten. Wenn $P(X = \vartheta_0) > 0$ ist, entstehen auch Nulldifferenzen $y_i = x_i - \vartheta_0 = 0$. Die **Nulldifferenzen** werden einfach weggelassen und der Test mit dem reduzierten Stichprobenumfang durchgeführt.

Falls von den nichtverschwindenden y-Werten Beträge gleich sind, benutzt man **Durchschnittsränge**. Dadurch ändert sich der Erwartungswert der reduzierten Testgröße W_n^+ nicht. Die Varianz wird jedoch verkleinert. Wenn es bezüglich der Testgröße insgesamt m verschiedene Bindungsgruppen gibt mit jeweils b_j ranggleichen Elementen für $j = 1, 2, \ldots, m$, erhält man nach Bosch K. [1996], S. 479 unter der Nullhypothese H_0:

$$\begin{aligned} E(W_n^+ | H_0) &= \frac{n(n+1)}{4}; \\ Var(W_n^+ | H_0) &= \frac{n(n+1)(2n+1)}{24} - \frac{1}{48}\sum_{j=1}^{m}(b_j^3 - b_j). \end{aligned} \tag{13.23}$$

Für $n > 25$ ist unter H_0 die standardisierte Zufallsvariable

$$Z_n = \frac{W_n^+ - \frac{n(n+1)}{4}}{\sqrt{\frac{n(n+1)(2n+1)}{24} - \frac{1}{48}\sum_{j=1}^{m}(b_j^3 - b_j)}}$$

näherungsweise $N(0;1)$-verteilt. Mit dieser Testgröße kann dann der Test durchgeführt werden.

Beispiel 13.6:
Mit der Stichprobe
$-50, -45, -40, -35, -30, -25, -20, -15, -14, -11,$
$1, 2, 3, 4, 5, 6, 7, 8, 9, 10$

soll die Nullhypothese H_0 getestet werden, daß die Verteilung der Zufallsvariablen X zur Stelle $s = 0$ symmetrisch ist.

a) Mit dem Vorzeichentest aus Abschnitt 13.1.1 erhält man die Testgröße $v_{20}^{+} = 10$. Sogar für $\alpha = 0{,}5$ kann mit diesem Test die Nullhypothese nicht abgelehnt werden.

b) Der Wilcoxon-Vorzeichenrangtest liefert die Testgröße $w_{20}^{+} = \frac{10 \cdot 11}{2} = 55$. Wegen $w_{20}^{+} < w_{20;0,05}^{+} = 60$ (Tab. 6) kann die Nullhypothese mit $\alpha = 0{,}1$ abgelehnt werden.

13.5 Aufgaben

Aufgabe 13.1:
Jemand hat die Vermutung, daß der Median einer diskreten Zufallvariablen größer als 251 ist. Zum Test wurden 1 000 Stichprobenwerte benutzt. 51 dieser Meßwerte waren gleich 251. Wie viele von den restlichen Meßwerten müssen größer als 251 sein, damit die Vermutung mit
a) $\alpha = 0{,}05$; b) $\alpha = 0{,}01$
bestätigt werden kann?

Aufgabe 13.2:
Ein Tomatensaft soll daraufhin untersucht werden, ob er süßer empfunden wird als ein Konkurrenzprodukt. Neun Prüfern wurde je ein Probenpaar vorgelegt, zwei von ihnen beurteilten das Konkurrenzprodukt als süßer. Welche Aussage kann bei $\alpha = 0{,}05$ gemacht werden?

Aufgabe 13.3:
Geprüft werden soll, ob ein neues Verfahren zur Herstellung von Hühnerbrühe den Geschmack beeinflußt. Dazu wurde 8 Prüfern je ein Probentripel vorgelegt und zwar je 4 Prüfern die nach dem neuen bzw. nach dem alten Verfahren hergestellte Hühnerbrühe als Doppelprobe. 5 Prüfer haben die abweichende Probe richtig identifiziert. Kann hieraus mit $\alpha = 0{,}05$ geschlossen werden, daß das neue Verfahren einen Einfluß auf den Geschmack hat?

Aufgabe 13.4:
Bei einem Test konnten 25 Punkte erreicht werden. Zum Test von H_0: die Verteilung der Punktezahl ist symmetrisch zu 12,5 mit $\alpha = 0{,}05$ soll folgende Stichprobe benutzt werden:

Punktezahlen 16 8 11 19 7 12 25 6 13 21 9 14 17

Kann damit H_0 abgelehnt werden?

Aufgabe 13.5:
Bei 50 Personen wurde die Reaktionszeit auf ein bestimmtes Signal vor und nach dem Genuß einer bestimmten Menge Alkohol bestimmt. Mit Hilfe des Vorzeichen-Rangtests soll mit $\alpha = 0{,}01$ geprüft werden, ob die Zuwächse der Rektionszeiten symmetrisch um 0 verteilt sind. Dabei sei die Rangsumme der positiven Differenzen $w_{50}^{+} = 910$.

Aufgabe 13.6:
Bei zehn Proben wurde der Nährstoffgehalt mit zwei Analysegeräten gemessen:

Probe	1	2	3	4	5	6	7	8	9	10
Gerät I	2,1	1,6	3,2	3,7	1,9	4,2	0,8	4,6	1,1	2,7
Gerät II	2,5	1,4	3,5	3,0	1,8	4,9	0,2	5,1	1,3	2,9

Sind die Abweichungen rein zufällig?
Führen Sie dazu ohne Normelverteilungsannnahme mit $\alpha = 0{,}05$
a) den Vorzeichen-Test;
b) den Vorzeichen-Rangtest durch.

Aufgabe 13.7:
Ein Ölkonzern behauptet, durch einen Zusatz im Benzin werde der Verbrauch gesenkt. Dazu wurden bei 15 verschiedenen Fahrzeugen der Verbrauch im l/100km einmal ohne und einmal mit dem Zusatz gemessen:

ohne Zusatz	9,5	8,2	11,3	7,9	9,2	12,3	7,2	6,8	13,5
mit Zusatz	9,1	8,3	10,4	7,1	9,1	11,5	7,4	7,1	12,9

ohne Zusatz	10,5	8,9	7,3	8,3	11,6	10,5
mit Zusatz	9,9	8,6	7,5	8,1	11,2	10,6

Testen Sie mit $\alpha = 0{,}05$ die Nullhypothese H_0: Durch den Zusatz ändert sich der Benzinverbrauch nicht
a) mit dem gewöhnlichen Vorzeichentest;
b) mit dem Vorzeichen-Rangtest.

Lösungen der Aufgaben

Kapitel 2

2.1 $\bar{x} = \frac{1109}{11} \approx 100{,}8182$; $\tilde{x} = 103$; $s^2 = 322{,}9636$; $s = 17{,}9712$.

2.2 $r_0 = 0$; $r_1 = 0{,}008$; $r_2 = 0{,}025$; $r_3 = 0{,}041$; $r_4 = 0{,}085$; $r_5 = 0{,}107$; $r_6 = 0{,}134$; $r_7 = 0{,}129$; $r_8 = 0{,}148$; $r_9 = 0{,}156$; $r_{10} = 0{,}167$.

a)

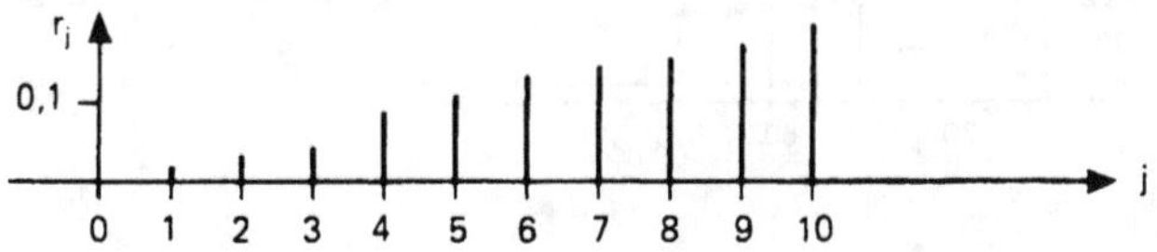

b)

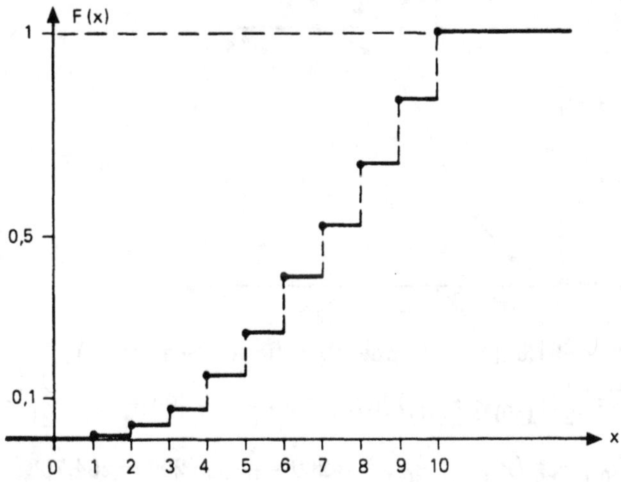

c) $\bar{x} = \frac{2\,563}{365} \approx 7{,}0219$; $\tilde{x} = 7$;

d) $s^2 = 5{,}1863$; $s = 2{,}2774$.

2.3 $n = 9 + h_2 + h_3$; $\bar{x} = \frac{-9 + 2h_3}{9 + h_2 + h_3} = 1 \quad \Rightarrow \quad h_3 - h_2 = 18$

$s^2 = \frac{1}{8 + h_2 + h_3}[1 \cdot 9 + 4h_3 - (9 + h_2 + h_3)] = 1{,}56$

$\Rightarrow 1{,}44\,h_3 - 2{,}56\,h_2 = 12{,}48$; Lösung: $h_2 = 12$; $h_3 = 30$.

2.4 a) $\overline{x+y} = \frac{1}{n}\sum_{i=1}^{n}(x_i + y_i) = \frac{1}{n}\sum_{i=1}^{n} x_i + \frac{1}{n}\sum_{i=1}^{n} y_i = \bar{x} + \bar{y}$;

b) $y = -x = (-x_1, -x_2, \ldots, -x_n)$ mit $s_x^2 = s_y^2 > 0$;

$x_i + y_i = 0$ für $i = 1, 2, \ldots, \Rightarrow s_{x+y}^2 = 0 \neq s_x^2 + s_y^2$.

2.5 a) $n = 100$; Höhe $d_j = \frac{r_j}{b_j}$ (b_j = Breite); $d_1 = 0{,}0005$; $d_2 = 0{,}00105$;

$d_3 = 0{,}0021$; $d_4 = 0{,}002$; $d_5 = 0{,}00095$; $d_6 = 0{,}00045$;

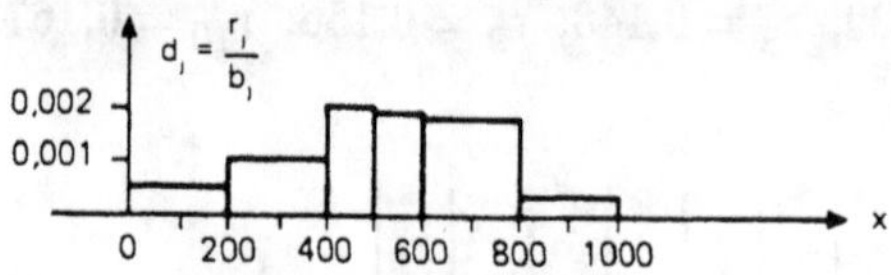

b)

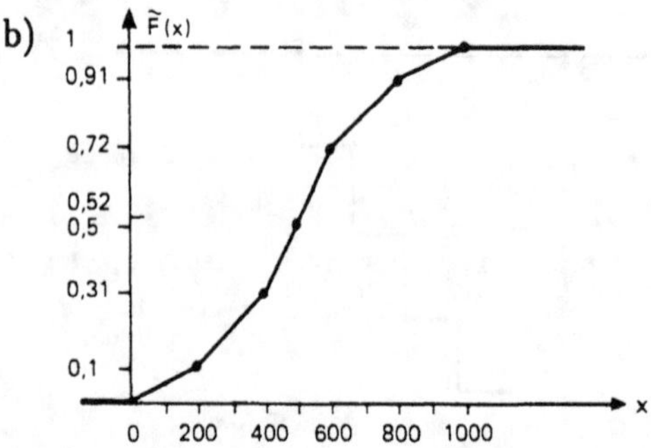

c) $\bar{x} \approx 491{,}5$ (Berechnung über die Klassenmitten);

$\tilde{x} = \frac{1}{2}(x_{(50)} + x_{(51)})$ liegt in K_3; $\tilde{x} \approx 400 + 100 \cdot \frac{19{,}5}{21} = 492{,}857$;

d) $\tilde{x}_{0,1} = \frac{1}{2}(x_{(10)} + x_{(11)}) \approx 200 + \frac{1}{2} \cdot \frac{1}{21} \cdot 200 = 204{,}762$;

$\tilde{x}_{0,95} = \frac{1}{2}(x_{(95)} + x_{(96)}) \approx 800 + \frac{4{,}5}{9} \cdot 200 = 900.$

2.6 a) $n = 50$; $\bar{x} = 12$; $\tilde{x} = 12$; $s_x = 4{,}238$;

b)

Zensur	1	2	3	4	5	6
h_i	2	6	16	14	10	2

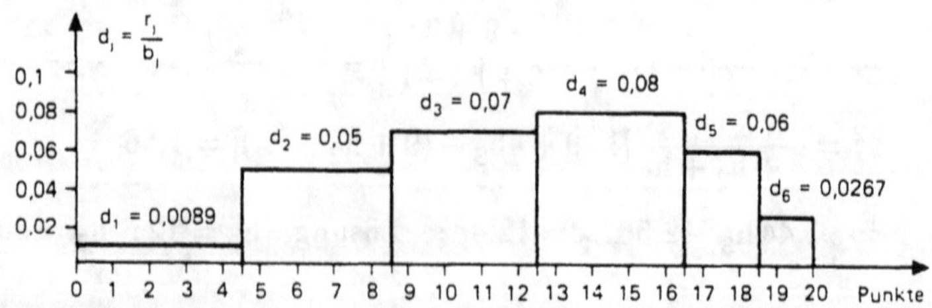

c) $\bar{z} = 3{,}6$; $\tilde{z} = 4$.

2.7 $p = 4{,}1482\ \%$.

2.8 $\bar{x} = 1{,}25$; $504{,}9 = q^4 \cdot 500$; $q = 1{,}002441$; $p = 0{,}2441\ \%$.

2.9 a) $\bar{t} = \frac{1}{4}(15 + 20 + 30 + 40) = 26{,}25$ Minuten;

b) $\bar{t}_h = \dfrac{1}{\frac{1}{4}(\frac{1}{15} + \frac{1}{20} + \frac{1}{30} + \frac{1}{40})} = 22{,}857$ Minuten;

c) $\bar{t} = \dfrac{15 \cdot 300 + 20 \cdot 250 + 30 \cdot 250 + 40 \cdot 200}{1\,000} = 25$ Minuten.

Allgemein:

a) $\bar{t} = \frac{1}{n} \sum\limits_{i=1}^{n} t_i$; b) $\bar{t}_h = \dfrac{1}{\frac{1}{n} \sum\limits_{i=1}^{n} \frac{1}{t_i}}$; c) $\bar{t} = \dfrac{\sum\limits_{i=1}^{n} s_i \cdot t_i}{\sum\limits_{k=1}^{n} s_k} = \sum\limits_{i=1}^{n} \left(\dfrac{s_i}{\sum\limits_{k=1}^{n} s_k} \right) \cdot t_i$.

2.10 $\bar{x}_h = \dfrac{1}{\frac{1}{2}(\frac{1}{150} + \frac{1}{120})} = \dfrac{400}{3}$.

2.11 Steinerscher Verschiebungssatz:

$$\sum_{i=1}^{n} (x_i - \tilde{x})^2 = \sum_{i=1}^{n} (x_i - \bar{x})^2 + n \cdot (\bar{x} - \tilde{x})^2;$$

$$\frac{1}{n} \sum_{i=1}^{n} (x_i - \tilde{x})^2 = \frac{n-1}{n} s^2 + (\bar{x} - \tilde{x})^2 = 142{,}81.$$

Kapitel 3

3.1 $r = 0{,}8986$.

3.2 a)

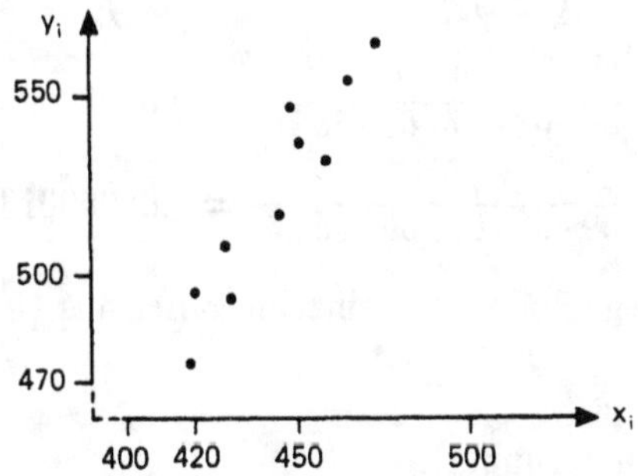

b) $r = 0{,}9451$; c) $\hat{y} = 1{,}4761\,x - 133{,}5084$.

3.3 $r = 0{,}7704$.

3.4 a) $r_S = 1 - \frac{6\sum_{i=1}^{n}[R(x_i) - R(y_i)]^2}{n(n^2-1)} = -0{,}3714;$

b) da gleiche Ränge vorkommen, darf die Formel aus a) nicht verwendet werden. Mit den Durchschnittsrängen erhält man nach der Formel des gewöhnlichen Korrelationskoeffizienten $r_S = 0{,}1852$.

3.5 $\hat{y} = 0{,}5031 \ln x - 1{,}1996.$

3.6 a) $w = \sqrt{x}$; $\hat{y} = 0{,}9499\,w + 0{,}7876;$

b) $u = \ln x$; $v = \ln y$; $\hat{v} = 0{,}27109\,u + 0{,}5879.$

Kapitel 4

4.1 $P(A \cap B) = 0{,}1$; $P(\overline{A} \cup \overline{B}) = 0{,}9$; $P(\overline{A} \cap B) = 0{,}1$;
$P(\overline{A} \cap \overline{B}) = 0{,}2$; $P(A \cup B) = 0{,}8.$

4.2 $P(A \cup B) = 0{,}8$; $P(B) = 0{,}4$; $P(A \cap \overline{B}) = 0{,}4$; $P(\overline{A} \cap B) = 0{,}1.$

4.3 a) $3^{11} = 177\,147;$

b) Anzahl 10 Richtige $= \binom{11}{10} \cdot 2 = 22;$

Anzahl 9 Richtige $= \binom{11}{9} \cdot 4 = 220.$

4.4 a) $\frac{1}{\binom{32}{2}} = \frac{1}{496}$; b) $\frac{\binom{4}{1}\cdot\binom{28}{1}}{\binom{32}{2}} = \frac{7}{31}$; c) $\frac{1}{\binom{22}{2}} = \frac{1}{231}.$

4.5 a) $P(\{3333333\}) = \frac{7!}{70 \cdot 69 \cdot 68 \cdot 67 \cdot 66 \cdot 65 \cdot 64} = 0{,}0000000008342;$

$P(\{0123456\}) = \frac{7^7}{70 \cdot 69 \cdot 68 \cdot 67 \cdot 66 \cdot 65 \cdot 64} = 0{,}0000001363;$

b) Ziehen mit Zurücklegen oder jede einzelne Ziffer aus $\{0, 1, \ldots, 9\}$ ziehen.

4.6 $n \geq \frac{\ln 0{,}1}{\ln(\frac{5}{6})}$; $n \geq 13$ (aufgerundet).

4.7 $\binom{5+5-1}{5} = \binom{9}{5} = 126.$

4.8 $P(A) = 0{,}8436$.

4.9 Bayessche Formel: a) 0,905624; b) 0,999495.

4.10 Bayessche Formel: a) 0,576471; b) 0,999142.

4.11 a) $\binom{10}{6} = 210$; b) $\binom{49}{10} = 8\,217\,822\,536$;

c) $$\frac{\binom{43}{4}}{\binom{49}{10}} = \frac{123\,410}{8\,217\,822\,536} = \frac{210}{\binom{49}{6}};$$

die Chance auf einen Sechser ist gleich groß wie mit der entsprechenden Anzahl (210) beliebiger, aber verschiedener Reihen.

4.12 a) $1-(0{,}2)^3 = 0{,}992$; b) $(0{,}992)^{10} = 0{,}922819$; c) 0,999941.

4.13 $1-(0{,}96)^5 = 0{,}184627$.

4.14 a) 0,054; b) $P(H_1 \mid A) = \frac{8}{27}$; $P(H_2 \mid A) = \frac{1}{3}$; $P(H_3 \mid A) = \frac{10}{27}$.

4.15 a) $\frac{2}{11}$; b) $\frac{21}{23}$.

4.16 T_i: Auto steht hinter der i-ten Tür; $P(T_1) = P(T_2) = P(T_3) = \frac{1}{3}$.

Die Tür, welche der Spieler auswählt, bezeichnen wir mit T_1.

S_2 (S_3): der Spielleiter öffne die 2. (3.) Tür;

$P(S_2 \mid T_1) = \frac{1}{2}$; $P(S_2 \mid T_2) = 0$; $P(S_2 \mid T_3) = 1$;

$P(S_3 \mid T_1) = \frac{1}{2}$; $P(S_3 \mid T_2) = 1$; $P(S_3 \mid T_3) = 0$.

Der Spielleiter öffne die Tür T_2. Aus der Bayesschen Formel folgt

$$P(T_3 \mid S_2) = \frac{P(S_2 \mid T_3) \cdot P(T_3)}{P(S_2 \mid T_1) \cdot P(T_1) + P(S_2 \mid T_2) \cdot P(T_2) + P(S_2 \mid T_3) \cdot P(T_3)}$$

$$= \frac{1 \cdot \frac{1}{3}}{\frac{1}{2} \cdot \frac{1}{3} + 0 + 1 \cdot \frac{1}{3}} = \frac{2}{3};$$

$$P(T_1 \mid S_2) = 1 - \underbrace{P(T_2 \mid S_2)}_{=0} - P(T_3 \mid S_2) = \frac{1}{3};$$

entsprechend erhält man $P(T_3 \mid S_3) = \frac{2}{3}$; $P(T_1 \mid S_3) = \frac{1}{3}$.

Durch einen Wechsel verdoppelt sich die Wahrscheinlichkeit, das Auto zu gewinnen von $\frac{1}{3}$ auf $\frac{2}{3}$.

Kapitel 5

5.1 $\frac{31}{80} = 0{,}3875$.

5.2 a) $p = 1 - (0{,}99)^{10} = 0{,}095618$;

b) $100 \cdot (0{,}99)^{10} + 11 \cdot 100 \cdot [1 - (0{,}99)^{10}] = 195{,}618$;

c) $\frac{n}{k} + n - n(1-p)^k$.

5.3 i-tes Spiel führe erstmals zu einem Gewinn: $p_i = \frac{1}{2^i}$;

Gesamteinsatz: $1 + 2 + \ldots + 2^{i-1} = 2^i - 1$;

Einsatz für das laufende Spiel: 2^{i-1}; Auszahlung: $2 \cdot 2^{i-1} = 2^i$;

Reingewinn: 1;

a) $E(X) = \sum_{i=1}^{\infty} 1 \cdot \frac{1}{2^i} = 1$;

b) $2^{n+1} = 1\,024$; $n + 1 = 10$; $n = 9$;

maximale Serie hat die Länge 10; Verlust: 1 023; $p_{\text{Verlust}} = \frac{1}{2^{10}}$;

$E(Y) = \sum_{i=1}^{10} 1 \cdot \frac{1}{2^i} - 1\,023 \cdot \frac{1}{2^{10}} = 0$.

5.4 a) $P(D) = \frac{12}{37}$; p_i = P(i-tes Spiel führt erstmals zu einem Gewinn)

$= \frac{12}{37} \cdot \left(\frac{25}{37}\right)^{i-1}$ für $i = 1, 2, \ldots$;

Gesamteinsatz: $1 + 2 + \ldots + 2^{i-1} = 2^i - 1$;

Einsatz für das laufende Spiel: 2^{i-1}; Auszahlung: $3 \cdot 2^{i-1}$;

Reingewinn: $1 + 2^{i-1}$;

$E(X) = \sum_{i=1}^{\infty} (1 + 2^{i-1}) \cdot \frac{12}{37} \cdot \left(\frac{25}{37}\right)^{i-1} = \infty$;

b) $2^{12} = 4\,096$; Spieler kann 12mal verdoppeln, also höchstens 13mal einsetzen.

Verlustwahrscheinlichkeit: $\left(\frac{25}{37}\right)^{13}$; Verlust: $2^{13} - 1 = 8\,192$;
mit a) folgt

$$E(Y) = \sum_{i=1}^{13} (1 + 2^{i-1}) \cdot \frac{12}{37} \cdot \left(\frac{25}{37}\right)^{i-1} - (2^{13} - 1) \cdot \left(\frac{25}{37}\right)^{13}$$

$$= \frac{1}{13} \cdot \left[1 - \left(\frac{50}{37}\right)^{13}\right] \approx -3{,}778254.$$

5.5 a) 0,239592; b) mindestens 6 fehlerhafte.

5.6 a) 0,0004158.

5.7 a) $P(X = k) = \frac{1}{5}$ für $k = 1, 2, \ldots, 5$; $E(X) = 3$; $\sigma = \sqrt{2}$;

b) geometrische Verteilung mit $p = \frac{1}{5}$;

$E(X) = 5$; $\sigma = \sqrt{20}$.

5.8

x_i \ y_j	0	1	2	Summe
0	$\frac{16}{36}$	$\frac{8}{36}$	$\frac{1}{36}$	$\frac{25}{36}$
1	$\frac{8}{36}$	$\frac{2}{36}$	0	$\frac{10}{36}$
2	$\frac{1}{36}$	0	0	$\frac{1}{36}$
Summe	$\frac{25}{36}$	$\frac{10}{36}$	$\frac{1}{36}$	1

a) X und Y sind nicht unabhängig;

b) $E(X) = E(Y) = \frac{1}{3}$; $Var(X) = Var(Y) = \frac{5}{18}$;

c)

W(X + Y)	0	1	2
Wahrsch.	$\frac{4}{9}$	$\frac{4}{9}$	$\frac{1}{9}$

X · Y	0	1
Wahrsch.	$\frac{17}{18}$	$\frac{1}{18}$

$E(X + Y) = \frac{2}{3} = E(X) + E(Y)$; $Var(X + Y) = \frac{4}{9}$;

d) $\rho = -\frac{1}{5}$ $\Rightarrow$ X und Y sind nicht unkorreliert.

5.9 a)

x_i \ y_j	0	1	2	3	Summe
0	$\frac{64}{216}$	$\frac{48}{216}$	$\frac{12}{216}$	$\frac{1}{216}$	$\frac{125}{216}$
1	$\frac{48}{216}$	$\frac{24}{216}$	$\frac{3}{216}$	0	$\frac{75}{216}$
2	$\frac{12}{216}$	$\frac{3}{216}$	0	0	$\frac{15}{216}$
3	$\frac{1}{216}$	0	0	0	$\frac{1}{216}$
Summe	$\frac{125}{216}$	$\frac{75}{216}$	$\frac{15}{216}$	$\frac{1}{216}$	1

X und Y sind nicht unabhängig.

b) $\rho = -\frac{1}{5}$ $\Rightarrow$ X und Y sind nicht unkorreliert.

5.10 a) $c = 0{,}05$;

b) $E(X) = 5{,}45$; $Var(X) = 10{,}4475$; $E(Y) = 1{,}55$; $Var(Y) = 6{,}5475$;

c) $E(X \cdot Y) = 8{,}5$; $\rho = 0{,}006348$.

5.11 a)

x_i \ y_j	−9 900	100	Summe
−9 900	0,0004	0,0078	0,0082
100	0,0078	0,984	0,9918
Summe	0,0082	0,9918	1

b)

W(X + Y)	−19 800	−9 800	200
Wahrsch.	0,0004	0,0156	0,984

$E(X + Y) = 36$;

c) X und Y sind nicht unabhängig.

5.12 Binomialverteilung:
$P(X = 0) = 0{,}364170$; $P(X = 2) = 0{,}185801$; $P(X \geq 2) = 0{,}264229$.

Poisson-Verteilung:

$P(X = 0) \approx e^{-1} \approx 0{,}367879$;

$P(X = 2) \approx \frac{1}{2}e^{-1} \approx 0{,}183940$; $P(X \geq 2) \approx 1 - 2e^{-1} \approx 0{,}264242$.

Kapitel 6

6.1 a) $f(x) \geq 0$; $\int\limits_{-\infty}^{\infty} f(x)\,dx = \int\limits_{1}^{3} f(x)dx = 1$;

b) $F(x) = \begin{cases} 0 & \text{für } x < 1; \\ \frac{x^2}{4} - \frac{x}{2} + \frac{1}{4} & \text{für } 1 \leq x \leq 3; \\ 1 & \text{für } x > 3. \end{cases}$

c) $E(X) = \frac{7}{3}$; $Var(X) = \frac{2}{9}$; $\tilde{\mu} = 1 + \sqrt{2}$.

6.2 a) $c = \frac{1}{2\pi^2}$;

b) $E(X) = \frac{4\pi}{3}$; $Var(X) = \frac{10\pi^2}{9}$;

c) $F(x) = \begin{cases} 0 & \text{für } x < 0; \\ \dfrac{x^2}{4\pi^2} & \text{für } 0 \le x \le 2\pi; \\ 1 & \text{für } x > 2\pi. \end{cases}$

d) $\tilde{\mu} = \sqrt{2}\,\pi$; $\xi_{0,1} = \sqrt{0,4}\,\pi$; $\xi_{0,95} = \sqrt{3,8}\,\pi$;

e) $E(Y) = E(\cos(X)) = \int\limits_0^{2\pi} \cos x \cdot f(x)\,dx = 0.$

6.3 a) Ankunftszeit X ist in $[0; \frac{3}{2}]$ gleichmäßig verteilt.

Dichte $f(x) = \begin{cases} \frac{2}{3} & \text{für } 0 \le x \le \frac{3}{2}; \\ 0 & \text{sonst.} \end{cases}$

T = Zufallsvariable der Wartezeit; $P(T = 0) = \frac{1}{3}$;

b)

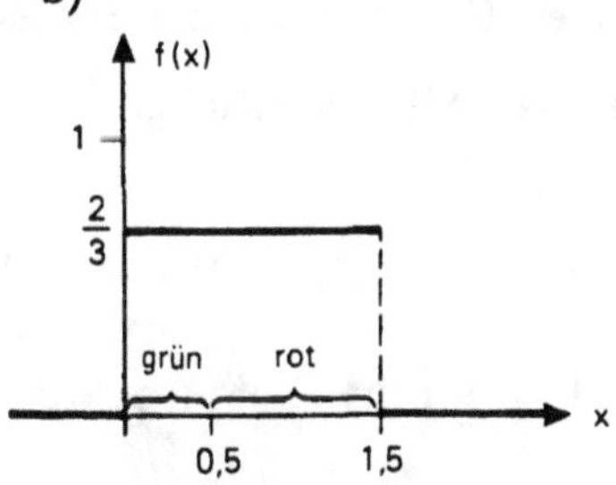

"Dichte"

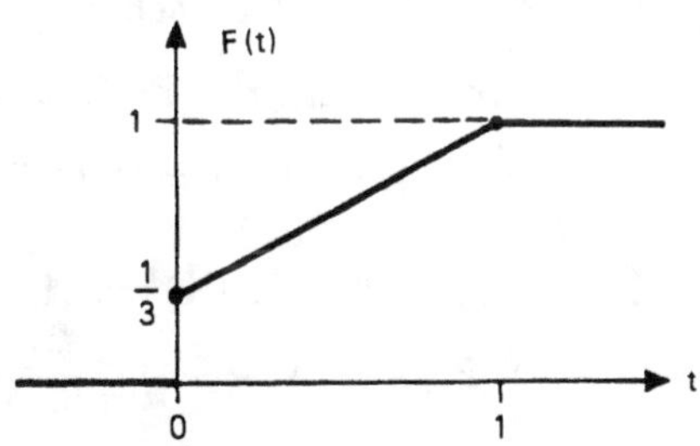

Verteilungsfunktion

$E(T) = 0 \cdot \frac{1}{3} + \int\limits_0^1 \frac{2}{3} u\,du = \frac{1}{3}$;

$E(T^2) = 0^2 \cdot \frac{1}{3} + \int\limits_0^1 \frac{2}{3} u^2 du = \frac{2}{3}$; $Var(T) = \frac{1}{9}$;

c) $\tilde{\mu} = \frac{1}{4}$ (eindeutig bestimmt).

6.4 $E(X) = \frac{1}{\lambda}$; $\lambda = \frac{1}{E(X)} = 0,0005$;

Verteilungsfunktion: $F(x) = \begin{cases} 0 & \text{für } x < 0; \\ 1 - 0,0005 \cdot e^{-0,0005x} & \text{für } x \ge 0. \end{cases}$

a) $e^{-1,25} \approx 0,2865$; b) $e^{-0,5} \approx 0,6065$.

6.5 a) 0,1056; b) 0,2266; c) 0,7888; d) 0,3721; e) $c = 11{,}2281$.

6.6 a) $X \geq 4{,}321$; b) $X \geq 4{,}066$; c) $X \geq 3{,}966$.

6.7 Approximation durch die Normalverteilung.

a) 0,0840; b) 0,9971.

6.8 $X_1 + X_2$ ist N(70; 1,5)-verteilt.

a) 0,5851; b) 0,0512.

6.9 a) Y ist N(50 200; 1 600)-verteilt; b) $\overline{X}$ ist N(502; 0,16)-verteilt.

6.10 a) S ist N(81; 225)-verteilt;

b) 0,7257; c) mindestens 100,22 Minuten.

Kapitel 7

7.1 $Y = \sum_{i=1}^{100} X_i$ ist nach dem zentralen Grenzwertstz näherungsweise normalverteilt mit $E(Y) = 100$ kg; $\sigma_Y = 160\text{g} = 0{,}16$ kg.

a) 0,8640; b) $c = 99{,}6278$.

7.2 $E(\overline{X}) = 10$; $Var(\overline{X}) = \frac{9}{n}$;

a) $P(|\overline{X} - 10| \geq 9{,}4) \leq \frac{9}{0{,}16\,n}$; b) $n \geq 1\,125$; c) $d \geq 3$.

7.3 a) $n \geq 4\,000$; b) $n \geq 44$ (aufgerundet).

7.4 a) $n \geq 308$; b) $n \geq 30\,702$; c) $n \geq 3\,070\,176$ (aufgerundete Werte).

7.5 $P(|R_n - p| \geq 0{,}1) \leq \frac{p(1-p)}{0{,}01\,n}$ (Tschebyschewsche Ungleichung).

a) $\frac{p(1-p)}{0{,}01\,n} \leq \frac{1}{4 \cdot 0{,}01\,n} \leq 0{,}05 \quad \Rightarrow \quad n \geq 500$;

b) $\max\limits_{0 \leq p \leq 0{,}05} \frac{p(1-p)}{0{,}01\,n} = \frac{0{,}05 \cdot 0{,}95}{4 \cdot 0{,}01\,n} \leq 0{,}05 \quad \Rightarrow \quad n \geq 95$.

7.6 a) $c \geq \frac{\sqrt{2}}{20}$; b) $c \geq 0{,}06481$.

7.7 $Var(R_n(A)) = \frac{5}{36\,n} \leq 0{,}001 \quad \Rightarrow \quad n \geq 139$ (aufgerundet).

Kapitel 8

8.1 $E(T_1) = E(T_2) = \sigma^2$ (beide erwartungstreu für σ^2);

T_1 ist für σ^2 konsistent, T_2 ist nicht konsistent.

8.2 $L(\lambda; x_1, x_2, \ldots, x_n) = \lambda^n \cdot e^{-\lambda \sum_{i=1}^{n} x_i}$;

$\ln L = n \cdot \ln \lambda - \lambda \sum_{i=1}^{n} x_i$; $\quad \frac{d \ln L}{d\lambda} = \frac{n}{\lambda} - \sum_{i=1}^{n} x_i = 0$; $\quad \hat{\lambda} = \frac{1}{\overline{x}}$.

8.3 $L(\mu, \sigma^2; x_1, x_2, \ldots, x_n) = \frac{1}{(\sqrt{2\pi})^n \cdot (\sigma^2)^{\frac{n}{2}}} \cdot e^{-\frac{1}{2\sigma^2} \sum_{i=1}^{n} (x_i - \mu)^2}$;

$\ln L = -n \cdot \ln \sqrt{2\pi} - \frac{n}{2} \cdot \ln \sigma^2 - \frac{1}{2\sigma^2} \sum_{i=1}^{n} (x_i - \mu)^2$;

$\frac{\partial \ln L}{\partial \mu} = \frac{1}{2\sigma^2} \sum_{i=1}^{n} (x_i - \mu) = 0 \quad \Rightarrow \quad \hat{\mu} = \overline{x}$;

$\frac{\partial \ln L}{\partial \sigma^2} = -\frac{n}{2\sigma^2} + \frac{1}{4\sigma^4} \sum_{i=1}^{n} (x_i - \mu)^2 = 0$;

durch Multiplikation mit $2\sigma^2$ erhält man mit $\mu = \overline{x}$

$n = \frac{1}{\sigma^2} \sum_{i=1}^{n} (x_i - \overline{x})^2 \quad \Rightarrow \quad \hat{\sigma}^2 = \frac{1}{n} \sum_{i=1}^{n} (x_i - \overline{x})^2 = \frac{n-1}{n} \cdot s^2$.

8.4 a) $F(0) = 0$; e^{-bx^2} ist für $b > 0$ monoton fallend mit

$\lim_{x \to \infty} e^{-bx^2} = 0$

$\Rightarrow 1 - e^{-bx^2}$ ist monoton wachsend mit $\lim_{x \to \infty} (1 - e^{-bx^2}) = 1$.

b) Dichte $f(x) = 2bxe^{-bx^2}$;

$L(b; x_1, x_2, \ldots, x_n) = 2^n \cdot b^n \cdot x_1 \cdot x_2 \cdot \ldots \cdot x_n \cdot e^{-b \sum_{i=1}^{n} x_i^2}$;

$\ln L = \ln(2^n \cdot x_1 \cdot x_2 \cdot \ldots \cdot x_n) + n \ln b - b \sum_{i=1}^{n} x_i^2$;

$\frac{d \ln L}{db} = \frac{n}{b} - \sum_{i=1}^{n} x_i^2 = 0$;

$\hat{b} = \frac{n}{\sum_{i=1}^{n} x_i^2} = \frac{1}{\frac{1}{n} \sum_{i=1}^{n} x_i^2}$.

8.5 $[0{,}699;\ 1{,}271]$.

8.6 a) [0,7815; 2,3785]; b) [0,7002; 2,4598].

c) $n \geq 40$ (aufgerundet).

8.7 n sehr groß $\Rightarrow$ $p_{u,o} \approx r_n \mp z_{1-\frac{\alpha}{2}} \cdot \sqrt{\frac{r_n \cdot (1-r_n)}{n}}$;

[62,04; 67,96]; [64,07; 65,93]; [64,70; 65,30]; [64,91; 65,09].

8.8 a) n sehr groß $\Rightarrow$ $l \approx 2 z_{1-\frac{\alpha}{2}} \cdot \sqrt{\frac{r_n \cdot (1-r_n)}{n}} \leq \frac{z_{1-\frac{\alpha}{2}}}{\sqrt{n}}$;

$n \geq \left(\frac{z_{1-\frac{\alpha}{2}}}{l}\right)^2$; $n \geq 2\,654$ (aufgerundet);

b) $p_{u,o} \approx r_n \mp z_{1-\frac{\alpha}{2}} \cdot \sqrt{\frac{r_n \cdot (1-r_n)}{n}}$; [0,0654; 0,1346];

c) $P(X \geq 50) \approx \Phi(0{,}0745) = 0{,}5297$.

Kapitel 9

9.1 a) $\alpha = 0{,}0031$; $\beta = 0{,}8633$; b) $c = 51{,}003$; $\beta = 0{,}1374$;

c) $c = 52$; $\alpha = 0{,}0142$;

d) $c = \mu_0 + \frac{\sigma_0}{\sigma_0 + \sigma_1} \cdot (\mu_1 - \mu_0) = \frac{152}{3} \approx 50{,}6667$;

e) $\alpha = \beta = 1 - \Phi\left(\frac{\mu_1 - \mu_0}{\sigma_0 + \sigma_1} \cdot \sqrt{n}\right) = 1 - \Phi\left(\frac{4}{15} \cdot \sqrt{n}\right)$

$\Rightarrow$ $n \geq 77$ (aufgerundet).

9.2 $H_0: p = 0{,}5$; $H_1: p = 0{,}8$; Binomilaverteilung mit $n = 4$;

$\alpha = P(X \geq 3 \mid p = 0{,}5) = 0{,}3125$; $\beta = P(X \leq 3 \mid p = 0{,}8) = 0{,}1808$.

9.3 $\alpha = P(X \geq 120 \mid p = 0{,}5) = 0{,}0029$;

$\beta = P(X < 120 \mid p = 0{,}8) = \Phi(-7{,}1595) = 0$.

9.4 $H_0: \mu = 300$; $H_1: \mu \neq 300$; $\bar{x} = 304$; $s^2 = 20{,}8$;

a) $|t_{ber}| = 2{,}1483 < t_{5;0,975} = 2{,}571$ $\Rightarrow$ H_0 nicht ablehnen;

b) $z_{ber} = 1{,}63299 < z_{0,95} = 1{,}64485$ $\Rightarrow$ H_0 nicht ablehnen.

9.5 $H_0: \mu \leq 0{,}8$; $H_1: \mu > 0{,}8$;

$t_{ber} = 2 > t_{15;0,95} = 1{,}753$ $\Rightarrow$ H_0 ablehnen.

9.6 a) $\Phi\left(\frac{10\,c}{1,5}\right) = 0,975$; $c = 0,2940$;

b) $\beta(80,5) = P(|\overline{X} - 80| \leq 0,2940 \mid \mu = 80,5)$

$$= P(79,706 \leq \overline{X} \leq 80,294 \mid \mu = 80,5)$$

$$= \Phi\left(\frac{80,294 - 80,5}{1,5} \cdot 10\right) - \Phi\left(\frac{79,706 - 80,5}{1,5} \cdot 10\right) = 0,0848 .$$

9.7 $H_0: \mu \geq 300$; $H_1: \mu < 300$;

$t_{ber} = -1,8611 < -t_{100\,;\,0,95} = -1,66 \Rightarrow H_0$ ablehnen.

9.8 $H_0: \sigma \geq 0,6 \Leftrightarrow \sigma^2 \geq 0,36$; $H_1: \sigma^2 < 0,36$;

$\overline{x} = -15,225$; $s^2 = 0,304605$;

$\chi^2_{ber} = 16,0764 < \chi^2_{19\,;\,0,05} = 10,117 \Rightarrow$ H_0 nicht ablehnen.

9.9 a) $H_0: \mu_Y - \mu_X \leq 0,1$; $H_1: \mu_Y - \mu_X > 0,1$;

b) $d_i = y_i - x_i$; $\overline{d} = 0,128$; $s_d^2 = 0,00204$;

$t_{ber} = \frac{\overline{d} - 0,1}{s_d} \cdot \sqrt{n} = 1,9604 > t_{9\,;\,0,95} = 1,833 \Rightarrow$ H_0 ablehnen.

9.10 $H_0: p \leq 0,06$; $H: p > 0,06$;

Wegen $np_0(1 - p_0) = 22,8$ kann die Approximation durch die Normalverteilung benutzt werden.

Ablehnungsbereich: $\frac{r_n - p_0}{\sqrt{p_0(1 - p_0)}} \cdot \sqrt{n} = \frac{r_n - 0,06}{\sqrt{0,06 \cdot 0,94}} \cdot \sqrt{500} > z_{1-\alpha}$;

$r_n > 0,06 + \sqrt{\frac{0,06 \cdot 0,94}{500}} \cdot z_{1-\alpha}$;

a) $r_n > 0,0775$; b) $r_n > 0,0818$; c) $r_n > 0,0847$.

9.11 $H_0: p \geq 0,9$; $H_1: p < 0,9$; Normalverteilungsapproximation;

$n = 400$, $r_n = 0,85$; $z_{ber} = -\frac{10}{3} < -z_{0,99} = -2,32635$

$\Rightarrow$ H_0 ablehnen.

9.12 X: Lebensdauer mit Zugabe des Mittels; Y: ohne Zugabe;

$H_0: \frac{\sigma_X}{\sigma_Y} \geq 0,8 \Leftrightarrow \frac{\sigma_X^2}{\sigma_Y^2} \geq 0,64$; $H_1: \frac{\sigma_X^2}{\sigma_Y^2} < 0,64$; $s_y = 4223$;

Ablehnungsbereich:

$$\frac{s_x^2}{s_y^2} < \frac{0{,}8}{f_{n_y-1,\,n_x-1;1-\alpha}} = \frac{0{,}8}{f_{500,\,25;0{,}95}} = \frac{0{,}64}{1{,}726};$$

$s_x < 2\,571{,}5421.$

9.13 Es wäre immer $\alpha = P(\overline{X} \le \mu \mid \mu_0) \ge \frac{1}{2}$.

9.14 Testgröße $= 0 \;\Rightarrow\; \alpha = 0$.

9.15 $\alpha(\mu) = \Phi\Big(\frac{20}{3}(1\,001{,}7 - \mu)\Big) - \Phi\Big(\frac{20}{3}(998{,}3 - \mu)\Big)$ für $998 \le \mu \le 1\,002$;
$\alpha_{max} = \alpha(998) = \alpha(1\,002) = 0{,}0228.$

Kapitel 10

10.1 $H_0: p_1 = P(A) = \frac{1}{6};\; p_2 = P(B) = \frac{1}{3};\; p_3 = P(C) = \frac{1}{2};$
$\chi^2_{ber} = 6{,}376 > \chi^2_{2;0{,}95} = 5{,}991 \quad\Rightarrow\quad H_0$ ablehnen.

10.2 $\chi^2_{ber} = 3{,}618 < \chi^2_{4;0{,}95} = 9{,}488 \quad\Rightarrow\quad H_0$ nicht ablehnen.

10.3 $H_0: p_i = \frac{1}{10}$ für $i = 0, 1, \ldots, 9;\; n = 50;$

a) $\chi^2_{ber} = 16{,}4 < \chi^2_{9;0{,}95} = 16{,}919 \quad\Rightarrow\quad H_0$ nicht ablehnen;

b) $\chi^2_{ber} = 16{,}4 > \chi^2_{9;0{,}9} = 14{,}684 \quad\Rightarrow\quad H_0$ ablehnen.

10.4 $H_0: p_i = \frac{1}{6}$ für $i = 1, 2, \ldots, 6;$

a) $\chi^2_{ber} = 13{,}45 > \chi^2_{5;0{,}95} = 11{,}07 \quad\Rightarrow\quad H_0$ ablehnen;

b) $\chi^2_{ber} = 13{,}45 < \chi^2_{5;0{,}99} = 15{,}086 \quad\Rightarrow\quad H_0$ nicht ablehnen.

10.5 Gesamtanzahl der Glühbirnen: $1\,000 \cdot 3 = 3\,000;$

$$\hat{p} = \frac{0 \cdot 719 + 1 \cdot 243 + 2 \cdot 28 + 3 \cdot 310}{3\,000} = 0{,}109667;$$

$\chi^2_{ber} = 59{,}1253 < \chi^2_{2;0{,}99} = 9{,}21$

$\Rightarrow$ Binomialverteilung nicht ablehnen.

10.6 $n = 100;\; \hat{\mu} = \overline{x} = 101{,}2; \quad \hat{\sigma}^2 = \frac{n-1}{n} \cdot s^2 = 93{,}258;$
$\chi^2_{ber} = 2{,}34 < \chi^2_{6-2-1;0{,}95} = \chi^2_{3;0{,}95} = 7{,}815$

$\Rightarrow$ Normalverteilung nicht ablehnen.

10.7 $\bar{x} = 452{,}48$; $\hat{\lambda} = \frac{1}{\bar{x}} = 0{,}002210042$;

$\chi^2_{ber} = 2{,}11 < \chi^2_{2;0{,}95} = 5{,}99$

$\Rightarrow$ Exponentialverteilung nicht ablehnen.

10.8 $\chi^2_{ber} = \dfrac{300(120 \cdot 62 - 48 \cdot 70)^2}{168 \cdot 132 \cdot 190 \cdot 110} = 10{,}7749 > \chi^2_{1;0{,}99} = 6{,}635$

$\Rightarrow$ Unabhängigkeit ablehnen.

10.9 $\chi^2_{ber} = \dfrac{2\,585(1851 \cdot 61 - 382 \cdot 291)^2}{2\,142 \cdot 443 \cdot 2\,233 \cdot 352} = 0{,}0106 < \chi^2_{1;0{,}95} = 3{,}841$

$\Rightarrow$ Unabhängigkeit nicht ablehnen.

10.10 $\chi^2_{ber} = \dfrac{3\,000(492 \cdot 781 - 219 \cdot 1\,508)^2}{771 \cdot 2\,289 \cdot 2\,000 \cdot 1\,000} = 2{,}6876 < \chi^2_{1;0{,}95} = 3{,}841$

$\Rightarrow$ keine signifikante Änderung feststellbar.

10.11 $\chi^2_{ber} = n\left(\sum_{j=1}^{2} \sum_{k=1}^{4} \dfrac{h_{jk}^2}{h_{j\cdot} \cdot h_{\cdot k}} - 1\right) = 6{,}6403 < \chi^2_{3;0{,}95} = 7{,}815$

$\Rightarrow$ Unabhängigkeit kann nicht abgelehnt werden.

Kapitel 11

11.1 a) $q_{zw} = 212{,}625$; 2 FG; $q_{in} = 142{,}935$; 20 FG;

$$f_{ber} = \frac{212{,}625/2}{142{,}935/20} = 14{,}8755 > f_{2,20;0{,}95} = 3{,}493$$

$\Rightarrow$ Nullhypothese der Gleichheit der Erwartungswerte ablehnen.

b) $\hat{\sigma}^2 = \frac{q_{in}}{20} = 7{,}1468$;

c) $\hat{\mu}_1 = \bar{x}_1 = 49{,}475$; $\hat{\mu}_2 = \bar{x}_2 = 47$; $\hat{\mu}_3 = \bar{x}_3 = 42{,}5$.

11.2 a) $q_{zw} = 3{,}8836$; 3 FG; $q_{in} = 20{,}4160$; 20 FG;

$$f_{ber} = \frac{3{,}8836/3}{20{,}416/20} = 1{,}2681 < f_{3,20;0{,}95} = 3{,}098$$

$\Rightarrow$ Gleichheit der Erwartungswerte nicht ablehnen.

b) $\hat{\sigma}^2 = \frac{q_{in}}{20} = 1{,}0208$;

c) $\hat{\mu} = \bar{x} = \frac{70{,}9}{24} = 2{,}9542$ (Gesamtmittel).

11.3 $q_{\text{Sorte}} = 53{,}5833$; 3 FG; $q_{\text{Düngung}} = 287{,}1167$; 2 FG;

$q_{\text{Rest}} = 40{,}1667$; 6 FG;

$$f_{\text{Sorte}} = \frac{53{,}5833/3}{40{,}1667/6} = 2{,}6681 < f_{3,6;0{,}95} = 4{,}757$$

⇒ verschiedener Einfluß der Sorte nicht feststellbar.

$$f_{\text{Düngung}} = \frac{287{,}1167/2}{40{,}1667/6} = 21{,}4483 > f_{2,6;0{,}95} = 5{,}143$$

⇒ verschiedener Einfluß der Düngung nicht feststellbar.

11.4 $q_{\text{Tag}} = 2{,}8773$; 4 FG; $q_{\text{Schicht}} = 0{,}2893$; 2 FG;

$q_{\text{Rest}} = 1{,}2907$; 8 FG;

$$f_{\text{Tag}} = \frac{2{,}2873/4}{1{,}2907/8} = 4{,}4594 > f_{4,8;0{,}95} = 3{,}838$$

⇒ Tag hat Einfluß auf die mittlere Produktionsmenge.

$$f_{\text{Schicht}} = \frac{0{,}2893/2}{1{,}2907/8} = 0{,}8966 < f_{2,8;0{,}95} = 4{,}459$$

⇒ kein Einfluß der Schicht erkennbar.

11.5 $q_{\text{Prüfer}} = 17{,}3440$; 2 FG; $q_{\text{Säule}} = 23{,}0627$; 4 FG;

$q_{\text{Rest}} = 31{,}2093$; 8 FG;

$$f_{\text{Prüfer}} = \frac{17{,}3440/2}{31{,}2093/8} = 2{,}2229 < f_{2,8;0{,}95} = 4{,}459$$

⇒ Einfluß der Prüfer kann nicht festgestellt werden.

$$f_{\text{Säule}} = \frac{23{,}0627/4}{31{,}2093/8} = 1{,}4779 < f_{4,8;0{,}95} = 3{,}838$$

⇒ Einfluß der Zapfsäulen kann nicht festgestellt werden.

Kapitel 12

12.1 a) $\bar{x} = 40$; $s_x^2 = 208{,}333$; $\bar{y} = 126{,}88$;

Regressionsgerade: $\hat{y} = 0{,}82\,x + 94{,}08$;

$q_{\text{Reg}} = 51{,}04$; 3 FG; $q_{\text{in}} = 363{,}60$; 20 FG;

$$f_{\text{ber}} = \frac{51{,}04/3}{363{,}6/20} = 0{,}9358 < f_{3,20;0{,}95} = 3{,}098$$

⇒ keine Ablehnung der linearen Regression.

b) $\hat{\beta}_0 = 94{,}08$; $\hat{\beta}_1 = 0{,}82$;

c) $\hat{\sigma}^2 = \frac{1}{n-2} \sum_{i=1}^{n} (y_i - \hat{y}_i)^2 = 18{,}0278$.

12.2 Mit $x_0 = y_0$ folgt aus (3.22) $c = \frac{\sum_{i=1}^{n} x_i y_i}{\sum_{i=1}^{n} x_i^2} = \frac{2\,807{,}5}{1400} \approx 2{,}005357$;

$q_{Reg} = 11{,}3623$; 2 FG; $q_{in} = 32{,}6475$; 9 FG;

$f_{ber} = \frac{11{,}3623/2}{32{,}6475/9} = 1{,}15661 < f_{2,9;0{,}95} = 4{,}256$.

$\Rightarrow$ Regressionsgerade $f(x) = c\,x$ nicht ablehenen.

Kapitel 13

13.1 $H_0: \tilde{\mu} \leq 251$; $H_1: \tilde{\mu} > 251$; $y_i = x_i - 251$;

Anzahl der Werte $y_i \neq 0$: $n = 1\,000 - 51 = 949$;

Testgröße V_{949}^+ der positiven y-Werte ist binomialverteilt mit $n = 949$ und $p = 0{,}5$, falls $\tilde{\mu} = 251$ ist.

Ablehnungsbereich von H_0: $v_{949}^+ > n - k_\alpha = 949 - k_\alpha$;

$\alpha = P(V_{949}^+ \geq n - k_\alpha \mid \tilde{\mu} = 251) = P(V_{949}^+ \leq k_\alpha \mid \tilde{\mu} = 251)$

$\approx \Phi\left(\frac{k_\alpha - 474}{0{,}5 \cdot \sqrt{949}}\right)$; $k_\alpha \approx 474 + \frac{\sqrt{949}}{4} \cdot z_\alpha = 474 - \frac{\sqrt{949}}{4} \cdot z_{1-\alpha}$;

a) $k_{0{,}05} \approx 474 - \frac{\sqrt{949}}{2} \cdot 1{,}64485$; $k_{0{,}05} = 448$ (gerundet);

Ablehnungsbereich: $v_{949}^+ \geq 949 - 448 = 501$;

b) $k_{0{,}01} \approx 474 - \frac{\sqrt{949}}{2} \cdot 2{,}32635$; $k_{0{,}01} = 438$ (gerundet);

Ablehnungsbereich: $v_{949}^+ \geq 949 - 438 = 511$.

13.2 Duo-Test; $p = P(\text{richtige Diagnose})$; $H_0: p = \frac{1}{2}$; $H_1: p > \frac{1}{2}$; $n = 9$; X = Anzahl der richtigen Diagnosen;

$P(X = 0 \mid p = 0{,}5) = \frac{1}{2^9} \approx 0{,}001953$;

$P(X = 1 \mid p = 0{,}5) = \binom{9}{1} = \frac{1}{2^9} \approx 0{,}017578$;

$P(X=2\,|\,p=0{,}5)=\binom{9}{2}=\frac{1}{2^9}\approx 0{,}070313;$

Ablehnungsgrenze $c=n-1=8$; $X=7<c \Rightarrow H_0$ nicht ablehnen.

13.3 Triangel-Test; $p = P(\text{richtige Diagnose})$; $H_0: p=\frac{1}{3}$; $H_1: p>\frac{1}{3}$;

X = Anzahl der richtigen Diagnosen; $n=8$;

$P(X=8\,|\,p=\frac{1}{3})=\frac{1}{3^8}\approx 0{,}000152;$

$P(X=7\,|\,p=\frac{1}{3})=\binom{8}{7}\cdot\frac{1}{3^7}\cdot\frac{2}{3}\approx 0{,}002439;$

$P(X=6\,|\,p=\frac{1}{3})=\binom{8}{6}\cdot\frac{1}{3^6}\cdot\left(\frac{2}{3}\right)^2\approx 0{,}017071;$

$P(X=5\,|\,p=\frac{1}{3})=\binom{8}{5}\cdot\frac{1}{3^5}\cdot\left(\frac{2}{3}\right)^3\approx 0{,}068282;$

Ablehnungsgrenze $c=6$; $X=5<c \Rightarrow H_0$ nicht ablehnen.

13.4 $y_i = x_i - 12{,}5$; Stichprobe der Beträge $|y_i|$:

Beträge	0,5	0,5	1,5	1,5	3,5	3,5	4,5	4,5	5,5	6,5	6,5	8,1	12,5
Ränge	1,5	1,5	3,5	3,5	5,5	5,5	7,5	7,5	9	10,5	10,5	12	13

Rangsumme der positiven Differenzen:

$w_{13}^+ = 53{,}5;$

$w_{13;0{,}025}^+ = 17;\quad \frac{n(n+1)}{2} - w_{13;0{,}025}^+ = 74;$

$w_{13;0{,}025}^+ < w_{13}^+ < \frac{n(n+1)}{2} - w_{13;0{,}025}^+$

$\Rightarrow$ Symmetrie zu $s = 12{,}5$ nicht ablehnen.

13.5 $n=50$; $w_{50;0{,}005}^+ = 373$; $\frac{n(n+1)}{2} - w_{50;0{,}005}^+ = 902;$

$w_n^+ = 910 \geq \frac{n(n+1)}{2} - w_{n;0{,}005}^+$

$\Rightarrow$ Symmetrie um $s=0$ ablehnen.

13.6 a) $H_0: P(Y-X>0)=P(Y-X<0)=\frac{1}{2};$

$n=10$; $v_{10}^+ = 6$ (positive Differenzen $y_i - x_i$);

$V_{10}^+\,|\,H_0$ ist binomialverteilt mit $p=0{,}5$;

$P(V_{10}^{+} = 0 \mid H_0) = \frac{1}{2^{10}} = 0{,}000977\,;$

$P(V_{10}^{+} = 1 \mid H_0) = \binom{10}{1} \cdot \frac{1}{2^{10}} = 0{,}009766\,;$

$P(V_{10}^{+} = 2 \mid H_0) = \binom{10}{2} \cdot \frac{1}{2^{10}} = 0{,}043945\,;$

$k_{0,025} = 1\,;\; k_{\frac{\alpha}{2}} < v_{10}^{+} < n - k_{\frac{\alpha}{2}} \;\Rightarrow\; H_0$ nicht ablehnen;

b) Stichprobe der Differenzen $y_i - x_i$:

0,4; – 0,2; 0,3; – 0,7; – 0,1; 0,7; – 0,6; 0,5; 0,2; 0,2;

Beträge:	0,1	0,2	0,2	0,2	0,3	0,4	0,5	0,6	0,7	0,7
Ränge:	1	3	3	3	5	6	7	8	9,5	9,5

Rangsumme der postitiven Differenzen: $w_{10}^{+} = 33{,}5\,;$

$w_{10\,;\,0,025}^{+} = 8\,;\qquad \frac{n(n+1)}{2} - w_{10\,;\,0,025}^{+} = 47\,;$

$8 < w_{10}^{+} < 33{,}5$

$\Rightarrow$ Hypothese der zufälligen Abweichungen nicht ablehnen.

13.7 a) $H_0\colon P(Y - X > 0) = P(Y - X < 0) = \frac{1}{2}\,;$

$n = 15\,;\; v_{15}^{+} = 5$ (positive Differenzen $y_i - x_i$);

$V_{10}^{+} \mid H_0$ ist binomialverteilt mit $p = 0{,}5\,;$

$P(V_{10}^{+} = 0 \mid H_0) = 0{,}000031;\quad P(V_{10}^{+} = 1 \mid H_0) = 0{,}000458;$

$P(V_{10}^{+} = 2 \mid H_0) = 0{,}003204;\quad P(V_{10}^{+} = 3 \mid H_0) = 0{,}013885;$

$P(V_{10}^{+} = 4 \mid H_0) = 0{,}041656\,;$

$k_{0,025} = 3\,;\; n - k_{0,025} = 12\,;$

$3 < v_{15}^{+} < 12 \;\Rightarrow\; H_0$ nicht ablehnen;

b) Rangsumme der positiven Differenzen: $w_{15}^{+} = 21{,}5\,;$

$w_{15\,;\,0,025}^{+} = 25;\qquad \frac{n(n+1)}{2} - w_{15\,;\,0,025}^{+} = 95\,;$

$25 < w_{15}^{+} < 95 \;\Rightarrow\; H_0$ nicht ablehnen.

Literaturverzeichnis

Bauer, H. [1991]: Wahrscheinlichkeitstheorie. 4., völlig überarbeitete und neugestaltete Auflage des Werkes: Wahrscheinlichkeitstheorie und Grundzüge der Maßtheorie, Berlin-New York

Bosch, K. [1996]: Elementare Einführung in die Wahrscheinlichkeitsrechnung. 6. Auflage, Braunschweig/Wiesbaden

Bosch, K. [1994]: Elementare Einführung in die Statistik. 4. Auflage, Braunschweig/Wiesbaden

Bosch, K. [1994]: Statistik für Nichtstatistiker, 2. Auflage, München Wien

Bosch, K. [1993]: Statistik-Taschenbuch, 2. Auflage, München Wien

Bosch, K. [1996]: Großes Lehrbuch der Statistik, München Wien

Fisz, M. [1971]: Wahrscheinlichkeitsrechnung und mathematische Statistik, Berlin

Hartung, J. H: ; Elpelt B. ; Klöser H. H. [1995]: Statistik, Lehr- und Handbuch der angewandten Statistik, 10. Auflage, München-Wien

Müller, P. H. [1991]: Lexikon der Stochastik. Wahrscheinlichkeitsrechnung und mathematische Statistik. 5., bearbeitete und wesentlich erweiterte Auflage, Berlin

Pfanzagl, J. [1983]: Allgemeine Methodenlehre der Statistik I: elementare Methoden, 6. Auflage, und [1974] II: höhere Methoden, 4. Auflage, Berlin – New York

Rényi, A. [1971], Wahrscheinlichkeitsrechnung, Berlin

Schach, S.; Schäfer, T. [1978]: Regressions- und Varianzanalyse. Eine Einführung, Berlin – Heidelberg – New York

Schmetterer, L. [1966]: Einführung in die mathematische Statistik. 2. Auflage, Wien – New York

Tabellenanhang

Seite

Tab. 1: Verteilungsfunktion $\Phi(z)$ der Standard-Normalverteilung

$$\Phi(z) = P(Z \leq z); \quad \Phi(-z) = 1 - \Phi(z).$$

z	0,00	0,01	0,02	0,03	0,04	0,05	0,06	0,07	0,08	0,09
0,0	0,5000	0,5040	0,5080	0,5120	0,5160	0,5199	0,5239	0,5279	0,5319	0,5359
0,1	0,5398	0,5438	0,5478	0,5517	0,5557	0,5596	0,5636	0,5675	0,5714	0,5753
0,2	0,5793	0,5832	0,5871	0,5910	0,5948	0,5987	0,6026	0,6064	0,6103	0,6141
0,3	0,6179	0,6217	0,6255	0,6293	0,6331	0,6368	0,6406	0,6443	0,6480	0,6517
0,4	0,6554	0,6591	0,6628	0,6664	0,6700	0,6736	0,6772	0,6808	0,6844	0,6879
0,5	0,6915	0,6950	0,6985	0,7019	0,7054	0,7088	0,7123	0,7157	0,7190	0,7224
0,6	0,7257	0,7291	0,7324	0,7357	0,7389	0,7422	0,7454	0,7486	0,7517	0,7549
0,7	0,7580	0,7611	0,7642	0,7673	0,7704	0,7734	0,7764	0,7794	0,7823	0,7852
0,8	0,7881	0,7910	0,7939	0,7967	0,7995	0,8023	0,8051	0,8078	0,8106	0,8133
0,9	0,8159	0,8186	0,8212	0,8238	0,8264	0,8289	0,8315	0,8340	0,8365	0,8389
1,0	0,8413	0,8438	0,8461	0,8485	0,8508	0,8531	0,8554	0,8577	0,8599	0,8621
1,1	0,8643	0,8665	0,8686	0,8708	0,8729	0,8749	0,8770	0,8790	0,8810	0,8830
1,2	0,8849	0,8869	0,8888	0,8907	0,8925	0,8944	0,8962	0,8980	0,8997	0,9015
1,3	0,9032	0,9049	0,9066	0,9082	0,9099	0,9115	0,9131	0,9147	0,9162	0,0177
1,4	0,9192	0,9207	0,9222	0,9236	0,9251	0,9265	0,9279	0,9292	0,9306	0,9319
1,5	0,9332	0,9345	0,9357	0,9370	0,9382	0,9394	0,9406	0,9418	0,9429	0,9441
1,6	0,9452	0,9463	0,9474	0,9484	0,9495	0,9505	0,9515	0,9525	0,9535	0,9545
1,7	0,9554	0,9564	0,9573	0,9582	0,9591	0,9599	0,9608	0,9616	0,9625	0,9633
1,8	0,9641	0,9649	0,9656	0,9664	0,9671	0,9678	0,9686	0,9693	0,9699	0,9706
1,9	0,9713	0,9719	0,9726	0,9732	0,9738	0,9744	0,9750	0,9756	0,9761	0,9767
2,0	0,9772	0,9778	0,9783	0,9788	0,9793	0,9798	0,9803	0,9808	0,9812	0,9817
2,1	0,9821	0,9826	0,9830	0,9834	0,9838	0,9842	0,9846	0,9850	0,9854	0,9857
2,2	0,9861	0,9864	0,9868	0,9871	0,9875	0,9878	0,9881	0,9884	0,9887	0,9890
2,3	0,9893	0,9896	0,9898	0,9901	0,9904	0,9906	0,9909	0,9911	0,9913	0,9916
2,4	0,9918	0,9920	0,9922	0,9925	0,9927	0,9929	0,9931	0,9932	0,9934	0,9936
2,5	0,9938	0,9940	0,9941	0,9943	0,9945	0,9946	0,9948	0,9949	0,9951	0,9952
2,6	0,9953	0,9955	0,9956	0,9957	0,9959	0,9960	0,9961	0,9962	0,9963	0,9964
2,7	0,9965	0,9966	0,9967	0,9968	0,9969	0,9970	0,9971	0,9972	0,9973	0,9974
2,8	0,9974	0,9975	0,9976	0,9977	0,9977	0,9978	0,9979	0,9979	0,9980	0,9981
2,9	0,9981	0,9982	0,9982	0,9983	0,9984	0,9984	0,9985	0,9985	0,9986	0,9986
3,0	0,9987	0,9987	0,9987	0,9988	0,9988	0,9989	0,9989	0,9989	0,9990	0,9990
3,1	0,9990	0,9991	0,9991	0,9991	0,9992	0,9992	0,9992	0,9992	0,9993	0,9993
3,2	0,9993	0,9993	0,9994	0,9994	0,9994	0,9994	0,9994	0,9995	0,9995	0,9995
3,3	0,9995	0,9995	0,9995	0,9996	0,9996	0,9996	0,9996	0,9996	0,9996	0,9997
3,4	0,9997	0,9997	0,9997	0,9997	0,9997	0,9997	0,9997	0,9997	0,9997	0,9998
3,5	0,9998	0,9998	0,9998	0,9998	0,9998	0,9998	0,9998	0,9998	0,9998	0,9998
3,6	0,9998	0,9998	0,9999	0,9999	0,9999	0,9999	0,9999	0,9999	0,9999	0,9999
3,7	0,9999	0,9999	0,9999	0,9999	0,9999	0,9999	0,9999	0,9999	0,9999	0,9999
3,8	0,9999	0,9999	0,9999	0,9999	0,9999	0,9999	0,9999	0,9999	0,9999	0,9999
3,9	1,0000	1,0000	1,0000	1,0000	1,0000	1,0000	1,0000	1,0000	1,0000	1,0000

Tab. 2: Quantile $z_{1-\alpha}$ der Standard-Normalverteilung

Für das Quantil $z_{1-\alpha}$ gilt $\Phi(z_{1-\alpha}) = 1 - \alpha$.

Quantile für $0 < \alpha < 0{,}5$ erhält man wegen der Symmetrie der Dichte

$$z_\alpha = -z_{1-\alpha}.$$

$1-\alpha$	$z_{1-\alpha}$	$1-\alpha$	$z_{1-\alpha}$	$1-\alpha$	$z_{1-\alpha}$	$1-\alpha$	$z_{1-\alpha}$
0,50	0,00000	0,75	0,67449	**0,950**	**1,64485**	0,9975	2,80703
0,51	0,02507	0,76	0,70630	0,955	1,69540	0,9976	2,82016
0,52	0,05015	0,77	0,73885	0,960	1,75069	0,9977	2,83379
0,53	0,07527	0,78	0,77219	0,965	1,81191	0,9978	2,84796
0,54	0,10043	0,79	0,80642	0,970	1,88079	0,9979	2,86274
0,55	0,12566	0,80	0,84162	**0,975**	**1,95996**	0,9980	2,87816
0,56	0,15097	0,81	0,87790	0,980	2,05375	0,9981	2,89430
0,57	0,17637	0,82	0,91537	0,985	2,17009	0,9982	2,91124
0,58	0,20189	0,83	0,95416			0,9983	2,92905
0,59	0,22754	0,84	0,99446			0,9984	2,94784
0,60	0,25335	0,85	1,03643	**0,9900**	**2,32635**	0,9985	2,96774
0,61	0,27932	0,85	1,08032	0,9905	2,34553	0,9986	2,98888
0,62	0,30548	0,87	1,12639	0,9910	2,36562	0,9987	3,01145
0,63	0,33185	0,88	1,17499	0,9915	2,38671	0,9988	3,03567
0,64	0,35846	0,89	1,22653	0,9920	2,40891	0,9989	3,06181
0,65	0,38532	**0,900**	**1,28155**	0,9925	2,43238	**0,9990**	**3,09023**
0,66	0,41246	0,905	1,31058	0,9930	2,45726	0,9991	3,12139
0,67	0,43991	0,910	1,34076	0,9935	2,48377	0,9992	3,15591
0,68	0,46770	0,915	1,37220	0,9940	2,51214	0,9993	3,19465
0,69	0,49585	0,920	1,40507	0,9945	2,54270	0,9994	3,23888
0,70	0,52440	0,925	1,43953	**0,9950**	**2,57583**	0,9995	3,29053
0,71	0,55338	0,930	1,47579	0,9955	2,61205	0,9996	3,35279
0,72	0,58284	0,935	1,51410	0,9960	2,65207	0,9997	3,43161
0,73	0,61281	0,940	1,55477	0,9965	2,69684	0,9998	3,54008
0,74	0,64335	0,945	1,59819	0,9970	2,74778	**0,9999**	**3,71902**

Tab. 3: Quantile $t_{n;1-\alpha}$ der t-Verteilung mit n Freiheitsgraden

Für das Quantil $t_{n;1-\alpha}$ gilt

$$F(t_{n;1-\alpha}) = 1-\alpha.$$

Links vom Quantil $t_{n;1-\alpha}$ liegt die Wahrscheinlichkeitsmasse $1-\alpha$.

Quantile für $0 < 1-\alpha < 0{,}5$ erhält man aus

$$t_{n;\alpha} = -\ t_{n;1-\alpha}.$$

$1-\alpha$ / n	0,900	0,950	0,975	0,990	0,995	0,999	n
1	3,078	6,314	12,706	31,821	63,657	318,309	1
2	1,886	2,920	4,303	6,965	9,925	22,327	2
3	1,638	2,353	3,182	4,541	5,841	10,214	3
4	1,533	2,132	2,776	3,747	4,604	7,173	4
5	1,476	2,015	2,571	3,365	4,032	5,893	5
6	1,440	1,943	2,447	3,143	3,707	5,208	6
7	1,415	1,895	2,365	2,998	3,499	4,785	7
8	1,397	1,860	2,306	2,896	3,355	4,501	8
9	1,383	1,833	2,262	2,821	3,250	4,297	9
10	1,372	1,812	2,228	2,764	3,169	4,144	10
11	1,363	1,796	2,201	2,718	3,106	4,025	11
12	1,356	1,782	2,179	2,681	3,055	3,930	12
13	1,350	1,771	2,160	2,650	3,012	3,852	13
14	1,345	1,761	2,145	2,624	2,977	3,787	14
15	1,341	1,753	2,131	2,602	2,947	3,733	15
16	1,337	1,746	2,120	2,583	2,921	3,686	16
17	1,333	1,740	2,110	2,567	2,898	3,646	17
18	1,330	1,734	2,101	2,552	2,878	3,610	18
19	1,328	1,729	2,093	2,539	2,861	3,579	19
20	1,325	1,725	2,086	2,528	2,845	3,552	20
21	1,323	1,721	2,080	2,518	2,831	3,527	21
22	1,321	1,717	2,074	2,508	2,819	3,505	22
23	1,319	1,714	2,069	2,500	2,807	3,485	23
24	1,318	1,711	2,064	2,492	2,797	3,467	24
25	1,316	1,708	2,060	2,485	2,787	3,450	25
26	1,315	1,706	2,056	2,479	2,779	3,435	26
27	1,314	1,703	2,052	2,473	2,771	3,421	27
28	1,313	1,701	2,048	2,467	2,763	3,408	28
29	1,311	1,699	2,045	2,462	2,756	3,396	29

1 − α n	0,900	0,950	0,975	0,990	0,995	0,999	 n
30	1,310	1,697	2,042	2,457	2,750	3,385	30
40	1,303	1,684	2,021	2,423	2,704	3,307	40
50	1,299	1,676	2,009	2,403	2,678	3,261	50
60	1,296	1,671	2,000	2,390	2,660	3,232	60
70	1,294	1,667	1,994	2,381	2,648	3,211	70
80	1,292	1,644	1,990	2,374	2,639	3,195	80
90	1,291	1,662	1,987	2,369	2,632	3,182	90
99	1,290	1,660	1,984	2,365	2,626	3,175	100
100	1,290	1,660	1,984	2,364	2,626	3,174	100
150	1,287	1,655	1,976	2,352	2,609	3,146	150
200	1,286	1,653	1,972	2,345	2,601	3,131	200
300	1,284	1,650	1,968	2,339	2,593	3,118	300
400	1,284	1,649	1,966	2,336	2,589	3,111	400
500	1,283	1,648	1,965	2,334	2,586	3,107	500
600	1,283	1,647	1,964	2,333	2,584	3,104	600
800	1,283	1,647	1,963	2,331	2,582	3,101	800
1000	1,282	1,646	1,962	2,330	2,581	3,098	1000
∞	1,282	1,646	1,960	2,326	2,576	3,090	∞

Tab. 4: Quantile $\chi^2_{n;1-\alpha}$ der Chi-Quadrat-Verteilung mit n Freiheitsgraden

n	$1-\alpha$						
	0,005	0,010	0,025	0,050	0,100	0,250	0,500
1	$0{,}3927:10^{5}$	$0{,}1571:10^{4}$	$0{,}9821:10^{3}$	$0{,}3932:10^{2}$	0,015791	0,1015	0,4549
2	0,01003	0,02010	0,05064	0,1026	0,2107	0,5754	1,3863
3	0,07172	0,1148	0,2158	0,3518	0,5844	1,2125	2,3660
4	0,2070	0,2971	0,4844	0,7107	1,064	1,9226	3,3567
5	0,4117	0,5543	0,8312	1,145	1,610	2,675	4,351
6	0,6757	0,8721	1,237	1,635	2,204	3,455	5,348
7	0,9893	1,239	1,690	2,167	2,833	4,255	6,346
8	1,344	1,647	2,180	2,733	3,490	5,071	7,344
9	1,735	2,088	2,700	3,325	4,168	5,899	8,343
10	**2,156**	**2,558**	**3,247**	**3,940**	**4,865**	**6,737**	**9,342**
11	2,603	3,053	3,816	4,575	5,578	7,584	10,341
12	3,074	3,571	4,404	5,226	6,304	8,438	11,340
13	3,565	4,107	5,009	5,982	7,042	9,299	12,340
14	4,075	4,660	5,629	6,571	7,790	10,165	13,399
15	4,601	5,229	6,262	7,261	8,547	11,037	14,339
16	5,142	5,812	6,908	7,962	9,312	11,912	15,338
17	5,697	6,408	7,564	8,672	10,085	12,792	16,338
18	6,265	7,015	8,231	9,390	10,865	13,675	17,338
19	6,844	7,633	8,907	10,117	11,651	14,562	18,338
20	**7,434**	**8,260**	**9,591**	**10,851**	**12,443**	**15,452**	**19,337**
21	8,034	8,897	10,283	11,591	13,240	16,344	20,337
22	8,643	9,542	10,982	12,338	14,041	17,240	21,337
23	9,260	10,196	11,689	13,091	14,848	18,137	22,337
24	9,886	10,856	12,401	13,848	15,569	19,037	23,337
25	10,520	11,524	13,120	14,611	16,473	19,940	24,337
26	11,160	12,198	13,844	15,379	17,292	20,843	25,336
27	11,808	12,879	14,573	16,151	18,114	21,749	26,336
28	12,461	13,565	15,308	16,928	18,939	22,657	27,336
29	13,121	14,256	16,047	17,708	19,768	23,557	28,336
30	**13,787**	**14,953**	**16,791**	**18,493**	**20,599**	**24,478**	**29,336**
31	14,458	15,655	17,539	19,281	21,434	25,390	30,336
32	15,134	16,362	18,291	20,072	22,271	26,304	31,336
33	15,815	17,074	19,047	20,867	23,110	27,219	32,336
34	16,501	17,789	19,806	21,664	23,952	28,136	33,336
35	17,192	18,509	20,569	22,465	24,797	29,054	34,336
36	17,887	19,233	21,336	23,269	25,643	29,973	35,336
37	18,586	19,960	22,106	24,075	26,492	30,893	36,336
38	19,289	20,691	22,878	24,884	27,343	31,815	37,335
39	19,996	21,426	23,654	25,695	28,196	32,737	38,335

n	1 − α 0,750	0,900	0,950	0,975	0,990	0,995	0,999
1	1,323	2,706	3,841	5,024	6,635	7,879	10,828
2	2,773	4,605	5,991	7,378	9,210	10,597	13,816
3	4,108	6,251	7,815	9,348	11,345	12,838	16,266
4	5,385	7,779	9,488	11,143	12,277	14,860	18,467
5	6,626	9,236	11,070	12,833	15,086	16,750	20,515
6	7,841	10,645	12,592	14,449	16,812	18,548	22,458
7	9,037	12,017	14,067	16,013	18,475	20,278	24,322
8	10,219	13,362	15,507	17,535	20,090	21,955	26,124
9	11,389	14,684	16,919	19,023	21,666	23,589	27,877
10	**12,549**	**15,987**	**18,307**	**20,483**	**23,209**	**25,188**	**29,588**
11	13,701	17,275	19,675	21,920	24,725	26,757	31,264
12	14,845	18,549	21,026	23,337	26,217	28,300	32,909
13	15,984	19,812	22,362	24,736	27,688	29,819	34,528
14	17,117	21,064	23,685	26,119	19,141	31,319	36,123
15	18,245	22,307	24,996	27,488	30,578	32,801	37,697
16	19,369	23,542	26,296	28,845	32,000	34,267	39,252
17	20,489	24,769	27,587	30,191	33,409	35,719	40,790
18	21,605	25,989	28,869	31,526	34,805	37,156	42,312
19	22,718	27,204	30,144	32,852	36,191	38,582	43,820
20	**23,828**	**28,412**	**31,410**	**34,170**	**37,566**	**39,997**	**45,315**
21	24,935	29,615	32,671	35,479	38,932	41,401	46,797
22	26,039	30,813	33,924	36,781	40,289	42,796	48,268
23	27,141	32,007	35,172	38,076	41,638	44,181	49,728
24	28,241	33,196	36,415	39,364	42,980	45,559	51,179
25	29,339	34,382	37,652	40,646	44,314	46,928	52,620
26	30,435	35,563	38,885	41,923	45,642	48,290	54,052
27	31,528	36,741	40,113	43,195	46,963	49,645	55,476
28	32,620	37,916	41,337	44,461	48,278	50,993	56,892
29	33,711	39,087	42,557	45,722	49,588	52,336	58,301
30	**34,800**	**40,256**	**42,773**	**46,979**	**50,892**	**53,672**	**59,703**
31	35,887	41,422	44,985	48,232	52,191	55,003	61,098
32	36,973	42,585	46,194	49,480	53,486	56,328	62,487
33	38,058	43,745	47,400	50,725	54,776	57,648	63,870
34	39,141	44,903	48,602	51,966	56,061	58,964	65,247
35	40,223	46,059	49,802	53,203	57,342	60,275	66,619
36	41,304	47,212	50,998	54,437	58,619	61,581	67,985
37	42,383	48,363	52,192	55,668	59,893	62,883	69,346
38	43,462	49,513	53,384	56,896	61,162	64,181	70,703
39	44,539	50,660	54,572	58,120	62,428	65,476	72,055

n	1−α: 0,005	0,010	0,025	0,050	0,100	0,250	0,500
40	**20,707**	**22,164**	**24,433**	**26,509**	**29,051**	**33,660**	**39,335**
41	21,421	22,906	25,215	27,326	29,907	34,585	40,335
42	22,138	23,650	25,999	28,144	30,765	35,510	41,335
43	22,859	24,398	26,785	28,965	31,625	36,436	42,335
44	23,584	25,148	27,575	29,787	32,487	37,363	43,335
45	24,311	25,901	28,366	30,612	33,350	38,291	44,335
46	25,041	26,657	19,160	31,349	34,215	39,220	45,335
47	25,775	27,416	29,956	32,268	35,081	40,149	46,335
48	26,511	28,177	30,755	33,098	35,949	41,079	47,335
49	27,249	28,941	31,555	33,930	36,818	42,010	48,335
50	**27,991**	**29,707**	**32,357**	**34,764**	**37,689**	**42,942**	**49,335**
60	35,535	37,485	40,482	43,188	46,459	52,294	59,335
70	43,275	45,442	48,758	51,739	55,329	61,698	69,334
80	51,172	53,540	57,153	60,391	64,278	71,145	79,334
90	59,196	61,754	65,647	69,126	73,921	80,625	89,335
99	66,510	69,230	73,361	77,046	81,449	89,181	98,334
100	67,238	70,065	74,222	77,929	82,358	90,133	99,334

n	1−α: 0,750	0,900	0,950	0,975	0,990	0,995	0,999
40	**45,616**	**51,805**	**55,758**	**59,342**	**63,691**	**66,766**	**73,402**
41	46,692	52,949	56,942	60,561	64,950	68,053	74,745
42	47,766	54,090	58,124	61,777	66,206	69,336	76,084
43	48,840	55,230	59,304	62,990	67,459	70,616	77,419
44	49,913	56,369	60,481	64,201	68,710	71,893	78,750
45	50,985	57,505	61,656	65,410	69,957	73,166	80,077
46	52,056	58,641	62,830	66,617	71,201	74,437	81,400
47	53,127	59,744	64,001	67,821	72,443	75,704	82,720
48	54,196	60,907	65,171	69,023	73,683	76,969	84,037
49	55,265	62,038	66,339	70,222	74,919	78,231	85,351
50	**56,334**	**63,167**	**67,505**	**71,420**	**76,154**	**79,490**	**86,661**
60	66,981	74,397	79,082	83,298	88,379	91,952	99,607
70	77,577	85,527	90,531	95,023	100,425	104,215	112,317
80	88,130	96,578	101,879	106,629	112,329	116,321	124,839
90	98,650	107,565	113,145	118,136	124,116	128,299	137,208
99	108,093	117,407	123,225	128,422	134,642	138,987	148,230
100	109,141	118,498	124,342	129,561	135,807	140,169	149,449

Approximationen für $0 < 1-\alpha < 1$:

$$\chi^2_{n;1-\alpha} \approx n \cdot \left[1 - \frac{2}{9n} + z_{1-\alpha} \cdot \sqrt{\frac{2}{9n}}\right]^3 \quad \text{für } n > 30\,;$$

$z_{1-\alpha} = (1-\alpha)$- Quantil der Standard-Normalverteilung.

$$\chi^2_{n;1-\alpha} \approx n + \sqrt{2n}\, z_{1-\alpha} \quad \text{für } n > 30\,;$$

$$\chi^2_{n;1-\alpha} \approx \frac{1}{2}\left[z_{1-\alpha} + \sqrt{2n-1}\right]^2 \quad \text{für } n > 100\,;$$

Tab. 5: Quantile $f_{n_1;n_2;1-\alpha}$ der F-Verteilung

n_1 = Freiheitsgrade des Zählers; n_2 = Freiheitsgrade des Nenners

		n_1									
n_2	$1-\alpha$	1	2	3	4	5	6	7	8	9	10
1	0,990	4052	4999	5403	5625	5764	5859	5928	5981	6022	6056
	0,975	647,8	799,5	864,2	899,6	921,8	937,1	948,2	956,7	963,3	968,6
	0,950	161,4	199,5	215,7	224,6	230,2	234,0	236,8	238,9	240,5	241,9
	0,900	39,86	49,50	53,59	55,83	57,24	58,20	58,91	59,44	59,86	60,20
2	0,990	98,50	99,00	99,17	99,25	99,30	99,33	99,36	99,37	99,39	99,40
	0,975	38,51	39,00	39,17	39,25	39,30	39,33	39,36	39,37	39,39	39,40
	0,950	18,51	19,00	19,16	19,25	19,30	19,33	19,35	19,37	19,38	19,40
	0,900	8,256	9,000	9,162	9,243	9,293	9,326	9,349	9,367	9,381	9,392
3	0,990	34,12	30,82	29,46	28,71	28,24	27,91	27,67	27,49	27,35	27,23
	0,975	17,44	16,04	15,44	15,10	14,88	14,73	14,62	14,54	14,47	14,42
	0,950	10,13	9,552	9,277	9,117	9,013	8,941	8,887	8,845	8,812	8,786
	0,900	5,538	5,462	5,391	5,343	5,309	5,285	5,266	5,252	5,240	5,230
4	0,990	21,20	18,00	16,69	15,98	15,52	15,21	14,98	14,80	14,66	14,55
	0,975	12,22	10,65	9,979	9,605	9,364	9,197	9,074	8,980	8,905	8,844
	0,950	7,709	6,944	6,591	6,388	6,256	6,163	6,094	6,041	5,999	5,964
	0,900	4,545	4,325	4,191	4,107	4,051	4,010	3,979	3,955	3,936	3,920
5	0,990	16,26	13,27	12,06	11,39	10,97	10,67	10,46	10,29	10,16	10,05
	0,975	10,01	8,434	7,764	7,388	7,416	6,978	6,853	6,757	6,681	6,619
	0,950	6,608	5,786	5,409	5,192	5,050	4,950	4,876	4,818	4,772	4,735
	0,900	4,060	3,780	3,619	3,520	3,453	3,405	3,368	3,339	3,316	3,297
6	0,990	13,75	10,92	9,780	9,148	8,746	8,466	8,260	8,102	7,976	7,874
	0,975	8,813	7,260	6,599	6,227	5,988	5,820	5,695	5,600	5,523	5,461
	0,950	5,987	5,143	4,757	4,534	4,387	4,284	4,207	4,147	4,099	4,060
	0,990	3,776	3,463	3,289	3,181	3,108	3,055	3,014	2,983	2,958	2,937
7	0,990	12,25	9,547	8,451	7,847	7,460	7,191	6,993	6,840	6,719	6,620
	0,975	8,073	6,542	5,890	5,523	5,285	5,119	4,995	4,899	4,823	4,761
	0,950	5,591	4,737	4,347	4,120	3,972	3,866	3,787	3,726	3,677	3,637
	0,900	3,589	3,257	3,074	2,961	2,883	2,827	2,785	2,752	2,725	2,703
8	0,990	11,26	8,649	7,591	7,006	6,632	6,371	6,178	6,029	5,911	5,814
	0,975	7,571	6,059	5,416	5,053	4,817	4,652	4,529	4,433	4,357	4,295
	0,950	5,318	4,459	4,066	3,838	3,687	3,581	3,500	3,438	3,388	3,347
	0,900	3,458	3,113	2,924	2,806	2,726	2,668	2,624	2,589	2,561	2,538
9	0,990	10,56	8,022	6,992	6,422	6,057	5,802	5,613	5,467	5,351	5,257
	0,975	7,209	5,715	5,078	4,718	4,484	4,320	4,197	4,102	4,026	3,964
	0,950	5,117	4,256	3,863	3,633	3,482	3,374	3,293	3,230	3,179	3,137
	0,900	3,360	3,006	2,813	2,693	2,611	2,551	2,505	2,469	2,440	2,146
10	0,990	10,04	7,559	6,552	5,994	5,636	5,386	5,200	5,057	4,942	4,849
	0,975	6,937	5,456	4,826	4,468	4,236	4,072	3,950	3,855	3,779	3,717
	0,950	4,965	4,103	3,708	3,478	3,326	3,217	3,135	3,072	3,020	2,978
	0,900	3,285	2,924	2,728	2,605	2,522	2,461	2,414	2,377	2,347	2,323

n_2	$1-\alpha$	n_1 = 11	12	13	14	15	16	17	18	19	20
1	0,990	6083	6106	6126	6143	6157	6170	6181	6192	6201	6209
	0,975	973,0	976,7	979,8	982,5	984,9	986,9	988,7	990,3	991,8	993,1
	0,950	243,0	243,9	244,7	245,4	245,9	246,5	246,9	247,3	247,7	248,0
	0,900	60,47	60,71	60,90	61,07	61,22	61,35	61,46	61,57	61,66	61,74
2	0,990	90,41	99,42	99,42	99,43	99,43	99,44	99,44	99,44	99,45	99,45
	0,975	39,41	39,41	39,42	39,43	39,43	39,44	39,44	39,44	39,45	39,45
	0,950	19,40	19,41	19,42	19,42	19,43	19,43	19,44	19,44	19,44	19,45
	0,900	9,401	9,408	9,415	9,420	9,425	9,429	9,433	9,436	9,439	9,441
3	0,990	27,13	27,05	26,98	26,92	26,87	26,83	26,79	26,75	26,72	26,69
	0,975	14,37	14,34	14,30	14,28	14,25	14,23	14,21	14,20	14,18	14,17
	0,950	8,763	8,745	8,729	8,715	8,703	8,692	8,683	8,675	8,667	8,660
	0,900	5,222	5,216	5,210	5,205	5,200	5,196	5,193	5,190	5,187	5,184
4	0,990	14,45	14,37	14,31	14,25	14,20	14,15	14,11	14,08	14,05	14,02
	0,975	8,794	8,751	8,715	8,684	8,657	8,633	8,611	8,592	8,575	8,560
	0,950	5,936	5,912	5,891	5,873	5,858	5,844	5,832	5,821	5,811	5,803
	0,900	3,907	3,896	3,886	3,878	3,870	3,864	3,858	3,853	3,849	3,844
5	0,990	9,263	9,888	9,825	9,770	9,722	9,680	9,643	9,610	9,580	9,553
	0,975	6,568	6,525	6,488	6,456	6,428	6,403	6,381	6,362	6,344	6,329
	0,950	4,704	4,678	4,655	4,636	4,619	4,604	4,590	4,578	4,568	4,558
	0,900	3,282	3,268	3,257	3,247	3,238	3,230	3,223	3,217	3,212	3,207
6	0,990	7,790	7,718	7,658	7,605	7,559	7,519	7,483	7,451	7,422	7,396
	0,975	5,410	5,366	5,329	5,297	5,269	5,244	5,222	5,202	5,184	5,168
	0,950	4,027	4,000	3,976	3,956	3,938	3,922	3,908	3,896	3,884	3,874
	0,900	2,919	2,905	2,892	2,881	2,871	2,863	2,855	2,848	2,842	2,836
7	0,990	6,538	6,469	6,410	6,359	6,314	6,275	6,240	6,209	6,181	6,155
	0,975	4,709	4,666	4,628	4,596	4,568	4,543	4,521	4,501	4,483	4,467
	0,950	3,603	3,575	3,550	3,529	3,511	3,494	3,480	3,467	3,455	3,445
	0,900	2,684	2,668	2,654	2,643	2,632	2,623	2,615	2,607	2,601	2,595
8	0,990	5,734	5,667	5,609	5,559	5,515	5,477	5,442	5,412	5,384	5,359
	0,975	4,243	4,200	4,162	4,130	4,101	4,076	4,054	4,034	4,016	3,999
	0,950	3,313	3,284	3,259	3,237	3,218	3,202	3,187	3,173	3,161	3,150
	0,900	2,519	2,502	2,488	2,475	2,464	2,455	2,446	2,438	2,431	2,425
9	0,990	5,178	5,111	5,055	5,005	4,962	4,924	4,890	4,860	4,833	4,808
	0,975	3,912	3,868	3,831	3,798	3,769	3,744	3,722	3,701	3,683	3,667
	0,950	3,102	3,073	3,048	3,025	3,006	2,989	2,974	2,960	2,948	2,936
	0,900	2,396	2,379	2,364	2,351	2,340	2,329	2,320	2,312	2,305	2,298
10	0,990	4,772	4,706	4,650	4,601	4,558	4,520	4,487	4,457	4,430	4,405
	0,975	3,665	3,621	3,583	3,550	3,522	3,496	3,474	3,453	3,435	3,419
	0,950	2,943	2,913	2,887	2,865	2,845	2,828	2,812	2,798	2,785	2,774
	0,900	2,302	2,284	2,269	2,255	2,244	2,233	2,224	2,215	2,208	2,201

n_2	$1-\alpha$	n_1: 25	30	40	50	60	80	100	200	500	∞
1	0,990	6340	6261	6287	6303	6313	6326	6334	6350	6359	6366
	0,975	998,1	1001	1006	1008	1010	1012	1013	1016	1017	1018
	0,950	249,3	250,1	251,1	251,8	252,2	252,7	253,0	253,7	254,1	254,3
	0,900	62,06	62,26	62,53	62,69	62,79	62,93	63,01	63,17	63,26	63,33
2	0,990	99,46	99,47	99,47	99,48	99,48	99,49	99,49	99,49	99,50	99,50
	0,975	39,46	39,46	39,47	39,48	39,48	39,49	39,49	39,49	39,50	39,50
	0,950	19,46	19,46	19,47	19,48	19,48	19,48	19,49	19,49	19,49	19,50
	0,900	9,451	9,458	9,466	9,471	9,475	9,479	9,481	9,486	9,489	9,491
3	0,990	26,58	26,50	26,41	26,35	26,32	26,27	26,24	26,18	26,15	26,13
	0,975	14,12	14,08	14,04	14,01	13,99	13,97	13,96	13,93	13,91	13,90
	0,950	8,634	8,617	8,594	8,581	8,572	8,561	8,554	8,540	8,832	8,526
	0,900	5,175	5,168	5,160	5,155	5,151	5,147	5,144	5,139	5,136	5,134
4	0,990	13,91	13,84	13,75	13,69	13,65	13,61	13,58	13,52	13,49	13,46
	0,975	8,501	8,461	8,411	8,381	8,360	8,335	8,319	8,289	8,270	8,257
	0,950	5,769	5,746	5,717	5,699	5,688	5,673	5,664	5,646	5,635	5,628
	0,900	3,828	3,817	3,804	3,795	3,790	3,782	3,778	3,769	3,764	3,761
5	0,990	9,449	9,379	9,291	9,238	9,202	9,157	9,130	9,075	9,042	9,020
	0,975	6,268	6,227	6,175	6,144	6,123	6,096	6,080	6,048	6,028	6,015
	0,950	4,521	4,496	4,464	4,444	4,431	4,415	4,405	4,385	4,373	4,365
	0,900	3,187	3,174	3,157	3,147	3,140	3,132	3,126	3,116	3,109	3,105
6	0,990	7,296	7,229	7,143	7,091	7,057	7,013	9,987	6,934	6,902	6,880
	0,975	5,107	5,065	5,012	4,980	4,959	4,932	4,915	4,882	4,863	4,849
	0,950	3,774	3,808	3,774	3,754	3,740	3,722	3,712	3,690	3,677	3,669
	0,990	2,815	2,800	2,781	2,770	2,762	2,752	2,746	2,734	2,727	2,722
7	0,990	6,058	5,992	5,908	5,858	5,824	5,781	5,755	5,702	5,671	5,650
	0,975	4,405	4,362	4,309	4,276	4,254	4,227	4,210	4,176	4,156	4,142
	0,950	3,404	3,376	3,340	3,319	3,304	3,286	3,275	3,252	3,239	3,230
	0,900	2,571	2,555	2,535	2,523	2,514	2,504	2,497	2,484	2,476	2,471
8	0,990	5,263	5,198	5,116	5,065	5,032	4,989	4,963	4,911	4,880	4,859
	0,975	3,937	3,894	3,840	3,807	3,784	3,756	3,739	3,705	3,684	3,670
	0,950	3,108	3,079	3,043	3,020	3,005	2,986	2,975	2,951	2,937	2,928
	0,900	2,400	2,383	2,361	2,348	2,339	2,328	2,321	2,307	2,298	2,293
9	0,990	4,713	4,649	4,567	4,517	4,483	4,441	4,415	4,363	4,332	4,311
	0,975	3,604	3,560	3,505	3,472	3,449	3,421	3,403	3,368	3,347	3,333
	0,950	2,826	2,864	2,826	2,803	2,787	2,768	2,576	2,731	2,717	2,707
	0,900	2,272	2,255	2,232	2,218	2,208	2,196	2,189	2,174	2,165	2,159
10	0,990	4,311	4,247	4,165,	4,155	4,082	4,039	4,014	3,962	3,930	3,909
	0,975	3,355	3,311	3,255	3,221	3,198	3,169	3,152	3,116	3,094	3,080
	0,950	2,730	2,700	2,661	2,637	2,621	2,601	2,588	2,563	2,548	2,538
	0,900	2,174	2,155	2,132	2,117	2,107	2,095	2,087	2,071	2,062	2,055

n_2	$1-\alpha$	n_1 = 1	2	3	4	5	6	7	8	9	10
11	0,990	9,646	7,206	6,217	5,668	5,316	5,069	4,886	4,744	4,632	4,539
	0,975	6,724	5,256	4,630	4,257	4,044	3,881	3,759	3,664	3,588	3,526
	0,950	4,844	3,982	3,587	3,357	3,204	3,095	3,012	2,948	2,896	2,854
	0,900	3,225	2,860	2,660	2,536	2,451	2,389	2,342	2,304	2,274	2,248
12	0,990	9,330	6,927	5,953	5,412	5,064	4,821	4,640	4,499	4,388	4,296
	0,975	6,554	5,096	4,474	4,121	3,891	3,728	3,607	3,512	3,436	3,374
	0,950	4,747	3,885	3,490	3,259	3,106	2,996	2,913	2,849	2,796	2,753
	0,900	3,177	2,807	2,606	2,480	2,394	2,331	2,283	2,245	2,214	2,188
13	0,990	9,074	6,701	5,739	5,205	4,862	4,620	4,441	4,302	4,191	4,100
	0,975	6,414	4,965	4,347	3,996	3,767	3,604	3,483	3,388	3,312	3,250
	0,950	4,667	3,806	3,411	3,179	3,025	2,915	2,832	2,767	2,714	2,671
	0,900	3,136	2,763	2,560	2,434	2,347	2,283	2,234	2,195	2,164	2,138
14	0,990	8,862	6,515	5,564	5,035	4,695	4,456	4,278	4,140	4,030	3,939
	0,975	6,298	4,857	4,242	3,892	3,663	3,501	3,380	3,285	3,209	3,147
	0,950	4,600	3,739	3,344	3,112	2,958	2,848	2,764	2,699	2,646	2,602
	0,900	3,102	2,726	2,522	2,395	2,307	2,243	2,193	2,154	2,122	2,095
15	0,990	8,683	6,359	5,417	4,893	4,556	4,318	4,142	4,004	3,895	3,805
	0,975	6,200	4,765	4,153	3,804	3,576	3,415	3,293	3,199	3,123	3,060
	0,950	4,543	3,682	3,287	3,056	2,901	2,790	2,707	2,641	2,588	2,544
	0,900	3,073	2,965	2,490	2,361	2,273	2,208	2,158	2,119	2,086	2,059
16	0,990	8,531	6,226	5,292	4,773	4,437	4,202	4,026	3,890	3,780	3,691
	0,975	6,115	4,687	4,077	3,729	3,502	3,341	3,219	3,125	3,049	2,986
	0,950	4,494	3,634	3,239	3,007	2,852	2,741	2,657	2,591	2,538	2,494
	0,990	3,048	2,668	2,462	2,333	2,244	2,178	2,128	2,088	2,055	2,028
17	0,990	8,400	6,112	5,185	4,669	4,336	4,102	3,927	3,791	3,682	3,593
	0,975	6,042	4,619	4,011	3,665	4,438	3,277	3,156	3,061	2,985	2,922
	0,950	4,451	3,592	3,197	2,965	2,810	2,699	2,614	2,548	2,494	2,450
	0,900	3,026	2,645	2,437	2,308	2,218	2,152	2,102	2,061	2,028	2,001
18	0,990	8,285	6,013	5,092	4,579	4,248	4,015	3,841	3,705	3,597	3,508
	0,975	5,978	4,560	3,954	3,608	3,382	3,221	3,100	3,005	2,929	2,866
	0,950	4,414	3,555	3,160	2,928	2,773	2,661	2,577	2,510	2,456	2,412
	0,900	3,007	2,624	2,146	2,286	2,196	2,130	2,079	2,038	2,005	1,977
19	0,990	8,185	5,926	5,010	4,500	4,171	3,939	3,765	3,631	3,523	3,434
	0,975	5,922	4,508	3,903	3,559	3,333	3,172	3,051	2,956	2,880	2,817
	0,950	4,381	3,522	3,127	2,895	2,740	2,628	2,544	2,477	2,423	2,378
	0,900	2,990	2,606	2,397	2,266	2,176	2,109	2,058	2,017	1,984	1,956
20	0,990	8,096	5,849	4,938	4,431	4,103	3,871	3,699	3,564	3,457	3,368
	0,975	5,871	4,461	3,859	3,515	3,289	3,128	3,007	2,913	2,837	2,774
	0,950	4,351	3,493	3,098	2,866	2,711	2,599	2,514	2,477	2,393	2,348
	0,900	2,975	2,589	2,380	2,249	2,158	2,091	2,040	1,999	1,965	1,937

n_2	$1-\alpha$	n_1 11	12	13	14	15	16	17	18	19	20
11	0,990	4,462	4,397	4,342	4,293	4,251	4,213	4,180	4,150	4,123	4,099
	0,975	3,474	3,430	3,392	3,359	3,330	3,304	3,282	3,261	3,243	3,226
	0,950	2,818	2,788	2,761	2,739	2,179	2,701	2,685	2,671	2,658	2,646
	0,900	2,227	2,209	2,193	2,179	2,167	2,156	2,147	2,138	2,130	2,123
12	0,990	4,220	4,155	4,100	4,052	4,010	3,972	3,939	3,909	3,883	3,858
	0,975	3,321	3,277	3,239	3,206	3,177	3,152	3,129	3,108	3,090	3,073
	0,950	2,717	2,687	2,660	2,637	2,617	2,599	2,583	2,568	2,555	2,544
	0,900	2,166	2,147	2,131	2,117	2,105	2,094	2,084	2,075	2,067	2,060
13	0,990	4,025	3,960	3,905	3,857	3,815	3,778	3,745	3,716	3,689	3,665
	0,975	3,197	3,153	3,115	3,082	3,053	3,027	3,004	2,983	2,965	2,948
	0,950	2,635	2,604	2,577	2,533	2,533	2,515	2,499	2,484	2,471	2,459
	0,900	2,116	2,097	2,080	2,066	2,053	2,042	2,032	2,023	2,014	2,007
14	0,990	3,864	3,800	3,745	3,697	3,656	3,619	3,586	3,556	3,529	3,505
	0,975	3,095	3,050	3,012	2,978	2,949	2,923	2,900	2,879	2,861	2,844
	0,950	2,565	2,534	2,507	2,484	2,463	2,445	2,428	2,413	2,400	2,388
	0,900	2,073	2,054	2,037	2,022	2,010	1,998	1,988	1,978	1,970	1,962
15	0,990	3,730	3,666	3,612	3,564	3,522	3,485	3,452	3,423	3,396	3,372
	0,975	3,008	2,963	2,925	2,891	2,862	2,836	2,813	2,792	2,773	2,756
	0,950	2,507	2,475	2,448	2,424	2,403	2,385	2,368	2,353	2,340	2,328
	0,900	2,037	2,017	2,000	1,985	1,972	1,961	1,950	1,941	1,932	1,924
16	0,990	3,616	3,553	3,498	3,450	3,409	3,372	3,339	3,310	3,283	3,259
	0,975	2,934	2,889	2,851	2,817	2,788	2,761	2,738	2,717	2,698	2,681
	0,950	2,456	2,425	2,397	2,373	2,352	2,333	2,317	2,302	2,288	2,276
	0,990	2,005	1,985	1,968	1,953	1,940	1,928	1,917	1,908	1,899	1,891
17	0,990	3,519	3,455	3,401	3,353	3,312	3,275	3,242	3,212	3,186	3,162
	0,975	2,870	2,825	2,786	2,753	2,723	2,697	2,673	2,652	2,633	2,616
	0,950	2,413	2,381	2,353	2,329	2,308	2,289	2,272	2,257	2,243	2,230
	0,900	1,978	1,958	1,940	1,925	1,912	1,900	1,889	1,879	1,870	1,862
18	0,990	3,434	3,371	3,316	3,269	3,227	3,190	3,158	3,128	3,101	3,077
	0,975	2,814	2,769	2,730	2,696	2,667	2,640	2,617	2,596	2,576	2,559
	0,950	2,374	2,342	2,314	2,290	2,269	2,250	2,233	2,217	2,203	2,191
	0,900	1,954	1,933	1,916	1,900	1,887	1,875	1,864	1,854	1,845	1,837
19	0,990	3,360	3,297	3,242	3,195	3,153	3,116	3,084	3,054	3,027	3,003
	0,975	2,765	2,720	2,681	2,647	2,617	2,591	2,567	2,546	2,526	2,509
	0,950	2,340	2,308	2,280	2,256	2,234	2,215	2,198	2,182	2,168	2,155
	0,900	1,932	1,912	1,894	1,878	1,865	1,852	1,841	1,831	1,822	1,814
20	0,990	3,294	3,231	3,177	3,130	3,088	3,051	3,018	2,989	2,962	2,938
	0,975	2,721	2,676	2,637	2,603	2,573	2,547	2,523	2,501	2,482	2,464
	0,950	2,310	2,278	2,250	2,225	2,203	2,184	2,167	2,151	2,137	2,124
	0,900	1,913	1,892	1,875	1,859	1,845	1,833	1,821	1,811	1,802	1,794

n_2	$1-\alpha$	25	30	40	50	60	80	100	200	500	∞
		n_1									
11	0,990	4,005	3,941	3,860	3,810	3,776	3,734	3,708	3,656	3,624	3,602
	0,975	3,162	3,118	3,061	3,027	3,004	2,794	2,956	2,920	2,898	2,883
	0,950	2,601	2,570	2,531	2,507	2,490	2,469	2,457	2,431	2,415	2,404
	0,900	2,095	2,076	2,052	2,036	2,026	2,013	2,005	1,989	1,983	1,972
12	0,990	3,765	3,701	3,619	3,569	3,535	3,493	3,467	3,414	3,382	3,361
	0,975	3,008	2,963	2,906	2,871	2,848	2,818	2,800	2,763	2,740	2,725
	0,950	2,498	2,466	2,426	2,401	2,384	2,363	2,350	2,323	2,307	2,296
	0,900	2,031	2,011	1,986	1,970	1,960	1,946	1,938	1,921	1,911	1,904
13	0,990	3,571	3,507	3,425	3,375	3,341	3,298	3,272	3,219	3,187	3,165
	0,975	2,882	2,837	2,780	2,744	2,720	2,690	2,671	2,634	2,611	2,595
	0,950	2,412	2,380	2,339	2,314	2,297	2,275	2,261	2,234	2,218	2,206
	0,900	1,978	1,958	1,931	1,915	1,904	1,890	1,882	1,864	1,854	1,846
14	0,990	3,412	3,348	3,266	3,215	3,181	3,138	3,112	3,059	3,026	3,004
	0,975	2,778	2,732	2,674	2,638	2,614	2,583	2,565	2,526	2,503	2,487
	0,950	2,341	2,308	2,266	2,241	2,223	2,201	2,187	2,159	2,142	2,131
	0,900	1,933	1,912	1,885	1,869	1,857	1,843	1,834	1,816	1,805	1,797
15	0,990	3,278	3,214	3,132	3,081	3,047	3,004	2,977	2,923	2,891	2,868
	0,975	2,689	2,644	2,585	2,549	2,524	2,493	2,474	2,435	2,411	2,395
	0,950	2,280	2,247	2,204	2,178	2,160	2,137	2,123	2,095	2,078	2,066
	0,900	1,894	1,873	1,845	1,828	1,817	1,802	1,793	1,774	1,763	1,755
16	0,990	3,165	3,101	3,018	2,967	2,933	2,889	2,863	2,808	2,775	2,753
	0,975	2,614	2,568	2,509	2,472	2,447	2,415	2,396	2,357	2,333	2,316
	0,950	2,227	2,194	2,151	2,124	2,106	2,083	2,068	2,039	2,022	2,010
	0,990	1,860	1,839	1,811	1,793	1,782	1,766	1,757	1,738	1,726	1,718
17	0,990	3,068	3,003	2,920	2,869	2,835	2,791	2,764	2,709	2,676	2,653
	0,975	2,548	2,502	2,442	2,405	2,380	2,348	2,329	2,289	2,264	2,247
	0,950	2,181	2,148	2,104	2,077	2,058	2,035	2,020	1,991	1,973	1,960
	0,900	1,831	1,809	1,781	1,763	1,751	1,735	1,726	1,706	1,694	1,686
18	0,990	2,983	2,919	2,835	2,784	2,749	2,705	2,678	2,623	2,589	2,566
	0,975	2,491	2,444	2,384	2,347	2,321	2,289	2,269	2,229	2,204	2,187
	0,950	2,141	2,107	2,063	2,035	2,017	1,993	1,978	1,948	1,929	1,917
	0,900	1,805	1,783	1,754	1,736	1,723	1,707	1,698	1,678	1,665	1,657
19	0,990	2,909	2,844	2,761	2,709	2,674	2,630	2,602	2,547	2,512	2,489
	0,975	2,441	2,394	2,333	2,295	2,270	2,237	2,217	2,176	2,150	2,133
	0,950	2,106	2,071	2,026	1,999	1,980	1,955	1,940	1,910	1,891	1,878
	0,900	1,782	1,759	1,730	1,711	1,699	1,683	1,673	1,652	1,639	1,631
20	0,990	2,843	2,778	2,695	2,643	2,608	2,563	2,535	2,479	2,445	2,421
	0,975	2,396	2,349	2,287	2,249	2,223	2,190	2,170	2,128	2,103	2,085
	0,950	2,074	2,039	1,994	1,966	1,946	1,922	1,907	1,875	1,856	1,843
	0,900	1,761	1,738	1,708	1,690	1,677	1,660	1,650	1,629	1,616	1,607

		n_1									
n_2	$1-\alpha$	1	2	3	4	5	6	7	8	9	10
25	0,990	7,770	5,568	4,675	4,177	3,855	3,627	3,457	3,324	3,217	3,129
	0,975	5,686	4,291	3,694	3,353	3,129	2,969	2,848	2,753	2,677	2,613
	0,950	4,242	3,385	2,991	2,759	2,603	2,490	2,405	2,337	2,282	2,236
	0,900	2,918	2,528	2,317	2,184	2,092	2,024	1,971	1,929	1,895	1,866
30	0,990	7,562	5,390	4,510	4,018	3,699	3,473	3,304	3,173	3,067	2,979
	0,975	5,568	4,182	3,589	3,250	3,026	2,867	2,746	2,651	2,275	2,511
	0,950	4,171	3,316	2,922	2,690	2,534	2,421	2,334	2,266	2,211	2,165
	0,900	2,881	2,489	2,276	2,142	2,049	1,980	1,927	1,884	1,849	1,819
40	0,990	7,314	5,179	4,313	3,828	3,514	3,291	3,124	2,993	2,888	2,801
	0,975	5,424	4,051	3,463	3,126	2,904	2,744	2,624	2,529	2,452	2,388
	0,950	4,085	3,232	2,839	2,606	2,449	2,336	2,249	2,180	2,124	2,077
	0,900	2,835	2,440	2,226	2,091	1,997	1,927	1,873	1,829	1,793	1,763
50	0,990	7,171	5,057	4,199	3,720	3,048	3,186	3,020	2,890	2,785	2,698
	0,975	5,340	3,975	3,390	3,054	2,833	2,674	2,553	2,458	2,381	2,317
	0,950	4,034	3,183	2,790	2,557	2,400	2,286	2,199,	2,130	2,073	2,026
	0,900	2,809	2,412	2,197	2,061	1,966	1,895	1,840	1,796	1,760	1,729
60	0,990	7,077	4,977	4,126	3,649	3,339	3,119	2,953	2,823	2,718	2,632
	0,975	5,286	3,925	3,343	3,008	2,786	2,627	2,507	2,412	2,334	2,270
	0,950	4,001	3,510	2,758	2,525	2,368	2,254	2,167	2,097	2,040	1,993
	0,900	2,791	2,393	2,177	2,041	1,946	1,875	1,819	1,775	1,738	1,707
	0,990	6,963	4,881	4,036	3,563	3,255	3,036	2,871	2,742	2,637	80,551
	0,975	5,218	3,864	3,284	2,950	2,730	2,571	2,450	2,355	2,277	2,213
	0,950	3,960	3,111	2,719	2,486	2,329	2,214	2,126	2,056	1,999	1,951
	0,900	2,769	2,370	2,514	2,016	1,921	1,849	1,793	1,748	1,711	1,680
100	0,990	6,895	4,824	3,984	3,513	3,206	2,988	2,823	2,694	2,590	2,503
	0,975	5,179	3,828	2,250	2,917	2,696	2,537	2,417	2,321	2,244	2,179
	0,950	3,936	3,087	2,696	2,463	2,305	2,191	2,103	2,032	1,975	1,927
	0,900	2,756	2,356	2,139	2,002	1,906	1,834	1,778	1,732	1,695	1,663
200	0,990	6,763	4,713	3,881	3,414	3,110	2,893	2,730	2,601	2,497	2,411
	0,975	5,100	3,758	3,182	2,850	2,630	2,472	2,351	2,256	2,178	2,113
	0,950	3,888	3,041	2,650	2,417	2,259	2,144	2,056	1,985	1,927	1,878
	0,900	2,731	2,329	2,111	1,973	1,876	1,804	1,747	1,701	1,663	1,631
500	0,990	6,686	4,648	3,821	3,357	3,054	2,838	2,675	2,547	2,443	2,357
	0,975	5,054	3,716	3,142	2,811	2,592	2,434	2,313	2,217	2,139	2,074
	0,950	3,860	3,014	2,623	2,390	2,232	2,117	2,028	1,957	1,899	1,850
	0,900	2,716	2,313	2,095	1,956	1,859	1,786	1,729	1,683	1,644	1,612
∞	0,990	6,635	4,605	3,782	3,319	3,017	2,802	2,639	2,511	2,407	2,321
	0,975	5,024	3,689	3,116	2,786	2,567	2,408	2,288	2,192	2,114	2,048
	0,950	3,841	2,996	2,605	2,372	2,214	2,099	2,010	1,938	1,880	1,831
	0,900	2,706	2,303	2,084	1,945	1,847	1,774	1,717	1,670	1,632	1,599

n_2	$1-\alpha$	n_1 = 11	12	13	14	15	16	17	18	19	20
25	0,990	3,056	2,993	2,939	2,892	2,850	2,813	2,780	2,751	2,724	2,699
	0,975	2,560	2,515	2,476	2,441	2,411	2,384	2,360	2,338	2,318	2,300
	0,950	2,198	2,165	2,136	2,111	2,089	2,069	2,051	2,035	2,021	2,007
	0,900	1,841	1,820	1,802	1,785	1,771	1,758	1,746	1,736	1,726	1,718
30	0,990	2,905	2,843	2,789	2,742	2,700	2,663	2,630	2,600	2,573	2,549
	0,975	2,458	2,412	2,372	2,338	2,307	2,280	2,255	2,233	2,213	2,195
	0,950	2,126	2,092	2,063	2,037	2,015	1,995	1,976	1,960	1,945	1,932
	0,900	1,794	1,773	1,754	1,737	1,722	1,709	1,697	1,686	1,676	1,667
40	0,990	2,727	2,665	2,611	2,563	2,522	2,484	2,451	2,421	2,394	2,369
	0,975	2,334	2,288	2,248	2,213	2,182	2,154	2,129	2,107	2,086	2,068
	0,950	2,038	2,003	1,974	1,947	1,924	1,904	1,885	1,868	1,853	1,839
	0,900	1,737	1,715	1,695	1,678	1,662	1,649	1,636	1,625	1,615	1,605
50	0,990	2,625	2,562	2,508	2,461	2,419	2,382	2,348	2,318	2,290	2,265
	0,975	2,263	2,216	2,176	2,140	2,109	2,081	2,056	2,033	2,012	1,993
	0,950	1,986	1,952	1,921	1,895	1,871	1,850	1,831	1,814	1,798	1,784
	0,900	1,703	1,680	1,660	1,643	1,627	1,613	1,600	1,588	1,578	1,568
60	0,990	2,559	2,496	2,442	2,394	2,352	2,315	2,281	2,251	2,223	2,198
	0,975	2,216	2,169	2,129	2,093	2,061	2,033	2,008	1,985	1,964	1,944
	0,950	1,952	1,917	1,887	1,860	1,836	1,815	1,796	1,778	1,763	1,748
	0,900	1,680	1,657	1,637	1,619	1,603	1,589	1,576	1,564	1,553	1,543
80	0,990	2,478	2,415	2,361	2,313	2,271	2,233	2,199	2,169	2,141	2,115
	0,975	2,158	2,111	2,071	2,035	2,003	1,974	1,948	1,925	1,904	1,884
	0,950	1,910	1,875	1,845	1,817	1,793	1,772	1,752	1,734	1,718	1,703
	0,900	1,653	1,629	1,609	1,590	1,574	1,559	1,546	1,534	1,523	1,513
100	0,990	2,430	2,367	2,313	2,265	2,223	2,185	2,151	2,120	2,092	2,067
	0,975	2,124	2,077	2,036	2,000	1,968	1,939	1,913	1,890	1,868	1,849
	0,950	1,886	1,850	1,819	1,792	1,768	1,746	1,726	1,708	1,691	1,676
	0,900	1,636	1,612	1,592	1,573	1,557	1,542	1,528	1,516	1,505	1,494
200	0,990	2,338	2,275	2,220	2,172	2,129	2,091	2,057	2,026	1,997	1,971
	0,975	2,058	2,010	1,969	1,932	1,900	1,870	1,844	1,820	1,798	1,778
	0,950	1,837	1,801	1,769	1,742	1,717	1,694	1,674	1,656	1,639	1,623
	0,900	1,603	1,579	1,558	1,539	1,522	1,507	1,493	1,480	1,468	1,458
500	0,990	2,283	2,220	2,166	2,117	2,075	2,036	2,002	1,970	1,942	1,915
	0,975	2,019	1,971	1,929	1,892	1,859	1,830	1,803	1,779	1,757	1,736
	0,950	1,808	1,772	1,740	1,712	1,686	1,664	1,643	1,625	1,607	1,592
	0,900	1,584	1,559	1,537	1,518	1,501	1,485	1,471	1,458	1,446	1,435
∞	0,990	2,248	2,185	2,130	2,081	2,039	2,000	1,965	1,934	1,905	1,878
	0,975	1,993	1,945	1,903	1,866	1,833	1,803	1,776	1,752	1,729	1,708
	0,950	1,789	1,752	1,720	1,692	1,666	1,644	1,623	1,604	1,587	1,571
	0,900	1,571	1,546	1,524	1,505	1,487	1,471	1,457	1,444	1,432	1,421

n_2	$1-\alpha$	n_1 25	30	40	50	60	80	100	200	500	∞
25	0,990	2,604	2,583	2,453	2,400	2,364	2,317	2,289	2,230	2,200	2,176
	0,975	2,230	2,182	2,118	2,079	2,052	2,017	1,996	1,952	1,926	1,908
	0,950	1,955	1,919	1,872	1,842	1,822	1,796	1,779	1,746	1,726	1,712
	0,900	1,683	1,659	1,627	1,607	1,593	1,576	1,565	1,542	1,527	1,517
30	0,990	2,453	2,386	2,299	2,245	2,208	2,160	2,131	2,070	2,032	2,006
	0,975	2,124	2,074	2,009	1,968	1,940	1,904	1,882	1,835	1,807	1,787
	0,950	1,878	1,841	1,792	1,761	1,740	1,712	1,695	1,660	1,638	1,622
	0,900	1,632	1,606	1,573	1,552	1,538	1,519	1,507	1,482	1,467	1,456
40	0,990	2,271	2,203	2,114	2,058	2,019	1,969	1,938	1,874	1,833	1,805
	0,975	1,994	1,943	1,875	1,832	1,803	1,764	1,741	1,691	1,659	1,637
	0,950	1,783	1,744	1,693	1,660	1,637	1,608	1,589	1,551	1,526	1,509
	0,900	1,568	1,541	1,506	1,483	1,467	1,447	1,434	1,406	1,389	1,377
50	0,990	2,167	2,098	2,007	1,949	1,909	1,857	1,825	1,757	1,713	1,683
	0,975	1,919	1,866	1,796	1,752	1,721	1,681	1,656	1,603	1,569	1,545
	0,950	1,727	1,687	1,634	1,599	1,576	1,544	1,525	1,484	1,457	1,438
	0,900	1,529	1,502	1,465	1,441	1,424	1,402	1,388	1,359	1,340	1,327
60	0,990	2,098	2,028	1,936	1,877	1,836	1,783	1,749	1,678	1,633	1,601
	0,975	1,869	1,815	1,744	1,699	1,667	1,625	1,599	1,543	1,508	1,482
	0,950	1,690	1,649	1,594	1,559	1,534	1,502	1,481	1,438	1,409	1,389
	0,900	1,504	1,476	1,437	1,413	1,395	1,372	1,358	1,326	1,306	1,291
80	0,990	2,015	1,944	1,849	1,788	1,746	1,690	1,655	1,579	1,530	1,494
	0,975	1,807	1,752	1,679	1,632	1,599	1,555	1,527	1,467	1,428	1,400
	0,950	1,644	1,602	1,545	1,508	1,482	1,448	1,426	1,379	1,347	1,325
	0,900	1,472	1,443	1,403	1,377	1,358	1,334	1,318	1,284	1,261	1,245
100	0,990	1,965	1,893	1,797	1,735	1,692	1,634	1,598	1,518	1,466	1,427
	0,975	1,770	1,715	1,640	1,592	1,558	1,512	1,483	1,420	1,378	1,347
	0,950	1,616	1,573	1,515	1,477	1,450	1,415	1,392	1,342	1,308	1,283
	0,900	1,453	1,423	1,382	1,355	1,336	1,310	1,293	1,257	1,232	1,214
200	0,990	1,868	1,794	1,694	1,629	1,583	1,521	1,481	1,391	1,328	1,279
	0,975	1,698	1,640	1,562	1,511	1,474	1,425	1,393	1,320	1,269	1,229
	0,950	1,561	1,516	1,455	1,415	1,386	1,346	1,321	1,263	1,221	1,189
	0,900	1,414	1,383	1,339	1,310	1,289	1,261	1,242	1,199	1,168	1,144
500	0,990	1,812	1,735	1,633	1,566	1,517	1,452	1,408	1,308	1,232	1,164
	0,975	1,655	1,596	1,515	1,462	1,423	1,370	1,336	1,254	1,192	1,137
	0,950	1,528	1,482	1,419	1,376	1,346	1,303	1,275	1,210	1,159	1,113
	0,900	1,391	1,358	1,313	1,282	1,260	1,229	1,209	1,160	1,122	1,087
∞	0,990	1,774	1,696	1,592	1,523	1,473	1,404	1,358	1,247	1,153	1,000
	0,975	1,626	1,588	1,484	1,428	1,388	1,333	1,296	1,205	1,128	1,000
	0,950	1,506	1,476	1,394	1,350	1,318	1,274	1,243	1,170	1,106	1,000
	0,900	1,375	1,342	1,295	1,263	1,240	1,207	1,850	1,130	1,082	1,000

Tab. 6: Kritische Werte für den Wilcoxon-Vorzeichen-Rangtest

n	α 0,0001	0,0025	0,005	0,01	0,025	0,05	0,1	0,2
4	–	–	–	–	–	–	0	2
5	–	–	–	–	–	0	2	3
6	–	–	–	–	0	2	3	5
7	–	–	–	0	2	3	5	8
8	–	–	0	1	3	5	8	11
9	–	0	1	3	5	8	10	14
10	**0**	**1**	**3**	**5**	**8**	**10**	**14**	**18**
11	1	3	5	7	10	13	17	22
12	2	5	7	9	13	17	21	27
13	4	7	9	12	17	21	26	32
14	6	9	12	15	21	25	31	38
15	8	12	15	19	25	30	36	44
16	11	15	19	23	29	35	42	50
17	14	19	23	27	34	41	48	57
18	18	23	27	32	40	47	55	65
19	21	27	32	37	46	53	62	73
20	**26**	**32**	**37**	**43**	**52**	**60**	**69**	**81**
21	30	37	42	49	58	67	77	90
22	35	42	48	55	65	75	86	99
23	40	48	54	62	73	83	94	109
24	45	54	61	69	81	91	104	119
25	51	60	68	76	89	100	113	130
26	58	67	75	84	98	110	124	153
27	64	74	83	92	107	119	134	141
28	71	82	91	101	116	130	145	165
29	79	90	100	110	126	140	157	177
30	**86**	**98**	**109**	**120**	**137**	**151**	**169**	**190**
31	94	107	118	130	147	163	181	204
32	103	116	128	140	159	175	194	218
33	112	126	138	151	170	187	207	232
34	121	136	148	162	182	200	221	247
35	131	146	159	173	195	213	235	262
36	141	157	171	185	208	227	250	278
37	151	168	182	198	221	241	265	294
38	162	180	194	211	235	256	281	311
39	173	192	207	224	249	271	297	328

n	α 0,0001	0,0025	0,005	0,01	0,025	0,05	0,1	0,2
40	**185**	**204**	**220**	**238**	**264**	**286**	**313**	**346**
41	197	217	233	252	279	302	330	364
42	209	230	247	266	294	319	348	383
43	222	244	261	281	310	336	365	402
44	235	258	276	296	327	353	384	421
45	249	272	291	312	343	371	402	441
46	263	287	307	328	361	389	422	462
47	277	302	322	345	378	407	441	483
48	292	318	339	362	396	426	462	504
49	307	334	355	379	415	446	482	526
50	**323**	**350**	**373**	**397**	**434**	**466**	**503**	**549**
51	339	367	390	416	453	486	525	572
52	355	384	408	434	473	507	547	595
53	372	402	427	454	494	529	569	619
54	389	420	445	473	514	550	592	643
55	407	439	465	493	536	573	615	668
56	425	457	484	514	557	595	639	693
57	443	477	504	535	579	618	664	719
58	462	497	525	556	602	642	688	745
59	482	517	546	578	625	666	714	772
60	**501**	**537**	**567**	**600**	**648**	**690**	**739**	**799**

Register

errata:

Seite	Zeile	anstatt	richtig
40	13. v.o.	$\left(\sum_{i=1}^{n} R^2(y_i) - n\,[\overline{R}(\mathbf{x})]^2\right)$	$\left(\sum_{i=1}^{n} R^2(y_i) - n\,[\overline{R}(\mathbf{y})]^2\right)$
216	16. v.o.	zum Test wurden **200** Stücke	zum Test wurden **190** Stücke
256	6. v.o.	in der Zeichnung ist die Höhe $d_5 = 0{,}00095$ zu groß gewählt.	
259	11. v.o. (4.15)	b) $\frac{21}{\mathbf{23}}$	b) $\frac{21}{\mathbf{29}}$
262	1. v.u. (letzte Zeile)	..... $\frac{\mathbf{10}\pi^2}{9}$;	..... $\frac{\mathbf{2}\pi^2}{9}$;
263	2. v.u.	$1 - \mathbf{0{,}0005} \cdot e^{-0{,}0005x}$ für $x \geq 0$.	$1 - e^{-0{,}0005x}$ für $x \geq 0$.
264	11. v.o. (7.1)	$\sum_{i=1}^{100}$	$\sum_{i=1}^{1\,\mathbf{000}}$
	1. v.u. (letzte; 7.7.)	$\frac{5}{36\,n} \leq \mathbf{0{,}001} \Rightarrow n \geq \mathbf{139}$	$\frac{5}{36\,n} \leq (0{,}001)^2 \Rightarrow n \geq 138\,889$
268	**10.5**	$\hat{p} = \frac{\ldots\ldots + 3 \cdot \mathbf{310}}{3\,000}$	$\hat{p} = \frac{\ldots\ldots + 3 \cdot 10}{3\,000} = 0{,}109667$;
		$\chi^2_{\text{ber.}} = \mathbf{59{,}125} < \chi^2_{2\,;\,0{,}99}$	$\chi^2_{\text{ber.}} > \chi^2_{2\,;\,0{,}99} = 9{,}21$;
		$\Rightarrow$ Binomialverteilung **nicht** ablehnen	$\Rightarrow$ Binomialverteilung ablehnen.
276	17. v.o.	1,3 .... 0,**0**177	1,3 .... 0,**9**177

www.ingramcontent.com/pod-product-compliance
Lightning Source LLC
LaVergne TN
LVHW010550300926
849162LV00002B/290
9783486252590